CALLIGRAMMI

9

Pasquale Bacco (n. 1974)

Esperto di Medicina Legale, Terapia Dietetico Nutrizionale e Scienza della Nutrizione, da anni studia le Terapie Alimentari a supporto dei soggetti con patologie cronico-degenerative, infettive e disturbi dell'umore. Docente a contratto presso Corsi di Laurea, Scuole di Specializzazione e Master Universitari. Consulente di Meleam Spa, società *leader* in Italia ed Europa nell'ambito della Medicina e Sicurezza sul lavoro. Collabora con varie Procure a supporto delle indagini. Da 25 anni si occupa di ricerca sui microrganismi: virus RNA (HIV/AIDS, HCV/epatite C), virus oncogeni (cancro). È ambientalista e animalista.

Angelo Giorgianni (n. 1954)

Magistrato dal 1977, in prima linea nella lotta alla criminalità dei colletti bianchi e mafiosa. È stato Senatore, Sottosegretario di Stato per il Ministero dell'Interno, Rappresentante per l'Italia e l'UE al Segmento ONU dedicato alla lotta contro narcotraffico e criminalità organizzata, Componente della Commissione Difesa e Giustizia del Senato e della Commissione Parlamentare d'Inchiesta sul terrorismo in Italia, Presidente della Commissione di Valutazione dei Dirigenti del Ministero della Giustizia. È Presidente dell'Eretico e Segretario Generale dell'Organizzazione Mondiale per la Vita, associazioni che si battono per la libertà di pensiero e di scienza, il confronto democratico e il progresso reale delle comunità.

Pasquale Bacco
Angelo Giorgianni

Strage di Stato

LE VERITÀ NASCOSTE DELLA COVID-19

Prefazione di
Nicola Gratteri

LEMMA PRESS

Prefazione

Questo libro-inchiesta giunge in un momento particolarmente delicato, che vede l'emergenza sanitaria cedere il passo a una crisi sociale ed economica. Il sistema-paese, minato dalla tempesta in corso, rischia di lasciare al crimine organizzato nuovi spazi di manovra, nei quali nessuna azione di contrasto sarà possibile senza una chiara comprensione delle vicende COVID-19. Le avvisaglie non sono mancate: più di 40.000 aziende hanno già cambiato proprietà e molti '*broker*' hanno cominciato a offrire garanzie bancarie a imprenditori in difficoltà. In un articolo pubblicato sul "Corriere della Sera", scritto assieme al prof. Nicaso, avevo invitato a tenere alta la guardia, evitando che le solite cricche politico-imprenditoriali potessero mettere le mani sui fondi della ricostruzione.

Oggi più che mai occorre un cambio di passo radicale. Mentre le tavole rotonde, le commissioni e le sottocommissioni si susseguono, le mafie avanzano. I fondi di cui dispongono e la presenza capillare sul territorio nazionale le rendono estremamente efficienti. Da quando le entrate sono state arricchite dal contrabbando di tabacchi e poi dai sequestri di persona e dal traffico internazionale di stupefacenti, i clan hanno cominciato a reinvestirne i proventi nei circuiti economico-finanziari. Inizialmente lo hanno fatto in modo artigianale, ricorrendo ai prestanome. Oggi si affidano agli specialisti dell''economia canaglia', riciclando il denaro in mille modi, dalla falsa fatturazione agli investimenti finanziari. Sempre più spesso si affidano a professionisti che offrono servizi in cambio di denaro e di altre utilità. Lo fanno perché sono liberi da qualunque burocrazia. Sono pensiero-azione e quindi arrivano prima dello Stato. Hanno montagne di soldi in contanti e spesso fanno fatica a contarli. Nell'era della COVID-19, purtroppo, il fenomeno si è intensificato, accelerato. L'Italia e tanti altri Paesi del mondo rischiano di trasformarsi in un *outlet* alla vigilia dei saldi, nel quale la criminalità mafiosa può permettersi di comprare qualunque attività commerciale o produttiva.

L'ombra delle mafie, comunque, non si proietta solamente nella campagna acquisti delle imprese in svendita. Ambisce alle risorse allocate per l'emergenza, dallo Stato e dall'Europa: dove c'è denaro e potere, prospera il crimine organizzato. Ma attenti, non è solo un problema italiano. Non è più possibile considerare le mafie un fenomeno socialmente e spazialmente concentrato.

Nelle ultime settimane, molti osservatori, esperti, uomini delle istituzioni, partecipando a decine di dibattiti, hanno evidenziato come le organizzazioni mafiose siano pronte a estendere la propria influenza al *Recovery Fund*, al mercato redditizio dei falsi tamponi, dei falsi medicinali e dei falsi vaccini anti-COVID. Ho più volte sottolineato l'urgenza del fare. Ne sono ancora più convinto, alla luce dei tanti contrattempi che rischiano di favorire le mafie, come è sempre successo con le pandemie e le calamità del passato che hanno finito per creare una sorta di economia e di politica della catastrofe. La ricostruzione è sempre stata molto più appetibile della prevenzione: garantisce infatti molti più margini di lucro. Il rischio dell'*impasse* e dei ritardi è quello di dover arrancare nel singhiozzo delle indagini, cercando di contrastare un'attività criminale alla quale non si deve fornire l'occasione di manifestarsi.

Questa è la battaglia in cui *Strage di Stato* può diventare un'arma efficace di conoscenza: un libro-inchiesta che ricostruisce la successione degli eventi, la fonte dei provvedimenti, le correlazioni talvolta insospettabili tra fatti e antefatti, sollevando angosciosi interrogativi – degni di approfondimento nelle sedi competenti – sulla gestione dell'emergenza pandemica. Nell'attenta esegesi del libro, affiora un mosaico in cui ogni tassello trova la propria collocazione.

Il collega magistrato Angelo Giorgianni e il medico Pasquale Bacco affrontano i vari temi di questa pandemia, le tante contraddizioni, le molte incongruenze, ma anche la mancanza di gestione territoriale dell'emergenza e tanti altri aspetti, non meno importanti. Analizzano anche le conseguenze e le ricadute della pandemia sulla popolazione, mettendo in evidenza «l'aumento significativo del consumo di alcool, droghe e psicofarmaci».

Le criticità che emergono nella gestione pandemica sono state inserite in un quadro di plausibilità. Capitolo dopo capitolo, come mettono in evidenza i due autori: «si viene così a delineare un possibile disegno in grado di riallineare ciò che solo apparentemente si profila come un'inspiegabile serie di errori ripetuti, che sono costati la vita a innumerevoli persone non solo in Italia ma nel mondo intero».

Questo libro conferma l'urgenza del fare. Secondo Giorgianni e Bacco, se non si porrà mano in fretta e con determinazione alle tante emergenze: «il prezzo sarà ancor più alto di quello già pagato». Il primo passo da cui nessuno è esentato, è comunque la ricerca della verità: solo così si potrà trasformare il punto di non ritorno cui ci ha condotti l'emergenza COVID, in un'occasione di rinascita.

Nicola Gratteri
Procuratore della Repubblica

1. Cronistoria di una pandemia

In questo libro tratteremo di omicidi, di sequestri di persona, di violenze private. Nella consapevolezza di usare le parole come macigni. Lo facciamo per rendere onore alla verità, perché solo la verità può renderci liberi.

Nessuno si senta esentato da questo sforzo di indagine e riflessione: accettare passivamente lo stato di paura e di governo sanitario imposti in questi mesi, significa precipitare inerti nel futuro distopico pensato dalle menti sottili che operano ai più alti livelli dei vertici mondiali.

Prima di addentrarci nell'architettura barocca della pandemia COVID-19, commedia ben presto trasformatasi in immane tragedia, è necessario fare un po' di ordine nella rapida successione di eventi che ha segnato il 2020. Per farlo dobbiamo ritornare al 30 dicembre 2019 quando ci preparavamo festosi a dare il benvenuto al nuovo anno.

LUNEDÌ 30 DICEMBRE 2019 – La dottoressa Ai Fen, direttrice del polo Emergenza del Central Hospital di Wuhan nella provincia cinese di Hubei, condivide nella chat di gruppo del suo reparto la notizia di un virus contagioso simile alla SARS. Viene rimproverata per: «Aver diffuso delle dicerie».[1]

Il 18 dicembre 2019, la dottoressa aveva visitato un primo paziente con sintomi che non corrispondono alle caratteristiche cliniche di altri casi conosciuti. Questo primo paziente, probabilmente, aveva frequentato il famoso mercato di Wuhan. Il 27 dicembre, Ai Fen aveva visitato un secondo paziente, che non aveva relazioni con il mercato.

[1] https://www.epochtimes.it/news/cronologia-delle-prime-fasi-del-virus-e-dellinsabbiamento-cinese/

Dopo aver ricevuto la cartella clinica del secondo paziente della dottoressa Ai Fen, l'oculista Li Wenliang condivide la notizia su WeChat, per informare i colleghi su quello che sta accadendo. I pazienti accusano difficoltà respiratorie e congiuntiviti di origine sconosciuta.
Ad oggi, della dottoressa Ai Fen non sappiamo più nulla.[2]

MARTEDÌ 31 DICEMBRE 2019 – La Commissione Sanitaria Municipale di Wuhan segnala, tramite il suo sito internet, un focolaio di casi di polmonite a eziologia ignota nella città.
L'ufficio dell'OMS in Cina comunica questa informazione all'ufficio dell'OMS del Pacifico Occidentale.
Tramite le informazioni diffuse sul sito di ProMED (Programma della società internazionale per le malattie infettive), la piattaforma EIOS (Epidemic Intelligence from Open Sources) viene a conoscenza dei casi di polmonite.
Le autorità sanitarie di numerosi paesi contattano l'OMS per ricevere ulteriori informazioni in merito.[3]

MERCOLEDÌ 1° GENNAIO 2020 – Viene chiuso lo Huanan Seafood Wholesale Market di Wuhan, mercato locale di animali esotici, pesce e frutti di mare, sospettando un possibile meccanismo di trasmissione del virus da animali vivi.
La polizia di Wuhan convoca otto operatori sanitari, accusati di aver diffuso notizie sul virus, rimproverandoli di «falsi allarmismi» e «dicerie».[4]
L'OMS chiede alle autorità cinesi delucidazioni sui casi di polmonite a eziologia sconosciuta a Wuhan. La risposta arriva dopo due giorni.[5]

DOMENICA 5 GENNAIO – L'OMS dirama un'allerta globale: sono stati segnalati dalle autorità cinesi 44 pazienti con polmonite a eziologia sconosciuta, dei quali 11 gravemente malati.[6]

[2] J. TRITTO, *Cina Covid-19, La chimera che ha cambiato il mondo*, Cantagalli, 2020.

[3] https://www.who.int/fr/news-room/detail/29-06-2020-covidtimeline

[4] https://www.epochtimes.it/news/cronologia-delle-prime-fasi-del-virus-e-dellinsabbiamento-cinese/

[5] https://www.who.int/fr/news-room/detail/29-06-2020-covidtimeline

[6] https://www.who.int/csr/don/05-january-2020-pneumonia-of-unkown-cause-china/en/

MERCOLEDÌ 8 GENNAIO – Prima vittima di Coronavirus a Wuhan: un uomo di 61 anni.
Il dottor Li Wenlinag contrae il virus. Morirà il 7 febbraio.

GIOVEDÌ 9 GENNAIO – Il China CDC (Centro per il controllo e la prevenzione delle malattie della Cina) identifica un nuovo Coronavirus come causa eziologica delle patologie riscontrate a Wuhan, provvisoriamente nominato 2019-nCoV, classificato in seguito come SARS-CoV-2.

VENERDÌ 10 GENNAIO – La sequenza del virus di Wuhan viene pubblicata su "Virological.org" e depositata sulla piattaforma genomica GenBank (adesione MN908947 22.9k).[7] Viene determinata l'appartenenza alla famiglia Coronavirus (alla quale appartengono la SARS e la MERS).

SABATO 11 GENNAIO – Il CDC cinese riferisce che è stato identificato un nuovo Coronavirus, correlato alla sindrome respiratoria acuta grave (SARS).

DOMENICA 12 GENNAIO – L'OMS, dopo aver ricevuto informazioni 'dettagliate' sull'epidemia dalla Commissione Sanitaria Nazionale cinese si dichiara: «Rassicurata dalla qualità delle indagini in corso e dalle misure di risposta implementate a Wuhan, e dall'impegno di condividere regolarmente informazioni». Per questo: «Raccomanda di evitare qualsiasi restrizione ai viaggi e al commercio con la Cina in base alle informazioni attualmente disponibili su questo evento».[8]

LUNEDÌ 13 GENNAIO – Viene segnalato in Tailandia il primo contagio fuori dalla Cina.

MARTEDÌ 14 GENNAIO – L'OMS, tramite un *tweet*, dichiara che le indagini preliminari condotte dalle autorità cinesi: «Non hanno evidenziato prove certe della trasmissione da uomo

[7] https://virological.org/t/novel-2019-coronavirus-genome/319

[8] Comunicato Ministero della Salute, 12 gennaio 2020, n. 0000931, con oggetto: "*NUOVO CORONAVIRUS – CINA del 12 gennaio 2020*".

a uomo del nuovo Coronavirus (2019-nCoV) identificato a Wuhan, in Cina».[9]

GIOVEDÌ 16 GENNAIO – Primo caso di contagio segnalato in Giappone.

VENERDÌ 17 GENNAIO – Sul sito dell'OMS viene aperta una sezione dedicata alle procedure di laboratorio per l'esecuzione di test validati di isolamento del Coronavirus 2019-nCoV, dei relativi protocolli operativi e le linee guida per la gestione clinica dei pazienti ospedalizzati. Viene pubblicato un elenco essenziale di apparecchiature biomediche, medicinali e forniture necessarie per l'assistenza ai pazienti colpiti dal virus.

LUNEDÌ 20 GENNAIO – L'epidemiologo e pneumologo cinese Zhong Nanshan annuncia in diretta che il nuovo Coronavirus si trasmette da uomo a uomo.[10]
L'OMS convoca una riunione per valutare se l'epidemia rappresenti un'emergenza di sanità pubblica di rilevanza internazionale.

MARTEDÌ 21 GENNAIO – Primo caso di contagio negli Stati Uniti.

MERCOLEDÌ 22 GENNAIO – L'OMS dichiara che il nuovo Coronavirus si trasmette da uomo a uomo.
Nel corso dell'Emergencies Coronavirus Meeting, il direttore dell'OMS si dichiara impressionato dalla tempestività e precisione della presentazione dei dati forniti dalla Cina. Qualifica come «inestimabili» la *leadership* e gli interventi del presidente Xi e del premier Li.[11]
Il Centro Europeo per la Prevenzione e il Controllo delle Malattie (ECDC) stima che il rischio di introduzione dell'infezione in Europa, attraverso casi importati, sia moderato.[12]

9 https://www.who.int/fr/news-room/detail/29-06-2020-covidtimeline

10 https://www.repubblica.it/salute/medicina-e-ricerca/2020/01/20/news/_virus_misterioso_confermata_la_trasmissione_da_uomo_a_uomo_-246239152/

11 https://www.who.int/docs/default-source/coronaviruse/transcripts/ihr-emergency-committee-for-pneumonia-due-to-the-novel-coronavirus-2019-ncov-press-briefing-transcript-22012020.pdf?sfvrsn=b94d86d9_2

12 Circolare Ministero della Salute del 22 gennaio 2020, n. 0001997, in materia di: "*Polmonite da nuovo coronavirus (2019 nCoV) in Cina*".

In Italia viene creata la *Task Force* del Ministero della Salute:

> Nella prima riunione è stato verificato che le strutture sanitarie competenti sono adeguatamente allertate a fronteggiare la situazione in strettissimo contatto con l'Organizzazione Mondiale della Sanità e il Centro Europeo per la Prevenzione e il Controllo delle Malattie.[13]

Scrive il ministro della Salute Roberto Speranza:

> Serve un luogo dove raccogliere tutte le competenze che possono essere utili per capire cosa stia realmente accadendo e organizzare la reazione delle istituzioni. È con questa consapevolezza che il 22 gennaio istituisco per la prima volta al ministero la task force per il Coronavirus. Interpello subito i principali scienziati italiani, consapevole del privilegio di poterlo fare.[14]

GIOVEDÌ 23 GENNAIO – A Wuhan viene imposto il *lockdown*: milioni di persone vengono sottoposte alla quarantena, misura che l'OMS definisce: «Lo sforzo di contenimento delle malattie più ambizioso, agile e aggressivo della storia».[15] Tedros Adhanom Ghebreyesus, direttore generale dell'OMS, nella dichiarazione del Comitato di Emergenza afferma: «Non sbagliatevi. Si tratta di un'urgenza in Cina ma non ancora un'urgenza sanitaria mondiale». In merito alla trasmissibilità tra uomo e uomo viene dichiarato:

> Sappiamo che esiste una trasmissione da uomo a uomo in Cina, ma questa trasmissione sembra, per il momento, essere limitata ai gruppi famigliari e agli operatori sanitari che si sono presi cura di pazienti infetti. Ad oggi, non ci sono

[13] Comunicato n. 16, del 22 gennaio 2020, in materia di: "*Coronavirus 2019-nCoV: riunita la task-force del Ministero della Salute*".

[14] R. SPERANZA, *Perché guariremo, dai giorni più duri a una nuova idea di salute*, Fetrinelli, ottobre 2020, pp. 37-38.

[15] https://www.who.int/publications/i/item/report-of-the-who-china-joint-mission-on-coronavirus-disease-2019-(covid-19)

> prove di trasmissione da uomo a uomo al di fuori della Cina, ma ciò non significa che questa possibilità sia esclusa.[16]

Una prestampa scientifica dell'Istituto di Virologia di Wuhan, successivamente pubblicata sulla rivista scientifica "Nature", annuncia che un virus del pipistrello con una omologia del 96% era stato identificato e sequenziato in una grotta dello Yunnan nel 2013. La sequenza è stata pubblicata il giorno successivo su database pubblici. È confermato che il nuovo Coronavirus utilizza lo stesso recettore di ingresso del SARS-COV.[17]
La CEPI (Coalizione per l'innovazione in materia di preparazione alle epidemie), parternariato globale istituito nel 2017, sostenuta dalla Bill & Melinda Gates,[18] inizia a lavorare allo sviluppo di vaccini per contrastare il virus di Wuhan.[19]
Il 28 ottobre, l'Italia aderirirà alla CEPI con un contributo pari a 5 milioni di euro, prima parte di un impegno complessivo di 11,7 milioni di dollari, a sostegno della Coalizione e della ricerca di vaccini anti-COVID-19.[20]

VENERDÌ 24 GENNAIO – Le autorità della regione dello Hubei annunciano il bando per la costruzione di un ospedale temporaneo, da realizzarsi nell'arco di pochi giorni. Il blocco dei trasporti viene esteso a 13 città, coinvolgendo oltre 32 milioni di persone.[21]
Hong Kong dichiara lo stato di emergenza.
In Francia si contano i primi tre casi.

[16] https://www.who.int/fr/dg/speeches/detail/who-director-general-s-statement-on-the-advice-of-the-ihr-emergency-committee-on-novel-coronavirus

[17] https://covidreference.com/timeline_it

[18] https://www.businessinsider.com/vaccines-for-wuhan-china-cornonavirus-moderna-inovio-cepi-2020-1?IR=T

[19] https://cepi.net/news_cepi/cepi-to-fund-three-programmes-to-develop-vaccines-against-the-novel-coronavirus-ncov-2019/

[20] https://www.agensir.it/quotidiano/2020/10/28/coronavirus-covid-19-italia-aderisce-al-cepi-contribuendo-con-i-primi-5-milioni-di-euro-per-lo-sviluppo-di-candidati-al-vaccino/

[21] https://www.corriere.it/esteri/20_gennaio_24/coronavirus-cina-virus-corona-wuhan-85e03886-3e6f-11ea-8542-4d802b9e331b.shtml

Su "The Lancet", Wang et Al. pubblicano un articolo intitolato *A novel coronavirus outbreak of global health concern*, nel quale analizzano le caratteristiche cliniche di 41 pazienti affetti da COVID. Nell'articolo si segnala il rischio di infezione contagiosa durante il periodo di incubazione, allertando che è «Necessario prendere precauzioni per prevenire la diffusione nosocomiale del virus» e sottolineando quanto sia importante scongiurare che «l'attuale epidemia si trasformi in un'epidemia prolungata o addirittura in una pandemia».[22]

MARTEDÌ 28 GENNAIO – Una delegazione dell'OMS si reca in visita a Pechino, per incontrare il presidente Xi. Nel comunicato stampa dell'incontro, la delegazione dell'OMS dichiara di aver apprezzato: «Il fatto che la Cina abbia adottato misure per affrontare l'epidemia, identificato il virus in anticipo e sia disposta a condividere le informazioni con l'OMS e altri paesi».[23]
La United Airlines, annuncia la sospensione di dozzine di voli per la Cina, a causa di un «calo significativo della domanda».[24]

MERCOLEDÌ 29 GENNAIO – Trump istituisce l'Unità Operativa del Coronavirus della Casa Bianca.[25]
La British Airways e Air Canada sospendono tutti i voli verso la Cina continentale, fatta esclusione per Hong Kong.[26]
Negli Emirati Arabi si registrano i primi contagi.
L'OMS pubblica le linee guida provvisorie sull'utilizzo delle mascherine negli spazi collettivi (in caso di cure a domicilio e nelle strutture sanitarie).

[22] https://www.thelancet.com/journals/lancet/article/PIIS0140-6736(20)30185-9/fulltext

[23] https://www.who.int/fr/news-room/detail/28-01-2020-who-china-leaders-discuss-next-steps-in-battle-against-coronavirus-outbreak

[24] https://www.theverge.com/2020/1/29/21113166/british-airways-coronavirus-flightssuspended-mainland-china

[25] *Statement from the Press Secretary Regarding the President's Coronavirus Task Force*, su "The White House".

[26] https://www.theverge.com/2020/1/29/21113166/british-airways-coronavirus-flights-suspended-mainland-china

GIOVEDÌ 30 GENNAIO – Con 18 paesi che denunciano contagi, l'OMS dichiara l'epidemia da COVID-19 un'emergenza di sanità pubblica di rilevanza internazionale (PHEIC). Il presidente dell'OMS sottolinea che:

> Questa dichiarazione non è dovuta a ciò che sta accadendo in Cina, ma a ciò che sta accadendo in altri paesi. Ciò che ci preoccupa di più è la possibilità che il virus possa diffondersi in altri paesi caratterizzati da sistemi sanitari più fragili e non ben preparati per affrontarlo. Lo dico chiaramente: questa dichiarazione non è un segno di sfiducia nei confronti della Cina. Al contrario, l'OMS ha fiducia nella capacità della Cina di combattere l'epidemia.[27]

Gli Stati Uniti dichiarano lo stato di emergenza sanitario nazionale. «Il rischio per gli americani resta comunque basso» tranquillizza il ministro della Sanità Alex Azar.[28]
Il numero dei contagiati nel mondo sale a 7.834, dei quali 7.736 in Cina, dove si contano 170 morti a causa del virus.
Con l'Ordinanza del Ministero della Salute *Misure profilattiche contro il nuovo Coronavirus (2019-nCoV)* viene interdetto il traffico aereo diretto, da e per la Cina.
Una coppia di cinesi, arrivata il 23 gennaio da Pechino, viene ricoverata presso l'Ospedale Spallanzani di Roma.

VENERDÌ 31 GENNAIO – La Gran Bretagna esce formalmente dall'Unione Europea.
I numeri dell'epidemia da COVID-19 superano quelli della SARS.
Rilevati i primi casi di contagio in Gran Bretagna, Spagna e Italia.
Con una Delibera del Consiglio dei Ministri, viene dichiarato per sei mesi lo stato di emergenza sul territorio nazionale, relativo al rischio sanitario connesso all'insorgenza di patologie derivanti da agenti virali trasmissibili. Angelo

[27] https://www.who.int/fr/dg/speeches/detail/who-director-general-s-statement-on-ihr-emergency-committee-on-novel-coronavirus-(2019-ncov)

[28] https://www.repubblica.it/cronaca/2020/01/31/news/coronavirus_alle_10_il_consiglio_dei_ministri-247224494/

Borrelli, capo della Protezione civile, viene designato commissario straordinario per la gestione dell'emergenza.

DOMENICA 2 FEBBRAIO – Il ministro della Salute, Roberto Speranza, nel corso di una conferenza all'Istituto Spallanzani di Roma, annuncia: «In queste ore è stato isolato il nuovo coronavirus dall'Istituto Spallanzani».[29]
Vengono rimpatriati 56 italiani residenti a Wuhan.
Ospite di Fabio Fazio alla trasmissione "Che Tempo Che Fa", il virologo Roberto Burioni decreta: «Io ritengo che in Italia il rischio di contrarre questo virus è zero, perché il virus non circola. [...] Però, attenzione: non è che questo avviene per caso, avviene perché si stanno prendendo delle precauzioni».[30]

LUNEDÌ 3 FEBBRAIO – Il ministro Roberto Speranza dichiara a "Circo Massimo" di Radio Capital: «Non bisogna creare allarmismi, perché la situazione è sotto controllo. Ci sono solo 21 casi in tutta Europa. Stiamo parlando di numeri residuali».[31]
Una persona a bordo della nave da crociera Diamond Princess, poi attraccata nel porto giapponese di Yokohama, viene dichiarata positiva al test della COVID-19. Su un totale di 3.700 passeggeri, si conteranno 705 infettati. Un articolo pubblicato sul sito della Fondazione Veronesi commenterà: «Facendo sbarcare i passeggeri il 4 febbraio, giorno di inizio della quarantena, il numero dei contagi sarebbe stato dieci volte inferiore». In uno studio pubblicato sul "Journal of Travel Medicine", un gruppo di ricercatori della Umea University (Svezia) ha dimostrato, attraverso un modello statistico, che: «Se la nave fosse stata immediatamente evacuata all'arrivo a Yokohama, il numero dei contagiati sarebbe stato pari all'incirca a 70».[32]

[29] https://www.ilriformista.it/coronavirus-lo-spallanzani-isola-il-virus-ora-possiamo-studiarlo-e-capire-cure-43171/

[30] *Ministro Roberto Speranza e Roberto Burioni*, "Che tempo che fa", 02.02.2020 [https://www.youtube.com/watch?v=NobrrPna18s].

[31] https://www.repubblica.it/politica/2020/02/03/news/coronavirus_speranza_radio_capital-247462925/

[32] https://www.fondazioneveronesi.it/magazine/articoli/lesperto-risponde/coronavirus-un-boomerang-la-quarantena-della-diamond-princess

Il governo di Hong Kong lancia un *dashboard* interattivo con la mappa dei contagi nella Regione.[33]

MARTEDÌ 4 FEBBRAIO – In Cina il conteggio ufficiale dei contagiati supera le 20.000 unità. I morti salgono a 425.
Il direttore generale dell'OMS, nel discorso di apertura al *briefing* tecnico sul nuovo Coronavirus, ribadisce l'invito ai paesi membri:

> A non imporre restrizioni non coerenti con i regolamenti sanitari internazionali. Tali restrizioni possono avere l'effetto di aumentare la paura e lo stigma, con scarso beneficio per la salute pubblica [...] poiché 176 casi nel resto del mondo sono pochissimi, [non c'è] motivo di farsi prendere dal panico o avere paura.[34]

MERCOLEDÌ 5 FEBBRAIO – Con il Decreto n. 371, viene formalmente istituito il Comitato Tecnico Scientifico, previsto dall'Ordinanza del Capo della Protezione Civile n. 630 del 3 febbraio.[35]

VENERDÌ 7 FEBBRAIO – Il medico cinese Li Wenliang, tra i primi da aver diffuso la notizia del nuovo Coronavirus, muore per COVID-19.

MARTEDÌ 11 FEBBRAIO – L'OMS annuncia che la malattia respiratoria causata dal 2019-NCOV sarà chiamata CoViD-19 (Corona Virus Disease), nome scelto: «Con accuratezza e per evitare lo stigma; pertanto non si riferisce a nessuna località geografica, animale, individuo o gruppo di persone».[36]
L'OMS pubblica sul suo sito il *Key considerations for repatriation and quarantine of travellers in relation to the outbreak of novel coronavirus 2019-nCoV*, indirizzato alle autorità

33 https://www.info.gov.hk/gia/general/202002/21/P2020022100782.htm

34 https://www.who.int/fr/news-room/detail/29-06-2020-covidtimeline

35 Decreto della Presidenza del Consiglio dei Ministri, n. 371, 5 febbraio 2020, in materia di "*Istituzione del Comitato tecnico-scientifico previsto dall'articolo 2, comma 1, dell'ordinanza del Capo del Dipartimento della Protezione Civile n. 630 del 3 febbraio 2020*".

36 https://www.who.int/fr/news-room/detail/29-06-2020-covidtimeline

sanitarie nazionali, a cui indica le misure precauzionali necessarie per limitare il rischio di trasmissione del virus nel traffico internazionale.
La Corea del Sud lancia l'app di geolocalizzazione *Corona 100M*, scaricata 1 milione di volte nei primi dieci giorni.[37]

MERCOLEDÌ 12 FEBBRAIO – La Commissione internazionale per la tassonomia dei virus (International Committee on Taxonomy of Viruses – ICTV) assegna il nome definitivo al virus che causa la malattia: SARS-COV-2, inserendolo nel sottogenere Betacoronavirus Sarbecovirus.
L'OMS organizza un Forum della ricerca e dell'innovazione, per accelerare la creazione di prodotti diagnostici, vaccini e trattamenti specifici contro il nuovo Coronavirus.

SABATO 15 FEBBRAIO – Il Governo italiano regala alla Cina un numero imprecisato di tonnellate di dispositivi di protezione individuale, tra cui mascherine, tute, guanti e occhiali.[38]

MARTEDÌ 18 FEBBRAIO – Nella Corea del Sud si registra il 31° caso di contagio. Si tratta di una fedele della chiesa di Gesù Shincheonji, presso Daegu; la donna ha circa sessant'anni e non ha compiuto di recente alcun viaggio in Cina. Di lei scrive "La Stampa":

> Una setta, una donna che ha sottovalutato la sua febbre e un mal di gola per oltre dieci giorni, quattro Messe in una settimana. Risultato: almeno 87 fedeli contagiati, altri 9.000 in auto-quarantena, la quarta città del Paese che si ferma, e 51 milioni di sudcoreani che improvvisamente scoprono di essere il nuovo fronte dell'emergenza coronavirus.[39]

Questo è il primo caso etichettato come 'super-diffusore'.

37 https://www.startmag.it/innovazione/coronavirus-app-corea/

38 https://www.ilgiornale.it/news/politica/mascherine-lue-abbandona-litalia-1837056.html

39 https://www.lastampa.it/esteri/2020/02/22/news/coronavirus-la-corea-del-sud-e-il-nuovo-fronte-il-focolaio-nella-chiesa-della-setta-1.38499587

MERCOLEDÌ 19 FEBBRAIO – L'Iran annuncia i primi due casi, entrambi nella città Santa di Qom.

A Milano, di fronte 44.000 tifosi italiani e spagnoli, l'Atalanta sconfigge il Valencia per 4-1. Francesco Le Foche, responsabile del Day Hospital di Immunoinfettivologia, al Policlinico Umberto I Università La Sapienza di Roma, definirà questa partita un: «Megafono per la diffusione del contagio da coronavirus nella bergamasca».[40]

GIOVEDÌ 20 FEBBRAIO – Nel reparto di terapia intensiva dell'Ospedale di Codogno (Lodi) viene ricoverato Mattia Maestri, il 'paziente 1' italiano. Si tratta di un uomo di 38 anni che il giorno prima si era recato presso il Pronto Soccorso della struttura ospedaliera, dalla quale era stato dimesso con la diagnosi di una leggera forma di polmonite. Sua moglie, 5 membri del personale ospedaliero, 3 pazienti e diversi contatti del paziente 1 sono poi risultati positivi alla COVID-19. L'epidemia in Italia ha ufficialmente inizio.

VENERDÌ 21 FEBBRAIO – Si registrano i primi due casi in Veneto, a Vo' Euganeo. Il governatore Luca Zaia dichiara:

> Per noi le analisi sono positive, sono due persone di Vo' Euganeo, uno del '42 e uno del '53 [...] uno dei due è ricoverato in terapia intensiva: siamo preoccupati e ho parlato con il sindaco chiedendo la chiusura delle scuole, degli esercizi commerciali e vanno ricostruiti i movimenti dei due per capire il livello del cordone sanitario da applicare.[41]

DOMENICA 23 FEBBRAIO – 11 comuni del Nord Italia vengono dichiarati zona rossa.

Con tre decessi e 149 casi positivi, l'Italia diventa il terzo paese al mondo per numero di contagi dopo la Cina e la Corea del Sud.

[40] https://www.ilfattoquotidiano.it/2020/03/23/coronavirus-limmunoinfettivologo-atalanta-valencia-del-19-febbraio-e-stato-un-megafono-per-la-diffusione-del-contagio/5746112/

[41] https://corrieredelveneto.corriere.it/padova/cronaca/20_febbraio_21/padova-coronavirus-due-pazienti-positivi-test-4f14a28a-54ca-11ea-9c29-418c850a7a9c.shtml

In Veneto, i casi di Coronavirus salgono a 25. Presso l'unità di crisi a Marghera, il governatore del Veneto Luca Zaia dichiara: «Abbiamo firmato con il ministro Speranza l'ordinanza con la quale vengono bloccate, Carnevale di Venezia compreso, tutte le manifestazioni pubbliche, private, la chiusura delle scuole e dei musei fino al primo di marzo».[42] A Venezia e a Padova vengono sospese tutte le funzioni religiose, comprese quelle del Mercoledì delle Ceneri.
I sindaci dei sei comuni dell'Isola di Ischia firmano un'Ordinanza con la quale impongono il divieto di sbarco fino al 9 marzo per i residenti di Lombardia e Veneto, per i cittadini cinesi provenienti dall'aree dell'epidemia e per chi vi abbia soggiornato negli ultimi 14 giorni. L'Ordinanza viene annullata dal prefetto che ha riscontrato un difetto di competenza da parte dei sindaci.

MARTEDÌ 25 FEBBRAIO – Nel mondo si contano oltre 80.000 casi: i numeri fuori dalla Cina superano quelli cinesi.
Viene segnalato il primo caso africano, in Algeria.
L'OMS presenta il primo Rapporto della missione congiunta tra OMS e Cina sulla COVID-19.
Il professor Didier Raoult, direttore dell'Istituto ospedaliero universitario Méditerranée Infection di Marsiglia, nel corso di una conferenza propone di seguire l'esempio cinese e di utilizzare la clorochina per il trattamento dei pazienti COVID:

> La clorochina è efficace contro i Coronavirus! Con 500 mg di clorochina al giorno, per 10 giorni, c'è un miglioramento spettacolare ed è raccomandata per tutti i casi clinicamente positivi al Coronavirus cinese. Si tratta di una notizia eccellente. L'infezione respiratoria è probabilmente la più semplice da curare tra tutte. E la meno cara.[43]

Ha inizio la 'guerra' alla clorochina e all'idrossiclorochina.

GIOVEDÌ 27 FEBBRAIO – In Lombardia, vengono prolungate di una settimana le misure preventive di contenimento messe

[42] https://tg24.sky.it/cronaca/2020/02/23/coronavirus-italia-carnevale-venezia-stop

[43] https://www.dailymotion.com/video/x7tmo1j

in atto domenica 23 febbraio. Massimo Galli, ordinario di malattie infettive all'Università degli Studi di Milano e primario del reparto di Malattie infettive dell'Ospedale Sacco parla di un'emergenza ospedali:

> Siamo in una situazione in cui gran parte dei letti di rianimazione nei nostri ospedali sono occupati da pazienti positivi al Coronavirus [...] e tutto questo si sovrappone a una routine messa in crisi da una realtà del genere. Alcuni ospedali [...] sono veramente in grave crisi: Lodi e Cremona sono sovraccarichi di pazienti.[44]

Scoppia l'emergenza a Lodi.
Il direttore generale dell'OMS si dichiara preoccupato per il: «Continuo aumento nel numero dei casi» ma sottolinea che è: «Possibile contenere il virus con azioni forti». Annuncia i primi contagi in: «Danimarca, Estonia, Lituania, Paesi Bassi, Nigeria» precisando che «Tutti hanno legami con l'Italia».[45]
Le compagnie aeree annullano i voli da e per l'Italia.

VENERDÌ 28 FEBBRAIO – Viene pubblicato un Rapporto della missione congiunta OMS-Cina. Tra i soggetti maggiormente a rischio di contagio della malattia in forma grave, vengono enumerate le persone con età superiore ai 60 anni, quelle che presentano condizioni pregresse quali ipertensione, diabete, malattie cardiovascolari, malattie respiratorie croniche e cancro. Si legge:

> Il tasso di mortalità aumenta con l'età, con la più alta mortalità tra le persone di età superiore agli 80 anni (CFR 21,9%). Il CFR [Tasso di mortalità di caso, *Nota dell'Autore*] è più alto tra i maschi rispetto alle femmine (4,7% contro 2,8%). [...] i pazienti che non hanno riportato condizioni di comorbidità avevano un CFR dell'1,4%, i pazienti con condizioni di comorbilità avevano tassi molto più alti: 13,2% per quelli con malattie cardiovascolari, 9,2% per diabete, 8,4% per

[44] https://www.milanotoday.it/attualita/coronavirus/aggiornamenti-lombardia-zona-rossa-28-febbraio-.html

[45] https://tg24.sky.it/salute-e-benessere/2020/02/28/coronavirus-oms

ipertensione, 8,0% per malattie respiratorie croniche e 7,6 % per il cancro.[46]

Con una disposizione del Consiglio Federale svizzero, viene cancellato il 90° Salone dell'Auto di Ginevra, che si sarebbe dovuto tenere dal 5 al 15 marzo. Vengono inoltre annullate in Svizzera tutte le manifestazioni con più di 1.000 partecipanti.[47]

GIOVEDÌ 29 FEBBRAIO – L'OMS rilascia le linee guida per la quarantena in funzione del contenimento della COVID-19.

DOMENICA 1° MARZO – Un DPCM istituisce delle 'zone rosse' (10 in Lombardia e una in Veneto), i cui confini sono sigillati in ingresso e in uscita. In queste zone sono vietate le manifestazioni e gli eventi di qualsiasi natura; chiuse tutte le scuole, i musei e altri luoghi di cultura; chiusi i pubblici uffici nonché le attività commerciali e lavorative (salvo i casi di pubblica utilità); sospesi i servizi di trasporto per le merci e le cose. Una forma meno stringente viene applicata anche nel resto di Lombardia e Veneto, in Emilia Romagna, nonché nelle province di Savona e di Pesaro e Urbino.[48]

LUNEDÌ 2 MARZO – L'OMS dichiara lo stato di emergenza sanitaria globale.

MARTEDÌ 3 MARZO – L'OMS lancia un appello ai Governi e alle aziende per aumentare del 40% la produzione di dispositivi di protezione personale, al fine di fronteggiare la crescente domanda a livello mondiale.
L'OMS sbarca sul social (cinese) Tik Tok e lancia una nuova forma di saluto: vietata la stretta di mano, al via il saluto con

[46] https://www.who.int/publications/i/item/report-of-the-who-china-joint-mission-on-coronavirus-disease-2019-(covid-19)

[47] https://www.ansa.it/canale_motori/notizie/attualita/2020/02/28/coronavirus-stop-salone-auto-ginevra_56899f32-6fe3-44ed-8e12-a3517c1852aa.html

[48] DPCM, 1° marzo 2020, n.20A01381, in materia di: "*Ulteriori disposizioni attuative del decreto-legge 23 febbraio 2020, n. 6, recante misure urgenti in materia di contenimento e gestione dell'emergenza epidemiologica da CO-VID-19*".

i piedi e i gomiti. Qualcuno dalla Cina assicura: «Presto diventerà un saluto mondiale».[49]
Per combattere la diffusione di notizie non vagliate (infodemia), la comunicazione scientifica diventa 'virale'.

MERCOLEDÌ 4 MARZO – Con un DPCM, al fine di applicare in modo uniforme sull'intero territorio italiano i provvedimenti già adottati, vengono sospesi i congressi, le riunioni, gli eventi sociali, le manifestazioni, gli spettacoli... ma, soprattutto, i servizi educativi per l'infanzia e le attività didattiche nelle scuole di ogni ordine e grado, nonché la frequenza delle attività scolastiche e di formazione superiore.[50]
Il Ministero tedesco per gli Affari economici e per l'Energia approva un ordine per il quale: «Le esportazioni all'estero di materiale medico protettivo (mascherine, guanti, tute protettive ecc.) sono proibite».[51]
In Iran, per contrastare la diffusione del nuovo Coronavirus nell'intero Paese e in luoghi critici come le prigioni sovraffollate, le autorità dispongono la scarcerazione temporanea di circa 54mila detenuti. Il portavoce della magistratura Gholamhossein Esmaili riferisce che le persone rilasciate potranno uscire dalla cella solo dopo aver effettuato un test che ne determini la negatività alla COVID-19 e previo deposito di una cauzione. Il provvedimento non riguarda però i detenuti per «questioni di sicurezza» che sono stati condannati a cinque o più anni di prigione.[52]

GIOVEDÌ 5 MARZO 2020 – L'OMS non ha ancora dichiarato la pandemia, ma i mercati finanziari corrono ai ripari ricorrendo ai cosiddetti Cat-Bond (Catastrophe Bond), obbligazioni istituite dalla Banca mondiale per finanziare il Pandemic

49 https://www.leggo.it/esteri/news/coronavirus_saluto_piedi_niente_stretta_mano-5088814.html

50 DPCM 4 marzo 2020, n. 20A01475, in materia di: "*Ulteriori disposizioni attuative del decreto-legge 23 febbraio 2020, n. 6, recante misure urgenti in materia di contenimento e gestione dell'emergenza epidemiologica da COVID-19, applicabili sull'intero territorio nazionale*".

51 https://www.bundesgesundheitsministerium.de/weiterere-beschluesse-krisenstab-bmi-bmg.html

52 http://www.asianews.it/notizie-it/(Medio-Oriente,Iran)-Teheran-scarcera-migliaia-di-detenuti-per-contrastare-la-diffusione-del-coronavirus-49460.html

Emergency Financing Facility (PEF), uno strumento pensato per incanalare i finanziamenti ai Paesi in via di sviluppo a rischio di pandemia:

> Il meccanismo è perverso: per reperire fondi si istituiscono degli strumenti finanziari che rendono moltissimo con tassi di interesse fino all'11 per cento. Gli investitori, fondi pensioni, assicurazioni, grandi investitori scommettono sul verificarsi dell'evento: se non si verifica guadagnano moltissimo, altrimenti perdono tutto o parte del loro capitale.[53]

Le condizioni che determinano la vincita o la perdita, a quanto risulta, non dipendono dalla dichiarazione dello stato pandemico, quanto dal raggiungimento di un determinato numero di morti in un dato paese.

VENERDÌ 6 MARZO – Giuseppe Conte, in conferenza stampa a Palazzo Chigi, dichiara:

> In questo momento siamo concentrati ad adottare tutte le misure per ottenere o un effetto di contenimento diretto del virus o di ritardo della diffusione perché abbiamo delle strutture ospedaliere e un sistema sanitario che, per quanto eccellente ed efficiente, rischia di andare in sovraccarico.[54]

SABATO 7 MARZO – L'OMS dichiara che nel mondo si sono raggiunti i 100.000 contagi confermati, invitando i paesi a mettere in pratica misure di contenimento.

DOMENICA 8 MARZO – Il presidente del Consiglio, Giuseppe Conte, annuncia la chiusura della Lombardia e di 14 province tra Veneto, Emilia Romagna e Piemonte.[55]

[53] https://www.ilfattoquotidiano.it/in-edicola/articoli/2020/03/05/scommettere-sulla-pandemia-con-i-cat-bond/5726156/

[54] https://www.ilsole24ore.com/radiocor/nRC_04.03.2020_19.13_60038973?refresh_ce=1

[55] DPCM 8 marzo 2020, n. 20A01522, recante: "*Ulteriori disposizioni attuative del decreto legge 23 febbraio 2020, n.6, recante misure urgenti in materia di contenimento e gestione dell'emergenza epidemiologica da Covid-19*".

LUNEDÌ 9 MARZO – Con il DPCM del 9 marzo, le misure del Decreto del Presidente dell'8 marzo vengono estese all'intero territorio nazionale. Le disposizioni producono effetto dal 10 marzo 2020 e saranno efficaci fino al 3 aprile 2020.
Ad annunciarlo in televisione è lo stesso presidente Conte:

> Sto per firmare un provvedimento che potrei definire così: *#iorestoacasa*. Non ci saranno più "zona rossa" o "zona 1 e zone 2", ci sarà solo l'Italia zona protetta. Saranno quindi da evitare spostamenti su tutto il territorio nazionale a meno che non siano motivati da ragioni di lavoro, necessità o salute. Estenderemo tutte le misure già previste dal Dpcm dello scorso 8 marzo su tutto il territorio nazionale. Inoltre – ha concluso Conte – aggiungiamo anche un divieto degli assembramenti sia all'aperto che nei locali chiusi. Sono costretto ad intervenire in maniera decisa per tutelare la salute dei tutti e in particolare quella dei più fragili.[56]

Viene introdotta la prima autodichiarazione per lo spostamento dell'era COVID, incoronata dalla solenne dicitura: «Dichiara sotto la propria responsabilità...» Seguiranno quelle del 17, 23 e 26 marzo; e quelle del 4 e 18 maggio.
I penitenziari italiani sono in preda a disordini: i detenuti chiedono l'amnistia, temendo il contagio all'interno delle strutture; protestano contro le restrizioni ai colloqui con i parenti.
La rivolta del carcere di Modena causa nove morti. Tre le vittime nel carcere di Rieti. Durante i disordini evadono dal carcere di Foggia 77 detenuti, tra cui persone vicine alla mafia garganica e un condannato per omicidio.[57] La Procura di Milano apre un'indagine a carico di ignoti per devastazione, saccheggio e resistenza, in relazione alla rivolta dei detenuti di San Vittore.[58]

56 http://www.salute.gov.it/portale/nuovocoronavirus/dettaglioNotizieNuovoCoronavirus.jsp?lingua=italiano&menu=notizie&p=dalministero&id=4184

57 https://bari.repubblica.it/cronaca/2020/03/10/news/coronavirus_evasione_di_massa_dal_carcere_di_foggia_23_ancora_ricercati_11_arrestati_nella_notte-250821891/

58 https://www.ilfattoquotidiano.it/2020/03/10/coronavirus-carceri-in-rivolta-altri-3-detenuti-morti-a-rieti-nuove-proteste-a-siracusa-e-caserta-a-

Con il Decreto n. 14 del 9 marzo, il Governo costituisce le USCA, (Unità Speciali di Continuità Territoriale) che tutte le Regioni e Province autonome devono attivare entro dieci giorni.[59]

MARTEDÌ 10 MARZO – L'Italia entra in *lockdown*.

Il sito Viaggiare Sicuri della Farnesina, annuncia che il Portogallo mette in atto la sospensione del traffico aereo con l'Italia per 14 giorni.

L'amministrazione doganale svizzera annuncia la chiusura di nove valichi secondari al confine con l'Italia.

Come annunciato dal cancelliere Sebastian Kurz, viene chiuso il Brennero. Potranno raggiungere l'Austria solamente gli automobilisti in possesso di un certificato medico, che dovranno poi sottoporsi a un auto-isolamento di due settimane.

Il governo australiano estende all'Italia il divieto di ingresso, già in vigore per i viaggiatori provenienti da Cina, Corea del Sud e Iran.

MERCOLEDÌ 11 MARZO – L'OMS dichiara lo stato di pandemia. Il capo dell'OMS nel corso della conferenza stampa quotidiana da Ginevra dichiara:

> Nelle ultime due settimane [...] il numero di casi di COVID-19 al di fuori della Cina è aumentato di 13 volte e il numero di paesi colpiti è triplicato, ci sono più di 118.000 casi in 114 paesi e 4.291 persone hanno perso la vita. Altre migliaia stanno lottando per la propria vita negli ospedali.[60]

Il presidente Trump si rivolge per la prima volta alla Nazione in merito alla COVID-19, lodando la risposta americana,

foggia-evasione-di-massa-23-ricercati-la-procura-di-milano-apre-inchiesta-sulla-sommossa-a-san/5730183/

59 Decreto Legge, 9 marzo 2020, n. 14, recante "*Disposizioni urgenti per il potenziamento del Servizio sanitario nazionale in relazione all'emergenza COVID-19*".

60 http://www.salute.gov.it/portale/nuovocoronavirus/dettaglioNotizieNuovoCoronavirus.jsp?lingua=italiano&menu=notizie&p=dalministero&id=4209

che ha consentito: «Molti meno casi negli Stati Uniti che in Europa».[61]
Nel Regno Unito parte la sperimentazione del vaccino anti-COVID. A Londra si cercano 24 volontari per farsi infettare da due diversi ceppi di virus simili al COVID-19, per 3.500 sterline: l'annuncio è apparso sul sito inglese di Hvivo, società che gestisce un'unità di quarantena nella zona di East London.[62]
In Italia, per fronteggiare la crisi ospedaliera e invertire l'immobilismo della Sanità territoriale, la direzione dell'Ospedale di Piacenza forma squadre di intervento rapido a domicilio, interrompendo il circolo vizioso che conduce a ricoveri tardivi. Il dottor Luigi Cavanna, primario di Oncologia ed Ematologia dell'ospedale, segue in quei giorni oltre 270 pazienti a domicilio. Solo il 5% viene ospedalizzato. Non si registra alcun decesso.

VENERDÌ 13 MARZO – L'Europa è ufficialmente il centro dell'epidemia COVID-19.
Entra in vigore il divieto di viaggio dai 26 paesi europei che fanno parte dell'area Schengen verso gli Stati Uniti, esclusi quelli provenienti dalla Gran Bretagna.
Su Sky News, sir Patrick Vallance dichiara: «Il 60% dei britannici dovrà contrarre la COVID-19 per sviluppare l'immunità di gregge» aggiungendo che: «Il virus è stagionale e tornerà anche il prossimo inverno. Per questo è importante sviluppare un'immunità di gregge, per tenere sotto controllo il virus a lungo termine».[63]
Il Governo di Pechino accusa gli Stati Uniti d'America di aver portato il Coronavirus in Cina durante i Giochi Mondiali Militari di Wuhan: «È possibile che sia stato l'Esercito americano a portare l'epidemia a Wuhan».[64]

[61] https://www.ilsole24ore.com/art/da-macron-regina-elisabetta-il-coronavirus-filo-diretto-leader-la-nazione-ADqTFoJ

[62] https://www.fanpage.it/esteri/coronavirus-a-londra-si-cercano-volontari-per-farsi-infettare-per-3500-sterline-corsa-al-vaccino/

[63] https://www.repubblica.it/esteri/2020/03/13/news/coronavirus_il_60_dei_britannici_dovra_contrarre_il_covid19_per_sviluppare_l_immunita_di_gregge_-251163099/

[64] https://europa.today.it/attualita/cina-accusa-trump-coronavirus.html

Il Parlamento della Danimarca approva all'unanimità una legge di emergenza sul Coronavirus che conferisce alle autorità sanitarie il potere di obbligare, con il sostegno della polizia, le persone a sottoporsi a test, cure e quarantena. Pur non essendoci ancora nessun vaccino, viene previsto che le autorità potranno costringere i danesi a vaccinarsi. La legge rimarrà in vigore fino a marzo 2021.[65]

SABATO 14 MARZO – La Spagna dichiara lo stato di allarme: dal giorno successivo sono vietati gli spostamenti non strettamente necessari. Si può uscire soltanto per fare la spesa o per recarsi al lavoro. Gli italiani bloccati in Spagna cercano di rientrare nel loro paese.
Gli studi di Hollywood vengono chiusi.

LUNEDÌ 16 MARZO – In seguito all'incremento, nelle tre Regioni italiane maggiormente colpite, di posti letto occupati in terapia intensiva (pari al 75%) e in area medica COVID-19 (pari al 700%) viene reso necessario: «Sospendere le attività di ricovero ospedaliero, ad eccezione di quelle considerate non procrastinabili».[66]
La città di San Francisco impone ai residenti di gran parte della regione della baia di restare a casa per le tre settimane seguenti e di mantenere il distanziamento interpersonale per fermare la diffusione del virus. L'Ordinanza coinvolge sei contee, per un totale 6,7 milioni di cittadini.
A New York, Bill de Blasio chiude cinema, teatri, locali notturni e impone ai ristoranti e ai caffè di lavorare solo tramite le consegne a domicilio;
Los Angeles adotta le stesse misure;
A Las Vegas vengono chiusi i casinò per almeno due settimane.
Nel New Jersey viene proclamato un coprifuoco dalle 20 alle 5.

[65] https://www.thelocal.dk/20200313/denmark-passes-far-reaching-emergency-coronavirus-law

[66] Circolare ministeriale, 25 marzo 2020, n. 7865, in materia di: "*Trasmissione Linee di indirizzo per la rimodulazione dell'attività programmata differibile in corso di emergenza da COVID-19*".

MARTEDÌ 17 MARZO – Dopo la decisione di tenere aperte le urne per le elezioni municipali, il presidente francese Emmanuel Macron, in diretta Tv alle otto di sera, dichiara: «Siamo in guerra, vinceremo». Annuncia una una serie di restrizioni secondo quello che viene definito il 'modello italiano', chiedendo ai francesi di rispettare il confinamento per 15 giorni.[67]
Su proposta della Francia, la UE chiude le frontiere esterne dell'area Schengen per 30 giorni. In una riunione straordinaria del Consiglio Europeo viene proposto il blocco degli ingressi nel territorio UE.
La Commissione UE offre fino a 80 milioni di euro di sostegno finanziario a CureVac, uno sviluppatore di vaccini tedesco. L'avvio dei test è previsto a partire dal mese di giugno.[68]

MERCOLEDÌ 18 MARZO – Le immagini di Bergamo sconvolgono il mondo: una lunga colonna di mezzi militari trasportano le bare dal camposanto della 'Wuhan italiana' verso i forni crematori di altre regioni.
Il presidente della Lombardia, Attilio Fontana, dichiara: «Purtroppo i numeri del contagio non si riducono, continuano ad essere alti. Fra poco non saremo più nelle condizioni di dare una risposta a chi si ammala».[69]
Un *team* di medici cinesi sbarca a Milano Malpensa: «La situazione dell'epidemia in Italia è molto grave. Il numero di contagi è molto grande. Va aumentato il livello di prevenzione e controllo» dichiara il capo della delegazione in merito alla situazione del nostro paese.[70]
Per la prima volta in 14 anni di mandato, Angela Merkel si rivolge alla nazione dalla Tv: non per imporre il *lockdown*

[67] https://www.lastampa.it/esteri/2020/03/16/news/macron-dalle-12-di-domani-le-frontiere-ue-saranno-chiuse-1.38601224

[68] https://www.lastampa.it/esteri/2020/03/17/news/l-europa-si-chiude-nei-suoi-confini-macron-siamo-in-guerra-vinceremo-1.38601532?refresh_ce

[69] https://milano.repubblica.it/cronaca/2020/03/18/news/coronavirus_lombardia_milano_notizie-251592044/

[70] https://video.lastampa.it/cronaca/team-di-medici-cinesi-arriva-a-milano-la-situazione-e-molto-grave/111550/111549

alla Germania ma per sottolineare quanto la COVID sia «una cosa seria» e di conseguenza ad «affrontarla seriamente».[71]

GIOVEDÌ 19 MARZO – Negli Stati Uniti raddoppia il numero di casi di COVID-19: si registrano 13.133 persone contagiate e 193 vittime.
Gavin Newsom, governatore della California, impone a tutta la popolazione (circa 40 milioni di persone) di restare a casa.
Trump cancella il G7 che avrebbe dovuto tenersi nel mese di giugno a Camp David.
Per la prima volta da mesi, in Cina non si registrano nuovi casi di contagio interni. Ora il paese teme i contagi da ritorno, che raggiungono quota 189, 41 dei quali legati all'Italia.[72]
In Germania si sfiora gli 11.000 casi: in un solo giorno si sono contati 2.801 nuovi contagi.[73]
Australia e Nuova Zelanda chiudono i confini agli stranieri.

VENERDÌ 20 MARZO – Con un'Ordinanza, il Ministero della Salute italiano vieta tra le altre cose: l'accesso del pubblico ai parchi, alle ville, alle aree gioco e ai giardini pubblici; lo svolgimento di attività ludica o ricreativa all'aperto. Resta consentito svolgere individualmente attività motoria in prossimità della propria abitazione.[74]
La Società Italiana di Medicina Ambientale, l'Università Alma Mater Studiorum di Bologna e l'Università degli Studi di Bari Aldo Moro, pubblicano la *Relazione circa l'effetto dell'inquinamento da particolato atmosferico e la diffusione di virus nella popolazione.*[75] Si legge negli *Elementi di conoscenza scientifica*:

[71] https://www.ilsole24ore.com/art/da-macron-regina-elisabetta-il-coronavirus-filo-diretto-leader-la-nazione-ADqTFoJ

[72] https://www.lastampa.it/esteri/2020/03/19/news/in-cina-nessun-nuovo-caso-di-contagio-interno-1.38611283

[73] *Ivi.*

[74] Ordinanza del Ministero della Salute, 20 marzo 2020, 20A01797, recante: "*Ulteriori misure urgenti in materia di contenimento e gestione dell'emergenza epidemiologica da COVID-19, applicabili sull'intero territorio nazionale*".

[75] https://www.simaonlus.it/wpsima/wp-content/uploads/2020/03/COVID19_Position-Paper_Relazione-circa-l'effetto-dell'inquinamento-da-

> Riguardo agli studi sulla diffusione dei virus nella popolazione vi è una solida letteratura scientifica che correla l'incidenza dei casi di infezione virale con le concentrazioni di particolato atmosferico [...] È noto che il particolato atmosferico funziona da carrier, ovvero da vettore di trasporto, per molti contaminanti chimici e biologici, inclusi i virus.[76]

Lo studio giunge alle seguenti conclusioni:

> Si evidenzia come la specificità della velocità di incremento dei casi di contagio che ha interessato in particolare alcune zone del Nord Italia potrebbe essere legata alle condizioni di inquinamento da particolato atmosferico che ha esercitato un'azione di carrier e di boost. Come già riportato in casi precedenti di elevata diffusione di infezione virale in relazione ad elevati livelli di contaminazione da particolato atmosferico, si suggerisce di tenere conto di questo contributo sollecitando misure restrittive di contenimento dell'inquinamento.[77]

SABATO 21 MARZO – Con una Circolare, il DAP (Dipartimento dell'Amministrazione Penitenziaria) segnala ai giudici di sorveglianza di monitorare i detenuti affetti da una serie di patologie e quelli *over* 70. Di fatto questa Circolare permette a quasi 400 detenuti, tra cui boss mafiosi al 41bis e *narcos*, di ottenere un differimento della pena con detenzione domiciliare. Chiedono misure alternative al carcere, tra gli altri, Franco Bonura (considerato il colonnello di Bernardo Provenzano) e Pasquale Zagaria (ritenuto la mente economica del clan dei Casalesi).

DOMENICA 22 MARZO – Narendra Modi, primo ministro indiano, per contrastare l'avanzata della COVID-19, impone all'intero paese un coprifuoco di 14 ore, dalle 7 alle 21. I media di tutto

particolato-atmosferico-e-la-diffusione-di-virus-nella-popolazione.pdf

[76] *Ivi.*

[77] *Ivi.*

il mondo parleranno: «Dell'esercitazione da lockdown più grande al mondo».[78]

LUNEDÌ 23 MARZO – In Gran Bretagna si contano più di 6.600 contagi. Boris Johnson ordina la chiusura di tutte le attività non essenziali e invita il paese a: «Un enorme sforzo collettivo» per battere il «nemico invisibile». Esorta gli inglesi: «Dovete restare a casa».[79]
La cancelliera tedesca Angela Merkel si mette in auto-quarantena dopo essere entrata in contatto con una persona risultata positiva al Coronavirus.
L'OMS in collaborazione con la FIFA, lancia la campagna di sensibilizzazione *Passa il messaggio per eliminare il coronavirus*, che si pone l'obiettivo di fornire consigli pratici e misure per contenere la COVID-19. Alla campagna aderiscono 28 tra i più celebri calciatori e calciatrici mondiali, tra cui l'ex capitano azzurro Gigi Buffon.

MARTEDÌ 24 MARZO – Il Presidente del CIO e il Primo Ministro del Giappone convengono che i Giochi della XXXII Olimpiade di Tokyo debbano essere riprogrammati a una data successiva al 2020, ma non oltre l'estate del 2021. La Fiamma olimpica rimane in Giappone.[80]
Nel mondo il numero dei casi registrati raggiunge cifra 375.000.
Narendra Modi, primo ministro indiano, annuncia ai propri concittadini – circa 1,3 miliardi di persone – che dovranno: «Dimenticare cosa significa uscire di casa [...] un solo passo fuori dalle vostre case, può portare il coronavirus nella vostra famiglia».[81]
Il *lockdown* causerà una delle più grandi migrazioni umane del subcontinente indiano.

78 https://www.repubblica.it/esteri/2020/03/22/news/india_prova_lockdown_piu_grande_mondo-251981011/

79 https://www.ilsole24ore.com/art/coronavirus-l-inversione-u-boris-johnson-tutti-casa-negozi-chiusi-ADtYnRF

80 https://www.coni.it/it/news/primo-piano/17054-i-giochi-olimpici-estivi-di-tokyo-rinviati-al-2021.html

81 https://www.lifegate.it/coronavirus-india-confinamento

GIOVEDÌ 26 MARZO – *America First*: gli Stati Uniti sono ufficialmente il primo Paese al mondo per numero di contagi. Secondo i dati del "New York Times" si contano 81.321, contro i 80.539 italiani.[82]

SABATO 28 MARZO – La rivista "Lancet" pubblica l'articolo *COVID-19 and the NHS–"a national scandal"* nel quale viene evidenziato il fallimento della strategia messa in atto dal Governo britannico.[83]
McMichael et Al. pubblicano sul "The New England Journal of Medicine" l'articolo *Epidemiology of COVID-19 in a Long-Term Care Facility in King County, Washington*, giungendo alle seguenti conclusioni: «Il tasso di mortalità per i residenti [nelle strutture di lunga degenza dovuti alla COVID-19, *Nota dell'Autore*] è stato del 33,7% (34 su 101)».[84]

DOMENICA 29 MARZO – La Spagna entra in *lockdown* totale.

LUNEDÌ 30 MARZO – Mosca viene messa in *lockdown*. Ne uscirà solamente il 9 giugno, quando balzerà al terzo posto nella classifica dei paesi con più casi al mondo, dopo Stati Uniti e Brasile.
Il SARS-COV-2 si diffonde a bordo della portaerei USS Theodore Roosevelt dopo che, il 24 marzo, la nave aveva fatto sosta nel porto vietnamita di Da Nang. A bordo ci sono 4.000 uomini, 150-200 dei quali contagiati.
Il Capitano Brett Crozier chiede il permesso di evacuare tutti i marinai non essenziali e di disinfettare la nave ormeggiata nel porto di Guam. Scrive: «Non siamo in guerra. I marinai non devono morire». La lettera, riservata, viene pubblicata dal quotidiano "San Francisco Chronicle" e, alla fine, i soldati vengono fatti sbarcare. Tre giorni dopo, il 2 aprile, il capitano Crozier verrà licenziato.[85]

[82] https://www.repubblica.it/esteri/2020/03/26/news/coronavirus_gli_stati_uniti_primo_paese_al_mondo_per_numero_di_contagi_81_321_superata_l_italia-252416762/

[83] https://www.thelancet.com/journals/lancet/article/PIIS0140-6736(20)30727-3/fulltext

[84] https://www.nejm.org/doi/full/10.1056/NEJMoa2005412

[85] https://www.corriere.it/esteri/20_marzo_31/coronavirus-allarme-roosevelt-miei-marinai-non-devono-morire-1dc08c56-7385-11ea-bc49-

MARTEDÌ 31 MARZO – L'OMS pubblica un'*Allerta prodotti* per mettere in guardia i consumatori e le autorità sanitarie contro il numero crescente di prodotti medici che pretendono di prevenire, trattare o guarire la COVID-19.
Viene inaugurato l'Ospedale alla Fiera di Milano: la più grande terapia intensiva d'Italia, con circa 200 posti letto per i pazienti COVID-19. Costato oltre 20 milioni di euro, raccolti con donazioni private, ospiterà 25 pazienti e finirà al centro di un'indagine conoscitiva della Procura in seguito a un esposto dell'ADL COBAS Lombardia. Il costo di ogni singola degenza, nella prima ondata dell'epidemia, si aggira intorno ai 840mila euro.
In seguito ai risultati incoraggianti ottenuti da un gruppo di medici 'disobbedienti', l'Agenzia italiana del Farmaco consente l'utilizzo della clorochina per i casi sospetti di COVID.[86]

MERCOLEDÌ 1° APRILE – L'OMS pubblica le *Recommendations to Member States to improve hand hygiene practices to help prevent the transmission of the COVID-19 virus*, ribadendo l'importanza centrale di lavarsi le mani nella strategia di contrasto alla COVID.[87]

GIOVEDÌ 2 APRILE – L'Inghilterra registra più di un milione di contagi e oltre 50.000 morti.
Boris Johnson risulta positivo al tampone.
I decessi in Spagna superano i 950 in un solo giorno, il più alto mai registrato.
Nell'ultima settimana 6,6 milioni di americani hanno chiesto il sussidio di disoccupazione.
Vengono allestiti ospedali da campo nel Central Park di New York, mentre camion refrigerati vengono utilizzati per immagazzinare i morti. Trump dichiara al Paese che le prossime saranno: «Due settimane molto, molto dolorose».

338bb9c7b205.shtml

86 https://www.panorama.it/news/salute/i-medici-useremo-la-clorochina-parte-la-raccolta-firme

87 https://www.who.int/publications/i/item/recommendations-to-member-states-to-improve-hand-hygiene-practices-by-providing-universal-access-to-public-hand-hygiene-stations-to-help-prevent-the-transmission-of-the-covid-19-virus

Anthony Fauci e Deborah Birx, due tra i massimi esperti della *Task Force* USA contro la COVID-19, sottolineano come le restrizioni funzionino: «Come sta dimostrando il caso dell'Italia, dove la curva della diffusione del coronavirus comincia a scendere».[88]
L'OMS segnala la trasmissione da individui sintomatici, presintomatici e asintomatici infettati da COVID-19, osservando che la trasmissione da un caso presintomatico può verificarsi prima che compaiano i sintomi.

SABATO 4 APRILE – Il bollettino quotidiano della Johns Hopkins University annuncia che nel mondo si sono superati il milione di contagi e le vittime salgono a 60.115. La Spagna supera l'Italia per numero di contagi e negli Stati Uniti si raggiunge il record di 1.480 persone decedute in una sola giornata. Invocando il *Defense Production Act*, Trump vieta l'esportazione di mascherine e guanti chirurgici, pur dichiarando volontario l'uso della mascherina.[89]
In Italia, per la prima volta dopo settimane, il numero dei ricoverati inizia a decrescere. I dati ufficiali diffusi dal Dipartimento della Protezione Civile segnalano che i morti nelle ultime 24 ore è pari a 525, il più basso dal 19 marzo.
9.284 sono invece le persone sanzionate per aver infranto i divieti sugli spostamenti, 54 le persone denunciate per aver violato la quarantena, 173 i titolari di attività o esercenti sanzionati, 27 le attività chiuse.[90]
In Lombardia, con un'Ordinanza viene imposto di usare mascherine o «protezioni per naso e bocca, come foulard o sciarpe» a chiunque esca di casa. L'obbligo entrerà in vigore da domenica 5 aprile e rimarrà attivo almeno fino a domenica 13.[91]

88 https://www.huffingtonpost.it/entry/saranno-2-3-settimane-molto-dolorose-trump-ora-teme-fino-a-240-mila-morti_it_5e842e59c5b6a1bb764fe7d9

89 https://www.avvenire.it/mondo/pagine/covid-19-mondo-4-aprile-coronavirus

90 *Ivi.*

91 https://www.corriere.it/cronache/20_aprile_04/coronavirus-lombardia-obbligo-indossare-mascherina-35bd150e-768c-11ea-91b2-6c33b390094b.shtml

DOMENICA 5 APRILE – Il "The Guardian" pubblica un articolo intitolato *US surgeon general warns of 'Pearl Harbor moment' as Americans face 'hardest week'*, nel quale si riporta una frase del chirurgo statunitense Jerome Adams rilasciata a NBC News: «La prossima settimana sarà la nostra Pearl Harbor. Sarà il nostro 11 settembre».[92]
Nel frattempo, una tigre ospitata nello zoo del Bronx, a New York, risulta positiva al test: è il primo animale a risultare positivo alla COVID-19 negli USA.[93]
Il premier inglese Boris Johnson viene ricoverato in ospedale e la Regina Elisabetta rivolge un discorso televisivo alla Nazione, facendo appello all'unità, perché: «Uniti vinceremo [e] torneremo a incontrarci».[94]

LUNEDÌ 6 APRILE – L'OMS pubblica le *Raccomandazioni per l'uso della mascherina*, evidenziando come:

> Attualmente non ci sono dati che dimostrino che indossare una mascherina (medica o di altro tipo) da parte di persone sane in spazi collettivi, anche se generalizzata, possa prevenire le infezioni da virus respiratori, tra cui quello della COVID-19. Le maschere mediche dovrebbero essere riservate agli operatori sanitari. Indossare una maschera medica in spazi collettivi può creare un falso senso di sicurezza e portare a trascurare altre misure essenziali come l'igiene delle mani e l'allontanamento fisico, incoraggiare le persone a toccarsi il viso e gli occhi, portare a costi inutili e privando gli assistenti che ne hanno bisogno della maggior parte delle maschere, soprattutto in tempi di carenza.[95]

MARTEDÌ 7 APRILE – Il *lockdown* produce un effetto positivo inaspettato: il miglioramento della qualità dell'aria, dovuto

[92] https://www.theguardian.com/world/2020/apr/05/pearl-harbor-us-surgeon-general-coronavirus-deaths-donald-trump-white-house-briefing

[93] https://www.open.online/2020/04/05/coronavirus-news-mondo-5-aprile/

[94] https://www.ilsole24ore.com/art/da-macron-regina-elisabetta-il-coronavirus-filo-diretto-leader-la-nazione-ADqTFoJ

[95] https://apps.who.int/iris/bitstream/handle/10665/331831/WHO-2019-nCoV-IPC_Masks-2020.3-fre.pdf?sequence=1&isAllowed=y

alle misure restrittive introdotte per diverse attività produttive e al divieto di circolazione.
In Giappone, in risposta all'allarme lanciato dalla comunità medica, il primo ministro Shinzo Abe dichiara lo stato di emergenza per Tokyo, Osaka e altre cinque prefetture. Le misure coinvolgono 56 milioni di persone, circa il 45% della popolazione totale del Paese. Si esclude lo stato di *lockdown* totale.[96]
La Procura della Repubblica di Bergamo apre un fascicolo d'inchiesta contro ignoti, nel quale si ipotizza l'epidemia colposa. Le indagini si concentrano inizialmente sull'ospedale della Val Seriana, per poi estendersi all'incontro di calcio Altalanta-Valencia e alla mancata dichiarazione della Zona Rossa. Infine, sul *Piano pandemico* mai aggiornato.

MERCOLEDÌ 8 APRILE – La Cina registra il suo primo giorno con zero morti.
"The Guardian" pubblica la cronologia della pandemia, intitolata *Coronavirus: i 100 giorni che hanno cambiato il mondo*.[97]

VENERDÌ 10 APRILE – Apple e Google dichiarano di lavorare congiuntamente a una piattaforma comune per il tracciamento dei contatti da Coronavirus e alle app di *contact tracing* per iOS e Android. «Il sistema è stato richiesto da 22 Paesi, tra cui l'Italia, dove la sua ufficializzazione prelude al lancio dell'app *Immuni* previsto entro fine mese, e gli smartphone più diffusi sono Android» scriverà "la Repubblica" in data 20 maggio 2020.[98]

LUNEDÌ 13 APRILE – Nel suo quarto intervento televisivo dall'inizio dell'emergenza COVID-19, il presidente Emmanuel Macron annuncia a rete unificate l'estensione di un mese delle chiusure in Francia.
Pasqua e Pasquetta all'insegna di multe e controlli. Dal sito del Ministero dell'Interno italiano:

96 https://www.dire.it/08-04-2020/444686-coronavirus-in-giappone-il-premier-dichiara-lo-stato-di-emergenza/

97 https://www.theguardian.com/world/ng-interactive/2020/apr/08/coronavirus-100-days-that-changed-the-world

98 https://www.repubblica.it/tecnologia/2020/05/20/news/coronavirus_apple-google_pronto_il_sistema_di_tracciamento-257194505/

Durante il weekend di Pasqua le Forze di polizia hanno rafforzato i controlli su tutte le arterie stradali e ferroviarie per scongiurare gli spostamenti delle persone e mantenere il rispetto delle misure di contenimento contro la diffusione del Covid-19. Nei primi due giorni di Pasqua sono state controllate 582.425 persone e 183.696 attività.
Nella giornata di ieri, 11 aprile, sono state sottoposte a controllo 280.717 persone e sono stati verificati 89.931 tra esercizi commerciali e attività.
Le sanzioni amministrative inflitte ai cittadini che non hanno rispettato le misure di contenimento per l'emergenza Covid-19 sono state 12.514. Sono state denunciate 104 persone per falsa attestazione o dichiarazione e 53 per violazione dell'obbligo di quarantena.
I titolari di esercizi commerciali sanzionati sono stati 179, le chiusure di attività 35.
Nel complesso, dall'11 marzo all'11 aprile 2020, sono state controllate 6.762.858 persone e 2.771.115 attività.[99]

MARTEDÌ 14 APRILE – Il Fondo Monetario Internazionale diffonde le previsioni di primavera, prevedendo una contrazione del PIL italiano del 9,1% e una recessione globale del 3% per l'anno in corso. Nell'Eurozona, si stima una riduzione del PIL del 7,5%.[100]
L'Austria è il primo paese europeo ad allentare gradualmente le misure emergenziali.
Il premier pakistano, Imran Khan annuncia l'estensione della quarantena fino alla fine del mese. Molti fedeli si rifiutano di pregare in casa e si recano nelle moschee. Il presidente Arif Alvi dichiara che chi viola le nuove regole anti-COVID-19 «commette peccato».[101]
L'OMS pubblica un Aggiornamento della Strategia COVID-19, sottolineando come:

[99] https://www.interno.gov.it/it/notizie/quasi-600mila-cittadini-controllati-nei-primi-due-giorni-pasqua

[100] https://www.imf.org/en/Publications/WEO/Issues/2020/04/14/weo-april-2020

[101] http://www.asianews.it/notizie-it/Coronavirus:-Islamabad,-i-fedeli-musulmani-si-rifiutano-di-pregare-in-casa-49869.html

> Il distanziamento fisico e le misure di limitazione del movimento, spesso denominate "misure di contenimento", possono aiutare a frenare la trasmissione della COVID-19 limitando il contatto tra le persone. Tuttavia, queste misure possono avere un profondo impatto negativo su individui, comunità e società, portando alla morte virtuale la vita sociale ed economica. [...] Per i paesi che hanno introdotto misure di distanziamento fisico e limitazione dei movimenti generalizzata a livello di popolazione, è urgente pianificare una transizione graduale verso l'abbandono di queste restrizioni in modo da raggiungere un livello basso e sostenuto di trasmissione e, allo stesso tempo, di consentire il recupero di alcuni settori della vita economica e sociale, garantendo un attento equilibrio tra benefici socioeconomici e rischio epidemiologico.[102]

La fondazione Luigi Einaudi domanda per la prima volta l'accesso ai Verbali del CTS tramite una *Richiesta di accesso civico generalizzato*.[103]
Su Raitre, alla trasmissione "Agora", viene trasmesso il video di un *runner* «calzoncini azzurri e maglietta verde» inseguito da un drone, con tanto di sottofondo musicale (*Cavalcata delle Valchirie*). Un agente che insegue il malcapitato grida: «Si fermi c'è il drone».[104] Il video fa il giro del mondo.

MERCOLEDÌ 15 APRILE – Viene pubblicato sul sito del "New England Journal of Medecine" lo studio *Visualizing Speech-Generated Oral Fluid Droplets with Laser Light Scattering* condotto da Anfinrud et Al., per comprendere i meccanismi responsabili della diffusione della COVID-19 attraverso i *droplet*, le goccioline respiratorie emesse parlando o starnutendo. Lo scopo dello studio è di: «Fornire prove visive dei *droplet* generati dal linguaggio e descrivere qualitativamente l'effetto di un panno umido sulla bocca per frenarne l'emissione».[105]

[102] https://apps.who.int/iris/bitstream/handle/10665/332019/WER9519-185-208-eng-fre.pdf?sequence=1&isAllowed=y

[103] https://www.fondazioneluigieinaudi.it/wp-content/uploads/2020/08/accesso-atti-comitato-tecnico-scientifico-del-14042020.pdf

[104] https://www.youtube.com/watch?v=BcVosvYqqWs

[105] https://www.nejm.org/doi/full/10.1056/NEJMc2007800

GIOVEDÌ 16 APRILE – La CNN dichiara che gli USA indagano sull'ipotesi che la COVID-19 sia uscita dal laboratorio di Wuhan.[106] Il Nobel per la Medicina Luc Montaigner, nel corso di un'intervista al giornale quotidiano audio di "Pourquoi Docteur", dichiara che il SARS-COV-2 sarebbe un virus manipolato, uscito accidentalmente dal laboratorio di Wuhan.[107] Il 31 gennaio, alcuni ricercatori indiani, affiliati all'Indian Institute of Technology (IIT) di New Delhi, analizzando il virus, erano giunti alla medesima conclusione, ma erano stati costretti a ritrattare.
Con un'Ordinanza, il commissario per l'emergenza Domenico Arcuri dispone la stipula del contratto di concessione gratuita della licenza d'uso sul software di *contact tracing* e di appalto di servizio gratuito con la Bending Spoons Spa, la società che ha progettato la app *Immuni*.[108]

DOMENICA 19 APRILE – Con un grafico animato pubblicato su YouTube, il "The Guardian" mostra il drammatico impatto che i blocchi dovuti alla COVID hanno avuto sul traffico aereo. Eurocontrol, società che gestisce le reti di volo europee, afferma che: «I più grandi aeroporti del continente registrano il 90% di voli in meno rispetto ad aprile 2019».[109]

LUNEDÌ 20 APRILE – Per la prima volta nella Storia, il WTI (il greggio prodotto in Texas, riferimento per il mercato americano) crolla sotto un dollaro al barile, accusando una flessione vicina al 95 per cento e chiude addirittura in territorio negativo.[110]
Alla trasmissione "Lavori in corso", di Radio Radio, il professor Giuseppe De Donno, primario del reparto Terapia

[106] https://www.ansa.it/sito/notizie/flash/2020/04/16/-coronaviruscnnusa-indagano-ipotesi-laboratorio-wuhan-_ee2c9345-190a-483a-b692-5fc021b3988d.html

[107] https://www.pourquoidocteur.fr/Articles/Question-d-actu/32190-EXCLUSIF-La-these-d-un-virus-manipule-echappe-d-un-laboratoire-chinois-pavemare-Pr-Luc-Montagnier

[108] http://www.salute.gov.it/portale/nuovocoronavirus/dettaglioNotizieNuovoCoronavirus.jsp?id=4513

[109] https://www.youtube.com/watch?v=lOVP203c4Gw

[110] https://www.repubblica.it/economia/2020/04/20/news/borsa_20_aprile_2020-254497907/

Intensiva Respiratoria dell'Ospedale Carlo Poma di Mantova, riporta i risultati della cura sperimentale sui pazienti COVID con il 'plasma di convalescenza':

> Il plasma, in questo momento, è l'unico farmaco specifico contro il COVID. Non ce ne sono altri. È, cioè, l'unico farmaco che agisce utilizzando le sostanze bioumorali presenti nel sangue dei guariti e usando gli anticorpi diretti contro il coronavirus. In pratica, è come se noi inoculassimo nei pazienti malati un vaccino che ha fatto il suo effetto dopo 20 giorni. Il plasma, quindi, è un qualcosa di molto più potente di un vaccino. [111]

Intervengo i NAS per indagare sulle ricerche di farmaci utilizzati *off-label.* Numerosi scienziati si dimostrano poco entusiasti nei confronti della terapia con il plasma. Il prof. Burioni attacca: «Cura al plasma costosa». Il prof. De Donno risponde:

> Il Prof. Burioni forse ha fatto male i conti. Il plasma è gratuito perché viene donato dal popolo e torna al popolo. Noi abbiamo fatto due conti per capire quanto può costare una sacca di plasma da 600 ml e costa circa 160 euro con tutto: spese del personale, il percorso per purificare il sangue, il costo della sacca di plastica, cioè tutto quello che serve per produrre una sacca. Per cui un'aliquota da 300 ml costa circa 80 euro, 82,50 per la precisione, e io penso che spendere 82,50 euro per salvare una vita vuol dire avere un costo quasi gratuito. [112]

MARTEDÌ 21 APRILE – Il Cancer Center UK pubblica l'articolo *How coronavirus is impacting cancer services in the UK*, nel quale il capo clinico, prof. Charles Swanton, dichiara: «Questa pandemia sta avendo un forte impatto sui pazienti con cancro

[111] https://www.ilfattoquotidiano.it/2020/04/21/coronavirus-professor-de-donno-plasma-unico-farmaco-e-molto-piu-potente-di-un-vaccino-e-difende-ricciardi-da-attacchi-politici/5777181/

[112] https://www.radioradio.it/2020/05/cura-plasma-vaccino-terapia-de-donno-mantova-nas-polemiche/

e la direzione verso cui si sta andando è davvero preoccupante».[113]
La Germania annulla l'appuntamento annuale dell'Oktoberfest. Il tradizionale festival della birra bavarese era già stato cancellato nel nel 1854 e nel 1873, a causa del colera.[114]

VENERDÌ 24 APRILE – Il sito del Ministero della Difesa fornisce i dati dei controlli per il rispetto delle misure di emergenza anti-contagio da Coronavirus: dall'11 marzo al 24 aprile sono state eseguite verifiche su 10.102.522 persone e 3.981.858 esercizi/attività.[115]

DOMENICA 26 APRILE – Il presidente Conte firma il DPCM per la Fase 2, della: «Responsabilità e della convivenza con il contagio». In apertura della conferenza stampa lancia lo slogan: «Se ami l'Italia mantieni le distanze».[116]
Ai sensi dell'Allegato 10 *Principi per il monitoraggio del rischio sanitario* del Decreto del Presidente del Consiglio dei Ministri e del Decreto del Ministro della Salute del 30 aprile, viene avviato un sistema di monitoraggio settimanale sviluppato e realizzato dall'ISS e coordinato dal Ministero della Salute con lo scopo di fornire settimanalmente ad ogni Regione/PA una classificazione quantitativa del rischio epidemico e della resilienza dei servizi territoriali/assistenziali, che mira all'applicazione tempestiva degli interventi correttivi necessari.[117]
Il Decreto impone anche la vendita delle mascherine al prezzo calmierato, in risposta alle speculazioni sul prezzo che avevano portato il costo alle stelle.

[113] https://scienceblog.cancerresearchuk.org/2020/04/21/how-coronavirus-is-impacting-cancer-services-in-the-uk/

[114] https://www.repubblica.it/esteri/2020/04/21/news/germania_coronavirus_cancellato_oktoberfest-254586546/

[115] https://www.interno.gov.it/it/notizie/covid-19-oltre-10-milioni-persone-controllate-24-aprile

[116] https://www.agi.it/politica/news/2020-04-26/fase-2-4-maggio-conte-dpcm-aperture-8444431/

[117] http://www.salute.gov.it/imgs/C_17_pagineAree_5373_16_file.pdf

MARTEDÌ 28 APRILE – In Russia, dove non si è ancora raggiunto il picco di contagi, il presidente Vladimir Putin annuncia l'estensione del *lockdown* fino all'undici maggio.
L'Argentina, che conta circa 4.000 contagi e 192 morti (secondo il conteggio aggiornato della Johns Hopkins University), vieta tutti i voli commerciali interni e internazionali fino al primo settembre.[118]
In Italia, l'Istituto Superiore di Sanità consegna al Governo e al Comitato Tecnico Scientifico uno studio nel quale si analizzano 92 possibili scenari per la riapertura. Il punto A, dove si ipotizza la riapertura quasi totale del paese, stima un Rt tra il 2,06 e il 2,44 (per una media di 2,25); il rapido riempimento delle terapie intensive (con il picco calcolato per l'8 giugno). Per quella data, si stima che gli ospedali italiani si troveranno a fronteggiare 151^mila ricoveri in terapia intensiva, complessivamente più di 430^mila entro la fine dell'anno. Si legge nel report: «Riaprire le scuole innescherebbe una nuova e rapida crescita dell'epidemia. La sola riapertura delle scuole potrebbe portare allo sforamento del numero di posti letto in terapia intensiva».[119]

GIOVEDÌ 30 APRILE – Il 'Decreto Aprile' slitta a maggio: all'interno del Governo non c'è un accordo sui bonus. Che fine farà il 'Bonus Autonomi' di 600 euro? Qual è il futuro del 'reddito di emergenza'? A chi e quando verrà erogato il 'Bonus Famiglia'? Il 'reddito di cittadinanza' verrà prorogato? Chi ne avrà diritto? Saranno estesi gli ammortizzatori sociali del cosiddetto 'Decreto Cura Italia'?
Dopo una lunga serie di polemiche, inerenti soprattutto la *privacy,* con il Decreto Legge 28/2020 vengono fissate le linee guida per il funzionamento dell'app *Immuni.*

VENERDÌ 1º MAGGIO – La rivista scientifica "The New England Journal of Medicine" pubblica l'articolo *Cardiovascular Disease, Drug Therapy, and Mortality in Covid-19,* nel quale si

118 https://www.repubblica.it/esteri/2020/04/28/news/coronavirus_nel_mondo_contagi_aggiornamento_e_tutte_le_news_sulla_situazione-255061622/

119 https://www.ilfattoquotidiano.it/in-edicola/articoli/2020/04/28/se-si-riapre-tutto-le-terapie-intensive-in-crisi-l8-giugno/5784212/

evidenziano i rischi legati ai derivati della china (clorochina e idrossiclorochina) nel trattamento dei pazienti COVID-19.[120]
In seguito alle rivolte nelle carceri italiane e al differimento dei boss ai domiciliari, Francesco Basentini, capo del DAP si dimette.[121] Giulio Romano, Direttore generale Detenuti e Trattamento, si dimetterà il 23 dello stesso mese.[122]
Il commissario straordinario Arcuri sigla un accordo con i principali distributori di mascherine affinché le farmacie ne ricevano un numero sufficiente da vendere al prezzo calmierato di 50 centesimi. Si crea subito un cortocircuito e le mascherine a prezzo popolare sono di fatto introvabili.

DOMENICA 3 MAGGIO – Il colosso farmaceutico Roche Holding AG riceve l'approvazione per l'uso di emergenza dalla Food and Drug Administration (FDA) statunitense per il suo test anticorpale (Elecsys Anti-SARS-COV-2).[123]
In Francia, il prof. Yves Cohen, direttore del reparto di Rianimazione dell'Ospedale Avicenne a Bobigny, analizzando i test PCR di 24 pazienti affetti da polmonite, tra il dicembre 2019 e il gennaio 2020, dichiara che uno di loro era affetto da COVID-19. Il caso risale al 27 dicembre 2019.[124]

LUNEDÌ 4 MAGGIO – L'Italia entra nella cosiddetta Fase 2.
Con la pubblicazione del DPCM del 26 aprile 2020, si apre il dibattito sulla nuova causa legittimante gli spostamenti intra-regionali. L'Italia intera si domanda: chi sono i congiunti?

MARTEDÌ 5 MAGGIO – Tra linee guida, decreti e ordinanze di governo, governatori e sindaci, l'Italia prova a ripartire con il dubbio su cosa effettivamente sia consentito fare. Ci si

[120] https://www.nejm.org/doi/full/10.1056/NEJMoa2007621

[121] https://www.ilfattoquotidiano.it/2020/05/01/rivolte-nelle-carceri-e-boss-ai-domiciliari-il-capo-del-dap-francesco-basentini-si-e-dimesso/5788314/

[122] https://www.poliziapenitenziaria.it/dap-si-dimette-anche-il-direttore-generale-dei-detenuti-giulio-romano/

[123] https://www.theguardian.com/world/2020/may/03/pharma-giant-roche-gets-us-go-ahead-for-covid-19-antibody-test

[124] https://www.bfmtv.com/sante/coronavirus-le-professeur-cohen-affirme-qu-il-y-avait-un-cas-de-covid-19-en-france-des-le-27-decembre_AV-202005030119.html

domanda, tra l'altro: dove e quando si devono indossare le mascherine?[125]

MERCOLEDÌ 6 MAGGIO – Prende forma il sospetto che i primi contagi da COVID si siano verificati a Wuhan durante i Giochi Mondiali Militari tenutisi nel capoluogo dello Hubei dal 18 al 27 ottobre, ai quali hanno preso parte 10.000 atleti provenienti da un centinaio di paesi del mondo. I due pentatleti francesi, Valentin Belaud e Elodie Clouvel, dichiarano al quotidiano "L'Equipe" di essersi ammalati e di aver dovuto interrompere gli allenamenti in Cina, accusando problemi mai avuti in precedenza. Anche Matteo Tagliariol, campione della scherma azzurra, dice di essersi ammalato: «Ho avuto febbre e tosse per 3 settimane [...] e gli antibiotici non hanno fatto niente; poi è toccato a mio figlio e alla mia compagna. Non sono un medico, ma i sintomi sembrano quelli del covid-19».[126] Parlando con un medico militare in merito alla possibilità che si trattasse di COVID gli è stato risposto che: «Penso che l'abbiate già avuto perché gran parte della delegazione si è ammalata».[127]
Dopo queste dichiarazioni, lo Stato Maggiore della Difesa impone il silenzio agli atleti. Intervistato in merito da "Il Primato Nazionale", il tenente colonnello Marco Pietro Carfì, afferma: «Qualsiasi intervista riguardo agli atleti che sono andati a Wuhan viene trattata direttamente dallo Stato Maggiore della Difesa».[128]
Viene lanciata l'idea di utilizzare un braccialetto per mantenere la distanza tra i bambini a scuola: «Una scuola dell'infanzia paritaria a Castellanza userà alla riapertura duecento braccialetti smart per alunni e personale della scuola».[129]

[125] https://www.iltempo.it/roma-capitale/2020/05/03/news/fase-2-roma-lazio-mascherine-obbligatorie-nicola-zingaretti-regole-coronavirus-1322425/

[126] https://www.ansa.it/sito/notizie/sport/altrisport/2020/05/06/coronavirus-nuovi-sospetti-su-giochi-mondiali-militari-ma-la-francia-nega_886fd2e3-c7b4-4982-8094-378b4011887e.html

[127] *Ivi.*

[128] https://www.ilprimatonazionale.it/cronaca/stato-maggiore-difesa-impone-silenzio-stampa-atleti-giochi-militari-wuhan-2-155800/

[129] https://www.orizzontescuola.it/un-braccialetto-per-mantenere-la-distanza-tra-i-bambini-a-scuola/

Slitta nuovamente il 'Decreto Aprile' su aiuti a imprese, reddito d'emergenza e irregolari.

SABATO 8 MAGGIO – Scoppia la polemica sui Navigli affollati a Milano.

LUNEDÌ 10 MAGGIO – Il Governo approva il Decreto anti-scarcerazione dei boss mafiosi.[130] Il Decreto punta a far tornare in carcere i 376 mafiosi scarcerati nelle ultime settimane.[131] Contro ogni previsione, su indicazione del Ministero della Salute, dell'AIFA e dell'ISS, per la sperimentazione della plasmateria con plasma iperimmune viene selezionato il protocollo Tsunami (*TranSfUsion of coNvaleScent plAsma for the treatment of severe pneuMonIa due to SARS-CoV-2*) dell'azienda ospedaliera di Pisa.[132] Rispondendo alle numerose domande rivoltegli nel corso dell'intervento al senato, il professor De Donno dichiara:

> Perché Pisa? Non lo so e sono sconcertato. Qualsiasi città lombarda andava bene. Non venitemi a dire che la Toscana si è organizzata meglio perché parliamo di cose scientifiche e non politiche. Io non voglio nessun merito, i meriti sono di Baldanti, Franchini e Perotti. Pisa non è in grado, ma perché noi siamo stati colpiti in modo forte, mentre il loro protocollo riguarda cinque regioni che non sono state colpite. Che non mi vengano a dire che si tratta di motivazioni scientifiche perché non ci credo.[133]

MARTEDÌ 12 MAGGIO – Francesco Santini, direttore UO del reparto di Cardiochirurgia del San Martino di Genova, lancia l'allarme: «Coronavirus, sempre più tardi in ospedale per paura del contagio: triplicata la mortalità per infarto».[134]

130 https://www.poliziapenitenziaria.it/pubblicato-sulla-gazzetta-ufficiale-il-decreto-legge-10-maggio-2020-n-29-anti-scarcerazioni-mafiosi/

131 https://www.ilfattoquotidiano.it/2020/05/13/coronavirus-i-mafiosi-tornano-in-cella-dopo-il-decreto-di-bonafede-il-primo-e-il-boss-antonino-sacco-altri-20-nella-lista-del-dap/5800166/

132 https://www.toscana-notizie.it/-/plasmaterapia-lo-studio-toscano-tsunami-scelto-da-aifa-e-iss-come-modello-per-la-sperimentazione-nazionale

133 https://donatorih24.it/2020/05/14/de-donno-senato-plasma-iperimmune/

134 https://www.primocanale.it/print_news.php?id=219237

Dichiara il presidente della Società italiana di Cardiologia: «Se questa tendenza dovesse persistere ora che è passata questa prima fase di emergenza avremo più morti per infarto che di Covid-19».[135] Le patologie cardiovascolari causano ogni anno 260mila decessi.
Il Governo lavora alle linee guida per la riapertura dei locali (prevista per lunedì 18).
L'Italia inizia a fare i conti con gli effetti prodotti dalla crisi pandemica: aumentano i suicidi. Nell'articolo *Ora i numeri della crisi diventano vite spezzate,* il giornalista Vittorio Macioce, de "Il Giornale" scrive:

> Non è che non si sa. I numeri stanno arrivando. La produzione industriale a marzo è scesa, rispetto allo scorso anno, del 29,3 per cento. Ad aprile si prevede una mazzata ancora più pesante: 45,9%. Questi sono i numeri delle grandi imprese. Sotto è ancora peggio. Si parla di 270mila negozi che già si sono arresi. È un contagio di bandiere bianche, di chi dice basta e chiude la serranda. È il deserto. È il nulla che avanza e si mangia tutto quello che trova davanti: partite Iva, posti di lavoro, storie, speranze, sogni, tradizioni di famiglia.[136]

MERCOLEDÌ 13 MAGGIO – Tra le misure di contenimento del contagio da SARS-COV-2 nelle attività ricreative di balneazione e in spiaggia predisposte dall'INAIL e dall'Istituto Superiore di Sanità vi è il divieto per i bagnini di praticare la respirazione bocca a bocca:

> +In attesa di nuove evidenze scientifiche, si raccomanda di valutare il respiro soltanto guardando il torace della vittima alla ricerca di attività respiratoria normale, ma senza avvicinare il proprio volto a quello della vittima e di eseguire le sole compressioni (senza ventilazioni).[137]

[135] https://www.primocanale.it/print_news.php?id=219237.

[136] https://www.ilgiornale.it/news/cronache/ora-i-numeri-crisi-diventano-vite-spezzate-1862261.html

[137] https://www.inail.it/cs/internet/docs/alg-pubbl-doc-tencico-att-ricr-balenzione-spiaggia-covid-2.pdf

Commenta il dottor Matteo Bassetti: «Il mondo ci ride dietro. Non la si fa a causa di un'infezione che potrebbe, nella lontana ipotesi, contagiare una persona e lascia morire uno? Cerchiamo di essere seri».[138]
Viene varato il 'Decreto Aprile', ribattezzato per l'occasione 'Decreto Rilancio', presentato in diretta televisiva dal premier Conte. "Il Tempo" intitola: *Piovono cerotti.*[139] Come si capirà nei giorni seguenti il testo non era ancora completato e il Ministero dell'Economia era ancora al lavoro per trovare le coperture.[140]

VENERDÌ 15 MAGGIO – Il Comitato Etico dell'INMI autorizza uno studio randomizzato per testare l'efficacia e il ruolo del plasma dei pazienti convalescenti da COVID-19. Il progetto, per essere attivo su tutto il territorio nazionale, avrebbe dovuto coinvolgere un minimo di 60 ospedali e 472 pazienti.[141]

DOMENICA 17 MAGGIO – Il presidente del Consiglio, Giuseppe Conte, firma il suo 12° DPCM: dal 18 maggio riaprono bar, ristoranti, negozi, parrucchieri, centri estetici e una parte delle attività sportive. Riprendono anche le funzioni religiose. Viene prevista, invece, per il 25 maggio la riapertura di palestre e piscine (sia al chiuso che all'aperto), ma con il rispetto di alcune regole di riorganizzazione per garantire l'igiene e il distanziamento sociale.[142] Si procede al graduale ripristino della mobilità intra-regionale, inter-regionale e internazionale.

[138] https://www.huffingtonpost.it/entry/il-no-alla-respirazione-bocca-a-bocca-per-i-bagnini-e-follia-pura-il-mondo-ci-ride-dietro-video_it_5ebd4619c5b61b5b7f643849

[139] https://www.iltempo.it/politica/2020/05/14/news/decreto-rilancio-disastro-governo-conte-gualtieri-bellanova-patuanelli-cassa-integrazione-congedo-parentale-bonus-baby-sitter-vacanze-1325195/

[140] M. BELPIETRO, *Conte ha mentito agli italiani,* "La Verità", 13.05.2020.

[141] https://www.aifa.gov.it/web/guest/-/autorizzato-studio-nazionale-tsunami-su-efficacia-e-ruolo-del-plasma-dei-pazienti-convalescenti-da-covi-19.

[142] https://www.agenziacoesione.gov.it/news_istituzionali/covid-19-dpcm-17-maggio-2020/

L'Italia riparte, ma le tasse restano: il Governo ha condonato IRAP ma da giugno ripartono tutte le scadenze fiscali, dall'IRPEF all'IMU.[143]

LUNEDÌ 18 MAGGIO – L'Italia riapre tra tensioni, dubbi e divisioni.

GIOVEDÌ 21 MAGGIO – La Regione Lazio boccia la proposta per l'adozione di un protocollo regionale straordinario semplificato per l'utilizzo della terapia con il plasma iperimmune e l'istituzione di una Banca Regionale del Plasma.[144]

VENERDÌ 22 MAGGIO – La rivista scientifica "The Lancet" pubblica l'articolo *Hydroxychloroquine or chloroquine with or without a macrolide for treatment of COVID-19: a multinational registry analysis,* che lancia l'allarme sul riscorso ai derivati della china per curare la COVID-19: rimedi ritenuti non soltanto inefficaci, ma addirittura suscettibili di peggiorare la situazione clinica dei pazienti, di cui ridurrebbero la sopravvivenza.[145]
Il quotidiano "La Repubblica" mette in prima pagina il dramma del lavoro: *Cassa integrazione 7 milioni in fila – In Aprile, 835 milioni di ore di sostegno ai salari. Polverizzato il record negativo del 2009. Quattro milioni aspettano ancora un sussidio. E novantamila tra bar e ristoranti non hanno riaperto.*[146]
Si apre la guerra alla movida nei *weekend.*

LUNEDÌ 25 MAGGIO – Dall'Università di Oxford un ricercatore lancia l'allarme. Calano i contagi, il vaccino è a rischio: «Siamo nella paradossale situazione di sperare che il virus resti ancora per un po'».[147] Si propone di infettare i volontari intenzionalmente.

[143] *Le tasse restano,* "Il Giornale", 17 maggio 2020.

[144] https://www.osservatoreitalia.eu/covid-19-la-regione-lazio-boccia-luso-della-terapia-del-plasma-iperimmune-nelle-aziende-del-ssr/

[145] https://www.thelancet.com/journals/lancet/article/PIIS0140-6736(20)31180-6/fulltext

[146] *Cassa integrazione 7 milioni in fila,* "La Repubblica", 22.05.2020

[147] https://rep.repubblica.it/pwa/generale/2020/05/25/news/calano_i_contagi_vaccino_a_rischio_lo_scienziato_di_oxford_se_l_epidemia_svanisce_non_riusciremo_a_testarlo_-257559518/

In Italia, prende via l'indagine di siero-prevalenza nazionale (25 maggio – 15 luglio 2020) che evidenzia come in quel periodo in media 2,5% degli italiani è entrato in contatto con il SARS-COV-2.[148]
Il ministro per gli Affari regionali e le Autonomie, Francesco Boccia, e il presidente dell'ANCI, Antonio Decaro, lanciano il bando per l'arruolamento di 60[mila] volontari che potranno essere utilizzati dai sindaci per attività anti-movida e il rispetto delle misure di distanziamento sociale. Il Viminale frena: non sono stati informati. I volontari della Protezione Civile si rivoltano. Il quotidiano "Il Tempo" ironizza: «Arrivano i balilla di Conte».[149]

MARTEDÌ 26 MAGGIO – L'AIFA (Agenzia Italiana per il Farmaco) sospende l'autorizzazione all'utilizzo di idrossiclorochina per il trattamento del COVID-19 al di fuori degli studi clinici.[150] La stessa sospensione viene attuata, tra gli altri paesi, da Francia e Belgio.

GIOVEDÌ 28 MAGGIO – 120 ricercatori sottoscrivono una lettera indirizzata a "The Lancet", nella quale esprimono dubbi e preoccupazioni sugli studi relativi ai derivati della china nel trattamento dei pazienti COVID-19. Stupisce, in particolar modo, la contraddizione tra questa indagine e i risultati pubblicati in precedenza, che confermavano l'efficacia terapeutica della clorochina/idrossiclorochina contro la COVID-19 e la non pericolosità nelle dosi consigliate.[151]
Dall'Unione Europea arriva il primo via libera al Recovery Fund: si stimano 172 milioni di euro per l'Italia, tra aiuti a fondo perduto e prestiti.
I governatori della Sicilia e della Sardegna parlano da giorni della necessità di un patentino immunitario per i turisti milanesi e lombardi in arrivo sulle loro isole. Beppe Sala, sindaco di Milano, minaccia: «... Quando poi deciderò

148 http://www.salute.gov.it/imgs/C_17_pagineAree_5373_16_file.pdf

149 *Arrivano i Balilla di Conte,* "Il Tempo", 26.05.2020

150 https://www.aifa.gov.it/web/guest/-/aifa-sospende-l-autorizzazione-all-utilizzo-di-idrossiclorochina-per-il-trattamento-del-covid-19-al-di-fuori-degli-studi-clinici

151 https://www.nature.com/articles/d41586-020-01695-w

dove andare per un weekend o per una vacanza, me ne ricorderò».[152] Tra accuse, fughe in avanti e denunce prende via lo scontro tra regioni sulle vacanze estive.

DOMENICA 31 MAGGIO – Alberto Zangrillo, direttore della terapia intensiva dell'Ospedale San Raffaele di Milano, a "Mezz'ora in più" su Raitre, dichiara:

> Il virus dal punto di vista clinico non esiste più. Questo lo dice l'Università Vita e Salute San Raffaele, lo dice uno studio fatto dal virologo direttore dell'Istituto di Virologia, professor Clementi, lo dice insieme alla Ebol University di Atlanta, il professor Silvestri. I tamponi eseguiti attualmente, negli ultimi dieci giorni, hanno una carica virale, dal punto di vista quantitativo, assolutamente infinitesimale rispetto a quelli eseguiti su pazienti di un mese, due mesi fa.[153]

LUNEDÌ 1º GIUGNO – A partire dal mese di giugno 2020, si nota un: «Leggero ma costante incremento di Rt che ha superato la soglia di 1 nel suo valore medio intorno al 16 agosto 2020 con successive oscillazioni settimanali attorno al valore medio di 1 e evidente variabilità inter-regionale dovuta alla presenza di focolai anche di dimensioni importanti».[154] Nel Regno Unito, la legislazione contro il Coronavirus promossa dal Governo introduce misure che vietano di socializzare con persone non appartenenti alla propria 'bolla'. Vengono vietati i rapporti sessuali con persone che non vivono nella stessa abitazione.[155]

MERCOLEDÌ 3 GIUGNO – Il "The Guardian" indaga sugli studi inerenti clorochina e idrossiclorochina, riscontrando fin da subito una discrepanza tra i dati dei 600 pazienti australiani indicati nello studio (che riporta 73 pazienti deceduti prima

[152] https://milano.corriere.it/notizie/cronaca/20_maggio_27/sala-governatori-sud-chiedono-patentino-d-immunita-milanesi-ce-ne-ricorderemo-35daddf0-9ff4-11ea-8f7d-66830a0d6de9.shtml

[153] https://video.corriere.it/cronaca/zangrillo-san-raffaele-clinicamente-virus-non-esiste-piu/4053378c-a355-11ea-8193-03ffea7ed6db

[154] http://www.salute.gov.it/imgs/C_17_pagineAree_5373_16_file.pdf

[155] https://www.manchestereveningnews.co.uk/news/uk-news/sex-in-own-home-illegal-18340895

del 21 aprile) e quelli forniti dalla Johns Hopkins University (che ne segnala invece 67).[156]

GIOVEDÌ 4 GIUGNO – La rivista "The Lancet" ritratta lo studio sui derivati della china nel trattamento dei pazienti COVID-19, ammettendo che: «Date le domande sollevate circa l'affidabilità dei dati raccolti da Surgisphere, oggi abbiamo emesso un'espressione di preoccupazione, in attesa di ulteriori indagini».[157]

VENERDÌ 5 GIUGNO – L'OMS divulga nuove indicazioni sull'uso delle mascherine. In aperto contrasto con le linee precedenti, sostiene che, pur mancando evidenze scientifiche, i Governi dovrebbero: «Incoraggiare la popolazione a indossare mascherine in situazioni e ambienti specifici come parte di un approccio globale per sopprimere la trasmissione di SARS-COV-2».[158] Nel documento si elencano anche i rischi potenziali del ricorso generalizzato e universale delle mascherine.

Tre dei quattro autori, che hanno firmato gli articoli sulla pericolosità dell'idrossiclorochina nel trattamento dei pazienti COVID, si dissociano ufficialmente dalle pubblicazioni. Gli articoli del "The Lancet" e del "New England Journal of Medicine" vengono ritrattati.[159] L'OMS annuncia la ripresa della sperimentazione globale con l'idrossiclorochina. Il comitato di monitoraggio dichiara che non vi era alcun aumento del rischio di morte per i pazienti con COVID che assumevano questo farmaco.[160]

L'Agenzia Italiana del Farmaco non riconsidera la sua posizione in merito.

[156] M. DAVEY, S. KIRCHGAESSNER, *Surgisphere: governments and WHO changed Covid-19 policy based on suspect data from tiny US company*, "The Guardian", 03.06.2020 [https://www.theguardian.com/world/2020/jun/03/covid-19-surgisphere-who-world-health-organization-hydroxychloroquine].

[157] https://www.theguardian.com/world/2020/jun/04/covid-19-lancet-retracts-paper-that-halted-hydroxychloroquine-trials

[158] https://www.fnopi.it/wp-content/uploads/2020/06/OMS-MASK.pdf

[159] https://www.nature.com/articles/d41586-020-01695-w

[160] M. DAVEY, S. KIRCHGAESSNER, *Surgisphere: governments and WHO changed Covid-19 policy...*, "The Guardian", 03.06.2020, cit.

SABATO 6 GIUGNO 2020 – La rivista "The Guardian" procede nelle indagini sugli studi che evidenziano la pericolosità dei derivati della china: esplode il caso Surgisphere, azienda che ha raccolto ed elaborato i dati alla base degli articoli contro i derivati della china. Il database risulta essere: «Quasi certamente una truffa».[161]

DOMENICA 7 GIUGNO – I pediatri lanciano l'allarme: «Cresce il disagio psicologico». La crisi sanitaria rischia di diventare una crisi sociale ed educativa:

> Circa il 40% dei bambini "fragili" ha interrotto i controlli e mediamente gli accessi pediatrici nei Pronto Soccorso sono calati del 40%, con punte dell'80%. L'allarme lanciato dal Congresso Straordinario della Società Italiana di Pediatria che invita a riaprire quanto prima le scuole "Lo Stato può intervenire con ristori economici, ma non può sostituire i benefici della frequenza scolastica: un bambino di 6 anni non avrà più 6 anni e ciò che perde in questi mesi lo avrà perso per sempre".[162]

LUNEDÌ 8 GIUGNO – L'OMS, in un aggiornamento sulle domande&risposte in merito all'epidemia, fa dietrofront sui guanti: «Non usateli nemmeno al supermercato, aumenta il rischio infezioni».[163]

Si apre la partita sui 'positivi'. Maria Van Kerkhove, capo del *team* tecnico anti-COVID-19 dell'OMS dichiara:

> Abbiamo numerosi rapporti da nazioni che seguono i contatti dei pazienti in modo estremamente dettagliato, tracciano i casi asintomatici, i loro contatti e non trovano nessuna propagazione secondaria [...] Sembra davvero molto raro che un individuo asintomatico possa realmente diffondere il contagio [...] Dai dati a nostra disposizione continua ad

[161] https://www.medicineuncensored.com

[162] http://www.confederazionecgs.it/news/i-pediatri-riaprire-scuole-per-evitare-crisi-educativa-e-sociale-e-poi-allarme-vaccinazioni-il-30-dei-genitori-le-ha-rinviate/

[163] https://www.ilmessaggero.it/salute/focus/guanti_servono_o_no_per_il_virus_oms_infezioni_lavate_le_mani_ultime_notizie_news-5275726.html

> apparire estremamente raro che un asintomatico possa contagiare un altro soggetto.[164]

Il giorno seguente rettifica la sua dichiarazione.[165] L'*affaire* 'asintomatici' diventa centrale nella gestione dell'epidemia.

MARTEDÌ 9 GIUGNO – Viene presentato al Governo il Rapporto *Iniziative per il rilancio "Italia 2020-2022"*,[166] meglio conosciuto come 'Piano Colao', redatto dal Comitato di esperti in materia economica e sociale, per rilanciare l'Italia. I «tre assi di rafforzamento» per la trasformazione del Paese, nella visione dell'Italia del futuro, sono: Digitalizzazione e innovazione, Rivoluzione verde, Parità di genere e inclusione.[167] Si apre la partita per il 5G.
Dopo diversi giorni di discussioni, nei quali la ministra Azzolina ha preventivato che: «A seconda dello stato del virus, per dare sicurezza agli studenti si potranno prevedere "pannelli in plexiglas nelle aule a compartimentare i banchi"»[168] viene esclusa questa possibilità.

MERCOLEDÌ 10 GIUGNO – Dopo molte polemiche, Austria e Grecia riaprono i confini agli italiani.

VENERDÌ 12 GIUGNO – La procuratrice capo di Bergamo, Maria Cristina Rota, insieme a tre PM, ascolta a Palazzo Chigi Conte, Lamorgese e Speranza come persone informate sui fatti, in merito alla mancata istituzione della zona rossa di Alzano Lombardo e Nembro.

[164] https://www.who.int/docs/default-source/coronaviruse/transcripts/who-audio-emergencies-coronavirus-press-conference-08jun2020.pdf?sfvrsn=f6fd460a_0

[165] https://www.facebook.com/WHO/videos/live-on-covid-19-transmissionwith-dr-michael-ryan-and-dr-maria-van-kerkhove/840748076450603/

[166] http://www.governo.it/node/14726

[167] Iniziative per il rilancio "Italia 2020-2022" [http://www.governo.it/sites/new.governo.it/files/comitato_rapporto.pdf].

[168] https://www.repubblica.it/scuola/2020/06/08/news/azzolina_niente_gabbie_di_plexiglass_in_classe-258746765/

SABATO 13 GIUGNO – Nella fastosa cornice di villa Doria-Pamphilj, si aprono ufficialmente gli 'Stati Generali': «Il luogo in cui la comunità del Movimento 5 Stelle si incontra per affrontare i grandi temi che incidono sulla vita dei cittadini».[169]

MARTEDÌ 16 GIUGNO – La Commissione Europea stanzia 2,7 miliardi di euro per negoziare, a nome dei singoli Governi, una serie di accordi di prelazione con tutte le aziende impegnate nella corsa contro la pandemia: l'Europa finanzierà ricerca, test e produzione in cambio di una quota di dosi di vaccino: «Centinaia di milioni, se non miliardi di fiale».[170]
L'Italia investe 185 milioni di euro per l'acquisizione di 75 milioni di dosi del vaccino AstraZeneca.[171]
In Africa e Brasile cominciano i test dei vaccini sugli uomini.

GIOVEDÌ 18 GIUGNO – Negli USA, all'interno di un articolo che valuta la mortalità nei primi mesi del 2020, viene fatta notare un'anomalia:

> A partire dai primi di marzo, i decessi previsti [fra i minori di 18 anni, *Nota dell'Autore*] hanno registrato un forte calo, dai circa 700 decessi attesi a settimana a ben meno di 500 entro la metà aprile e per tutto il mese di maggio. [...] Con l'arrivo della primavera in un'America di enormi sconvolgimenti nella vita familiare, con *lockdown* quasi universali, si è registrato circa il 30% di morti tra i bambini in meno.[172]

Visto che oltre la metà delle morti nella fascia 0-18 si registra in bambini sotto l'anno di età, molte delle quali sono attribuibili alla 'sindrome della morte infantile improvvisa' o SIDS, gli autori si domandano:

169 https://www.statigeneralim5s.it

170 https://rep.repubblica.it/pwa/generale/2020/06/16/news/ecco_il_piano_di_bruxelles_per_un_vaccino_europeo-259406311/

171 https://www.financialounge.com/news/2020/06/15/il-vaccino-potrebbe-costare-25-euro-a-dose/

172 https://childrenshealthdefense.org/news/lessons-from-the-lockdown-why-are-so-many-fewer-children-dying/

Cosa è cambiato durante questo periodo che potrebbe avere un tale effetto? Le morti infantili non vengono registrate? I genitori si prendono più cura delle loro famiglie mentre lavorano a distanza e i loro figli non vanno a scuola? Ci sono molte ipotesi possibili sul declino della morte infantile.
Un cambiamento molto chiaro, molto pubblicizzato, è che i funzionari della sanità pubblica si lamentano del forte calo delle vaccinazioni dei neonati...[173]

VENERDÌ 19 GIUGNO – Il presidente della Bielorussia, Alexander Lukashenko, denuncia al Consiglio dei Ministri che il Fondo Monetario Internazionale ha 'offerto' 940 milioni di euro se avesse imposto paese il *lockdown* anti-COVID.[174] La notizia, taciuta dal *mainstream*, giunge in Italia il mese successivo, rilanciata, tra gli altri, da OltreTV,[175] da ControTV[176] e da "l'AntiDiplomatico".[177]

MERCOLEDÌ 24 GIUGNO – "La Repubblica" titola: *Turismo, deserto Italia: «Crollano gli arrivi. Rispetto al 2019, 55% di presenze in meno e 23 miliardi di mancato fatturato».*[178]

GIOVEDÌ 25 GIUGNO – *Scuola, lotta di classe.*[179] Famiglie e professori protestano in numerose città italiane, per la mancanza di un piano per la riapertura delle scuole a settembre. Il giorno seguente arriva la seconda bozza del Ministero della Pubblica Istruzione (Piano scuola 2020-2021).[180]

[173] *Ivi.*

[174] https://www.youtube.com/watch?v=A4ZzIf_38-U&feature=youtu.be

[175] https://www.oltre.tv/bielorussia-rifiuta-milioni-lockdown-italia-assurdita/

[176] https://www.youtube.com/watch?v=rguKu1DaxPo&list=PLR6Bk1vtj7xJgLV4mDFh6krXIof_JhGbk&index=81

[177] https://www.lantidiplomatico.it/dettnews-perch_i_media_non_parlano_dellofferta_di_940_milioni_di_euro_fatta_dallfmi_a_lukashenko_per_imporre_il_lockdown_anticovid_in_bielorussia/6119_36387/

[178] CIRIACO ET AL., *Turismo, deserto Italia*, "La Repubblica", 24.06.2020.

[179] BERNACCHIA ET AL., *Scuola, lotta di classe*, "La Repubblica", 25.06.2020.

[180] https://www.edscuola.eu/wordpress/wp-content/uploads/2020/06/Le-linee-guida.pdf

SABATO 27 GIUGNO – Firmata l'intesa con le Regioni: la scuola riaprirà il 14 settembre; la «distanza buccale» (sic!) degli alunni viene fissata in un metro; si cercano luoghi alternativi per il 15% degli studenti; didattica a distanza solo per le scuole superiori.

MERCOLEDÌ 1º LUGLIO – Inizia la stagione del 'Bonus Vacanze', una delle iniziative previste dal cosiddetto 'Decreto Rilancio' (art. 176 del DL n. 34 del 19 maggio 2020), che consiste in un contributo fino 500 euro da utilizzare per soggiorni in alberghi, campeggi, villaggi turistici, agriturismi e bed & breakfast in Italia. Può essere richiesto dal 1º luglio al 31 dicembre 2020 e fruito fino al 30 giugno 2021 (il termine per l'utilizzo è stato prorogato dal Decreto Legge n. 137 del 28 ottobre 2020, cosiddetto 'Decreto Ristori').[181]
Quella del 2020 viene definita dal ministro della Salute "L'estate del nostro scontento".[182]

MARTEDÌ 7 LUGLIO – Il presidente Donald Trump notifica formalmente al Congresso e al Segretario generale dell'ONU, il ritiro degli USA dall'Organizzazione Mondiale della Sanità, accusata più volte dal presidente di inefficienza e di appiattimento sulle posizioni della Cina nella pandemia di COVID-19. Il termine della procedura è fissato al 6 luglio 2021. Joe Biden, avversario democratico di Trump alle presidenziali, dichiara: «Rientreremo nel mio primo giorno di presidenza».[183]

GIOVEDÌ 9 LUGLIO – Riccardo Luna, membro della *Task Force* contro le *fake news*, illustra ne "La Repubblica" *Lo spettacolare fallimento delle app contro il coronavirus*. Scrive:

> Il fallimento su scala globale delle app per contrastare il Covid-19 è la prima vera sconfitta del rispetto agli esseri umani, e insieme la certificazione della grave crisi delle democrazie: il coronavirus infatti sembrava in qualche modo aver

[181] https://www.agenziaentrate.gov.it/portale/web/guest/bonus-vacanze1

[182] R. SPERANZA, *Perché guariremo*, cit.

[183] https://www.agi.it/estero/news/2020-07-07/trump-ritira-gli-usa-dall-oms-l-uscita-il-6-luglio-2021-9096561/

ricompattato popolo ed elite, ma evidentemente è stata una illusione.[184]

MARTEDÌ 14 LUGLIO – Da Israele giunge la notizia di migliaia di persone (circa 12mila) in quarantena 'per errore', sulla base delle segnalazioni del programma di tracciamento dei contagi condotto dai servizi dello Shin Bet. Il "Times of Israel", riporta che questa notizia è stata riferita nell'audizione davanti a un comitato parlamentare.[185]

GIOVEDÌ 16 LUGLIO – A prima firma del dottor Massimo Fioranelli, viene pubblicato l'articolo *5G Technology and induction of coronavirus in skin cells*, che evidenzia la correlazione tra la tecnologia 5G e la COVID-19: «In questa ricerca, mostriamo come le onde millimetriche del 5G possano venire assorbite dalle cellule epiteliali, che fungono da antenne, e vengano trasferite ad altre cellule, giocando un ruolo fondamentale nella produzione di Coronavirus nelle cellule fisiologiche».[186] L'articolo è stato ritirato su richiesta dell'Editore ("Journal of Biological Regulators & Homeostatics Agents"): «Dopo un'indagine approfondita, l'*Editor-in-Chief* ha ritirato questo articolo poiché mostrava prove di una sostanziale manipolazione della revisione dei pari».[187]

LUNEDÌ 20 LUGLIO – Il commissario straordinario per l'emergenza, Domenico Arcuri, su richiesta del ministro dell'Istruzione Lucia Azzolina, indice una Gara pubblica europea per l'acquisto di un massimo tre milioni di banchi per garantire la riapertura dell'anno scolastico in sicurezza (fino a 1,5 milioni di banchi monoposto tradizionali e fino a 1,5 milioni di sedute attrezzate di tipo innovativo, ossia i 'banchi a rotelle').[188] Le polemiche sui 'banchi a rotelle' infuriano

184 https://www.repubblica.it/dossier/stazione-futuro-riccardo-luna/2020/07/09/news/lo_spettacolare_fallimento_delle_app_contro_il_coronavirus-261374292/

185 https://www.adnkronos.com/israele-migliaia-in-quarantena-per-errore_qpDdCS7zZ5J1iPMqUmhWn

186 https://pubmed.ncbi.nlm.nih.gov/32668870/

187 https://pubmed.ncbi.nlm.nih.gov/32746604/

188 https://www.miur.gov.it/web/guest/-/scuola-pubblicato-bando-europeo-per-acquisto-di-banchi-e-la-riapertura-in-sicurezza

già da un mese, sia per il costo che per la loro utilità, messa in dubbio da diversi esperti. Il 25 luglio, l'assessore veneta all'Istruzione, Elena Donazzan, denuncia:

> Alcune foto e video rilanciate nei social [...] sono una chiara ed efficace spiegazione dello spreco di denaro pubblico in un acquisto inutile di banchi, ingiustificato e irrealizzabile per l'inizio dell'anno scolastico. Si evidenzia chiaramente come sia pericoloso l'uso dei banchetti con rotelle, contrari alle prescrizioni della sicurezza nelle scuole e dei relativi protocolli. Si tratta di banchi non omologati in Italia, per cui spetterebbe ai Dirigenti Scolastici un'assunzione di responsabilità per il loro utilizzo: la loro struttura è incompatibile inoltre, nella maggior parte dei casi, con la didattica italiana in cui si usano penne e quaderni e libri e non tablet. Infine non sarebbero prodotti in Italia, e non avrebbero i freni in dotazione. Mi chiedo a chi sia venuta l'idea e sarò ben attenta alla tempistica con cui arriveranno in Italia e saranno distribuiti.[189]

MERCOLEDÌ 22 LUGLIO – Il Tribunale Amministrativo Regionale per il Lazio (Sezione Prima Quater), in accoglimento del ricorso contro la Presidenza del Consiglio dei Ministri e il Dipartimento per la Protezione Civile, avviato da alcuni giuristi siciliani facenti capo alla Fondazione Luigi Einaudi, obbliga il Governo a rendere disponibili all'accesso quei verbali del Comitato Tecnico Scientifico, oggetto di specifica richiesta di ostensione da parte dei giuristi.[190]

GIOVEDÌ 23 LUGLIO – Il professor Joseph Tritto, presidente dell'Accademia Mondiale delle Scienze Biomediche, nel presentare il suo saggio *Cina Covid 19 – La chimera che ha cambiato il mondo* alla trasmissione "Fatti e Misfatti" dichiara che il SARS-COV-2 è una:

[189] https://www.regione.veneto.it/assessore-all-istruzione-alla-formazione-e-al-lavoro-e-pari-opportunita

[190] https://www.fondazioneluigieinaudi.it/la-finta-trasparenza-del-governo-conte-dati-secretati-e-pieni-di-cancellature/
https://www.fondazioneluigieinaudi.it/wp-content/uploads/2020/07/sentenza-tar-lazio-segreto-stato-dpcm.pdf

> Chimera ricombinante. Ciò significa che nasce da due ceppi diversi che unendosi originano un nuovo agente virale [...] Ma non ci sono possibilità che queste due infezioni si siano unite tra loro in maniera naturale». Parlando del laboratorio di Wuhan dice: «È un laboratorio classificato P4. Ciò significa che al suo interno vengono trattati patogeni certificati come dannosi per l'uomo. Queste strutture clonano virus e batteri per valutarne la virulenza e devono sottostare a rigorose misure di sicurezza [...] Quasi sempre lavorano in parallelo con i laboratori militari.[191]

MERCOLEDÌ 29 LUGLIO – Il Consiglio dei Ministri, su proposta del presidente Giuseppe Conte e del ministro della Salute, Roberto Speranza, approva il Decreto Legge che proroga, dal 31 luglio al 15 ottobre 2020, la scadenza della dichiarazione dello stato di emergenza epidemiologica da COVID-19.[192]

DOMENICA 26 LUGLIO – Soldati armati, del 32csimo Genio Guastatori della Brigata taurinense, presidiano le spiagge di Ventimiglia tra lo sbigottimento e la paura dei presenti. Il maggiore Elvio Pascale spiega: «Il nostro compito non è quello di presidiare le spiagge. Ma la presenza dei nostri uomini nelle zone più trafficate è utile per raccogliere richieste di aiuto e per supportare le altre Forze dell'ordine in caso di intervento».[193] Verrà poi dichiarato che si trattava di un'operazione giornalistica.

VENERDÌ 31 LUGLIO – L'Italia viene eletta a modello di gestione della pandemia. Il "New York Times" intitola *How Italy Turned Around Its Coronavirus Calamity*.[194] Scrive Jason Horowitz: «Dopo un inizio con qualche inciampo, l'Italia ha consolidato e mantenuto i frutti di un duro *lockdown* nazionale attraverso un mix di vigilanza e competenze mediche

[191] https://www.tgcom24.mediaset.it/fatti-e-misfatti/covid-il-virologo-tritto-il-virus-una-chimera-creata-in-laboratorio_20989828-202002a.shtml

[192] http://www.governo.it/node/15002

[193] https://www.ilgiornale.it/news/cronache/verit-sui-militari-spiaggia-1880047.html

[194] https://www.nytimes.com/2020/07/31/world/europe/italy-coronavirus-reopening.html

dolorosamente acquisite».[195] Nell'articolo si elogiano gli sforzi del Governo «Guidato da comitati scientifici e tecnici».[196]

DOMENICA 2 AGOSTO – Il via libera ai treni a piena capacità dura una notte: il ministro Roberto Speranza, accogliendo le critiche di scienziati e amministratori locali sul pericolo del contagio, firma l'Ordinanza che ribadisce il distanziamento a bordo. Caos sulle regole dei trasporti.

GIOVEDÌ 6 AGOSTO – La Fondazione Einaudi pubblica sul suo sito i primi 5 Verbali del CTS (n. 12, 14, 21, 39 e 49).[197] I testi sono integrali, senza *Omissis*.

VENERDÌ 7 AGOSTO – Il ministro Speranza, in un'intervista alla stampa, lascia un appello ai giovani: «In questi giorni ne stiamo vedendo di tutti i colori: discoteche, apericene, locali notturni affollati, assembramenti di ogni tipo. Alle ragazze e ai ragazzi dico: state attenti, perché voi siete il veicolo principale del contagio in questo momento».[198]

LUNEDÌ 10 AGOSTO – Scoppia la polemica sul 'Bonus Covid' da 600 € richiesto da politici (tra cui 5 deputati) e amministratori. Si apre la 'caccia' ai nomi. Da "Il Sole 24 ore":

> Indignazione bipartisan per la vicenda dei 3 deputati che, nonostante un reddito tra i 14 e i 15^{mila} euro mensili, hanno chiesto e ottenuto dall'Inps il bonus da 600 euro mensili – poi elevato a 1000 – dei decreti Cura Italia e Rilancio per sostenere il reddito di autonomi e partite Iva. Altri due deputati avrebbero fatto la domanda, non accolta.[199]

[195] https://www.affaritaliani.it/politica/il-new-york-times-elogia-l-italia-sul-covid-19-e-un-modello-globale-687932.html

[196] *Ivi.*

[197] https://www.fondazioneluigieinaudi.it/i-verbali-del-comitato-tecnico-scientifico/

[198] https://www.agi.it/cronaca/news/2020-08-07/speranza-contagi-covid-appello-giovani-assembramenti-9357557/

[199] https://www.ilsole24ore.com/art/buoni-covid-e-caccia-furbetti-parlamento-maio-l-inps-dia-nomi-ADPzSpi

MARTEDÌ 11 AGOSTO – Vladimir Putin annuncia che la Russia ha registrato Sputnik v, il primo vaccino al mondo contro il nuovo Coronavirus. Il farmaco è stato messo a punto dal Centro federale di ricerca per l'Epidemiologia e la Microbiologia Gamaleya di Mosca. «È abbastanza efficace, dà un'immunità sostenibile [...] lo so molto bene anche perché una delle mie figlie si è sottoposta al vaccino. In questo senso è parte della sperimentazione».[200] Il mondo scientifico viene attraversato da un'ondata di scetticismo. L'OMS avverte: «Dovrà passare una rigorosa valutazione».[201] Da "il Fatto Quotidiano":

> [La Russia, *Nota dell'Autore*] ha iniziato la fase 3 dei test clinici – che normalmente dura mesi e coinvolgono migliaia di persone – soltanto la scorsa settimana, motivo per cui suscita molto scetticismo all'interno della comunità scientifica, perplessa dalla volontà di Mosca di volerlo registrare prima della fine della sperimentazione.[202]

MERCOLEDÌ 12 AGOSTO – "la Repubblica" apre con il titolo *Virus, le Regioni si blindano contro chi rientra dall'estero.*[203] Stretta di Emilia, Campania, Puglia e Sicilia: tamponi per i rientri da Spagna, Grecia e Malta, paesi dove il virus ha un'alta incidenza.

L'ufficio regionale per l'Europa dell'Organizzazione Mondiale della Sanità istituisce una Commissione per la Salute e lo Sviluppo sostenibile con l'obiettivo di «Ripensare le priorità relative alle politiche da attuare alla luce della pandemia». L'ex premier Mario Monti viene invitato a presiedere la commissione paneuropea. "Il Giornale": «"Sono onorato di presiedere la nuova Commissione paneuropea per la salute e lo sviluppo sostenibile", ha affermato l'ex

[200] https://www.ilsole24ore.com/art/coronavirus-corsa-ostacoli-vaccino-russo-sputnik-v-putin-testato-mia-figlia-ADJhJzi

[201] https://www.ilfattoquotidiano.it/2020/08/11/coronavirus-putin-registrato-sputnik-primo-vaccino-al-mondo-contro-covid-19-ma-loms-avverte-dovra-passare-una-rigorosa-valutazione/5896586/

[202] *Ivi.*

[203] FOIS ET AL., *Virus, le Regioni si blindano conto chi rientra dall'estero,* "La Repubblica", 13.08.2020.

premier Mario Monti. Ma il professore dimentica di essere stato il promotore dell'austerità nel nostro Paese». [204]

SABATO 15 AGOSTO – In mondo si indigna nel vedere le immagini della Festa dell'Acqua tenutasi al parco acquatico Maya Beach Water di Wuhan, città dove tutto ha avuto inizio. Migliaia di persone che festeggiano fianco a fianco, immerse nell'acqua e senza mascherina. Il Ministero degli Esteri cinese, pressato, risponde all'indignazione: «È una vittoria strategica». [205]

DOMENICA 16 AGOSTO – Mentre in Cina si festeggia, il Governo e i presidenti delle Regioni italiane decidono la chiusura delle discoteche e delle sale da ballo. Viene introdotto l'obbligo delle mascherine nei locali della movida e nei luoghi, anche all'aperto, in cui si possono creare assembramenti, dalle ore 18 alle 6 del mattino. L'Ordinanza firmata dal ministro Speranza è valida fino al 7 settembre, e non ammette deroghe regionali. [206]

GIOVEDÌ 20 AGOSTO – L'ANSA segnala l'aumento dei contagi in Italia: «Mai così alto dal *lockdown*». [207]
Matteo Bassetti, direttore della Clinica di Malattie Infettive dell'Ospedale San Martino di Genova: «Nove contagiati su dieci sono asintomatici. E da noi la mortalità si è azzerata». [208]

[204] https://www.ilgiornale.it/news/politica/lex-premier-mario-monti-alloms-ecco-i-tagli-suo-governo-1883040.html

[205] https://www.rainews.it/dl/rainews/media/Wuhan-mega-party-al-parco-acquatico-Il-mondo-si-indigna-Pechino-risponde-vittoria-sul-virus-d0600e2f-2898-4b1f-88b9-5f709c4b4535.html#foto-1

[206] https://www.repubblica.it/politica/2020/08/16/news/oggi_riunione_governo-regioni_su_discoteche_e_sale_ballo-264753718/

[207] https://www.ansa.it/sito/notizie/cronaca/2020/08/20/coronavirus-prosegue-aumento-contagi-mai-cosi-alto-dal-lockdown_7fea2a9b-a92c-42c8-ae1f-09547dbaf608.html

[208] https://www.corriere.it/cronache/20_agosto_20/nove-dieci-sono-asintomatici-noi-mortalita-si-azzerata-023a2aa4-e2b2-11ea-89b3-b56dd0df2aa2.shtml

DOMENICA 30 AGOSTO – Dirigenti scolastici e docenti, in vista dell'avvio dell'anno scolastico 2020-2021, invocano uno scudo civile e penale. I problemi, a pochi giorni dalla riapertura scolastica, invece di diminuire aumentano.[209]

MARTEDÌ 1° SETTEMBRE – Il quotidiano "La Stampa" apre con la notizia *Azzolina: tutti in classe senza le mascherine.*[210]

VENERDÌ 4 SETTEMBRE – In seguito dell'iniziativa politica e giudiziaria intrapresa dalla Fondazione Luigi Einaudi, il Governo pubblica i primi 100 verbali del CTS (7 febbraio-10 agosto). La pubblicazione dei Verbali successivi viene effettuata dopo 45 giorni dalla data della riunione. Si legge nel sito della Fondazione Einaudi:

> A discapito delle premesse governative, però, i verbali del CTS non sono stati pubblicati integralmente, bensì infarciti di omissis e cancellature che non consentono l'esercizio di quella attività di controllo generalizzato, che era stata riconosciuta con la sentenza del TAR Lazio.[211]

Infatti:

> Nei documenti sono state oscurate le generalità e gli altri dati identificativi dei soggetti privati, anche societari, e dei prodotti sanitari di questi ultimi, allo scopo di contemperare le esigenze di trasparenza con quelle di riservatezza dei terzi. Sono stati, altresì, omessi gli allegati e i documenti sottoposti alle valutazioni del CTS, in virtù di quanto disposto dall'articolo 5-bis, comma 2, del D.Lgs 33/2013, e tenuto conto dell'alto numero di controinteressati, come previsto dalla Circolare FOIA 1/2019.[212]

[209] https://www.orizzontescuola.it/ritorno-a-scuola-e-covid-la-responsabilita-dei-docenti-e-diversa-da-quella-dei-dirigenti-necessario-uno-scudo-civile/

[210] F. CAPURSO, A. DI MATTEO, *Azzolina: tutti in classe senza le mascherine,* "La Stampa", 01.09.2020.

[211] https://www.fondazioneluigieinaudi.it/la-finta-trasparenza-del-governo-conte-dati-secretati-e-pieni-di-cancellature/

[212] http://www.protezionecivile.gov.it/attivita-rischi/rischio-sanitario/emergenze/coronavirus/verbali-comitato-tecnico-scientifico-coronavirus

SABATO 5 SETTEMBRE – Il presidente del Consiglio, Giuseppe Conte, dal palco della festa de "il Fatto Quotidiano", in risposta alle manifestazioni attese nel pomeriggio dello stesso giorno nella Capitale, attacca: «Oggi credo ci sia una manifestazione a Roma di persone che pensano che la pandemia non esista. A loro rispondiamo con i numeri: 274^{mila}, oltre 274^{mila} contagiati e 135^{mila} circa decessi. Punto». Il giornalista Antonio Padellaro sommessamente corregge: «35^{mila}». Ma il presidente ribatte: «135, 134, 135^{mila} decessi. Punto».[213]

LUNEDÌ 7 SETTEMBRE – Suona la prima campanella nell'epoca COVID: le scuole riaprono in Trentino Alto Adige. *Un quarto degli istituti non può garantire il servizio* [del tempo pieno, *Nota dell'Autore*], *anche le mense nel caos.*[214] Tra spinte per il rinvio e ritardi, la 'sorpresa' si ripresenterà puntuale a tutte le aperture successive.

MERCOLEDÌ 9 SETTEMBRE – I test sui vaccini AstraZeneca-Oxford vengono temporaneamente sospesi. Un volontario ha infatti accusato un'infiammazione dei nervi spinali. Le fonti precisano che la reazione avversa potrebbe non essere collegata all'inoculazione del vaccino.[215] Domenica 13 settembre "la Repubblica" intitola: *Fuori dal virus in sei mesi* [...] *riprende la sperimentazione del vaccino su cui ha scommesso l'Italia.*[216]
La Lega solleva il caso dell'appalto per i banchi delle scuole. La notizia è riportata da "Affaritaliani", il più importante quotidiano digitale nazionale: *Banchi per le scuole, il commissario Arcuri e il vizio del Segreto di Stato.*[217] Al centro della vicenda la scelta del commissario straordinario di affidare l'importante commessa a una micro-società di Ostia specializzata in eventi fieristici, la Nexus Made Srl, che a fronte di un fatturato di 400^{mila} euro:

[213] https://www.youtube.com/watch?v=tvZH8VaEGqo

[214] G. SPINAZZOLA, *Scuola, sorpresa al rientro il tempo pieno non parte,* "Il Messaggero", 08.09.2020.

[215] https://www.ansa.it/sito/notizie/mondo/2020/09/09/astrazenecastop-temporaneo-test-vaccino_e14c1f00-5caf-4a4c-91ea-77ada54d2a1a.html

[216] A. CUZZOCREA, *Fuori dal virus in sei mesi,* "la Repubblica", 13.09.2020

[217] https://www.affaritaliani.it/roma/banchi-per-le-scuole-il-commissario-arcuri-il-vizio-del-segreto-di-stato-693221.html

> Si è aggiudicata un appalto del valore di 45 mln di euro per produrre 120^mila^ banchi, di cui 20^mila^ dovevano essere consegnati entro il 12 settembre. Chi vuole contattare la Nexus deve rivolgersi a un investigatore, perché la società non ha un sito internet, tantomeno un recapito telefonico censito dai motori di ricerca.[218]

A detta di Arcuri la gara è bloccata, ma i documenti ufficiali che spiegano i motivi della sospensione sono introvabili. Nel frattempo «Sul sito del Governo, campeggia la scritta "amministrazione trasparente"».[219]

GIOVEDÌ 10 SETTEMBRE – Alberto Mantovani, direttore scientifico di Humanitas e professore emerito dell'Humanitas University, pubblica un articolo in cui ipotizza che i vaccini possano stimolare e 'allenare' il nostro sistema immunitario naturale: «Il fatto che i bambini siano sottoposti a un intenso programma di vaccinazione con adiuvanti, è forse collegato alla loro relativa resistenza alla COVID-19», scrive l'autore, chiedendosi poi se anche tra gli anziani sia riscontrabile una minore vulnerabilità al SARS-COV-2 in chi ha fatto il vaccino antinfluenzale.[220]
All'opposto di Mantovani, diversi studi ritengono invece che i vaccini antinfluenzali aumentino l'incidenza della COVID-19 del 36%, secondo una ricerca promossa dal Pentagono.[221]

SABATO 12 SETTEMBRE – Diverse testate giornalistiche riportano la seguente notizia: *Covid Hospital di Scafati tutto esaurito: record di ricoveri di positivi asintomatici*[222] (sic!).

[218] *Ivi.*

[219] *Ivi.*

[220] A. MANTOVANI, M. G. NETEA, *Trained Innate Immunity, Epigenetics, and Covid-19,* "New England Journal of Medicine", 10.09.2020 [https://www.nejm.org/doi/full/10.1056/NEJMcibr2011679]. Vedi anche: https://www.humanitas.it/news/covid-19-e-sistema-immunitario-allenare-l-immunita-innata-con-i-vaccini/

[221] G. G. WOLFF, *Influenza Vaccination and Respiratory Virus Interference among Department of Defense Personnel during the 2017-2018 Influenza Season*, "Vaccine", 10.01.2020 [https://www.ncbi.nlm.nih.gov/pmc/articles/PMC7126676/]

[222] https://www.salernonotizie.it/2020/09/12/covid-hospital-di-scafati-tutto-esaurito-record-di-ricoveri-di-positivi-asintomatici/

LUNEDÌ 14 SETTEMBRE – Si apre ufficialmente l'anno scolastico. Tutto in salita.
Il presidente della Sardegna, Christian Solinas emana un'Ordinanza che prevede il tampone per chi arriva sull'isola.[223] Il 7 ottobre, su ricorso della Presidenza Consiglio dei Ministri e del Ministero della Salute, il TAR sardo annulla l'Ordinanza di Solinas.[224]

MARTEDÌ 15 SETTEMBRE – Il TAR della Calabria, in accoglimento del ricorso di alcuni medici, annulla l'Ordinanza della governatrice Jole Santelli del 27 maggio n. 47, che impone il vaccino antinfluenzale agli *over* 65 anni, ai medici e al personale sanitario.[225] I giudici segnalano che l'obbligo vaccinale non compete alle Regioni.

MERCOLEDÌ 16 SETTEMBRE – Esplode lo scandalo delle frodi sulle mascherine, tra prezzi gonfiati, commissioni stellari e false certificazioni.
La procura di Roma apre quattro fascicoli di indagine per far luce sulle forniture di mascherine, ritenute indispensabili per proteggere il personale sanitario e i cittadini durante l'emergenza Coronavirus. L'ipotesi è che milioni di dispositivi di protezione siano stati immessi sul mercato senza certificazione oppure pagati a prezzi folli dallo Stato. Al momento ci sono una decina di indagati per frode in commercio.[226]

VENERDÌ 18 SETTEMBRE – Il TAR mette un punto allo scontro tra il Governo e la Regione Piemonte su chi debba misurare la

[223] https://www.repubblica.it/cronaca/2020/09/14/news/sardegna_tamponi_obbilgatori_per_chi_arriva_tutte_le_incongruenze_delle_ordinanze-267248121/

[224] https://www.quotidianosanita.it/regioni-e-asl/articolo.php?articolo_id=88669

[225] http://www.lanuovacalabria.it/il-tar-annulla-lordinanza-della-santelli-sulla-vaccinazione-antinfluenzale-obbligatoria-per-anziani-e-sanitari

[226] https://www.tgcom24.mediaset.it/cronaca/coronavirus-scatta-la-maxi-inchiesta-sullemascherine-prezzi-folli-ecertificazioni-false_23001226-202002a.shtml

temperatura degli studenti, imponendo alle scuole il controllo.[227]

DOMENICA 20 SETTEMBRE – Si aprono le urne della votazione regionale e del referendum per il taglio dei parlamentari. Si attendono i risultati, tra il timore di una bassa influenza e l'aumento dei contagi.

LUNEDÌ 21 SETTEMBRE – Le principali testate giornalistiche aprono con la notizia che il virus non ha fermato il voto.

SABATO 26 SETTEMBRE – Il Ministero della Salute emana una nuova Circolare: certificato e doppio tampone a 24 ore l'uno dall'altro (con un contestuale doppio negativo), per rientrare a scuola se positivi.[228] I medici di base avvisano: «Sistema ingestibile».[229] Rimane aperta la questione delle assenze senza giustificazione.

DOMENICA 27 SETTEMBRE – Sarà emergenza fino a dicembre. Il Governo si prepara alla proroga dello stato di emergenza. Le regioni riaprono i centri COVID. Gli ospedali tornano a riempirsi.

VENERDÌ 2 OTTOBRE – In accoglimento del ricorso presentato dal dottor Mariano Amici, il TAR del Lazio sospende dell'Ordinanza della Regione che rendeva obbligatoria la vaccinazione antinfluenzale per gli *over* 65 (pena il divieto di frequentare luoghi di assembramento quali centri sociali e case di riposo) e il personale sanitario (pena il divieto di accedere ai rispettivi luoghi di lavoro). Nelle motivazioni della sentenza, il TAR spiega che la: «Normativa emergenziale COVID-19 non ammette simili interventi regionali in materia di vaccinazioni obbligatorie [...] l'ordinamento

[227] http://www.flcgil.it/rassegna-stampa/nazionale/il-tar-boccia-la-azzolina-la-febbre-si-misura-a-scuola.flc?__no_mobile=1

[228] https://www.lastampa.it/cronaca/2020/09/25/news/scuola-nuova-circolare-di-speranza-certificato-e-doppio-tampone-per-rientrare-se-positivi-1.39348714

[229] *Due tamponi per tornare a scuola,* "Il Messaggero", 26.09.2020.

costituzionale non tollera interventi regionali di questo genere».[230] Commenta Zingaretti: «Sapevamo di fare una provocazione perché non compete alla Regione l'obbligo della vaccinazione, ma volevamo dare un segnale sull'importanza di farlo».[231]

MARTEDÌ 6 OTTOBRE – Dopo aver riempito le prime pagine dei principali quotidiani, la seconda ondata ha ufficialmente inizio. Intitola "la Repubblica": *La seconda ondata – Virus, riparte la battaglia.*[232]

> I numeri autorizzano gli esperti a parlare di seconda ondata. E il Comitato tecnico scientifico disegna quattro scenari in caso di crisi. Nel nuovo Dpcm tamponi anche per chi arriva da UK, Olanda e Belgio. Speranza: «Nessun territorio fuori pericolo». Tra le ipotesi, *lockdown* locali e nuove restrizioni agli eventi.[233]

Nel nuovo conteggio dei 'casi' si sommano sintomatici e asintomatici. Si profila l'uso della mascherina generalizzato. Iniziano le file per i tamponi.

MERCOLEDÌ 7 OTTOBRE – Il Consiglio dei Ministri delibera la proroga, fino al 31 gennaio 2021, dello stato d'emergenza.[234] Viene inoltre approvato un Decreto Legge che introduce nuove misure connesse alla proroga: si dispone l'obbligo di avere sempre con sé le mascherine, e si ampliano le circostanze che prevedono l'obbligo di indossarle (dovranno essere indossate non solo nei luoghi chiusi accessibili al pubblico, come già in passato ma, più in generale nei luoghi al chiuso diversi dalle abitazioni private e anche in tutti i luoghi all'aperto); il Decreto prevede che le Regioni,

[230] https://www.italiasera.it/il-dottor-mariano-amici-ha-vinto-il-ricorso-al-tar-contro-lordinanza-di-zingaretti-sulla-vaccinazione-obbligatoria/

[231] https://www.agi.it/cronaca/news/2020-10-02/tar-annulla-ordinanza-lazio-obbligo-vaccino-influenza-9830103/

[232] BOCCI ET AL., *Virus, riparte la battaglia*, "la Repubblica", 06.10.2020

[233] *Ivi.*

[234] http://www.governo.it/node/15350

possano introdurre solamente misure maggiormente restrittive rispetto a quelle varate dal Governo.[235]
Si susseguono le dichiarazioni in merito alle motivazioni che hanno spinto i tecnici e il Governo a introdurre l'obbligo generalizzato di indossare la mascherina (anche all'esterno).
Nicola Zingaretti, segretario del Pd e governatore del Lazio:

> I positivi sono tra noi [...] Ora noi stiamo valutando se questo obbligo della mascherina, anche per dare un segnale psicologico di comportamento, lo dovremo estendere h24, e quindi con la mascherina all'aperto e al chiuso.[236]

Alberto Villani, membro del CTS:

> L'obbligo di indossare la mascherina all'aperto è un richiamo. Non importa se scientificamente ha senso oppure no. È un segnale di attenzione per noi stessi e per la comunità.[237]

Ranieri Guerra, direttore aggiunto dell'OMS e membro del Comitato Tecnico Scientifico:

> Tecnicamente [la mascherina, *Nota dell'Autore*] all'aperto non servirebbe, a meno di non trovarsi in luoghi confinati e affollati. La variabile però sono i comportamenti individuali, e non mi sento di criticare un amministratore che, conoscendo i propri concittadini, sa come proteggerli. La mascherina ha anche un valore simbolico di allerta.[238]

[235] http://www.governo.it/it/articolo/comunicato-stampa-del-consiglio-dei-ministri-n-66/15350

[236] https://video.repubblica.it/dossier/coronavirus-wuhan-2020/coronavirus-zingaretti-nel-lazio-stiamo-valutando-obbligo-mascherine-h24/368219/368800

[237] M. DE BAC, *Covid, Villani (Cts): «Non siamo al dramma, possiamo fermare l'epidemia»*, "Il Corriere della Sera", 07.08.2020 [https://www.corriere.it/cronache/20_ottobre_07/covid-villani-cts-non-siamo-dramma-possiamo-fermare-l-epidemia-de3d043c-08c7-11eb-ab0e-c425b38361b4_preview.shtml?reason=unauthenticated&cat=1&cid=n4vZr9mD&pids=FR&credits=1&origin=https%3A%2F%2Fwww.corriere.it%2Fcronache%2F20_ottobre_07%2Fcovid-villani-cts-non-siamo-dramma-possiamo-fermare-l-epidemia-de3d043c-08c7-11eb-ab0e-c425b38361b4.shtml]

[238] M. DE BAC, *Coronavirus, Guerra: «Non vedo rischi di altre chiusure totali. Ma ora gli italiani scarichino la app Immuni,* "il Corriere", 27.09.2020 [https://www.

LUNEDÌ 12 OTTOBRE – Viene emanata la Circolare *COVID-19: indicazioni per la durata ed il termine dell'isolamento e della quarantena*[239] nella quale si ridefiniscono i criteri per l'uscita dalla quarantena e l'isolamento:

> – Positivi asintomatici (positive al test ma senza sintomi della malattia). Fine isolamento: almeno 10 giorni di isolamento dalla comparsa della positività + 1 test molecolare negativo;
> – Positivi sintomatici (positivo al test con sintomi). Fine isolamento: almeno 10 giorni di isolamento – di cui almeno 3 senza sintomi + test molecolare negativo;
> – Positivi a lungo termine (persone che continuano a risultare positive al test molecolare per settimane pur non presentando sintomi). Fine isolamento: dopo 21 giorni dalla comparsa dei sintomi anche in assenza di un test molecolare negativo;
> – Contatti stretti asintomatici (contatti stretti di casi confermati e identificati). Devono rispettare una quarantena di 14 giorni dall'ultima esposizione al 'caso', senza dover eseguire un tampone; oppure di 10 giorni dall'ultima esposizione + un test antigenico o molecolare che risulti negativo;

Nel presentare la Circolare, sul sito dell'Istituto Superiore di Sanità,[240] vengono specificate altre due categorie:

> – Contatti stretti sintomatici: rivolgersi al medico curante per la valutazione della situazione e la necessità di fare un test;
> – Nessuna quarantena è prevista, come pure nessun test per i contatti stretti dei contatti stretti del caso positivo, ovvero per coloro che non hanno avuto alcun contatto diretto con il caso confermato.

MARTEDÌ 13 OTTOBRE – Il premier Giuseppe Conte firma il suo 18^{esimo} DPCM. Nel corso del Punto Stampa, dichiara:

corriere.it/cronache/20_settembre_27/08-interni-tescorriere-web-sezioni-c8edc6e0-00fa-11eb-8a00-13bbbd5f28b0.shtml].

239 https://www.trovanorme.salute.gov.it/norme/renderNormsanPdf?anno=2020&codLeg=76613&parte=1%20&serie=null

240 https://www.iss.it/in-casa-isolamento-quarantena-e-contatti-stretti/-/asset_publisher/yX1afjCDBkWH/content/isolamento-quarantena-e-contatti-stretti-cosa-sono-e-cosa-fare

> A notte tarda abbiamo completato, io ho firmato il nuovo DPCM che introduce le nuove misure restrittive [...] la curva epidemiologica sta risalendo [...] in tutta Europa sta risalendo questa curva [...] l'Italia è in una condizione migliore [...] ma non ci possiamo permettere nessuna distrazione [...] è per questo che variamo queste misure. Comporteranno dei sacrifici ulteriori, però siamo convinti che con questi sacrifici [...] potremo adeguatamente, sempre con il criterio quindi di adeguatezza e proporzionalità, affrontare questa nuova fase. Il nostro obbiettivo è molto chiaro: dobbiamo evitare di far ripiombare il nostro paese in un *lockdown* generalizzato. La vita sociale, la vita economica ha ripreso a correre [...] per preservare il tessuto produttivo, la nostra economia e tutelare, al contempo, il nostro obbiettivo primario: la salute, dobbiamo adesso predisporci a rispettare queste regole. Le riassumo a beneficio di tutti: dell'obbligo di portare con sé e di indossare la mascherina, anche all'esterno, abbiamo già detto [...]; dobbiamo assumere comportamenti più corretti anche nelle abitazioni private [...] vi invitiamo a limitare anche il numero di ospiti, non superiori a sei; assolutamente vi invitiamo a non svolgere feste, party, nelle abitazioni private. Sono tutte situazioni di pericolo, insidiose [...] Ovviamente, voglio essere chiaro, non manderemo le Forze di Polizia nelle abitazioni private. La sfera di vita privata la vogliamo assolutamente tutelare. [...] E ancora: bar, ristoranti, pizzerie, gelaterie, pasticcerie dovranno chiudere a mezzanotte, e dalle ore 21 c'è un ulteriore limitazione: si potrà solo consumare al tavolo [...] resteranno chiuse le discoteche, le sale da ballo.[241]

MERCOLEDÌ 14 OTTOBRE – A "Studio24" su Rainews24, il professor Crisanti: «Credo che un *lockdown* a Natale sia nell'ordine delle cose: si potrebbe resettare il sistema, abbassare la trasmissione del virus e aumentare il *contact tracing*».[242] Anche per Fabrizio Pregliasco, virologo e direttore sanitario

[241] http://www.governo.it/it/articolo/punto-stampa-del-presidente-conte/15392

[242] https://www.rainews.it/dl/rainews/media/virologo-Andrea-Crisanti-intervista-studio-24-rainews24-covid-contagio-casi-in-aumento-coronavirus-lockdown-natale-ebfb88a5-dd01-4af6-9985-64f7432ff623.html

dell'Istituto Galeazzi di Milano, il Natale è a rischio. Di diverso avviso il professor Giorgio Palù:

> Implementare il distanziamento: è l'arma più potente, e va attuata sempre. Non solo nelle scuole, ma anche nei supermercati e sui mezzi pubblici. La ragionevolezza e il buonsenso, purtroppo, non sono contagiosi. Ma questo virus sì. Valutiamo i modi per fare distanziamento.[243]

VENERDÌ 16 OTTOBRE – L'Italia verso nuovi *lockdown*. Si inizia dalla scuola. La regione Campania sospende le attività didattiche in presenza.[244]

GIOVEDÌ 22 OTTOBRE – Arriva il 'coprifuoco'. Il ministro della Salute, Roberto Speranza, e il presidente della Regione, Attilio Fontana, firmano l'Ordinanza con cui si impone il coprifuoco in Lombardia dalle 23:00 alle 5:00.[245] Seguono la stessa linea la Campania e il Lazio (dalle 24:00 alle 5:00).[246] Torna l'obbligo di autocertificazione e il divieto di spostamento dalla provincia di residenza in alcune Regioni.

SABATO 24 OTTOBRE – Con un nuovo DPCM si impone la chiusura di bar, ristoranti, pasticcerie e gelaterie dalle 18:00; via libera al *take away* e alla consegna a domicilio. Vengono sospese le attività di palestre, piscine, centri benessere, centri termali, nonché i centri culturali, centri sociali e centri ricreativi. Vengono chiusi teatri, sale da concerto e sale cinematografiche. Stop anche per fiere, convegni, congressi ed eventi in generale. Rimangono aperti i musei, nel rispetto delle norme di distanziamento. Si incrementa, per le scuole secondarie di secondo grado, il ricorso alla didattica digitale

[243] https://www.adnkronos.com/covid-crisanti-lockdown-prima-di-natale-potrebbe-essere-necessario_1N9VJoFO5oIyhXkw4jSsWR

[244] https://images.go.wolterskluwer.com/Web/WoltersKluwer/%7B68a83ce3-eae4-4d59-883e-c172997a1462%7D_campania-ordinanza-n-82-del-20-10-2020.pdf

[245] https://www.rainews.it/dl/rainews/articoli/Covid-La-Lombardia-firma-ordinanza-coprifuoco-dalle-23-alle-5-fontana-f0165ecb-eac1-42d3-b193-b4c9c9580445.html

[246] https://images.go.wolterskluwer.com/Web/WoltersKluwer/%7Bda7f4f17-b66f-45b2-b7e4-26856fa407d1%7D_ordinanza-ministro-salute-presidente-regione-lazio-21-ottobre-2020.pdf

integrata, per una quota pari almeno al 75% delle attività. Si incentiva lo *smart working*.[247] Nella conferenza stampa del 25 ottobre il premier Conte dice:

> ... non abbiamo introdotto un 'coprifuoco', è una parola che non amiamo, ma rivolgiamo una forte raccomandazione a tutti: bisogna muoversi solo per motivi [...] di necessità. E raccomandiamo anche di evitare di ricevere a casa persone che non facciano parte del nucleo famigliare. Questo è un momento complesso. Nel paese c'è anche molta stanchezza [...] e mi rendo conto anche dei nuovi sacrifici, che stiamo chiedendo soprattutto ad alcune categorie [...] Non mi piace fare promesse. Piuttosto preferisco prendere un impegno, a nome dell'intero Governo. Sono già pronti l'indennizzo a beneficio di tutti coloro che verranno penalizzati da queste nuove norme [...] L'Italia, proprio nei momenti più difficili, riesce sempre a dimostrare la propria coesione e la propria forza. Se questo mese di novembre rispetteremo tutti queste nuove regole, riusciremo a tenere la curva epidemiologica sotto controllo. Riusciremo così poi ad allentare le misure e affrontare dicembre, e ci auguriamo le festività natalizie, con maggiore serenità.[248]

LUNEDÌ 26 OTTOBRE – Cresce la protesta contro le chiusure: manifestazioni in piazza a Torino, Milano, Catania, Napoli...

GIOVEDÌ 29 OTTOBRE – Francia e Germania verso il *lockdown*. In Italia, nonostante le nuove imposizioni, la curva dei contagi continua a crescere.
Guido Bertolaso, ex direttore del Dipartimento della Protezione Civile e consulente per la gestione COVID di Lombardia, Marche e Sicilia, a Radio Radio dichiara:

> Ci sono i famosi DRG che sono le diarie che si riconoscono agli ospedali da parte delle regioni, e quindi da parte nostra. Queste diarie che vengono pagate dalle regioni agli ospedali hanno una tariffa per ogni patologia [...] per quello che

[247] https://www.gazzettaufficiale.it/eli/id/2020/10/25/20A05861/sg

[248] http://www.governo.it/it/articolo/coronavirus-conferenza-stampa-del-presidente-conte/15502

> riguarda il COVID, quando vieni ricoverato in terapia intensiva o in rianimazione, la stragrande maggioranza dei casi, la Regione ti riconosce 2mila euro al giorno. È evidente quindi che nel momento in cui tu costruisci un ospedale che serve per la rianimazione del COVID dagli altri ospedali sono un po' reticenti a trasferire i malati agli ospedali dedicati al COVID perché perdono ovviamente 2mila euro al giorno per ogni paziente che viene trasferito. Soldi che servono per sistemare bilanci traballanti.[249]

DOMENICA 1º NOVEMBRE – *Rsa, secondo atto: così può ricominciare la strage.*[250] Nuovi casi di focolai nelle residenze per anziani vengono segnalati in tutto il paese.

LUNEDÌ 2 NOVEMBRE – Nonostante la parola 'coprifuoco' non sia amata dal Governo, i principali quotidiani italiani la sbattono in prima pagina: "Corriere della Sera", *Coprifuoco e negozi: nuova stretta*; "la Repubblica", *Coprifuoco alle 21, è battaglia*; "La Stampa", *Braccio di ferro sull'ora del coprifuoco*; "Il Messaggero", *Chiusure locali, non c'è intesa – in arrivo il coprifuoco alle 18*; "il Fatto Quotidiano", *Domani DPCM Zone rosse a Nord-Ovest e Campania, coprifuoco dalle 18 (o 20)*; "Il Secolo XIX", *l'Italia verso il coprifuoco.*

MARTEDÌ 3 NOVEMBRE – 21csimo DPCM: l'Italia viene suddivisa in tre aree di criticità, contrassegnate dai colori giallo, arancione e rosso.[251] A ogni area corrispondono proprie misure restrittive, in vigore dal venerdì successivo. L'assogettamento a una data area dipende dall'esito del monitoraggio periodico (effettuato da ISS, Ministero della Salute, rappresentanti delle Regioni e CTS) ed è basato su 21 parametri.
Fra i provvedimenti dell'area gialla, spicca il coprifuoco dalle 22 alle 5: come ai tempi dei bombardamenti del '43. Ad esso si aggiungono alcuni divieti, che colpiscono l'istruzione, più alcuni ambiti che sembrano scelti a caso fra

[249] https://www.radioradio.it/2020/10/bertolaso-indennizzo-paziente-covid-regioni-ospedali/

[250] https://www.ilfattoquotidiano.it/in-edicola/articoli/2020/11/01/rsa-secondo-atto-cosi-puo-ricominciare-la-strage/5987180/

[251] Le regioni sono state assegnate alle diverse aree da una Circolare firmata dal Ministro Speranza.

i codici ATECO: chiusura università, musei, sale bingo, palestre, bar, ristoranti (dopo le 18); scuole superiori in didattica a distanza, ecc. In aggiunta a tutto ciò, l'area arancione limita ai «comprovati motivi» gli spostamenti fra regioni o comuni, e chiude del tutto la ristorazione (salvo asporto). Infine l'area rossa impone la giustificazione per gli spostamenti nel proprio comune e vieta quelli esterni; manda in 'didattica a distanza' le 2e e 3e medie; chiude tutti i negozi tranne tabaccai, farmacie e supermercati; autorizza la corsetta sotto casa.[252]
Il premier Conte chiude la conferenza stampa dicendo: «Ci aspettano ancora mesi lunghi, difficili. Rispettando però le regole con l'impegno di tutti possiamo raffreddare la curva epidemiologica e recuperare un margine di serenità».[253]

LUNEDÌ 9 NOVEMBRE – Il vaccino Pfizer-BioNTech è dichiarato efficace al 90%. L'azienda promette i primi 50 milioni di dosi nel mondo entro l'anno. L'Unione Europea ne ha già opzionate 200 milioni. La distribuzione, che coinvolgerà anche l'Esercito, dovrà avvenire a -80 gradi.[254]
Le borse reagiscono con euforia. Albert Bourla, amministratore delegato di Pfizer, cede il 62% dei titoli nel giorno dell'annuncio che il vaccino è efficace al 90%. Guadagna 5,56 milioni di dollari.[255]

MERCOLEDÌ 11 NOVEMBRE – «... "Conte al lavoro per evitare il lockdown totale". Per il presidente del Consiglio questa sembra essere una linea del Piave invalicabile».[256]

GIOVEDÌ 12 NOVEMBRE – Video *shock* dal Cardarelli di Napoli: un anziano morto in bagno. La Sanità della Campania è al collasso e la Regione si avvia verso la zona rossa. Il ministro

[252] http://www.governo.it/it/articolo/nuove-misure-emergenza-covid-19-conferenza-stampa-del-presidente-conte/15608

[253] *Ivi.*

[254] https://www.repubblica.it/cronaca/2020/11/09/news/il_vaccino_di_pfizer_e_efficace_al_90_-273706764/

[255] https://www.agi.it/economia/news/2020-11-11/ceo-pfizer-vaccino-vendita-azioni-10258407/

[256] M. GIANNINI, *Conte al lavoro per evitare il lockdown*, "La Stampa", 11.11.2020.

degli Esteri Luigi Di Maio chiede l'intervento dell'Esercito: «C'è un'emergenza nell'emergenza e sono le immagini che arrivano dagli ospedali della Campania. Ora bisogna intervenire».[257] Il presidente De Luca lancia un *post* che inizia con la frase: «Continua lo sciacallaggio contro la Campania. Prosegue una intollerabile campagna contro la sanità della Campania».[258]

VENERDÌ 13 NOVEMBRE – Il ministro della Salute Speranza firma un'Ordinanza con la quale inserisce in zona rossa la Toscana e la Campania. L'Italia è così suddivisa:

> Zona rossa: Calabria, Campania, Lombardia, Piemonte, Toscana, Valle d'Aosta, Provincia Autonoma di Bolzano;
>
> Zona arancione: Abruzzo, Basilicata, Emilia Romagna, Friuli Venezia Giulia, Marche, Liguria, Puglia, Sicilia, Umbria;
> Zona gialla: Lazio, Molise, Provincia autonoma di Trento, Sardegna, Veneto.[259]

LUNEDÌ 16 NOVEMBRE – Dopo l'appello «Fate i test, fate i test, fate i test»[260] di marzo, il direttore dell'OMS Ghebreyesus, reduce da un periodo di quarantena, nel corso di una conferenza stampa in cui una giornalista gli domanda se avesse fatto il tampone, risponde: «Non avendo sintomi, e avendo seguito bene i protocolli, non ho ritenuto necessario sottopormi al test. Posso assicurare che sto bene».[261]
Anche il primo novembre, dopo essere stato in contatto con un caso positivo al tampone, il direttore si era messo in auto-quarantena senza fare il tampone.[262]

[257] https://napoli.repubblica.it/cronaca/2020/11/12/news/covid_de_luca_in_campania_non_ci_sara_un_ospedale_da_campo_-274121108/

[258] *Ivi.*

[259] http://www.salute.gov.it/portale/news/p3_2_1_1_1.jsp?lingua=italiano&menu=notizie&p=dalministero&id=5171

[260] https://www.ilpost.it/2020/03/17/oms-test-coronavirus/

[261] https://www.youtube.com/watch?v=ExXsQA5JpWw

[262] https://www.courrierinternational.com/article/cas-contact-pourquoi-le-chef-de-loms-en-quarantaine-ne-se-fait-pas-tester

MERCOLEDÌ 18 NOVEMBRE – Migliaia di persone scendono in piazza a Berlino per protestare contro le nuove restrizioni anti-COVID. Nel freddo dell'inverno tedesco, la Polizia usa gli idranti per disperdere la folla,[263] che consta di famiglie e bambini.

GIOVEDÌ 19 NOVEMBRE – Il premier Conte, in video-collegamento alla giornata conclusiva dell'Assemblea annuale dell'ANCI (Associazione Nazionale Comuni Italiani):

> ... gli effetti delle misure di questo sistema che abbiamo adottato, sono effetti che iniziano a rivelare i primi segni positivi. In questo momento nessuno, e neppure gli scienziati, si avventurano a dire quale sarà la situazione per quanto riguarda l'andamento della curva epidemiologica a Natale [...] a Natale dobbiamo già predisporci a passare delle festività in modo più sobrio [...] veglioni, festeggiamenti, baci, abbracci... questo non è possibile. Al di là delle valutazioni scientifiche qui occorre buonsenso. Voi immaginate, una settimana di socialità scatenata [...] significherebbe pagare a gennaio un innalzamento brusco della curva, in termini di decessi, uno stress sulle terapie intensive [...].[264]

VENERDÌ 21 NOVEMBRE – La curva dei contagi si appiattisce: *La cura funziona*, titola "il Fatto Quotidiano".[265]

MARTEDÌ 24 NOVEMBRE – "La Stampa" apre con la notizia *Conte: Natale senza sci ma riapriamo le scuole.*[266] Per non creare un clima di eccessiva distensione, tre giorni dopo verrà data la notizia: *Regioni: piste di sci aperte e scuole chiuse.*[267] La UE prova a dettare le regole del Natale.

[263] https://www.rainews.it/dl/rainews/media/Coronavirus-Manifestazione-contro-le-restrizioni-a-Berlino-2cac80fc-91cb-4018-bf59-1246c8260ace.html#foto-1

[264] http://www.governo.it/it/articolo/conte-videocollegamento-con-l-assemblea-annuale-anci/15732

[265] *La cura funziona. Zone ancora rosse*, "il Fatto Quotidiano", 21.11.2020.

[266] *Conte: Natale senza sci ma riapriamo le scuole,* "La Stampa", 24.11.2020.

[267] *Regioni: piste di sci aperte e scuole chiuse*, "il Fatto Quotidiano", 27.11.2020.

GIOVEDÌ 26 NOVEMBRE – L'AIFA conferma la sospensione dell'autorizzazione all'utilizzo *off-label* dell'idrossiclorochina sia per l'uso terapeutico (ospedaliero e territoriale) sia per l'uso profilattico.[268]

DOMENICA 29 NOVEMBRE – L'Italia cambia colore: Lombardia e Piemonte passano in area arancione; Liguria e Sicilia in area gialla. Tornano a spaventare gli assembramenti nelle grandi città.

LUNEDÌ 30 NOVEMBRE – L'Europa firma il quinto contratto per il vaccino anti-COVID (gli altri quattro sono stati siglati con: AstraZeneca, Sanofi-GSK, Janssen Pharmaceutica NV, BioNTech-Pfizer). A comunicare l'accordo con la società farmaceutica CureVac sono state il commissario europeo per la Salute, Stella Kyriakides, e il presidente della Commissione UE, Ursula Von Der Leyen. Salgono a 20 milioni le dosi di vaccino prenotate dall'Unione Europea (in attesa dell'approvazione EMA).[269]
Bruxelles dichiara che il vaccino russo Sputnik V non potrà essere utilizzato nei paesi dell'Unione Europea (fatta eccezione per l'Ungheria).[270]

MERCOLEDÌ 2 DICEMBRE – L'"Indipendent" pubblica l'articolo *Coronavirus vaccine: Pfizer given protection from legal action by UK government*:

> Il governo del Regno Unito ha concesso al colosso farmaceutico Pfizer un'indennità legale per proteggerlo dall'essere citato in giudizio [...] Il Dipartimento di Salute e Assistenza Sociale ha confermato che l'azienda ha ricevuto

[268] https://www.aifa.gov.it/web/guest/-/covid-19-aifa-limita-l-uso-di-remdesivir-in-casi-selezionati-e-consente-idrossiclorochina-solo-in-studi-clinici-randomizzati-a-domicilio

[269] https://www.ansa.it/europa/notizie/rubriche/altrenews/2020/11/30/covid-ue-firma-nuovo-contratto-con-curevac-_2816c594-415f-4dad-862f-166b63171185.html

[270] https://it.sputniknews.com/mondo/202011309851008-vaccino-covid-19-von-der-leyen-annuncia-la-firma-del-contratto-con-curevac-/

un'indennità, per tutelarla da azioni legali che potrebbero insorgere a seguito di eventuali problemi con il vaccino.[271]

Nell'*Information for healthcare professional on Pfizer BioNTech Covid-19 vaccine,*[272] dove sono indicate le informazioni tecniche del vaccino BNT162b2, con specifiche tecniche, modalità d'uso ed eventuali controindicazioni ed effetti collaterali, si legge che:

> I dati sull'uso del vaccino mRNA COVID-19 BNT162b2 non esistono o sono limitati. Gli studi di tossicità riproduttiva sugli animali non sono stati completati. Il vaccino mRNA COVID-19 BNT162b2 non è raccomandato durante la gravidanza. Per le donne in età fertile, la gravidanza deve essere esclusa prima della vaccinazione. Inoltre, le donne in età fertile deve essere consigliato di evitare la gravidanza per almeno 2 mesi dopo la seconda dose [...] non è noto se il vaccino COVID-19 mRNA BNT162b2 abbia un impatto sulla fertilità [...] non è noto se il vaccino COVID-19 mRNA BNT162b2 sia escreto nel latte umano [...] i rischi per i neonati/bambini non possono essere esclusi.[273]

Dopo una lunga rincorsa alle norme della campagna vaccinale (alcuni parlano del doppio vaccino,[274] altri di un vaccino protegge solo dai sintomi[275]) il Parlamento approva le *Linee guida del piano strategico sui vaccini anti-COVID*. L'Italia, in base agli accordi stipulati, potrà contare sulla disponibilità di oltre 226 milioni di dosi (per 60 milioni di abitanti):[276]

AstraZeneca 40,16 milioni di dosi

[271] https://www.independent.co.uk/news/health/coronavirus-pfizer-vaccine-legal-indemnity-safety-ministers-b1765124.html

[272] https://assets.publishing.service.gov.uk/government/uploads/system/uploads/attachment_data/file/955899/Temporary_Authorisation_HCP_Information_BNT162_6_0_UK_editclean.pdf

[273] https://www.ilgiornale.it/news/cronache/vaccino-pfizer-uk-gi-prossima-settimana-governo-non-esclude-1907500.html

[274] *Virus, il doppio vaccino*, "la Repubblica", 25.11.2020.

[275] *"I vaccini ci salvano ma solo dai sintomi"*, "il Fatto Quotidiano", 26.11.2020.

[276] https://www.trovanorme.salute.gov.it/norme/renderNormsanPdf?anno=2021&codLeg=78657&parte=1%20&serie=null

Johnson & Johnson 53,84 milioni
Sanofi 40,38 milioni
Pfizer/BNT 40,64 milioni
CureVac 29,88 milioni
Moderna 21,25 milioni

GIOVEDÌ 3 DICEMBRE – Nel corso di un'intervista a Radio Radio, il viceministro alla Salute Sileri, interrogato sull'eventualità della vaccinazione obbligatoria, spiega:

> ... È chiaro che se poi trovi che i più non vogliono farsi il vaccino perché hanno timori, tu hai fatto tutta l'opera di *moral action*, hai fatto campagne, hai dato la massima trasparenza possibile [...] ma solo il 15% della popolazione fa il vaccino, è chiaro che qualche forma di obbligatorietà servirà.[277]

La giornalista Maria Annunziata, durante la puntata di "Mezz'ora in più" del 6 dicembre, che vede ospite Agostino Miozzo del CTS, userà parole più forti per ribadire lo stesso concetto: «Io penso che lo Stato prima o poi dovrà prendere per il collo alcune persone per farle vaccinare».[278] Norimberga *docet*.

VENERDÌ 4 DICEMBRE – Dopo l'approvazione con 13 voti a favore e uno contrario del Comitato consultivo del CDC per raccomandare che i residenti delle RSA siano tra i primi a ricevere i vaccini, il dottor Kelly Moore, direttore associato della Immunization Action Coalition, tiene a precisare che:

> Non saremmo affatto sorpresi di vedere, casualmente, che poco dopo aver ricevuto il vaccino qualcuno muoia, non perché abbia qualcosa a che fare con la vaccinazione, ma solo perché quello è il luogo in cui le persone risiedono alla fine della loro vita [...] Una delle cose di cui vogliano essere sicuri che la gente capisca è che non dovrebbero allarmarsi inutilmente se ci sono segnalazioni, una volta iniziata la vaccinazione, di qualcuno o più persone che muoiono entro

[277] https://www.youtube.com/watch?v=hAorJCOvqno

[278] https://www.radioradio.it/2020/12/shock-in-diretta-furbetti-vaccino-covid-michetti/

> uno o due giorni dalla vaccinazione e che risiedono in una struttura di degenza a lungo termine. Questo è qualcosa che ci aspettiamo, come un evento normale, perché le persone muoiono spesso nelle case di cura.[279]

Rassicurata da queste parole, il 17 gennaio, l'ANSA batte la notizia *Norvegia, 23 morti 'legate alla vaccinazione'. Pfizer: 'su decessi dati non allarmanti'*.[280] La notizia, ripresa dal "The Guardian", sottolinea inoltre che: «I trial sul vaccino non includevano "pazienti con malattie acute o instabili" e pochi *over* 85».[281]

MARTEDÌ 8 DICEMBRE – Parte l'*extra cashback* di Natale: chi paga con carte di credito o bancomat ha diritto al rimborso del 10%, fino a un tetto massimo di 150 euro. Il Governo incoraggia lo *shopping,* salvo poi condannare gli assembramenti registrati in tutta Italia:

> Alla vigilia della super zona rossa generalizzata, l'ultimo sabato prima di Natale si sta trasformando esattamente in quell'incubo che i virologi del Comitato tecnico scientifico volevano evitare, prevedendolo però dal 24 in poi: un maxi assembramento che sta travolgendo le vie dello shopping in tutte le città italiane.[282]

VENERDÌ 11 DICEMBRE – Con la sentenza numero 7097/2020, la III Sezione del Consiglio di Stato, in accoglimento del ricorso presentato da un gruppo di medici, ammette l'utilizzo dell'idrossiclorochina a scopo terapeutico per la COVID-19, sospendendo di fatto la nota del 22 luglio con la quale l'AIFA aveva impedito ai medici di prescrivere il farmaco al di fuori degli studi clinici autorizzati dall'Ente.[283]

[279] https://edition.cnn.com/2020/12/04/health/coronavirus-vaccine-acip-nursing-homes-question/index.html

[280] https://www.ansa.it/sito/notizie/mondo/2021/01/16/la-norvegia-registra-23-morti-legate-alla-vaccinazione-anti-covid_8f2fe83f-09f0-42b6-b73d-18808af3a2ce.html

[281] *Ivi.*

[282] https://www.repubblica.it/cronaca/2020/12/19/news/follia_da_shopping_assembramenti_record_in_tutta_italia-279074477/

[283] https://www.ilgiornale.it/news/cronache/covid-libera-allidrossiclorochina-irragionevole-vietarne-1909000.html

LUNEDÌ 14 DICEMBRE – La Germania impone il *lockdown* fino al 10 gennaio. In Italia la curva del contagio riprende a salire e il Governo italiano pensa a una zona rossa per tutto il periodo natalizio. Sfuma la riapertura delle scuole. Si inizia a parlare di 'terza ondata'.

VENERDÌ 18 DICEMBRE – Arriva la «Decisione non facile, sofferta»: si chiama 'Decreto Natale' (valido dal 21 dicembre al 6 gennaio).[284] Spostamenti vietati tra le Regioni. In zona rossa (24, 25, 26, 27 e 31 dicembre 2020 – 1°, 2, 3, 5 e 6 gennaio 2021): consentita, dalle ore 5 alle ore 22, la visita ad amici o parenti (max 2 persone) all'interno della propria regione; chiusi negozi, centri estetici, bar e ristoranti (consentito l'asporto fino alle 22:00).[285]

GIOVEDÌ 24 DICEMBRE – In sintonia con Vaticano e CEI, la Santa Messa del Natale viene celebrata alle 19:30, orario compatibile con il coprifuoco.

Questo è un resoconto sommario, basato sulla narrazione ufficiale della pandemia.

Mentre ci accingiamo a mettere un punto finale a questo libro, il copione della tragedia COVID-19 dimostra di non essere pronto a esaurirsi, perché ciò a cui abbiamo assistito è solo la punta dell'*iceberg* di una strategia di riprogammazione sociale di più ampio respiro, che assume l'aspetto di un colpo di Stato a livello globale. Per quanto 'inatteso', l'evento pandemico che ha sconvolto il mondo nel 2020 rientra in uno scenario sapientemente teorizzato e ampiamente studiato negli anni passati.

Facciamo dunque qualche passo indietro, e torniamo alle simulazioni e previsioni che hanno annunciato, con ampio anticipo, l'apparente caos della gestione pandemica. A guidarci sarà la consapevolezza amletica, che vede del metodo in questa follia.

284 https://www.gazzettaufficiale.it/eli/id/2020/12/18/20G00196/sg

285 http://www.governo.it/sites/new.governo.it/files/16-9-decreto-natale 1534.pdf

2. Scenari, previsioni o minacce?

> In ogni uomo sonnecchia un profeta e quando si risveglia c'è un po' più di male nel mondo.
>
> EMIL CIORAN, *L'antiprofeta*[286]

«Fin dall'antichità le pandemie influenzali hanno innescato la paura di una calamità causata da una malattia infettiva in grado di propagarsi in tutto il mondo».[287]

Inizia così il resoconto *Prepararsi alla prossima pandemia* del 2005, di Michael Osterholm, direttore del Centro per la Ricerca e la Gestione delle malattie infettive, dell'Ufficio affari esteri degli USA. Prosegue: «Una serie di studi scientifici hanno messo in evidenza che una pandemia è attesa a breve termine. [...] Non si possono prevederne gli effetti, ma prepararsi a questo evento è indispensabile, e c'è bisogno di molto lavoro da parte delle istituzioni».[288]

Le malattie infettive rappresentano i killer numero uno dell'umanità: non c'è dunque nulla di strano che gli scienziati e le istituzioni riservino a queste potenziali fonti di pericolo una grande attenzione. Forse per questo motivo, nel corso degli ultimi dieci anni, si è immaginata una serie significativa di scenari della 'prossima pandemia', a tratti tanto precisi da far sorgere qualche dubbio nelle menti critiche.

Una tra tutte ci ha colpito in modo particolare, non tanto per la precisione, quanto per le conseguenze attribuite all'evento pandemico.

Il 3 maggio 2009, sul settimanale francese "L'Express" Jack Attali scrive nella sua rubrica *Perspectives – Le blog de Jacques Attali:*

[286] E. CIORAN, *L'antiprofeta - Fisionomia di un fallimento,* Mimesis, 2006.

[287] M. OSTERHOLM, *Prepararsi alla prossima pandemia*, "Foreign Affairs", luglio/agosto 2005 (Traduzione e adattamento a cura della redazione di EpiCentro). [https://www.epicentro.iss.it/focus/flu_aviaria/pdf/Prossima_Pandemia.pdf].

[288] *Ivi.*

La storia ci insegna che l'umanità evolve significativamente soltanto quando ha realmente paura: allora inizialmente sviluppa meccanismi di difesa; a volte intollerabili (dei capri espiatori e dei totalitarismi); a volte inutili (di distrazione); a volte efficaci (terapeutici, che allontanano se necessario tutti i principi morali precedenti). Poi, una volta passata la crisi, trasforma questi meccanismi per renderli compatibili con la libertà individuale ed iscriverli in una politica di salute democratica.

La pandemia che sta iniziando potrebbe far scatenare una di queste paure strutturanti. Se non sarà più grave delle due precedenti paure legate a un rischio di pandemia (la crisi della mucca pazza del 2001 in Gran Bretagna e quella dell'influenza aviaria del 2003 in Cina), avrà delle conseguenze economiche significative (crollo dei trasporti aerei, del turismo e del prezzo del petrolio); costerà circa 2 milioni di dollari per persona contagiata e farà crollare i mercati azionari di circa il 15%; il suo impatto sarà breve (il tasso di crescita cinese non si è abbassato se non nel secondo trimestre del 2003, per esplodere nel terzo); avrà anche conseguenze in materia di organizzazione (nel 2003 delle misure di polizia molto rigorose sono state adottate in tutta l'Asia; l'Organizzazione Mondiale della Sanità ha messo in atto delle procedure mondiali di allerta e certi paesi, in particolare la Francia e il Giappone hanno creato delle riserve considerevoli di medicine e di mascherine).

Se sarà più grave, cosa possibile, poiché trasmissibile dall'uomo, avrà delle conseguenze di portata veramente planetaria: economiche (i modelli fanno pensare che potrebbe portare a una perdita di 3 trilioni di dollari, ossia una riduzione del 5% del PIL mondiale) e politiche (in vista del rischio di contagio, i paesi del Nord avranno interesse che quelli del Sud non siano malati e dovranno far sì che i più poveri abbiano accesso alle medicine che oggi sono stoccate solamente per i più ricchi); una pandemia di portata superiore farà sorgere, meglio di qualsiasi discorso umanitario o ecologico, la presa di coscienza della necessità di un altruismo, quanto meno interessato.

E, anche se, come si deve ovviamente sperare, questa crisi non sarà molto grave, non bisogna dimenticare, come per la crisi economica, di impararne la lezione, affinché prima della prossima crisi – inevitabile – si mettano in atto meccanismi di prevenzione e di controllo, come anche processi logistici di un'equa distribuzione di medicine e di vaccini. Si dovrà per

> questo, organizzare: una polizia mondiale, un sistema mondiale di stoccaggio (delle risorse) e quindi una fiscalità mondiale. Si arriverebbe allora, molto più rapidamente di quanto avrebbe permesso la sola ragione economica, a mettere le basi di un vero governo mondiale.[289]

Se a scriverlo fosse stato uno romanziere votato al *Fantasy*, probabilmente nessuno avrebbe avuto nulla da obiettare. Ma a firmare questo articolo è un economista e banchiere, conosciuto come l'eminenza grigia di François Mitterand. Soffermiamoci per un istante sull'autore. Jacques Attali è uno tra gli ideatori e presidente (1991-1993) della Banca Europea per la Ricostruzione e Sviluppo (BERS) fondata nel 1990 con sede a Londra. La BERS è un istituto finanziario di credito pensato per «Favorire la transizione dei Paesi dell'Europa centrale e orientale e dell'ex-Urss verso un'economia di mercato ed un processo di privatizzazione dell'economia».[290] Il suo compito è quello di aiutare i paesi beneficiari (L'Italia è uno dei paesi fondatori della BERS e partecipa al capitale della Banca con una quota del 8,52%)[291] nelle riforme economiche e strutturali, quali lo smantellamento dei monopoli, la decentralizzazione della produzione, la privatizzazione delle imprese, al fine di consentire alle economie nazionali di integrarsi nella scena internazionale. Oggi la BERS 'assiste' nel loro processo di sviluppo economico ben 69 paesi, operando in Europa centrale e orientale, e nell'Africa centrale.

Non pago di questo suo impegno umanitario e spinto da un altruismo certamente non interessato, Attali nel 1998 fonda la società Positive Planet Foundation, sostenuta tra gli altri da Microsoft e Fondation Orange. Lo scopo dichiarato è: «Promuovere e creare un'economia positiva in ogni settore di attività»[292] sostenendo lo sviluppo dei paesi con microfinanziamenti. Nel 2007, Nicolas Sarkozy lo nomina presidente della

[289] J. ATTALI, *Changer, par précaution,* "L'Express", 03.05.2009 [https://blogs.lexpress.fr/attali/2009/05/03/changer_par_precaution/].

[290] Banca europea per la ricostruzione e lo sviluppo – BERS, Dipartimento del Tesoro [http://www.dt.mef.gov.it/it/attivita_istituzionali/rapporti_finanziari_internazionali/banche_sviluppo/BERS/].

[291] *Ivi.*

[292] https://positiveplanet.ngo/en/who-are-we/.

Commission pour la Libération de la Croissance Française, tanto lodata da Mario Monti.

L'immagine che ne esce è quella di un economista filantropo, che non può esimersi dall'interessarsi al futuro del mondo e alle sue pandemie, prevedendo, non senza una punta di soddisfazione, scenari futuri per un'umanità guidata da un unico governo mondiale.

Per una strana coincidenza, non è però il solo filantropo a interessarsi al destino del mondo e alle future pandemie.

Bill Gates, il 27 aprile del 2018, alla conferenza annuale sui programmi educativi della Massachusetts Medical Society a Boston, lancia l'allarme:

> Data la continua emersione di nuovi agenti patogeni, il crescente rischio di un attacco bioterroristico e il modo in cui il nostro mondo è connesso attraverso i viaggi aerei, esiste una significativa probabilità che si verifichi una grande e letale pandemia nelle nostre vite.[293]

La previsione possibilista di Gates, accompagnata dalla proiezione di un video dell'Institute for Disease Modeling di Washington, mostra che un virus, modellato sull'influenza spagnola, causerebbe 30 milioni di morti in sei mesi. «Il mondo deve prepararsi alle pandemie seriamente come quando ci si prepara a una guerra»[294] è stato il suo monito.

Non pago di aver lanciato questo allarme, Gates o, più precisamente, la Bill & Melinda Gates Foundation, partecipano in veste di partner insieme al World Economic Forum, all'*Event 201*. Organizzato nell'ottobre del 2019, a New York, dal Johns Hopkins Center for Health Security, l'*Event 201* ricrea a tavolino uno scenario pandemico. Lo scopo dichiarato di questa esercitazione da tavolo è la riduzione delle conseguenze economico-sociali di una grave pandemia grazie alla «Cooperazione affidabile fra diverse industrie, fra i governi e fra istituzioni internazionali chiave».[295] Il virus preso in esame è un

[293] F. BERNASCONI, *La profezia di Bill Gates: "Prepararsi alle pandemie"*, "Il Giornale", 28.01.2020 [https://www.ilgiornale.it/news/mondo/profezia-bill-gates-prepararsi-pandemie-1818169.html].

[294] *Ivi*.

[295] Event 201 [https://www.centerforhealthsecurity.org/event201/].

Coronavirus trasmesso dai pipistrelli ai maiali e dai maiali all'uomo. Il modello di riferimento è la SARS. La pandemia simulata dura 18 mesi, miete 65 milioni di vittime e termina grazie alla creazione di un vaccino.

Con lo scoppio della pandemia (quella dichiarata dall'OMS l'11 marzo per intenderci) sul sito della Johns Hopkins Center qualcuno avverte la necessità di giustificare l'*Event 201*: «I partner seduti al tavolo non hanno fatto una previsione durante il loro esercizio. Abbiamo soltanto modellato lo scenario di un'immaginaria pandemia da Coronavirus e abbiamo subito esplicitamente dichiarato che non era una previsione».[296]

Excusatio non petita, accusatio manifesta.

Ma questa precisazione tira in ballo una sottile differenza linguistica, sulla quale anche la Fondazione Rockefeller nello *Scenarios for the Future of Technology and International Development* del 2005, si era pronunciata:

> È importante sottolineare che gli scenari non sono previsioni. Piuttosto, sono ipotesi ponderate che ci consentono di immaginare, e quindi di provare, diverse strategie per essere più preparati per il futuro o, più ambiziosamente, come aiutare a plasmare meglio i futuri noi stessi.[297]

Ci viene da chiederci, seguendo questo ragionamento, quale futuro volevano ambiziosamente plasmare per l'umanità, immaginando tutti questi scenari pandemici. Ma, anche a questa domanda, è già stata fornita una risposta. Lo abbiamo visto all'inizio di questo capitolo, nelle parole di Attali, che ci ha anticipato che: «La pandemia che sta iniziando potrebbe far scatenare una di queste paure strutturanti» in grado di «mettere le basi per un governo mondiale».

A conclusione di questa complessa costruzione di scenari, riportiamo le parole di Anthony Fauci, il più famoso immunologo degli Stati Uniti, direttore dell'Istituto nazionale per le allergie e le malattie infettive, che l'11 gennaio del 2017, apre un'intervista rilasciata al sito Web di notizie mediche Healio

[296] *Ivi.*

[297] *Scenarios for the Future of Technology and International Development*, Rockefeller fondation, maggio 2010 [http://www.nommeraadio.ee/meedia/pdf/RRS/Rockefeller%20Foundation.pdf].

dicendo che: «Non c'è dubbio che Donald Trump dovrà affrontare un focolaio di una malattia infettiva a sorpresa durante la sua presidenza».[298]

Scenari, previsioni o minacce?

[298] G. GALLAGHER, *Fauci: 'No doubt' Trump will face surprise infectious disease outbreak,* "Healio", 11.01.2017 [https://www.healio.com/news/infectious-disease/20170111/fauci-no-doubt-trump-will-face-surprise-infectious-disease-outbreak].

3. Il convitato di pietra

> Il pericolo di una pandemia artificiale innescata da una fuga da un laboratorio non è ipotetico: uno si è verificato nel 1977 e si è verificato a causa della preoccupazione che una pandemia naturale fosse imminente. Si sono verificate molte altre fughe di laboratorio di agenti patogeni ad alto rischio, con conseguente trasmissione oltre il personale di laboratorio. Ironia della sorte, questi laboratori stavano lavorando con i patogeni per prevenire gli stessi focolai che alla fine hanno causato. Per questo motivo, le tragiche conseguenze sono state chiamate "profezie che si autoavverano".
>
> MARTIN FURMANSKI, *A Brief, Terrifying History of Viruses Escaping From Labs*

Nonostante tutti gli scenari immaginati in merito allo scoppio di una pandemia, il 30 gennaio nel dichiarare l'Emergenza di salute pubblica di interesse internazionale (PHEIC, Public Health Emergency of International Concern), l'OMS comunica che questa definizione implica una situazione: «Seria, improvvisa, insolita o inaspettata».[299] I parametri che conducono a questa spiegazione sono inseriti in un documento intitolato *Guida dell'OMS per l'uso dell'allegato 2 dei Regolamenti sanitari internazionali (2005) – Strumento decisionale per la valutazione e la notifica di eventi che possono costituire un'emergenza sanitaria pubblica di rilevanza internazionale*.[300] Il documento è diversamente interessante, ma ci rassicura sul fatto che questa Organizzazione, la cui serietà abbiamo imparato a conoscere in questi

[299] P. SOL, *Coronavirus, che cosa significa emergenza globale e che cosa comporta,* "Il Sole 24 ore", 31.01.2020 [https://www.ilsole24ore.com/art/raccomandazioni-e-coordinamento-cosa-significa-l-emergenza-oms-coronavirus-ACRvQvFB]. *Coronavirus dalla Cina: tutto quello che sappiamo sull'epidemia,* "La Repubblica", 31.01.2020 [https://www.repubblica.it/salute/medicina-e-ricerca/2020/01/31/news/coronavirus_dalla_cina_cosa_sappiamo-247233573/].

[300] *WHO Guidance for the Use of Annex 2 of the INTERNATIONAL HEALTH REGULATIONS (2005),* [https://www.who.int/ihr/revised_annex2_guidance.pdf].

mesi, si era preparata sulle modalità di notificare al mondo lo scoppio di un'emergenza sanitaria. Questo è un punto fermo. Una seconda certezza è che, in merito alla COVID-19, l'OMS ne sa veramente poco. A due mesi dallo scoppio dell'epidemia, Hans Kluge, direttore regionale dell'OMS per l'Europa, dichiarava: «Della Covid-19 sappiamo ancora poco su come agisce e come si trasmette».[301] Viste le dichiarazioni successive, puntualmente smentite dalla stessa Organizzazione, sembra che le cose non siano cambiate.

Mentre l'Italia passava dai 21 contagi di venerdì 21 febbraio, ai 1.694 di domenica 1° marzo e nel mondo si contavano 88.913 contagi (dei quali il 90% in Cina), Tedros Adhanom Ghebreyesus, direttore dell'OMS, dichiarava:

> Siamo in una terra sconosciuta. Questa è la prima volta che ci imbattiamo in un agente patogeno che può diffondersi nella comunità ma che può anche essere contenuto adottando misure appropriate. Se si trattasse di un'epidemia di influenza, ci saremmo aspettati una trasmissione comunitaria diffusa in tutto il mondo, la cui propagazione non avrebbe potuto essere rallentata o contenuta. Ma contenere la COVID-19 è possibile e deve rimanere la massima priorità per tutti i paesi.[302]

La COVID-19, dunque, per l'OMS non è un'influenza, perché può essere contenuta.

D'innanzi a tanta scienza, non ci rimane che provare a fare un po' di chiarezza.

I virus non sono esseri viventi ma molecole, acidi nucleici rivestiti di proteine. Gli acidi nucleici che li compongono possono essere costituiti da DNA o RNA, motivo per il quale esistono virus a DNA e virus a RNA. Il SARS-COV-2 appartiene a questa seconda categoria: il suo nucleo è costituito da un RNA a singolo filamento. Ma, a questo punto, è necessaria

[301] P. RUSSO, *Coronavirus, cosa non sappiamo: i "super contagiosi", gli asintomatici e gli effetti del caldo*, "La Stampa", 3.03.2020 [https://www.lastampa.it/cronaca/2020/03/03/news/i-super-contagiosi-gli-asintomatici-e-gli-effetti-del-caldo-cosa-ancora-non-sappiamo-del-coronavirus-1.38543922].

[302] *Allocution liminaire du Directeur général de l'OMS lors du point presse sur la COVID-19 – 2 mars 2020,* WHO, 01.03.2020 [https://www.who.int/fr/dg/speeches/detail/who-director-general-s-opening-remarks-at-the-media-briefing-on-covid-19---2-march-2020].

una precisazione linguistica: quando si parla del virus ci si riferisce al SARS-COV-2, mentre quando si parla della malattia alla COVID-19 (*COronaVIrus Disease:* malattia da Coronavirus 2019). Per questo la troverete citata al femminile, come del resto fanno correttamente i francesi.

Il SARS-COV-2 è un virus che appartiene all'ordine *Nidovirales*, famiglia delle *Coronaviridae*, sottofamiglia *Orthocoronavirinae*, del genere Beta-,[303] sottogenere Betacoronavirus Sarbecovirus. I Coronavirus (COV) sono una vasta famiglia di virus respiratori, il cui aspetto ricorda quello di una corona, da cui il nome *corona* in latino. I Coronavirus animali sono conosciuti dagli anni Trenta, mentre l'identificazione dei primi Coronavirus umani (HCoV-OC43 e -229E) risale agli anni Sessanta.[304]

Le cellule bersaglio primarie di questi virus sono quelle epiteliali del tratto respiratorio e gastrointestinale. Possono causare malattie che vanno dal lieve al moderato: dal comune raffreddore a sindromi respiratorie più o meno gravi. Tra le forme di Coronavirus che abbiamo imparato a conoscere in questi ultimi anni, troviamo la MERS-CoV (*Middle East Respiratory Syndrome*, Sindrome respiratoria mediorientale) e la SARS (*Severe acute respiratory syndrome*, Sindrome respiratoria acuta grave), associata alla sindrome di distress respiratorio acuto (ARDS, dall'inglese *Acute Respiratory Distress Syndrome*).

Il SARS-COV-2 si è evoluto in due diversi tipi: L e S. Il primo (70% del totale) si è dimostrato estremamente virulento e aggressivo, il secondo si caratterizza invece per un'alta contagiosità ma una bassa virulenza.

Il virus si lega alle cellule umane attraverso due meccanismi: il primo è dovuto alla presenza, tra gli antigeni di superficie, della proteina S (*spike*) che si aggancia ai recettori ACE-2 (enzima di conversione dell'angiotensina 2) delle cellule. L'ACE-2 è intrinsecamente espresso dalle cellule epiteliali del polmone, dell'intestino, dei reni e dei vasi sanguigni nell'ileo terminale e nel colon.[305] La proteina *spike* possiede inoltre una 'forbice

303 Secondo la tassonomia attuale, i Coronavirinae sono suddivisi in quattro generi nominati Alfa-, Beta-, Gamma- e Deltacoronavirus.

304 N. KIN, A VABRET, *Les infections à coronavirus humains,* "Revue Francophone des Laboratoires", 2016 Déc; 2016(487), pp. 25–33 [https://www.sciencedirect.com/science/article/abs/pii/S1773035X16303690].

305 G. MONTELEONE, S. ARDIZZONE, *Are Patients with Inflammatory Bowel Disease at Increased Risk for COVID-19 Infection?,* "Journal of Crohn's and Colitis",

molecolare' che facilita la penetrazione del virus nella cellula umana. Il secondo meccanismo è dovuto alla possibilità del SARS-COV-2 di legarsi agli acidi sialici connessi ai gangliosidi di membrana, in particolare al ganglioside GM1. Questi meccanismi di azione sono gli stessi della SARS ma, a differenza di questa, il SARS-COV-2 si caratterizza per un'altissima specificità (94%) per il recettore ACE-2. Per questo è molto più aggressivo.

Dal punto di vista clinico, il SARS-COV-2 si manifesta con una sindrome influenzale che, in una percentuale che varia dal 10% al 15%, può complicarsi. Sulle complicazioni e sul come sono state gestite torneremo in seguito. Ora proviamo a indagare più da vicino sull'origine di questo virus.

La narrazione ufficiale vuole che il virus sia stato trasmesso all'uomo dai pipistrelli venduti nello Huanan Seafood Wholesale Market di Wuhan, mercato di animali esotici, pesce e frutti di mare nel capoluogo di una provincia che conta circa dieci milioni di abitanti. Secondo questa versione, il SARS-COV-2 è il frutto di una ricombinazione genetica di un Coronavirus del pipistrello e di un Coronavirus del pangolino, che ha fatto il salto di specie (*spill over*) diventando patogeno per l'uomo. Si tratterebbe dunque di un virus chimerico ricombinante. A sostenere che questo virus sia il risultato dell'evoluzione naturale troviamo l'Organizzazione Mondiale della Sanità, una parte degli scienziati e Anthony Fauci, capo della *Task Force* della Casa Bianca contro l'epidemia.

Tuttavia qualche dubbio in ambiente scientifico è sorto. Nel suo *Cina Covid-19, la chimera che ha cambiato il mondo* il medico e ricercatore italiano Joseph Tritto, presidente del World Academy of Biomedical Sciences and Technologies (WABT) con sede a Parigi, scrive:

> Questa è un'ipotesi che considera plausibile una "ricombinazione archeologica o paleogenetica di affinità". Questa ricombinazione da molti è considerata naturale (*wild*), ma il vettore intermedio, dal punto di vista genetico, non è stato ancora scoperto, né esistono seri candidati per l'assunzione di questo ruolo. Non si sa né dove tale ricombinazione possa essere accaduta, né come sia avvenuta.[306]

26.03.2020 [https://academic.oup.com/ecco-jcc/article/14/9/1334/5811674].

[306] J. TRITTO, *Cina Covid-19*, cit.

Infatti, perché una ricombinazione di questo genere possa avvenire in natura, è necessario un lasso di tempo molto lungo.

Come ci dice il dott. Tritto, manca poi l'ospite intermedio. Ospite che non può di certo essere l'uomo, perché:

> Per esserlo doveva essere prima morso da un pipistrello, appartenente ad una specie ferro di cavallo, e poi da un pangolino, "detto formichiere squamoso", che non vive in tutte le parti della Cina e che si nutre esclusivamente di formiche e termiti (ammesso e non concesso che un piccolo formichiere come il pangolino possa mordere l'uomo, evento che non credo si sia mai verificato nella storia dell'umanità).[307]

Quindi questi due virus, del pipistrello e del pangolino che, sottolineiamo, non condividono la stessa nicchia ecologica, avrebbero dovuto ricombinarsi nel sangue umano per dare vita al nuovo virus. A meno che l'uomo non sia stato infettato dal famigerato ospite intermedio, il nostro convitato di pietra, che ad oggi non è stato identificato.

Conclude Tritto: «La ricombinazione finale, che prevede due ricombinazioni successive, avrebbe dovuto verificarsi poi in natura in un periodo breve, cosa che non è stata confermata e non è compatibile con gli studi di biologia evoluzionistica delle specie, di paleovirologia e deriva genetica».[308]

Se si esclude l'origine naturale, rimane un'altra ipotesi, quella seguita dal presidente Donal Trump e da scienziati del calibro di Luc Montagnier: che il virus sia stato prodotto in laboratorio.

[307] *Ivi.*

[308] *Ivi.*

4. Chimere

> Ma forse i venti, che conducono le nuvole, le chimere e i mostri che in essi tumultuariamente si vanno figurando, non ànno poi forza di portar le cose sode e pesanti.
>
> GALILEO GALILEI, *Il Saggiatore*

Giovedì 16 aprile, Luc Montagnier, premio Nobel per la Medicina nel 2008 per aver scoperto, insieme a François Barré-Sinoussi, il virus dell'HIV (1983), rilascia un'intervista al giornale quotidiano audio di "Pourquoi Docteur". Spiega: «Con il mio collega, il bio-matematico Jean-Claude Perez, abbiamo esaminato da vicino la descrizione del genoma di questo virus RNA».[309]

Le conclusioni alle quali sono arrivati hanno il potere di deflagrazione di una testata nucleare nel mondo scientifico: il SARS-COV-2 sarebbe un virus manipolato, uscito accidentalmente dal laboratorio di Wuhan; sarebbe stato creato per mettere a punto un vaccino contro l'HIV; frammenti di questo virus sarebbero stati trovati nel genoma del SARS-COV-2. Si tratterebbe di minuscole sequenze dell'RNA di HIV inserite nell'RNA del Coronavirus, inserti brevi ma sufficienti a modificarne i siti antigenici.[310] Precisa:

> La storia del mercato del pesce è una bella leggenda [...] l'ipotesi è che questo virus sia uscito dal laboratorio perché sfuggito ai suoi creatori, è un lavoro da apprendista stregone![311]

[309] *EXCLUSIF – La thèse d'un virus manipulé échappé* d'un laboratoire chinois : le pavé dans la mare du Pr Luc Montagnier, "Pourquoi docteur", 16.04.2020 [https://www.pourquoidocteur.fr/Articles/Question-d-actu/32190-EXCLUSIF-La-these-d-un-virus-manipule-echappe-d-un-laboratoire-chinois-pave-mare-Pr-Luc-Montagnier].

[310] J. C. PEREZ, *Wuhan Covid-19 Synthetic Origins and Evolution*, Int J of Res Granthaalayah, 2020, 8 (2): 285-324. J. C. PEREZ, L. MONTAGNIER, *COVID-19, SARS and Bats Coronaviruses Genomes Unexpected Exogeneous RNA Sequences*, OSF Preprint, 2020 [https://doi.org/10.31219/osf.io/d9e5g]. J. C. PEREZ, *Wuhan nCoV-2019 SARS Coronaviruses Genomics Fractal Metastructures Evolution and Origins*, [https://doi.org/10.20944/preprints 202002.0025.v2].

[311] *EXCLUSIF – La thèse d'un virus manipulé échappé d'un laboratoire chinois : le pavé dans la mare du Pr Luc Montagnier*, "Pourquoi docteur", cit.

Trattandosi di un ricercatore che conosce il significato dell'etica della ricerca, ammette di non essere stato il primo a notare questa anomalia: «Ricercatori indiani avevano già provato a pubblicare i risultati delle analisi che mostravano che questo genoma ospitava sequenze di un altro virus che è l'HIV, il virus dell'AIDS, ma sono stati costretti a ritrattare, le pressioni erano troppo forti!».[312]

Il 31 gennaio, Prashant Pradhan e altri otto esperti di sequenziamento dei geni del Coronavirus, affiliati all'Indian Institute of Technology (IIT) di New Delhi, avevano infatti pubblicato uno studio *non-peer reviewed,* su un sito di pre-stampa scientifica, dove dimostravano che almeno quattro nucleotidi del virus dell'HIV si trovavano nel nuovo Coronavirus, la cui presenza casuale viene definita «improbabile».[313]

Il giorno dopo la prima intervista, sul canale televisivo della Cnews, intervistato da Pascal Praud, Montagnier ribadisce le sue posizioni: «Non è un virus naturale, è un lavoro da professionista, di un biologo molecolare, un orologiaio delle sequenze».[314]

La comunità scientifica si divide, l'opinione pubblica anche. Ma ancora il 17 dicembre, in un'intervista rilasciata a "France-Soir", il premio Nobel non solo ribadisce la sua posizione, ma aggiunge un ulteriore tassello a questo mosaico:

> Non solamente confermo [la mia posizione, *Nota dell'Autore*] ma, soprattutto con il mio collaboratore, il matematico Jean-Claude Perez, abbiamo sviluppato la ricerca di altre sequenze [...] non c'è solo l'HIV, c'è anche la malaria lì dentro. [...]
>
> Non sappiamo se il virus sia scappato, potremmo dire che si è trattato di una 'fuga calcolata, o di una prova. Questi ricercatori [...] cercavano dei vaccini contro l'HIV e il Coronavirus era piuttosto un vettore, scelto per l'espressione delle proteine dell'HIV, per fare un vaccino. Per questo hanno scelto un virus

[312] *Ivi.*

[313] PR. PRADHAN ET AL., *Uncanny similarity of unique inserts in the 2019-nCoV spike protein to HIV-1 gp120 and Gag,* in BioRxiv - The Preprint Server For Biology, 31.01.2020 [doi.org/10.1101/2020.01.31.927871].

[314] https://twitter.com/CNEWS/status/1251080850562834432

molto contagioso ma, molto probabilmente pensavano che fosse inoffensivo. E qui c'è stato l'errore.[315]

L'ipotesi che il SARS-COV-2 sia il prodotto di un tentativo di creare un vaccino contro l'HIV è ora al centro di alcuni studi.

Intervistato dal quotidiano francese "Le Monde", Étienne Simon-Loriere, ricercatore dell'Istituto Pasteur, dichiara in merito all'ipotesi di un virus creato in laboratorio:

> Per ricreare un virus tanto grande ci vorrebbe una conoscenza tecnica che pochi laboratori al mondo possiedono – probabilmente meno di una dozzina – e non sembra plausibile che gli scienziati possano aver creato un virus che interagisca così bene con il recettore ACE2 (mediante il quale si deposita nel corpo umano), mentre questo meccanismo non era mai stato osservato prima.[316]

Alexandre Moatti, storico della Scienza, autore del libro *Alterscience : postures, dogmes, idéologies*, attacca Montagnier da un altro punto di vista: «Possiamo fare un lungo elenco di premi Nobel per la Scienza che hanno deragliato, sia nell'ideologia (come i premi Nobel per la Fisica che sono diventati nazisti: Lenard, Stark), sia nella falsa scienza (Watson e le sue osservazioni razziste nel 2007, Montagnier)».[317] Colpisce duramente non tanto per il fatto che anche i premi Nobel possano uscire dai binari, ma per l'accostamento di Montagnier a ricercatori che vengono chiaramente descritti come nazisti e razzisti. Ma a questa aberrazione del pensiero covidiano saremo ben presto costretti a farci l'abitudine.

Tra coloro che la pensano come Montagnier troviamo scienziati e politici. Lapidaria l'affermazione del segretario di Stato americano Mike Pompeo, pronunciata alla ABC: «Ci

[315] *Luc Montagnier au Défi de la vérité,* "FranceSoir", 17.12.2020 [https://www.francesoir.fr/opinions-tribunes/le-defi-de-la-verite-luc-montagnier-prix-nobel-de-medecine].

[316] W. AUDUREAU, *Le coronavirus, fabriqué à partir du virus du sida ? La thèse très contestée du professeur Montagnier*, "Le Monde", 17.04.2020 [https://www.lemonde.fr/les-decodeurs/article/2020/04/17/le-coronavirus-fabrique-a-partir-du-virus-du-sida-la-these-tres-contestee-du-pr-luc-montagnier_6036972_4355770.html].

[317] *Ivi.*

sono prove enormi che il virus sia partito da un laboratorio di Wuhan».[318]

A sostegno della teoria del virus creato in laboratorio, si schiera anche il medico chirurgo americano Rashid A. Buttar, specialista in Medicina d'urgenza (che ha collaborato con l'Esercito USA) e in Biologia e Tossicologia. Il medico ritiene però che il SARS-COV-2 non sia stato ingegnerizzato in un laboratorio cinese, ma in uno a stelle e strisce. In un'intervista televisiva rilasciata a Next News Network, oggi rimossa dai social, nel mese di aprile parla d'inserti genomici tratti dall'HIV e dal Coronavirus responsabile della MERS: «Quando ho iniziato a indagare, tutto ciò che trovavo non aveva senso. Confrontando le informazioni ho visto che si trattava di una versione chimerica del virus, qualcosa creato negli USA».[319] Prosegue: «Con ricerca chimerica si intende la mutazione di una sostanza virale naturale, modificandola geneticamente e tentando di cambiarne la configurazione morfologica. Si chiamano studi di incremento funzionale».[320] Secondo il medico, è stato preso un virus potenzialmente pericoloso per renderlo «Più letale e devastante».[321]

Anche in Cina c'è chi segue la pista americana e, in una sorta di guerra tutti contro tutti, l'*affaire* si complica.

Ma facciamo un passo indietro.

Étienne Simon-Lorière, nel confutare la tesi di Montagnier, dice che per creare un virus come il SARS-COV-2 ci vorrebbe una conoscenza tecnica che solo pochi laboratori al mondo possiedono. In America ce ne sono diversi. In Cina ce n'è uno, ed è proprio a Wuhan. Si tratta del Wuhan Institute of Virology – Laboratory of Special Pathogens and Biosafety, un laboratorio di quarto livello di sicurezza biologica P4 (BSL-4) nel quale confluiscono interessi nazionali e internazionali, pubblici e privati, militari e civili.

[318] G. ZECCARDO, *Pompeo: "Ci sono prove enormi che il virus sia partito da un laboratorio di Wuhan"*, "AGI - Agenzia italiana", 3.05.2020 [https://www.agi.it/estero/news/2020-05-03/coronavirus-pompeo-prove-enormi-partito-da-laboratorio-wuhan-8505400/].

[319] https://www.youtube.com/watch?v=WGbYHJcMbz8

[320] *Ivi.*

[321] *Ivi.*

Ideato su impulso di Jacques Chirac e Hu Jintao, allora rispettivi presidenti francese e cinese, con lo scopo dichiarato di: «Combattere le malattie infettive emergenti»[322] questo laboratorio è stato costruito a spese della Francia, che ha investito nella struttura 44 milioni di dollari. Il progetto suscita più di una resistenza sul suolo gallico e non è la prima volta. Infatti, la Cina si è già rifiutata di rendere conto del destino dei laboratori di biologia mobile P3, finanziati dal governo Raffarin dopo l'epidemia di SARS. L'autore del libro inchiesta *France-Chine, les liaisons dangereuses : Espionnage, business... Révélations sur une guerre secrète* Antoine Izambard, racconta: «Le spiegazioni [dei cinesi, *Nota dell'Autore*] sull'uso che potevano essere fatti di questi P3, sono poco trasparenti. Alcuni all'interno dell'amministrazione francese pensavano quindi che la Cina avrebbe sicuramente fatto un uso simile del P4 e hanno sollevato molte paure».[323]

I ricercatori cinesi che avrebbero lavorato nel laboratorio sono stati tutti formati presso il CIRI Lab di Lione, anch'esso BSL-4. Il 23 febbraio 2017, l'ex primo ministro Bernard Cazeneuve e il ministro della Salute Marisol Touraine annunciano che 50 ricercatori francesi risiederanno a Wuhan e collaboreranno nel laboratorio P4 di Wuhan per cinque anni ma, di fatto, non gli verrà mai permesso di mettere piede nella struttura.[324]

Alain Mérieux, co-presidente della commissione mista che ha supervisionato il progetto (dalla quale si è ritirato nel 2015), dichiara a Radio France:

> Possiamo affermare, senza svelare nessun segreto di Stato, che dal 2016 non c'è stata nessuna riunione del Comitato franco-cinese sulle malattie infettive [...] è stato costruito un enorme edificio che dovrebbe ospitare 250 ricercatori, ma che non ci sono ancora. Normalmente, vi lavorano pochi ricercatori cinesi dell'Istituto di virologia di Wuhan che conducono ricerche

[322] F. RELTIEN, *Le laboratoire P4 de Wuhan : une histoire française,* "France Culture", 17.04.2020 [https://www.franceculture.fr/sciences/le-laboratoire-p4-de-wuhan-une-histoire-francaise].

[323] A. IZAMBARD, *France-Chine, les liaisons dangereuses : Espionnage, business... Révélations sur une guerre secrète,* Éditions Stock, 2019.

[324] F. RELTIEN, *Le laboratoire P4 de Wuhan,* "France Culture", 17.04.2020, cit.

sugli animali collegate con tre malattie: Ebola, febbre emorragica della Crimea del Congo e NIPAH.[325]

Terminato l'idillio sino-gallico, ai capitali francesi si sostituiscono quelli americani e dieci milioni di dollari vengono elargiti al laboratorio di Wuhan dal National Institutes of Allergy and Infectious Disease, diretto fin dal 1984 da Anthony Fauci.[326]

Inizialmente il laboratorio concentra le proprie ricerche sul virus della febbre emorragica Congo-Crimea (terzo livello di rischio), per proseguire con i Coronavirus della SARS e dei pipistrelli. Infine lavorano con agenti biologici del livello di rischio 4: Ebola e Lassa.

Tra i ricercatori di questo Istituto, troviamo la dottoressa Shi ZhengLi, formatasi a Lione e direttrice del Centro per le Malattie Infettive Emergenti dell'Istituto di Virologia di Wuhan che, dal 2014, ha concentrato i suoi studi sui Coronavirus dei pipistrelli, al fine di creare ibridi ricombinanti. Soprannominata 'Batwoman' dai suoi colleghi, ha accumulato una serie di studi e pubblicazioni sul Coronavirus del pipistrello, tra i quali vale la pena citare uno studio,[327] pubblicato nel 2015 insieme a Ralph Baric, dell'Università della Carolina del Nord, considerato uno tra i massimi esperti mondiali di manipolazione genetica sui Coronavirus. In questo studio viene presentato un nuovo virus: si tratta di un ricombinante chimerico, ottenuto innestando la proteina *spike* SHC014 del pipistrello col naso a ferro di cavallo su un Coronavirus del topo. Tale modifica aumenta l'affinità della proteina *spike* per i recettori umani ACE-2 in modo che il ricombinante sia in grado d'infettare direttamente l'uomo dal pipistrello, senza dover passare dal topo. Questo virus chimerico provoca nei topi una grave sindrome respiratoria.[328] Nell'*abstract* di questo lavoro si legge:

325 *Ivi.*

326 M. CITRO DELLA RIVA, *Eresia: Riflessione politicamente scorretta sulla pandemia, "Byoblu ed."*, gennaio 2020

327 V. D. MENACHERY ET AL., *A SARS-like cluster of circulating bat coronaviruses shows potential for human emergence,* "Nature Medicine", 2015, 21(12):1508-13. [https://www.nature.com/articles/nm.3985].

328 *Ivi.*

> L'emergenza della sindrome respiratoria acuta grave Coronavirus (SARS-COV) e della sindrome respiratoria mediorientale (MERS-COV) sottolinea la minaccia di eventi di trasmissione tra specie diverse che portano a epidemie nell'uomo. Qui esaminiamo il potenziale di malattia di un virus simile alla SARS, SHC014-COV, che è attualmente in circolazione nelle popolazioni di pipistrelli a ferro di cavallo cinesi. Utilizzando il sistema di genetica inversa SARS-COV, abbiamo generato e caratterizzato un virus chimerico che esprime il picco del Coronavirus SHC014 di pipistrello in una spina dorsale SARS-COV adattata al topo. [...] Esperimenti in vivo dimostrano la replicazione del virus chimerico nel polmone di topo con una notevole patogenesi. La valutazione delle modalità immunoterapiche e profilattiche disponibili, basate sulla SARS, ha rivelato una scarsa efficacia; sia gli anticorpi monoclonali che gli approcci vaccinali non sono riusciti a neutralizzare e proteggere dall'infezione da COV utilizzando la nuova proteina *spike*. Sulla base di questi risultati, abbiamo ri-derivato sinteticamente un virus ricombinante infettivo a figura intera SHC014, e dimostrato una robusta replicazione virale sia in vitro che in vivo. Il nostro lavoro suggerisce un potenziale rischio di ri-emergenza di SARS-COV dai virus attualmente in circolazione nelle popolazioni di pipistrelli.[329]

Detto altrimenti questo studio dimostra che, se inoculato nei topi, il virus frutto dell'ingegneria genetica prodotto nel 2015, provoca delle polmoniti gravi, che non rispondono né agli anticorpi monoclonali né agli approcci vaccinali (con vaccini che utilizzano la proteina *spike*).

Il professor Tritto, al pari di numerosi altri studiosi, sostiene che questa chimera SHC014-M15 sarebbe il progenitore del SARS-COV-2 e che questo virus sarebbe a sua volta una chimera sintetica.[330] Proprio per smentire questa linea di indagine, il 30 marzo, il sito della prestigiosa rivista "Nature" chiarisce in una nota dell'editore che anticipa l'articolo:

> Siamo consapevoli che questo articolo venga utilizzato come base per teorie non verificate, secondo le quali il nuovo Coronavirus che causa la COVID-19 sia stato progettato. Non ci sono

[329] V. D. MENACHERY ET AL., *A SARS-like cluster...*, "Nature Medicine", 2015, cit.

[330] J. TRITTO, *Cina Covid-19*, cit.

prove che questo sia vero; gli scienziati ritengono che un animale sia la fonte più probabile del Coronavirus.[331]

L'équipe con la quale collabora la Shi ZhengLi, tra l'altro, vanta anche numerose pubblicazioni che testimoniano l'abilità di inserire con successo sequenze genomiche dell'HIV nei Coronavirus,[332] proprio quegli inserti di cui ha parlato Luc Montaigner.

Dopo lo scoppio della COVID-19, la 'Batwoman' Shi ZhengLi viene più volte intervistata dalla stampa cinese in merito alla natura del virus: la ricercatrice ha sempre negato ogni correlazione tra il SARS-COV-2 e il suo laboratorio.

Tuttavia, un articolo di Josh Rogin apparso sul "Washington Post" prospetta uno scenario diverso. Rogin racconta che nel gennaio del 2018, l'Ambasciata statunitense a Pechino ha inviato messaggi allarmanti a Washington in merito alle condizioni di sicurezza del Centro di ricerca di Wuhan che, come abbiamo detto, riceve finanziamenti statunitensi. Durante una visita, il console statunitense e un suo consigliere scientifico registrano anomalie nelle procedure e nell'utilizzo delle protezioni. Ma quello che sembra più allarmante è la pericolosità delle ricerche che vengono svolte nel laboratorio, ricerche che si concentrano sulla possibile trasmissione di un virus dal pipistrello all'uomo, di cui si occupa proprio Shi ZhengLi.[333] Questo articolo segue l'ipotesi dell'uscita accidentale di un virus ingegnerizzato: dopo essere stato creato, la chimera sarebbe fuoriuscita dal centro per un caso fortuito, dovuto al mancato rispetto delle norme di sicurezza previste per questi laboratori.

Cosa ne sia oggi della ricercatrice Shi ZhengLi è difficile da dirsi. Il suo ruolo a capo del laboratorio di Wuhan è ricoperto da Chen Wei, virologa e generale medico dell'Esercito popolare cinese, già a guida dell'Academy of Military Medical Sciences e membro della Conferenza consultiva del popolo cinese. L'Istituto di Virologia è stato di fatto commissariato dai militari.

331 https://www.nature.com/articles/nm.3985

332 H. YU-XUAN ET AL.., *Immunogenicity of the Spike Glycoprotein of Bat SARS-like Coronavirus*, "Virologica Sinica", 2010, 25: 36-44.

333 J. ROGIN, *State Department cables warned of safety issues at Wuhan lab studying bat coronaviruses*, "The Washington Post", 14.04.2020 [https://www.washingtonpost.com/opinions/2020/04/14/state-department-cables-warned-safety-issues-wuhan-lab-studying-bat-coronaviruses/].

Ci sono poi altri due eventi che coinvolgono la città di Wuhan, considerata la più francese delle città cinesi.

Nell'inchiesta condotta da Makichuk Dave, pubblicata sul sito di informazione "Asia Times" il 18 maggio, si riferisce di un «evento pericoloso» verificatosi proprio nel laboratorio di Wuhan, tra il 6 e l'11 ottobre 2019. Partendo dalle osservazioni satellitari analizzate dall'intelligence americana,[334] Makichuk racconta di un «*hazardous event*» che sarebbe occorso poco prima dei Giochi Militari Mondiali tenutisi tra il 18 e il 27 ottobre sempre a Wuhan. Da qui si apre la pista dei Giochi Militari, sulla quale è già stato scritto e detto molto, per cui non vi torneremo.

Gli scenari sulla possibile origine del SARS-COV-2 sono dunque quattro: l'origine naturale e l'origine artificiale *made in* Cina o in America; la fuoriuscita accidentale da un laboratorio e la sua diffusione intenzionale. Non vogliamo, in questa sede, giungere a nessuna conclusione, non ne abbiamo gli strumenti. Questo capitolo si pone il solo scopo di presentare una carrellata, benché non esaustiva, delle posizioni che sono state assunte in merito all'origine e alla diffusione del SARS-COV-2. È comunque necessario precisare che il pericolo rappresentato da virus potenzialmente pandemici che fuggono o vengono fatti fuggire dei laboratori è oggetto di numerosi tavoli di discussione. In particolare si cerca di comprendere se i progressi scientifici che si possono ottenere creando o potenziano ceppi patogeni superino i rischi per la salute pubblica.

Parafrasando il Ministro degli Esteri della Germania, Heiko Maas, concludiamo dicendo che: «Tutto il mondo ha interesse che l'origine di questo Coronavirus venga chiarita. Ma risposte fondate devono essere date dalla scienza, non dalla politica».[335]

[334] D. MAKICHUK, *Intelligence agencies probe 'hazardous event' at Wuhan lab,* "Asia Times", 18.04.2020 [https://asiatimes.com/tag/hazardous-event-2/].

[335] G. ZECCARDO, *Pompeo: "Ci sono prove enormi che il virus sia partito da un laboratorio di Wuhan",* "AGI - Agenzia italiana", 3.05.2020, cit.

5. L'*affaire* Formosa

> All'arrivo di quelle nuove de' paesi che n'erano così malamente imbrattati, [...] chi non crederebbe che vi si suscitasse un movimento generale, un desiderio di precauzioni bene o male intese, almeno una sterile inquietudine? Eppure, se in qualche cosa le memorie di quel tempo vanno d'accordo, è nell'attestare che non ne fu nulla.
>
> ALESSANDRO MANZONI, *I promessi sposi*, Capitolo XXXI

A chi ha letto con attenzione la cronistoria, non sarà certo sfuggito che nelle settimane successive alla scoperta di quello che era provvisoriamente classificato come 2019-NCOV l'OMS si è spesa in lusinghe per l'operato del Governo cinese.

Nel Comunicato del Ministero della Salute con oggetto *Nuovo Coronavirus – Cina* del 12 gennaio, si legge che l'OMS si è dichiarata: «Rassicurata dalla qualità delle indagini in corso e dalle misure di risposta implementate a Wuhan, e dall'impegno di condividere regolarmente informazioni». Per questo: «Raccomanda di evitare qualsiasi restrizione ai viaggi e al commercio con la Cina in base alle informazioni attualmente disponibili su questo evento».[336] Dieci giorni dopo, il 22 gennaio, nel corso dell'Emergencies Coronavirus EC Meeting, il direttore dell'OMS, Tedros Adhanom Ghebreyesus, si dichiara impressionato dalla tempestività e dalla precisione della presentazione dei dati forniti dalla Cina. Qualifica come «inestimabili» la leadership e gli interventi del presidente Xi e del premier Li.[337] E, ancora il 4 febbraio, Ghebreyesus, nel discorso di apertura al *briefing* tecnico sul nuovo Coronavirus del 2019, ribadisce l'invito ai paesi membri:

[336] Comunicato Ministero della Salute, 12 gennaio 2020, n. 0000931, con oggetto: *"NUOVO CORONAVIRUS – CINA del 12 gennaio 2020"*.

[337] *Emergencies Coronavirus EC Meeting* - 22 January 2020, WHO, 22.01.2020 [https://www.who.int/docs/default-source/coronaviruse/transcripts/ihr-emergency-committee-for-pneumonia-due-to-the-novel-coronavirus-2019-ncov-press-briefing-transcript-22012020.pdf?sfvrsn=b94d86d9_2].

> A non imporre restrizioni non coerenti con i regolamenti sanitari internazionali. Tali restrizioni possono avere l'effetto di aumentare la paura e lo stigma, con scarso beneficio per la salute pubblica [...] poiché 176 casi nel resto del mondo sono pochissimi [non c'è, *Nota dell'Autore*] motivo di farsi prendere dal panico o avere paura.[338]

Come ebbe a dire il Manzoni di fronte all'iniziale sottovalutazione del rischio della peste: «All'arrivo di quelle nuove de' paesi [...] non ne fu nulla».[339]

C'è però un paese, del quale abbiamo sentito parlare poco, che ha disatteso le raccomandazioni del Direttore, imponendo «Restrizioni non coerenti con i regolamenti sanitari internazionali» dell'OMS: Taiwan.

Nota in passato come isola di Formosa, Taiwan sorge a soli 81 km dalla Cina e vanta un grande traffico di merci con il gigante cinese. Centinaia di migliaia di taiwanesi lavorano (circa 400.000) o risiedono (circa 850.000) nel continente.[340] Qui, su una popolazione di 24 milioni di abitanti, si sono registrati dall'inizio dell'epidemia al 10 settembre 496 casi di contagi,[341] molti dei quali importati,[342] e 7 morti.[343] Al 4 gennaio 2021, i casi confermati dall'inizio dell'epidemia sono 815, i ricoverati 696 e i morti per COVID-19 sono sempre 7.[344]

Al 17 agosto erano stati eseguiti 168.216 test, la maggioranza dei quali negativi al SARS-COV-2. All'inizio di gennaio i test

338 *Allocution préliminaire du Directeur général de l'OMS lors de la séance d'information technique sur le nouveau coronavirus 2019*, WHO, 04.02.2020 [https://www.who.int/fr/dg/speeches/detail/who-director-general-s-opening-remarks-at-the-technical-briefing-on-2019-novel-coronavirus].

339 A. MANZONI, *I promessi sposi*, Cap. XXXI

340 B. DUFF-BROWN, *How Taiwan Used Big Data, Transparency and a Central Command to Protect Its People from Coronavirus*, Stanford Health Policy.edu, 3.03.2020 [https://healthpolicy.fsi.stanford.edu/news/how-taiwan-used-big-data-transparency-central-command-protect-its-people-coronavirus].

341 https://www.cdc.gov.tw/en/Disease/SubIndex/

342 2020/4/28 14:00 中央 流行 疫情 指揮中心 嚴重 特殊 傳染性 肺炎 記者 會 (*Conferenza stampa del 28 aprile 2020 sulla Covid-19, tenutasi dal Central Epidemic Command Center*).

343 https://www.cdc.gov.tw/en/Disease/SubIndex/

344 *Ivi.*

eseguiti sono 290,540,[345] numero esiguo che sembra confermare come, nella piccola isola confinante con la Cina, nonostante l'evidente carenza di casi sintomatici non si avverte la necessità di creare allarmismo, scovando i cosiddetti 'positivi'. Ma di questo avremo modo di parlare in seguito.

La strategia, adottata dalla fine del 2019 dal Governo di Taiwan nei confronti di quello che all'epoca era un virus sconosciuto, ha messo in profondo imbarazzo l'OMS e il Governo di Pechino, che considera l'isola una 'piccola provincia ribelle'. Forse è per questo non ne sentiamo parlare. O forse, questo silenzio è dovuto al fatto che Taiwan, a causa delle pressioni del Governo cinese, non è più un osservatore dell'OMS dal 2016, quando è stata eletta a presidente dell'isola Tsai Ing-Wen, poco favorevole alla politica del 'un Paese, due sistemi' già messo in atto a Hong Kong.

Riassumendo l'*affaire* Formosa: come riportato da un'agenzia stampa, Lou Yi-Chun, vicedirettore del CDC di Taiwan, nella tarda notte del capodanno incrocia una chat di gruppo di personale medico cinese, nella quale si parla di casi di polmonite simili alla SARS. Dichiara il vicedirettore: «Il post è uscito su PTT[346] tra le 2 e le 3 del mattino, è stato condiviso in una chat di gruppo da un altro medico insonne del CDC»[347].

Nonostante l'ora impropria, il sistema si mette subito in moto: il CDC di Taipei invia una email al Focal Point Nazionale per il Regolamento Sanitario Internazionale e comunicazioni di allerta (IHR), dell'Organizzazione Mondiale della Sanità, nella quale esprime preoccupazione per i casi di 'polmonite atipica' registrati a Wuhan, di cui sono venuti a conoscenza online. Taipei chiede inoltre all'OMS maggiori informazioni e chiarimenti.

A questa questa prima email, l'IHR dell'OMS risponde con un breve messaggio in cui si afferma che le informazioni di Taiwan sono state inoltrate a colleghi esperti. Poi, il silenzio.

[345] *Ivi.*

[346] PTT è il più grande sistema BBS – sistemi telematici di Bacheca elettronica – basato su terminale con sede a Taiwan.

[347] CH. MING-HSUAN ET AL., *CORONAVIRUS/How an online post forewarned Taiwan about COVID-19,* "Focus Taiwan – CNE english news", 04.17.2020 [https://focustaiwan.tw/society/202004170016].

A Taiwan non ci si arrende e vengono chieste delucidazioni anche al CDC della Repubblica popolare cinese ma, dal continente, giunge solo un comunicato stampa.

Il Governo dell'Isola, che ha fatto tesoro dell'esperienza con la SARS del 2003, lo stesso giorno in cui invia l'email all'OMS decide di imporre un rigido protocollo di quarantena per coloro che rientrano dal Wuhan e rafforza le misure di controllo alle frontiere: «Partendo dal presupposto che il contagio da uomo a uomo avvenga e sia effettivamente in corso».[348] Un presupposto tradotto immediatamente sul piano pratico che, come abbiamo visto, ha permesso a Taiwan di avere un conteggio di pochissimi contagi e di soli 7 morti. Le procedure messe in atto includevano anche lo *screening* dei passeggeri sui voli provenienti da Wuhan prima dello sbarco, direttamente sugli aerei.

L'OMS, quando il successo delle azioni del Governo di Taipei sono ormai evidenti, prova a difendersi per la mancata risposta e, soprattutto, per non aver allertato immediatamente il mondo del pericolo. L'Organizzazione che dovrebbe vigilare e favorire la salute nel mondo fa sapere che, nell'unica comunicazione ricevuta di Taiwan si menzionavano: «Casi di polmonite atipica a Wuhan che le autorità locali non ritenevano essere SARS. In questa mail non c'era nessun accenno alla trasmissione da uomo a uomo».[349] Tramite un *tweet*, l'OMS dichiara inoltre che le indagini preliminari condotte dalle autorità cinesi: «Non hanno evidenziato prove certe della trasmissione da uomo a uomo del nuovo Coronavirus (2019-nCOV) identificato a Wuhan, in Cina»[350].

Forse nel tentativo di spostare il discorso su un altro argomento, il direttore dell'Organizzazione, Tedros Adhanom Ghebreyesus, accusa il Governo di Taiwan di non essersi

[348] *The facts regarding Taiwan's email to alert WHO to possible danger of COVID-19*, "Taiwan Centers for Disease Control", 11.04.2020 [https://www.cdc.gov.tw/En/Bulletin/Detail/PAD-lbwDHeN_bLa-viBOuw?typeid=158].

[349] G. ROSINI, *Coronavirus, la guerra della Cina per tenere Taiwan fuori dall'Oms: ecco perché Pechino cerca di insabbiare le scoperte di Taipei sul Covid,* "il Fatto quotidiano", 21.05.2020 [https://www.ilfattoquotidiano.it/2020/05/21/coronavirus-la-guerra-della-cina-per-tenere-taiwan-fuori-dalloms-ecco-perche-pechino-cerca-di-insabbiare-le-scoperte-di-taipei-sul-covid/5807073/].

[350] *Chronologie de l'action de l'OMS face* à la COVID-19, WHO, 30.07.2020 [https://www.who.int/fr/news-room/detail/29-06-2020-covidtimeline].

dissociato dagli attacchi personali di stampo razzista che negli ultimi mesi gli arrivavano dall'Isola. La portavoce del Ministero degli esteri di Taiwan, Joanne Ou, definisce «immaginarie» e «irresponsabili» le sue accuse,[351] sottolineando che Taiwan non ha formulato alcun commento razzista, né ha incoraggiato altri a farlo. Ha poi chiesto al Direttore di fornire un chiarimento in merito e preteso scuse ufficiali.[352]

La presidentessa Tsai rincara la dose: «Per anni siamo stati esclusi dalle organizzazioni internazionali e sappiamo meglio di chiunque altro come ci si senta a essere discriminati e isolati».[353] Il riferimento all'esclusione di Taiwan dall'OMS non è nemmeno troppo velato.

Ma torniamo all'*affaire*: l'OMS nega di aver ricevuto un allarme in merito alla possibilità di contagio da uomo a uomo da parte di Taiwan. In risposta a questa affermazione il Central Epidemic Command Center dell'isola, sabato 11 aprile, rilascia una dichiarazione per far chiarezza sull'accaduto.[354]

Avendo notato che i sette casi di Wuhan erano stati messi in isolamento, gli esperti dell'isola deducono che si tratti di una malattia contagiosa. Questa conclusione è dettata, come detto, anche dall'esperienza maturata con la SARS del 2003:

> Per essere prudenti, nell'email ci siamo preoccupati di fare riferimento alla polmonite atipica e, in particolare, abbiamo notato che i pazienti erano stati messi in isolamento per il trattamento. I professionisti della sanità pubblica potevano concludere da questa formulazione che esisteva una reale possibilità di trasmissione da uomo a uomo della malattia. Tuttavia, poiché all'epoca non c'erano ancora casi di malattia a Taiwan, non potevamo affermare direttamente e in modo definitivo che ci fosse trasmissione da uomo a uomo.[355]

351 *Coronavirus: WHO chief and Taiwan in row over 'racist' comments,* "BBC news", 9.04.2020 [https://www.bbc.com/news/world-asia-52230833].

352 *Oms: direttore bersagliato da Trump e difeso dalla Cina, ecco chi è Tedros Ghebreyesus,* "AgenziaNova", 14.04.2020 [https://www.agenzianova.com/a/0/2894527/2020-04-14/oms-direttore-bersagliato-da-trump-e-difeso-dalla-cina-ecco-chi-e-tedros-ghebreyesus].

353 *Ivi.*

354 *The facts regarding Taiwan's email to alert WHO to possible danger of COVID-19,* "Taiwan Centers for Disease Control", 11.04.2020, cit.

355 *Ivi.*

Nella stessa dichiarazione viene chiarito che: «In Cina, il termine 'polmonite atipica' è comunemente usato per riferirsi alla SARS, una malattia trasmessa tra gli esseri umani causata dal Coronavirus».[356]

La logica è stringente: pur senza avere un nome, il nuovo virus che a Wuhan ha portato 7 persone in isolamento è un Coronavirus, come lo era la SARS. L'isolamento si impone alle persone che si suppongono essere contagiose. La SARS lo era. Per questo Taiwan adotta immediatamente delle misure di sicurezza.

La Cina ammetterà il contagio tra uomo e uomo solamente il 20 gennaio. L'OMS attenderà altri due giorni.

Lasciamo per un attimo la *querelle* tra Taiwan e l'OMS, per concentrarci sul successo ottenuto dal Governo dell'Isola nella gestione della COVID-19.

Il medico e professore Jason Wang, professore associato di Pediatria alla Stanford Medicine, con un dottorato in Policy Analysis, attribuisce il successo di Taiwan nella gestione dell'emergenza all'utilizzo delle nuove tecnologie e a un solido piano di prevenzione delle pandemie messo in atto inseguito all'epidemia di SARS del 2003.[357] Infatti il Governo è stato assistito dal National Health Command Center (NHCC) del Taiwan Centers for Disease Control, centro per la gestione di emergenze legate alle epidemie istituito proprio dopo lo scoppio della SARS.

Il prof. Wang ha anche stilato un elenco di 124 misure 'discrete' adottate da Taiwan per prevenire la diffusione della malattia, in un articolo pubblicato sul "Journal of the American Medical Association", tra le quali lo screening precoce dei voli dalla Cina continentale e il monitoraggio dei singoli casi.

Tra queste viene elogiata l'implementazione dei controlli alle frontiere, la chiusura dei porti e, soprattutto, l'integrazione del database nazionale di assicurazione sanitaria con il database sull'immigrazione e le dogane. Scopriamo così che il Governo di Taipei ha utilizzato la scansione del codice Quick Response (QR) e la segnalazione online della cronologia dei

[356] *The facts regarding Taiwan's email to alert WHO to possible danger of COVID-19*, "Taiwan Centers for Disease Control", 11.04.2020, cit.

[357] B. DUFF-BROWN, *How Taiwan Used Big Data,* "Stanford Health Policy", 3.03.2020, cit.

viaggi e dei sintomi di salute dei viaggiatori per classificarne i rischi infettivi, in base all'origine del volo e alla cronologia dei viaggi degli ultimi 14 giorni.[358]

Questo ha permesso al Governo dell'Isola di non imporre *lockdown*, ma solamente un blando distanziamento sociale: le scuole, gli uffici, le imprese, i ristoranti e buona parte delle strutture di intrattenimento sono rimasti aperti. Mentre i turisti stranieri non potevano raggiungere l'isola se non dopo 14 giorni di quarantena, il turismo interno ha continuato a funzionare. Si stima che in un fine settimana di vacanza, all'inizio di aprile, 1,5 milioni di persone si siano recate nelle undici più importanti località turistiche del paese.[359] Nessun *lockdown* né totale né parziale. Niente zone rosse, arancioni, gialle, gialle rinforzate... Nemmeno a intermittenza, come è stato fatto da noi a Natale.

Vale la pena anche soffermarsi sulla tanto discussa questione delle mascherine e dei DPI, nella quale il Governo di Taipei ha adottato una strategia diametralmente opposta a quella italiana: dal gennaio ha vietato l'esportazione dei dispositivi sanitari, implementandone la produzione e ricorrendo al personale militare per la realizzazione. Questo gli ha permesso di immagazzinare scorte imponenti: in pochi giorni l'isola disponeva di un vero e proprio arsenale che contava 44 milioni di maschere chirurgiche, milioni di maschere N95 e 1.100 stanze di isolamento a pressione negativa.[360]

Messa al sicuro la sua popolazione, all'inizio di aprile, la presidentessa Tsai Ing-Wen ha poi donato 10 milioni di mascherine ai paesi maggiormente colpiti, accompagnandole con le seguenti parole:

> Dobbiamo intensificare la cooperazione, e questo significa condividere esperienze e materiali e lavorare insieme per sviluppare cure e vaccini [...] Doneremo le mascherine in eccedenza e altri rifornimenti ai nostri alleati e ai paesi più duramente colpiti dalla COVID-19. Queste forniture andranno agli

[358] *Ivi.*

[359] *Taiwan's early success against coronavirus cushions economy,* "Financial Times", [https://www.ft.com/content/b59c238c-d004-44a2-bd9f-c5b1e7a5bc8a].

[360] B. DUFF-BROWN, *How Taiwan Used Big Data,* "Stanford Health Policy", 3.03.2020, cit.

> operatori sanitari in prima linea che lavorano 24 ore su 24 per salvare vite umane.[361]

Invece in Italia, il 15 febbraio, dopo aver dichiarato lo stato di emergenza sanitaria e, soprattutto, dopo aver avuto modo di consultare lo studio dell'epidemiologo Stefano Merler,[362] della Fondazione Bruno Kessler, nel quale si prevedeva uno scenario pandemico con un numero di morti che variava tra i 35^{mila} e i 60^{mila}, il Governo regala alla Cina un numero imprecisato di tonnellate di dispositivi di protezione individuale, tra cui mascherine, tute, guanti e occhiali.[363] Imprecisato perché, come leggiamo sul sito de "il Giornale": «La Farnesina del ministro degli Esteri Luigi Di Maio nasconde le informazioni sul carico come il costo e il numero di mascherine richieste dal Giornale».[364] Secondo la testata giornalistica si tratterebbe di 2 tonnellate, che diventano 18 nella denuncia del senatore Alberto Bagnai.[365] Ci ricordiamo tutti le immagini degli scatoloni con la scritta in varie lingue «dono del Governo italiano» che da Brindisi si imbarcavano per l'Oriente. Salvo poi, poco tempo dopo, attivare il Meccanismo di protezione civile UE per elemosinare mascherine agli altri stati membri e indignarsi perché questi non volevano dargliele.

Alla mancata risposta europea nelle fasi iniziali della pandemia, il ministro Speranza dedica numerose pagine del suo libro *Perché guariremo – Dai giorni più duri a una nuova idea di salute.* Non poteva essere diversamente per un uomo che ha: «Sempre creduto molto nell'Europa».[366] Leggiamo nel capitolo *Unire l'Europa:*

[361] B. BLANCHARD, *Taiwan to spend $35 billion fighting virus, to donate 10 million masks,* "Reuters", 01.04.2020 [https://www.reuters.com/article/us-health-coronavirus-taiwan-economy/taiwan-to-spend-35-billion-fighting-virus-to-donate-10-million-masks-idUSKBN21J41C].

[362] *Scenari di diffusione di 2019-NCoV in Italia e impatto sul servizio sanitario, in caso il virus non possa essere contenuto localmente.*

[363] F. BILOSLAVO, *L'Italia ora è senza mascherine. Le abbiamo "regalate" alla Cina*, "il Giornale", 7.03.2020, cit.

[364] *Ivi.*

[365] *Alberto Bagnai tuona contro Conte in Senato*, "Agenzia Italia News", 13.10.2020 [https://www.youtube.com/watch?v=CSp-ZnDo3ZM&feature=youtu.be].

[366] R. SPERANZA, *Perché guariremo*, cit., p. 46.

> Fine gennaio 2020
> ... mentre il pericolo del virus si avvicina e sento che di un'Europa il più possibile solidale c'è un disperato bisogno. Ma la mia sensazione è che la coesione ci faccia difetto, che il livello di allerta sul virus sia troppo basso e i meccanismi di funzionamento delle istituzioni comuni siano troppo deboli per attivarsi con efficacia in caso di emergenza.[367]

Ancora il 6 marzo, come apprendiamo nel capitolo *L'Ultima riunione di Bruxelles,* il Ministro esterna tutta la sua solitaria disillusione:

> 6 marzo 2020
> La prima riunione dei ministri della Salute dell'Unione europea che si è tenuta il 13 febbraio ha dato scarsi risultati: nessuna vera strategia comune, nessuna azione coordinata a livello continentale. Quel giorno, davanti ai rappresentanti dei governi d'Europa, io non ho sentito la presenza dell'Europa. Ne ho percepito la debolezza, la fragilità di processi decisionali fatti di discussioni e riunioni passate a girare attorno ai problemi senza risolverli mai. So che è un giudizio duro ma in quel momento, da europeista convinto, ho provato una delusione bruciante.[368]

Abbandoniamo alla sua raminga amarezza il Ministro per tornare a Taiwan.

Pur senza il *lockdown*, l'economia subisce un contraccolpo dovuto al calo delle esportazioni: la contrazione prevista per il PIL annuale varia dal 4%, stimata dal Fondo Monetario Internazionale (FMI), all'1,2% stimato da S&P. Il Governo di Taipei e gli analisti interni prevedono invece una crescita positiva: la Banca Centrale si è limitata a ridurre le previsioni di crescita dal 2,57% all'1,92% per l'anno corrente.[369]

Se, a livello mondiale, la stima e la considerazione di Taiwan sembrano essere accresciute grazie alla sua gestione dell'emergenza da COVID-19, la Cina nell'*affaire* Formosa si schiera

[367] *Ibidem,* p. 48

[368] *Ibidem,* p. 104

[369] *Taiwan's early success against coronavirus cushions economy,* "Financial Times" [https://www.ft.com/content/b59c238c-d004-44a2-bd9f-c5b1e7a5bc8a].

invece in difesa dell'OMS e del suo direttore, Tedros Adhanom Ghebreyesus, da più parti accusato di essere filo cinese ed essere legato al colosso asiatico grazie ai suoi trascorsi politici.

È giunto il momento dunque di conoscere un po' più da vicino questo personaggio le cui indicazioni hanno segnato profondamente la gestione della pandemia, anche in Italia.

6. Il Direttore e il tappeto volante

> Era una sciocchezzuola un po' melodrammatica, pure conteneva una sua particolare teoria: un gruppo degli ultimi sostenitori di un ordine civile, lottano contro quello che, apparentemente, appare come un mondo in preda all'anarchia e scoprono, infine, che il misterioso capo degli anarchici è anche a capo dell'ordine costituito, la stessa creatura fiabesca che gli era apparsa piuttosto come l'orco di una pantomima.
>
> GILBERT KEITH CHESTERTON, *Uomo che fu Giovedì*

L'obbiettivo dell'OMS è il: «Raggiungimento, da parte di tutte le popolazioni, del più alto livello possibile di salute», condizione definita come: «Uno stato di totale benessere fisico, mentale e sociale» e non, semplicemente, uno stato di «Assenza di malattie o di infermità».[370]

L'OMS è una struttura piramidale, al vertice della quale c'è il direttore. Da Statuto:

> Nell'adempimento delle loro funzioni, il Direttore generale e il personale non devono sollecitare né ricevere istruzioni da alcun Governo o da qualsiasi autorità esterna all'Organizzazione.[371]

Dall'ultima elezione, avvenuta nel 2017, è uscito vincitore Tedros Adhanom Ghebreyesus che, dopo tre turni di votazione, ha sbaragliato il medico inglese David Nabarro (con 133 voti contro 50, e 3 astenuti). La nomina gli vale ben tre primati: è la prima volta che a eleggere il direttore non sono i 34 componenti del gruppo ristretto, ma i rappresentanti di tutti gli Stati membri; è la prima volta che l'Assemblea elegge un candidato dell'Unione Africana ed è la prima volta che viene nominata alla direzione dell'OMS una persona che non possiede una laurea in Medicina.

370 Constitution of the World Health Organization, WHO [https://www.who.int/governance/eb/who_constitution_en.pdf].

371 *Ivi*.

L'elezione del direttore di questa Organizzazione, come ogni elezione che si rispetti, possiede tuttavia le sue criticità.

Il voto è segreto. Termine che si concilia raramente con quello di 'trasparenza', mentre è frequente l'accostamento tra 'segreto' e 'possibilità di corruzione'. Contro la segretezza del voto, che non possiede nessuna motivazione legittima, si sono schierate una parte della società civile e accademica, associazioni umanitarie, ONG e riviste scientifiche.

C'è poi la compravendita dei voti, della quale ci ha reso un'esilarante testimonianza la giornalista americana Laurie Garret, premio Pulitzer, Peabody e Polk, relativa alle votazioni del 1991, quando dei sostenitori del Governo giapponese macchinavano all'interno del palazzo di Ginevra per la rielezione del dottor Hiroshi Nakajima, la cui direzione era stata aspramente criticata.

«Sotto la grande scalinata in marmo che scende dal gigantesco ingresso dell'edificio a un livello inferiore che conduce alla sua sala riunioni, c'erano una sala conferenze privata, un ufficio postale e un'edicola. Ero in coda all'ufficio postale...»[372] racconta, quando a un tratto, la tranquillità svizzera viene sconquassata. La porta della sala conferenze si spalanca e vola fuori un enorme tappeto arrotolato, che manca di poco la giornalista. Accompagnano il tonfo dell'insolito tappeto volante le grida infuriate della ministra della Salute africana: «Un tappeto! Un tappeto! Pensate di poter comprare il mio voto con un tappeto! Pensate che io sia così a buon mercato?» La ministra, evidentemente ben informata, scandisce il fuggi fuggi generale dei giapponesi con litania di «promesse»[373] che gli stessi avrebbero fatto ad altri membri votanti: assunzioni per amici e famigliari nella lussuosa Svizzera, il pagamento delle onerose rette scolastiche in prestigiosi istituti elvetici, la realizzazione di ospedali e infrastrutture nei paesi d'origine, ecc.

Di fronte a queste 'promesse' un tappeto, dobbiamo ammetterlo, può essere considerato offensivo.

A onor del vero, nel suo articolo la Garret accanto al termine «promesse» mette una parentesi, nella quale indica «tangenti».

[372] L. GARRETT, *Secret vote on WHO bodes ill for future of global health*, "Humanosphere", 23.05. 2016 [http://www.humanosphere.org/world-politics/2016/05/secret-vote-on-who-bodes-ill-for-future-of-global-health/].

[373] Il virgolettato è dell'autrice dell'articolo.

Ci accodiamo alla sua parentesi per ricordare che 'promesse' è il termine politicamente corretto per tangenti, ormai caduto in disuso.

Tra le criticità dell'elezione del direttore dell'OMS, c'è poi il fatto che questa paia subire il fascino politico ed economico, ben più che attenersi a valutazioni legate alla sfera sanitaria.

Arriviamo così all'elezione di Tedros.

Nello stesso articolo che descrive l'esilarante scena del tappeto volante, il Premio Pulitzer descrive il clima nel quale si è operato per giungere all'elezione del ministro degli Esteri etiope a direttore dell'OMS. Sembra che il suo Governo abbia fatto pressioni sull'Unione Africana, la cui sede si trova in Etiopia, affinché garantisse i suoi 54 voti a Tedros, mettendo così di fatto fuori gioco gli altri quattro contendenti del continente. Ma, poco prima delle elezioni, il sostegno stava scemando e l'ago della bilancia dipendeva sempre più dal polo magnetico rappresentato dalla Cina. Infatti: «L'enorme dipendenza dell'Africa dai progetti di sviluppo cinesi e dagli investimenti cinesi rende molti paesi sensibili ai messaggi di Pechino».[374]

Molto sembra dunque essere dipeso in questa elezione dal Governo di Xi Jingping.

Molto, ma non tutto. Perché la Cina risulta indietro nella classifica dei finanziatori dell'OMS (al 47° posto, con una donazione pari al 0,21% del totale).[375]

Istituita il 7 aprile del 1948 dalle Nazioni Unite con la funzione vigilanza sanitaria, l'OMS era inizialmente finanziata dai Paesi membri con contributi fissi in base al PIL. Vi aderiscono 194 Stati Membri, organizzati in 6 regioni (Europa, Americhe, Africa, Mediterraneo Orientale, Pacifico Occidentale e Sud-Est Asiatico). Con il trascorrere del tempo, i finanziamenti pubblici si sono però via via assottigliati, mettendo a repentaglio la sopravvivenza dell'agenzia stessa che, negli anni Novanta apre al contributo dei privati.

Oggi, il budget dell'OMS dipende per il 80% da imprese private: stiamo parlando di 4,5 miliardi[376] su 5,6 miliardi totali.

[374] L. GARRETT, *Secret vote on WHO bodes ill for future of global health,* "Humanosphere", 23.05. 2016, cit.

[375] *WHO Contributors 2018-2019,* WHO [https://open.who.int/2018-19/contributors/contributor].

[376] *Ivi.*

La maggior parte di questi finanziamenti sono condizionati da specifici progetti indicati dai donatori (il 76,96% delle donazioni totali), che ne orientano in questo modo gli obiettivi e il campo di ricerca. Stando ai dati ufficiali, l'OMS gestisce direttamente solo il 20% del suo budget.

Il primo finanziatore dell'OMS sono (erano?) gli Stati Uniti, con 893 milioni di dollari, ossia il 15,8%[377] dei finanziamenti totali. Al secondo posto c'è la Bill & Melinda Gates Foundation (12,12%), seguita da Gavi Alliance (8,18%), consorzio di soggetti pubblici e privati che promuove campagne vaccinali, del quale i coniugi Gates sono i principali azionisti. Seguono a ruota il Regno Unito (7,91%), la Germania (5,33%), l'Ufficio delle Nazioni Unite per gli affari umanitari dell'ONU (4,48%), il Rotary Club (3,32%), la Commissione Europea (3,05%), la Banca Mondiale (3%), il Giappone (2,59%) e il National Philantropic Trust (2,53%). L'Italia si situa ben oltre la trentesima posizione (0,48%).[378]

Possiamo immaginare che i membri dell'Assemblea siano chiaramente consapevoli del fatto che ben più del 75% delle entrate dell'OMS provenga da tre sole fonti: il Governo degli Stati Uniti, la Gates Foundation e il Governo del Regno Unito; da Washington DC, Seattle e Londra. Scrive David Callahan, autore che ha svolto delle indagini sul rapporto che si instaura tra le compagnie finanziatrici e i gruppi di ricerca:

> Sarebbe ingenuo immaginare che gruppi di ricerca non debbano rendere conto alle loro aziende finanziatrici. [...] È semplicemente il modo in cui funziona il potere economico. Così come i politici per sopravvivere non possono ignorare le richieste dei loro principali donatori, allo stesso modo le associazioni non possono ignorare i loro benefattori.[379]

A chi invece vadano i ringraziamenti per il finanziamento delle campagne elettorali dei contendenti al vertice dell'Organizzazione, non ci è dato sapere. Infatti, il regolamento dell'OMS non prevede la divulgazione dei nomi dei finanziatori,

377 *WHO Contributors 2018-2019*, WHO, cit.

378 *Ivi.*

379 D. CALLAHAN, *The Think Tank As Flack*, Washington Monthly, vol. 31, n.11 (1° novembre 1999).

né viene richiesta la divulgazione delle spese delle campagne elettorali (viaggi, pubblicità, consulenti ecc.), alle quali non è nemmeno imposto un tetto massimo. Dunque a finanziare campagne di cui non conosciamo il costo, potrebbero esserci case farmaceutiche, grandi aziende produttrici del tabacco, produttori di computer, o singoli Stati. L'uso del condizionale è d'obbligo perché, come detto, nulla di tutto questo viene divulgato. Come per il voto, la segretezza sembra farla da padrone e, come abbiamo detto, difficilmente la segretezza si coniuga con la trasparenza.

Come ha ben sintetizzato la Garret: «L'OMS sembra muoversi in una direzione che non farà che esacerbare i problemi della sua *governance*, che hanno portato a tanti fallimenti negli ultimi anni».[380]

Ecco dunque il panorama nel quale si è svolta la campagna elettorale che si è conclusa con l'elezione di Tedros, ben riassunto dal titolo dell'articolo *Oms, voto segreto per il nuovo direttore. Trasparenza "ferita" dai giochi di potere"*,[381] uscito dalla penna di Maurizio Paganelli e pubblicato sul sito de "la Repubblica" l'8 maggio 2017.

Questi dati ci aiutano a comprendere un po' meglio le motivazioni del risentimento che molte nazioni provano nei confronti dell'OMS, organizzazione intorno alla quale gravitano interessi enormi, e non solo di natura sanitaria. Organizzazione che, ricordiamo, è l'unico ente internazionale a poter proclamare lo stato di pandemia. Nemmeno l'ONU, di cui l'OMS rappresenta l'Agenzia specializzata per le questioni sanitarie, ha questo potere. Doveroso un breve inciso sull'ONU. Milena Gabanelli, in un articolo sull'OMS e il suo direttore intitolato *Oms, chi comanda davvero: i 194 stati, Bill Gates o la Cina?* scrive:

> Ogni Paese gioca la propria partita. Oggi altre quattro importanti agenzie Onu sono a guida cinese: la Fao, l'Organizzazione delle Nazioni Unite per lo sviluppo industriale, l'Organizzazione per l'aviazione civile internazionale, l'Unione

380 L. GARRETT, *Secret vote on WHO bodes ill for future of global health,* "Humanosphere", 23.05. 2016, cit.

381 M. GABANELLI, *Oms, voto segreto per il nuovo direttore. Trasparenza "ferita" dai giochi di potere,* "la Repubblica", 8.05.2017 [https://www.repubblica.it/salute/2017/05/08/news/direttore_oms_un_voto_segreto_trasparenza_ferita_dai_giochi_di_potere-164940871/].

internazionale per le telecomunicazioni, che definisce gli standard mondiali nell'uso delle onde radio.[382]

Detto questo, diamo ora un'occhiata più da vicino alla carriera politica del direttore Tedros Adhanom Ghebreyesus.

Come si legge dal suo curriculum, pubblicato sul sito del Ministero della Salute italiano, Tedros nasce il 3 marzo del 1965 ad Asmara (Eritrea) e si laurea in Biologia presso l'Università della città. Nel 1992 consegue un Master di Scienze (MSc) – Immunologia delle Malattie infettive, presso l'Università di Londra e, nel 2000, un Dottorato di Ricerca in Filosofia sul tema della *Community Health,* all'Università di Nottingham.[383]

Ghebreyesus inizia la sua carriera politica sotto il governo illiberale di Meles Zenawi che, nei ventuno anni al vertice del paese, accumula una lunga serie di accuse mosse da organizzazioni di difesa dei diritti umani, quali la Human Rights Watch, Amnesty International e Reporter sans frontieres per aver violato i diritti umani, di violenze contro i suoi oppositori e di restrizione alla libertà di stampa.[384]

I due hanno in comune il paese di origine, il Tigrè, la cui popolazione rappresenta il 6,1% dell'intera nazione. Hanno anche militato entrambi nel Fronte Popolare di Liberazione del Tigrè (TPLF): questo, insieme al Fronte di Liberazione Popolare Eritreo (EPLF), e al Fronte di Liberazione Oromo (OLF), confluisce nel Fronte Democratico Rivoluzionario del Popolo Etiope (FDRPE) che, nel 1991, riesce a conquistare Addis Abeba, costringendo il colonnello Menghistu Hāyla Mariam alla fuga e a formare un governo provvisorio presieduto da Zenzawi. Nonostante le tensioni interne, viene approvata una Costituzione di tipo parlamentare che prevede la divisione amministrativa del paese in nove regioni, dotate di

[382] M. GABANELLI, S. RANIZZA, *Oms, chi comanda davvero: i 194 stati, Bill Gates o la Cina?,* "Corriere della Sera", 10.05.2020 [https://www.corriere.it/dataroom-milena-gabanelli/oms-coronavirus-bill-gates-cina-stati-uniti-europa-comanda-davvero-covid-pandemia-5g-etiopia/8ca94b96-92dc-11ea-88e1-10b8fb89502c-va.shtml].

[383] http://www.salute.gov.it/imgs/C_17_pagineAree_1784_listaFile_itemName_0_file.pdf

[384] *Etiopia, morto il premier Meles Zenawi ucciso da una misteriosa infezione,* "la Repubblica", 21.08.2012 [https://www.repubblica.it/esteri/2012/08/21/news/etiopia_morto_il_primo_ministro_meles_zenawi-41247556/].

ampia autonomia, e la nascita della Repubblica federale democratica di Etiopia.[385] Alle nove regioni, strutturate secondo un federalismo etnico (Tigrè; Afar; Amhara; Oromia; Somali; Benishangul-Gumuz; la regione delle Nazioni, Nazionalità e Popoli del Sud; Gambella e Harar), si aggiungono due città ad amministrazione speciale (Addis Abeba, capitale dell'Eritrea e sede centrale dell'Unione Africana, e Dire Dawa).

Nonostante i tigrini rappresentino una minoranza, all'interno del governo della Repubblica etiope, gli appartenenti al TPLF hanno una posizione preponderante.

Nel maggio del 1991, il TPLF viene catalogato come organizzazione terroristica di livello III, dagli Stati Uniti e, ancora oggi, rientra nel *database* del Terrore Globale.[386]

La carriera di Ghebreyesus, in seno al Governo guidato da Zenawi, è folgorante: dapprima consulente per la Sanità pubblica, nel 2001 viene messo a capo dell'ufficio sanitario regionale del Tigrè; nel 2003 diventa viceministro della Salute e, nel 2005, assume il controllo di questo Ministero. Sotto la sua guida le condizioni sanitarie del paese migliorano: HIV, malaria e meningite si riducono, il sistema sanitario avvia un processo di informatizzazione, la mortalità infantile subisce un drastico crollo e vengono realizzati diversi centri per la salute.

Membro della Global Alliance for Vaccines and Immunization (GAVI) e dell'Institute of Health Metrics and Evaluation,[387] durante il suo mandato da ministro della Salute, Ghebreyesus promuove l'utilizzo dei vaccini e cerca di uniformare le procedure e i processi riguardanti una pronta risposta ai contagi.

Tutto questo non impedirà comunque al presidente Zenawi di preferire le cliniche straniere alla sanità nazionale per quanto riguarda la salute della sua persona. Probabilmente, ipotizziamo, perché nel paese si registra una carenza endemica di strutture ospedaliere.[388]

385 *Etiopia,* Enciclopedia Treccani online [https://www.treccani.it/enciclopedia/etiopia/].

386 https://www.start.umd.edu/gtd/search/Results.aspx?search=TPLF&sa.x=0&sa.y=0&sa=Search

387 *Tedros Adhanom Ghebreyesus, PhD - Recipient of the 2011 Jimmy and Rosalynn Carter Humanitarian Award* [https://www.nfid.org/about-nfid/awards/jimmy-and-rosalynn-carter-humanitarian-award/].

388 Servizio civile all'Estero – *Caschi Bianchi: ETIOPIA 2017 – SCHEDA SINTETICA*, CVM – Comunità Volontari per il Mondo, 2017 [http://www.

Nel 2011, gli sforzi messi in atto in ambito sanitario da Ghebreyesus gli valgono il Jimmy and Rosalyn Carter Humanitarian Award, premio assegnato dalla National Foundation for Infectious[389] alle persone: «I cui eccezionali sforzi e risultati umanitari contribuiscono in modo significativo al miglioramento della salute pubblica globale, attraverso attività nazionali e/o internazionali».[390] La priorità è data ai contributi nel settore delle malattie infettive. Anche in questo Ghebreyesus segna un primato: è infatti il primo non-americano a ricevere il prestigioso riconoscimento.

Quando, nel 2012, Zenawi muore (in una clinica a Bruxelles, a causa di una misteriosa infezione in merito alla quale il Governo non ha rilasciato dichiarazioni ufficiali) a prendere il potere è il suo vice Haile Mariam Desalegn, che nomina Tedros ministro degli Esteri, posizione che ricoprirà fino al 2016.

Nonostante i successi, non sono poche le zone d'ombra che oscurano la gestione della sanità etiope dell'epoca Ghebreyesus. Su due, in particolare, vale la pena soffermarci.

Nell'aprile 2017, la Amhara Professionals Union (APU), un'organizzazione civica legalmente registrata negli Stati Uniti, stila un documento nel quale manifesta le sue «più profonde» e «serie» preoccupazioni in merito alla candidatura di Ghebreyesus a direttore l'OMS.[391] Il documento è reperibile integralmente online: invitiamo a leggerlo chi volesse approfondire l'argomento.

Come accennato in precedenza, l'Etiopia è stata divisa e organizzata in diverse regioni su base etnica, politica che ha esasperato le tensioni interne al paese e fomentato l'odio tra i diversi popoli. L'etnia Amhara di lingua aramaica, di cui l'APU si fa portavoce, rappresenta circa un terzo della popolazione etiope. L'APU accusa apertamente Ghebreyesus: «Per il ruolo

cvm.an.it/wp-content/uploads/2017/05/SCHEDA-SINTETICA-ETIOPIA_CVM_BONGA1.pdf].

389 *Tedros Adhanom Ghebreyesus, PhD - Recipient of the 2011 Jimmy and Rosalynn Carter Humanitarian Award*

390 *Ivi.*

391 Amhara Professionals Union Research Department, *International Organizations Leadership Recruitment Policies: the Failed Experiment of Dr. Tedros A. Ghebreyesus Candidacy for WHO Director General Position,* aprile 2017 [https://ecadforum.com/wp-content/uploads/2017/04/APU_opposes_candidacy_of_Dr_TAG.pdf?x35370].

che ha svolto nella sistematica violenza genocida e nelle gravi violazioni dei diritti umani, incluse ma non limitate a detenzioni arbitrarie ed esecuzioni extragiudiziali».[392]

Sono in tutto 13 le accuse mosse dall'Associazione: Discriminazione/emarginazione; Crimini contro l'umanità; Violenza genocida sistematica; Politiche di parte, inazione e imparzialità; Corruzione e uso improprio dei fondi; Disprezzo per l'umanità; Incompetenza/inazione; Mancanza di trasparenza; Inefficienza e rischio per la sicurezza pubblica; Scarsa capacità di giudizio; Mancanza di responsabilità; Violazione dei diritti umani fondamentali/soppressione della libertà di espressione; Integrità/Verità/Onestà.[393]

Tra queste 13 accuse mosse dall'Associazione, c'è quella di aver distribuito in modo arbitrario il sale iodato: nella regione del Tigrè, di cui è originario, si sarebbe registrato un «aumento preferenziale della distribuzione», mentre la regione dell'Amhara avrebbe subito un «calo consistente». Questa politica avrebbe portato alla cosiddetta 'generazione carente di iodio' dell'Amhara, una regione caratterizzata da altipiani naturalmente poveri di questo elemento.

Per comprendere la gravità di questa accusa, si deve tener conto che lo iodio è alla base della sintesi degli ormoni tiroidei, indispensabili per la crescita corretta dell'organismo e per il buon funzionamento del metabolismo. Sul sito della Fondazione Veronesi, si legge che:

> Siccome non siamo in grado di produrlo, dobbiamo acquisirlo attraverso la dieta: con il sale indicato dall'Organizzazione Mondiale della Sanità come il veicolo più efficace per assolvere questo compito. L'esigenza è sentita soprattutto dalle donne in gravidanza e nel corso dell'infanzia: la carenza di iodio è infatti un ostacolo allo sviluppo cerebrale dei bambini.[394]

[392] *Ivi.*

[393] *Ivi.*

[394] F. DI TODARO, *Serve iodio per la salute della tiroide (e del cervello) dei bambini,* "Fondazione Veronesi magazine", 21-05-2018 [https://www.fondazioneveronesi.it/magazine/articoli/pediatria/tiroide-se-non-funziona-bene-i-bambini-hanno-un-quoziente-intellettivo-piu-basso].

L'OMS raccomanda dunque il sale iodato, sale che, secondo Amhara Professionals Union, il direttore dell'Organizzazione avrebbe scientemente negato a un terzo della popolazione etiope, alla quale veniva distribuito un sale povero di iodio.

La carenza di iodio conduce inoltre a deficit cognitivi: «Anche una carenza iodica di grado moderato può portare a una riduzione di 10-15 punti di quoziente intellettivo del bambino», avverte Ivana Rabbone, specialista del centro di Diabetologia pediatrica dell'Ospedale infantile Regina Margherita di Torino e vicepresidente della Società Italiana di Endocrinologia e diabetologia Pediatrica (SIEDP).[395] Anche sul sito del Ministero italiano, possiamo trovare indicazioni simili: «La riduzione dei disturbi da carenza alimentare di iodio è indicata come obiettivo primario per la salute pubblica dall'Organizzazione Mondiale della Sanità (OMS) e dalla Food and Agricolture Organization (FAO)».[396]

Questa accusa si accompagna a un'altra, esplicitata nel terzo punto del documento dell'Amhara Professionals Union, intitolato *Violenza genocida sistematica.*[397] Nel quadro della pianificazione famigliare, nella regione dell'Amhara sarebbero stati distribuiti in modo massiccio i cosiddetti 'contraccettivi iniettabili' (contraccettivi di tipo ormonale), senza informare le donne dei possibili effetti collaterali. Questa campagna avrebbe condotto alla sterilità numerose donne.[398] A supporto di questa accusa vengono portati i censimenti demografici che mostrano una notevole discrepanza tra crescita media annua nell'Amhara rispetto a quella delle altre regioni etiopi.[399]

Se queste accuse fossero confermate, si potrebbe forse far notare un'incongruenza tra la politica del già ministro della Salute etiope e lo statuto l'OMS, che si impegna a favorire e

[395] F. DI TODARO, *Serve iodio per la salute della tiroide (e del cervello) dei bambini,* "Fondazione Veronesi magazine", 21-05-2018, cit.

[396] *Poco sale e solo iodato,* Ministero della Salute [http://www.salute.gov.it/imgs/C_17_opuscoliPoster_18_allegato.pdf].

[397] Amhara Professionals Union Research Department, *International Organizations Leadership Recruitment Policies: the Failed Experiment of Dr. Tedros A. Ghebreyesus Candidacy for WHO Director General Position,* aprile 2017 [https://ecadforum.com/wp-content/uploads/2017/04/APU_opposes_candidacy_of_Dr_TAG.pdf?x35370].

[398] *Ivi.*

[399] *Ivi.*

tutelare il «più alto livello possibile di salute» per «tutte le popolazioni del mondo».

Vi è poi un'altra ombra che si proietta sulla carriera politica di Ghebreyesus: quella della mancata dichiarazione di epidemia colerica.

Il colera ha martoriato l'Etiopia per diversi anni consecutivi dall'inizio del millennio, raggiungendo l'apice dei contagi nel 2006: circa 60.000 etiopi ne sono colpiti, con 680 decessi. Ma Ghebreyesus, allora ministro della Salute, non dichiara lo stato di emergenza, limitandosi a definire la malattia una «*acute watery diarrhea*», diarrea acquosa acuta, un sintomo del colera. Questo impedisce di fatto la risposta internazionale all'epidemia. Paul Hebert, capo dell'Ufficio delle Nazioni Unite per il coordinamento degli affari umanitari in Etiopia, ha affermato in merito: «Se fosse dichiarata l'epidemia dalle autorità, potremmo avere una risposta molto più vigorosa da parte dei donatori in termini di finanziamento e di mobilitazione».[400]

Ghebreyesus si rifiuta di dichiarare l'epidemia anche quando le Nazioni Unite lo mettono davanti all'evidenza di test che dimostrano che le morti sono dovute al vibrione del colera,[401] rimanendo graniticamente saldo sulla sua diagnosi della diarrea acquosa acuta. Il "The Guardian" commenta la politica del futuro direttore dicendo che ha agito in questo modo per paura di ricadute negative sulle esportazioni e sul turismo.[402]

Ad accusarlo di aver insabbiato ben tre epidemie di Colera (2006, 2009 e 2011) durante il suo mandato di ministro della Sanità è stato anche David Nabarro, il suo sfidante alla direzione dell'OMS.

Tutto questo prima della sua elezione a capo dell'OMS.

Da poco insediato nel palazzo di Ginevra, il neoeletto direttore nomina Robert Mugabe '*goodwill ambassador*' (ambasciatore di buona volontà) per le malattie croniche non trasmissibili e cardiache in Africa. Proprio quel Mugabe che, all'epoca dell'elezione di Ghebreyesus al vertice dell'OMS era il presidente di turno dell'Unione Africana, e che aveva spinto per far

400 X. RICE, *Fatal outbreak not a cholera epidemic, insists Ethiopia,* "The Guardian", 22.02.2007 [https://www.theguardian.com/world/2007/feb/22/ethiopia].

401 *Emergency and Humanitarian Action* (EHA). Weekly Update, WHO Country Office Ethiopia: (Week 22, 25-31 May 2009).

402 X. RICE, *Fatal outbreak not a cholera epidemic,* "The Guardian", 22.02.2007, cit.

designare Tedros a candidato africano alla direzione dell'Organizzazione.[403] Quel Mugabe che, dall'alto dei suoi 93 anni, è il presidente dello Zimbabwe dal lontano 1987 e che vanta una lunga carriera di violazione dei diritti umani.

La comunità internazionale rimane letteralmente scioccata da questa candidatura. Piovono critiche da ogni dove, in particolare dal Governo inglese e dalle Nazioni Unite. Sgomento viene anche espresso da associazioni non governative locali e internazionali, che accusano il presidente dello Zimbabwe di aver ridotto al collasso il Sistema Sanitario Nazionale, con ospedali privi di strumenti e medicine di base, e medici in continuo sciopero per protesta per i mancati pagamenti.[404]

Subito dopo la nomina di Mugabe, Ghebreyesus viene di fatto costretto a ritrattare la sua candidatura. "Il Fatto Quotidiano" in un articolo intitolato *Coronavirus – Chi è Tedros Adhanom Ghebreyesus, direttore dell'Oms nel mirino di Trump: dal governo violento dell'Etiopia agli intrecci di favori con la Cina* scrive: «A posteriori, quest'episodio mostra un'idea di "lealtà"».[405] Forse perché Mugabe aveva appoggiato la sua candidatura a direttore dell'OMS e il 'leale' Ghebreyesus si era sentito in dovere di ricambiare il favore?

Proprio la pista della 'lealtà', che il giudice Falcone aveva ben delineato nel suo motto «segui i soldi e troverai la mafia», ci conduce allo scenario cinese.

A ricoprire il ruolo di direttore dell'OMS, nel decennio precedente a quello di Ghebreyesus (due mandati dal 2006 al 2017), c'era la dottoressa Margaret Chan (il nome cinese da nubile è Fung Fu-Chun) che, probabilmente, è stata candidata da

403 *Oms: direttore bersagliato da Trump e difeso dalla Cina, ecco chi è Tedros Ghebreyesus,* "AgenziaNova", 14.04.2020 [https://www.agenzianova.com/a/0/2894527/2020-04-14/oms-direttore-bersagliato-da-trump-e-difeso-dalla-cina-ecco-chi-e-tedros-ghebreyesus].

404 *Oms. Revocata nomina di "ambasciatore di buona volontà" a Robert Mugabe,* "Quotidiano sanità", 22.10.2017 [https://www.quotidianosanita.it/cronache/articolo.php?articolo_id=55032].

405 G. BAIONI, *Coronavirus – Chi è Tedros Adhanom Ghebreyesus, direttore dell'Oms nel mirino di Trump: dal governo violento dell'Etiopia agli intrecci di favori con la Cina,* "il Fatto Quotidiano", 11.04.2020 [https://www.ilfattoquotidiano.it/2020/04/11/coronavirus-chi-e-tedros-adhanom-ghebreyesus-direttore-delloms-nel-mirino-di-trump-dal-governo-violento-delletiopia-agli-intrecci-di-favori-con-la-cina/5766179/].

Pechino per come ha affrontato l'epidemia di SARS del 2003.[406] Le critiche mosse al suo operato vanno dalla cattiva gestione allo sperpero dei fondi dell'Associazione. In un articolo viene riportato, a titolo di esempio, un suo viaggio in Nuova Guinea per la celebrazione del primo vaccino al mondo contro l'Ebola (maggio 2017), durante il quale avrebbe soggiornato nella suite presidenziale dell'Hotel Palm Camayenne, con tanto di bagni in marmo e una sala da pranzo per otto persone che, da listino, costerebbe 900 € a notte. L'articolo continua sottolineando come l'OMS: «Avrebbe regolarmente impiegato circa 200 milioni di dollari all'anno in spese di viaggio, più di quanto non utilizzi per combattere alcuni dei maggiori problemi di salute pubblica, tra cui AIDS, tubercolosi e malaria, insieme».[407]

Ma a preoccupare gli osservatori internazionali, non è tanto il bilancio dell'OMS, quanto la vicinanza tra la direzione di questa Organizzazione e la Cina. Se la direttrice Margaret Chan era di nazionalità cinese (Hong Kong), l'elezione di Ghebreyesus sembra essere stata fortemente appoggiata dalla Cina, che avrebbe promesso al nuovo presidente di raddoppiare i propri finanziamenti.[408] Ma non solo: Ghebreyesus è infatti originario di un paese legato a doppio filo con il gigante asiatico.

Nel dicembre del 2019 ad Addis Abeba, il presidente etiope Sahle-Work Zewde si è impegnato a fornire un solido sostegno agli investimenti cinesi nel paese dell'Africa orientale,[409] investimenti che secondo quanto riportato dall'agenzia "Xinhua" avrebbero un valore che supera i 4 miliardi di dollari, distribuiti in 400 progetti. La Cina investe nel settore agricolo (trainante per l'economia del paese) e manifatturiero, e sostiene la spinta alle infrastrutture dell'Etiopia.

[406] A. GRIZZUTI, *Dubbi sull'indipendenza dell'OMS. Il suo leader ha legami con Pechino,* "La Verità", 05.02.2020 [https://www.laverita.info/dubbi-sullindipendenza-delloms-il-suo-leader-ha-legami-con-pechino-2645029560.html].

[407] M. CHENG, *AP Exclusive: Health agency spends more on travel than AIDS,* "ApNews", 22.05.2017 [https://apnews.com/1cf4791dc5c14b9299e0f532c75f63b2/AP-Exclusive:-Health-agency-spends-more-on-travel-than-AIDS].

[408] G. BAIONI, *Coronavirus – Chi è Tedros Adhanom Ghebreyesus,* "il Fatto Quotidiano", 11.04.2020, cit.

[409] *Ethiopia will give robust support to Chinese investment: President,* "Xinhuanet", 13.12.2020 [http://www.xinhuanet.com/english/2019-12/13/c_138629254.htm].

Nel settore manifatturiero segnaliamo il caso della città di Dukem, che sorge a 35 km dalla capitale etiope, nella quale dal 2010 si è registrata un'impennata della produzione di scarpe da quando la Cina ha finanziato e realizzato la prima grande zona industriale dell'Etiopia. Qui la fabbrica cinese Huajian produce per le marche Guess, Calvin Klein e Nina, impiegando la manodopera di 7.000 etiopi.[410]

Tra le infrastrutture finanziate e realizzate si contano la superstrada Addis-Adama e la linea ferroviaria Addis-Gibuti (756 km), costata 4 miliardi di dollari, la cui importanza è da leggere anche in chiave di strategia internazionale (a Gibuti si trova infatti la prima base militare cinese in Africa) ed economica (a causa della guerra prolungata con l'Eritrea, l'Etiopia si trova infatti a dover dipendere quasi interamente dal porto di Gibuti per l'import-export, dal quale passa il 95% delle merci, gestito dalla China Merchants Holding).

C'è poi la Belt and Road Initiative che mira a collegare la Cina al resto del mondo con un'imponente rete di infrastrutture,[411] la compartecipazione cinese alla tanto discussa diga sul fiume Tezeke e la costruzione di quattro centrali idroelettriche appaltate ai cinesi. Citiamo ancora il palazzo di 20 piani della sede dell'Unione Africa, regalato dalla Cina nel 2012.

Questi investimenti rientrano nel più ambizioso progetto Belt and Road Initiative, conosciuto in Italia come la Nuova Via della Seta, lanciato da Xi Jing Ping nel 2013, finalizzato a sviluppare nuovi collegamenti per il trasporto e il commercio tra Asia, Medio Oriente, Africa e Sud dell'Europa, seguendo le antiche rotte della Via della Seta. La portata di questo progetto, come numerosi osservatori internazionali fanno notare, si spinge ben oltre l'ambito strettamente economico.

La strategia avviata in Africa, anche grazie al supporto della Banca Mondiale e del suo ex capo economista, Lin Yifu (il quale, a fine mandato, ha concentrato il suo lavoro nel proprio *think tank,* che sostiene lo sviluppo delle società cinesi in Africa) sta già mostrando i propri limiti. Infatti, a meno di dieci anni dall'avvio di questo piano infrastrutturale, alcuni

[410] G. WENCHENG, *Xinhua Headlines: Chinese factory in Ethiopia ignites African dreams,* "Xinhuanet", 31.03.2018 [http://www.xinhuanet.com/english/2018-03/31/c_137079548.htm].

[411] *Ivi.*

Paesi stanno provando sulla loro pelle le conseguenze della strategia cinese. Un esempio della sofferenza indotta dalla politica del grande dragone è proprio la situazione etiope:

> Negli ultimi 20 anni, dal 2000 al 2019, il tasso di crescita medio annuo del PIL etiope è stato di circa il 6%. Questa notevole crescita è stata accompagnata da un altrettanto notevole aumento delle importazioni, in gran parte a sostegno degli investimenti nelle infrastrutture. Tuttavia, nello stesso periodo, la crescita delle esportazioni, quella delle riserve in valuta estera o persino degli investimenti esteri non sono state sufficienti a colmare un crescente divario finanziario. Le importazioni continuano ad essere sproporzionate rispetto alle esportazioni e alla ricchezza interna al Paese. Allo stesso tempo, il debito estero sta aumentando vertiginosamente e quasi la metà sarà destinato alla sola Cina nel 2019. Di conseguenza, nel 2017 l'Etiopia è stata costretta a svalutare la sua moneta, il Birr, del 15%.[412]

Nei limiti della politica di investimenti cinesi, unitamente alla crescita del cosiddetto *land grabbing*,[413] strettamente connesso con gli sgomberi forzati e l'uso eccessivo della forza da parte della polizia e dell'esercito, fenomeno che produce seri problemi ambientali (quale l'erosione del suolo, la deforestazione, la perdita di biodiversità, la desertificazione), va ricercata la causa dell'attuale situazione etiope:

> Ogni anno il paese deve dipendere dagli aiuti internazionali per sfamare la popolazione (4,6 milioni di abitanti necessitano annualmente d'assistenza alimentare, cosa che rende il Paese uno dei più insicuri del mondo a livello alimentare). L'Etiopia infatti si colloca al 174° posto della classifica UNDP 2015 con un indice di sviluppo umano pari a 0.442 e il 29,6% della popolazione vive infatti ancora sotto la soglia di povertà:

412 M. G. RUTIGLIANO, *La strategia cinese per lo sviluppo in Africa: il caso dell'Etiopia*, "Sicurezza internazionale Luiss", 02.08.2020 [https://sicurezzainternazionale.luiss.it/2020/08/02/la-strategia-cinese-lo-sviluppo-africa-caso-delletiopia/].

413 Ossia «rapina delle terre»: un meccanismo dell'*agrobusinness* che comporta la sottrazione delle terre (attraverso l'esproprio, l'affitto o la cessione per cifre irrisorie) alle popolazioni locali, in favore di grandi multinazionali e governi esteri. Questo fenomeno è soprattutto presente in Argentina, nel Sud-Est asiatico e in Africa (dal Sudan al Mozambico, passando per il Kenya e l'Etiopia).

la maggioranza della popolazione ha un ridottissimo introito economico e c'è una notevole scarsità di cibo.[414]

Torniamo alla pandemia. Il fatto che il debito pubblico etiope sia in larga misura in mano cinese, può in parte spiegare perché, nel febbraio del 2020, la compagnia aerea di Stato Ethiopian Airlines, a differenza delle consorelle, ha insistito nel mantenere i voli per la Cina. Tewolde Gebremarian, CEO della compagnia, in barba alle pressioni internazionali, ha giustificato la scelta sottolineando che non c'erano le prove che la cancellazione dei voli avrebbe aiutato a contenere il virus, aggiungendo: «L'OMS ha chiaramente affermato che la sospensione dei voli per la Cina non porrebbe fine all'epidemia di Coronavirus, poiché le vittime del virus si trovano in altri paesi».[415]

Poco prima, il 15 gennaio 2020, la compagnia di Stato, che garantisce 35 voli settimanali verso 5 destinazioni cinesi, aveva annunciato la costruzione di un nuovo aeroporto della capacità di 100 milioni di passeggeri. La provenienza dei fondi per la realizzazione di questa opera, stimati in 5 miliardi di dollari, rimane avvolta nel mistero.

Tutti questi interessi congiunti, come conclude giustamente Giusy Baioni nel già citato articolo de "il Fatto Quotidiano": «Non dimostrano l'eventuale influenza della Cina sulle decisioni dell'etiope Ghebreyesus. Ma di certo sollevano domande».[416]

Più lapidaria la conclusione a cui arriva invece l'Amhara Professionals Union, nel *report* compilato prima dell'elezione del presidente, destinato all'OMS:

> In effetti, il dottor Tedros A. Ghebreyesus avrebbe dovuto essere tra i leader del TPLF che avrebbero dovuto affrontare la giustizia in patria o davanti alla Corte Penale Internazionale (ICC) invece di essere preso in considerazione per la posizione di direttore generale dell'OMS.[417]

414 Servizio civile all'Estero – *Caschi Bianchi: ETIOPIA 2017...*, maggio 2017, cit.

415 S. SOLOMON, *Ethiopian Airlines Resists Pressure to Cancel Flights to China,* "VOAnews", 13.02.2020 [https://www.voanews.com/science-health/coronavirus-outbreak/ethiopian-airlines-resists-pressure-cancel-flights-china].

416 G. BAIONI, *Coronavirus – Chi è Tedros Adhanom Ghebreyesus,* "il Fatto Quotidiano", 11.04.2020, cit.

417 Amhara Professionals Union Research Department, *International Organizations Leadership Recruitment Policies...*, aprile 2017, cit.

7. Volare, oh oh!

> In caso di emergenza di un nuovo virus influenzale che abbia acquisito tale capacità [di trasmettersi da uomo a uomo, *Nota dell'Autore*], la maggiore mobilità della popolazione a livello mondiale e la maggior velocità dei mezzi di trasporto renderebbero particolarmente problematico il controllo della diffusione dell'infezione.
>
> *Piano nazionale di preparazione e risposta a una pandemia influenzale*, 2006[418]

Arriviamo ora all'Italia, la cui gestione della pandemia è stata eletta a modello.

Il ministro Roberto Speranza rievoca i giorni focali di gennaio nel suo libro *Perché guariremo – dai giorni più duri a una nuova idea di salute,*[419] lanciato nelle librerie giovedì 22 ottobre e immediatamente, e inspiegabilmente, ritirato perché: «Non era il caso di farlo uscire con quest'altra catastrofe incombente, già che poi il ministro non era mai stato troppo convinto di scriverlo»[420] come è stato dichiarato dall'ufficio stampa dell'Editore. Scrive il Ministro in tono confidenziale:

> 22-23 gennaio 2020
>
> A metà gennaio, la vaga inquietudine che provo dall'inizio del mese si coagula in preoccupazione. [...] Il mio mix di informazioni quotidiane, che da tempo comprende anche i principali media internazionali, si arricchisce ancora di più. So che questa necessità di notizie sempre più aggiornate scaturisce dall'apprensione. Mi dico che il mondo è troppo globalizzato,

[418] CCN (Centro nazionale per la Prevenzione e il Controllo delle Malattie del Ministero della Salute), *Piano nazionale di preparazione e risposta a una pandemia influenzale*, 2006 [http://www.salute.gov.it/imgs/C_17_pubblicazioni_501_allegato.pdf].

[419] R. SPERANZA, *Perché guariremo*, cit., pp. 36-38.

[420] M. PIUMATTI, *Speranza e lo strano caso del libro, rimandato ma ora è in libreria,* "il Giornale.it", 27.10.2020 [https://www.ilgiornale.it/news/cronache/speranza-e-strano-caso-libro-rimandato-ora-libreria-1899284.html].

troppo interconnesso. Questa malattia non si fermerà alle frontiere.

La lettura del mondo in chiave di complessità internazionali è nella mia formazione. [...]

Questa situazione in Cina non è un problema solo cinese. È un problema anche nostro.

Stanno arrivando tempi straordinari e gli strumenti ordinari non basteranno. Nel ministero ci sono competenze e conoscenze, ma non sono sufficienti da sole, per gestire una partita così impegnativa. C'è bisogno di un salto di qualità. [...]

È con questa idea che il 22 gennaio istituisco per la prima volta al ministero la task force per il Coronavirus. Interpello subito i principali scienziati italiani, consapevole del privilegio di poterlo fare. La ricerca, la matematica, per me, sono una parte fondamentale della forza dell'umanità. Da razionalista convinto, ho un vero culto per la scienza.[421]

In quegli stessi giorni, il Ministero della Salute italiano, con la Circolare n. 0001997, allerta gli Assessorati alla Sanità regionali, l'Ordine dei Medici, la FNOPI, il Ministero degli Esteri, quello della Difesa, delle Infrastrutture e, per conoscenza, gli Uffici di Sanità marittima, aerea e di Frontiera; l'Istituto Superiore di Sanità, l'Istituto Nazionale per le Malattie Infettive, l'Ospedale Luigi Sacco di Milano e la Regione Veneto che:

Il 31 dicembre 2019 la Commissione Sanitaria Municipale di Wuhan (Cina) ha segnalato all'Organizzazione Mondiale della Sanità (OMS) un cluster di casi di polmonite ad eziologia ignota nella città di Wuhan, nella provincia cinese di Hubei. [...] I sintomi più comuni consistono in febbre, tosse secca, mal di gola, difficoltà respiratorie: gli esami radiologici del torace evidenziano lesioni infiltrative bilaterali diffuse. Le informazioni attualmente disponibili suggeriscono che il virus possa causare sia una forma lieve, simil-influenzale, che una forma più grave di malattia. Una forma inizialmente lieve può progredire in una forma grave, soprattutto in persone con condizioni cliniche croniche pre-esistenti, quali ipertensione, e altri problemi cardiovascolari, diabete, patologie epatiche e altre patologie

[421] R. SPERANZA, *Perché guariremo*, cit., pp. 37-38.

respiratorie; anche le persone anziane potrebbero essere più suscettibili alle forme gravi.[422]

Da questa Circolare possiamo giungere a una prima evidenza: sebbene informati della pericolosità del virus per le persone con «condizioni cliniche croniche pre-esistenti» (tra le quali si conterà il maggior numero di decessi attribuiti al SARS-COV-2) e per gli anziani (tra cui si è registrata una vera e propria ecatombe) non è stata adottata dal nostro Governo nessuna misura di protezione nei confronti di queste categorie di persone. Nessuno, tra i virologi da salotto che abbiamo imparato a conoscere nel corso di questi mesi, ha lanciato l'allarme. I telegiornali del 'pensiero unico' non ne hanno parlato.

Per arrivare a una presa di coscienza di questa realtà dobbiamo aspettare il 18 marzo:

> Il CTS, in data odierna, ha finalizzato un documento di Raccomandazioni per la gestione di pazienti immunodepressi. [...] I dati consolidati dell'ISS confermano che gli anziani portatori di multimorbilità sono i più colpiti dal virus. [...] È noto da numerose evidenze di letteratura medica pubblicata sull'argomento che i pazienti immunodepressi (es. soggetti affetti da immunodeficienze congenite o secondarie [...] da malattie autoimmuni in trattamento con farmaci ad azione immunodepressiva), così come quelli affetti da patologie oncologiche o monco-ematologiche [...] sono soggetti particolarmente a rischio, sia per quanto riguarda la morbilità [...] che la mortalità, in caso di virus respiratori.[423]

Ma per tutti i mesi di gennaio e febbraio, la protezione dei soggetti a rischio non sembra essere tra le priorità del Governo. E dire che il Governo, come ovvio che sia, aveva la piena consapevolezza dello stato di salute del sistema Italia:

> ... in questi anni, sono continuate a crescere la malattie croniche. Come rileva l'Osservatorio nazionale della salute, nelle

[422] Circolare del Ministero della Salute, 22 gennaio 2020, n. 0001997, con oggetto: *"Polmonite da nuovo coronavirus (2019 – nCoV) in Cina "*.

[423] Verbale CTS, 18 marzo 2020, n. 31.

> regioni italiane sono "24 milioni gli italiani con una patologia cronica (le più frequenti sono ipertensione, artrite/artrosi e malattie allergiche) [...] Le cronicità sono le patologie che insorgono a un certo punto della vita e che una persona si porta dietro fino alla fine, come per esempio il diabete o certe insufficienze polmonari; non sono guaribili ma si possono tenere sotto controllo.[424]

Questi soggetti rappresenteranno anche un rischio per gli operatori sanitari: «Il CTS raccomanda, inoltre, di ridurre per quanto possibile il numero degli operatori sanitari che entrano in contatto con questi soggetti [pazienti immunodepressi, *Nota dell'Autore*]».[425]

Intanto, in quei giorni, il dubbio amletico sulla possibile trasmissione interumana è stato risolto: il nuovo Coronavirus può trasmettersi da uomo a uomo. Come abbiamo visto, i medici di Taiwan ci erano arrivati per semplice deduzione il 31 dicembre e il Governo di Taipei aveva agito di conseguenza.

L'OMS, che dal suo account Twitter il 14 gennaio aveva invece cinguettato: «Da indagini preliminari condotte dalle autorità cinesi non è stata trovata alcuna evidenza di trasmissione da uomo a uomo del nuovo Coronavirus identificato a Whuan»,[426] il 22 di gennaio è costretta a ritrattare. Non di *sua sponte* sia ben chiaro, ma perché l'epidemiologo e pneumologo cinese Zhong Nanshan, due giorni prima, ha annunciato in diretta televisiva che il nuovo Coronavirus si trasmette da uomo a uomo.

L'OMS ci metterà comunque due giorni a digerire e diffondere l'informazione. Ghebreyesus, probabilmente infastidito da questa evidenza, nella dichiarazione del Comitato di Emergenza del 23 gennaio sente la necessità di puntualizzare:

> Non sbagliatevi. Si tratta di un'urgenza in Cina ma non ancora un'urgenza sanitaria mondiale. [...] Sappiamo che esiste una trasmissione da uomo a uomo in Cina, ma questa trasmissione

[424] R. SPERANZA, *Perché guariremo*, cit., pp. 31-32.

[425] Verbale CTS, 20 marzo 2020, n. 33.

[426] https://twitter.com/WHO/status/1217043229427761152?ref_src=twsrc%5Etfw%7Ctwcamp%5Etweetembed%7Ctwterm%5E1217043229427761152&ref_url=https%3A%2F%2Fwww.foxnews.com%2Fworld%2Fworld-health-organization-january-tweet-china-human-transmission-coronavirus

> sembra, per il momento, essere limitata ai gruppi familiari e agli operatori sanitari che si sono presi cura di pazienti infetti. Ad oggi, non ci sono prove di trasmissione da uomo a uomo al di fuori della Cina, ma ciò non significa che questa possibilità sia esclusa.[427]

Si trasmette dunque, ma con riserva.

Questa dichiarazione si somma ai reiterati elogi di Ghebreyesus nei confronti degli sforzi messi in atto dalla leadership cinese, definiti «inestimabili»,[428] e ai ripetuti ringraziamenti che il direttore rivolge al Governo della Repubblica popolare per la «cooperazione» e la «trasparenza».[429]

Ecco dunque il quadro nel quale, tanto l'OMS quanto l'ECDC (Centro europeo per la prevenzione e il controllo delle malattie) dichiarano che: «La probabilità di introduzione del virus nell'Unione Europea moderata»,[430] nonostante i 575 casi registrati al 23 gennaio, di cui 17 morti nella sola Cina e contagi registrati negli USA, in Giappone, in Corea, a Singapore, in Tailandia e in Vietnam.[431]

Previsione che abbiamo visto scimmiottare nei *massmedia* italiani, dai salotti televisivi alle radio. È diventata letteralmente 'virale' l'ostentata dichiarazione di Roberto Burioni del 2 febbraio. Ospite di Fabio Fazio alla trasmissione "Che Tempo Che Fa", il noto virologo decreta: «Io ritengo che in Italia il rischio di contrarre questo virus è zero, perché il virus non circola. [...] Però, attenzione: non è che questo avviene

[427] *Déclaration du Directeur général de l'OMS sur les recommandations du Comité d'urgence du RSI sur le nouveau coronavirus,* WHO, 23.01.2020 [https://www.who.int/fr/dg/speeches/detail/who-director-general-s-statement-on-the-advice-of-the-ihr-emergency-committee-on-novel-coronavirus].

[428] *Déclaration du Directeur général de l'OMS sur les recommandations du Comité d'urgence du RSI sur le nouveau coronavirus,* WHO, 23.01.2020 [Fonte: https://www.who.int/docs/default-source/coronaviruse/transcripts/ihr-emergencycommittee-for-pneumonia-due-to-the-novel-coronavirus-2019-ncov-press-briefingtranscript-22012020.pdf?sfvrsn=b94d86d9_2].

[429] *Ivi.*

[430] Comunicato stampa del Ministero della Salute, 21 gennaio 2020, n. 15, recante: *"Interventi del Ministero della Salute su coronavirus 2019-nCoV".*

[431] *Déclaration du Directeur général de l'OMS sur les recommandations du Comité d'urgence du RSI sur le nouveau coronavirus,* WHO, 23.01.2020

per caso, avviene perché si stanno prendendo delle precauzioni».[432] Quando Fazio gli fa notare che si inizia a vedere un «Sacco di gente con le mascherine» Burioni conclude lapidario «Sarà per l'inquinamento!»[433]

Il giorno dopo, il 3 febbraio, a Radio Capital, anche il ministro Speranza tranquillizza gli ascoltatori: «Non bisogna creare allarmismi, perché la situazione è sotto controllo. Ci sono solo 21 casi in tutta Europa. Stiamo parlando di numeri residuali».[434] Questo stesso giorno, con l'Ordinanza del Capo del Dipartimento della Protezione civile n. 630, viene istituito il Comitato Tecnico Scientifico,[435] formalizzato il 5 febbraio con il Decreto n. 371.[436]

Ma torniamo alla Circolare del Ministero della salute del 22 gennaio.

Rassicurato da elogi e dichiarazioni, il Governo italiano, poche righe dopo aver ammesso di essere a conoscenza della possibilità di complicanze gravi per anziani e persone con un quadro clinico compromesso, elenca una serie di suggerimenti 'prudenti' per: «Ridurre il rischio generale di infezioni respiratorie acute durante i viaggi verso o dalle aree colpite (attualmente la città di Wuhan)»[437] tra i quali vaccinarsi contro l'influenza almeno 2 settimane prima della partenza (sic!); lavarsi spesso le mani; evitare di visitare mercati ittici o di animali

[432] *Ministro Roberto Speranza e Roberto Burioni,* "Che tempo che fa", 02.02.2020 [https://www.youtube.com/watch?v=NobrrPna18s].

[433] *Ivi.*

[434] *Coronavirus, Speranza: "No allarmismi, la situazione è sotto controllo",* "la Repubblica", 03.02.2020 [https://www.repubblica.it/politica/2020/02/03/newscoronavirus_speranza_radio_capital-247462925/].

[435] Ordinanza del Capo del Dipartimento della protezione civile, 3 febbraio 2020, n. 630, recante: *"Primi interventi urgenti di protezione civile in relazione all'emergenza relativa al rischio sanitario connesso all'insorgenza di patologie derivanti da agenti virali trasmissibili".*

[436] Decreto della Presidenza del Consiglio dei Ministri, 5 febbraio 2020, n. 371, in materia di *"Istituzione del Comitato tecnico-scientifico previsto dall'articolo 2, comma 1, dell'ordinanza del Capo del Dipartimento della Protezione Civile n. 630 del 3 febbraio 2020".*

[437] Circolare Ministero della Salute, 22 gennaio 2020, n. 0001997, con oggetto: *"Polmonite da nuovo coronavirus (2019 – nCoV) in Cina".*

vivi; evitare il contatto diretto con animali da allevamento o selvatici, vivi o morti.[438]

Dal 23 gennaio, data in cui è previsto un volo diretto da Wuhan, attiva anche il controllo della temperatura dei passeggeri in arrivo all'aeroporto di Roma Fiumicino, ai quali viene chiesto anche di compilare una scheda indicando la destinazione.[439] Questo stesso giorno, il Governo cinese chiude l'aeroporto.

Il 30 gennaio, in un impeto di ribellione rispetto alle indicazioni dell'OMS, che il 12 gennaio si era detta: «Rassicurata dalla qualità delle indagini in corso e dalle misure di risposta implementate a Wuhan, e dall'impegno di condividere regolarmente informazioni»[440] raccomandandosi: «Di evitare qualsiasi restrizione ai viaggi e al commercio con la Cina in base alle informazioni attualmente disponibili su questo evento»,[441] il premier Giuseppe Conte annuncia in una conferenza stampa la chiusura dello spazio aereo diretto, da e per la Cina:

> ... eravamo già vigili e molto attenti nel monitorare l'evoluzione di questa situazione critica, non ci siamo fatti trovare impreparati. Il ministro Speranza [...] ha già adottato un'ordinanza che chiude il traffico aereo da e per la Cina. A quanto ci risulta siamo il primo paese dell'Unione Europea che adotta una misura cautelativa di questo genere.[442]

Il Premier si dice quindi «confortato» nell'adozione di questa misura precauzionale, dal fatto che il Direttore dell'OMS abbia annunciato il giorno stesso l'emergenza globale. Rassicura poi l'Italia dicendo che la situazione è sotto controllo e che le misure assunte, unitamente a un efficiente sistema di sorveglianza epidemiologico e microbiologico, collocano l'Italia:

438 *Ivi.*

439 Comunicato Stampa Ministero della Salute, 21 gennaio 2020, n. 15, recante: *"Interventi del Ministero della Salute su coronavirus 2019-nCoV"*.

440 Comunicato Ministero della Salute, 12 gennaio 2020, n. 0000931, con oggetto: *"NUOVO CORONAVIRUS – CINA del 12 gennaio 2020"*.

441 *Ivi.*

442 *Coronavirus, Conte: «Chiuso traffico aereo da e per la Cina»*, "Corriere della Sera", 30.01.2020 [https://video.corriere.it/cronaca/coronavirus-conte-chiuso-traffico-aereo-la-cina/10960d20-43ac-11ea-bdc8-faf1f56f19b7].

«Al più alto livello di cautela sul piano internazionale».[443] Il giorno seguente, «confortato» e «rassicurato», dichiara per sei mesi lo stato di emergenza nazionale.

Nonostante il ministro Speranza ci informi nel suo libro che gli sforzi della *Task Force* del CTS in quei giorni si concentrino: «Sull'analisi di ciò che sta avvenendo in Cina e sul tentativo di evitare che il virus possa arrivare in Italia»,[444] sembrano invece essere meno rassicurati gli esperti del trasporto aereo, che esprimono seri dubbi su questa politica. Non perché la chiusura degli spazi aerei diretti, da e per la Cina, non sia sensata, ma perché il suo impatto è limitato: «Migliaia di passeggeri cinesi arrivano in Italia non con collegamenti diretti, ma facendo uno scalo a Dubai, a Doha, a Istanbul, a Mosca e imbarcandosi quindi sugli aerei di Emirates, Qatar Airways, Turkish Airlines e Aeroflot»[445] dichiara uno di questi esperti ai microfoni de "Il Corriere", chiedendo l'anonimato perché non autorizzato dal quartier generale a parlare con la stampa. E poi, giustamente si domanda: «Il Governo Conte bloccherà selettivamente tutti i cinesi? O anche quelli che sono stati a bordo con i cinesi?»[446]

Come emerge dalla desecretazione dei Verbali del Comitato Tecnico Scientifico, anche Alitalia aveva espresso dubbi in merito. Il Verbale n. 4, datato 14 febbraio, esamina il caso di un passeggero italiano giunto presso un aeroporto tedesco dalla Cina, al quale è stato impedito di imbarcarsi per l'Italia dalla Lufthansa, che qui segue le operazioni per conto di Alitalia. In accordo con la *policy* aziendale, volta a proteggere il proprio personale (D. Lgs. 81/80) e già applicata nelle epidemie globali (Ebola, SARS), Alitalia ha rifiutato di imbarcare il passeggero. Ma, al di là di questa vicenda, sono le considerazioni espresse dalla compagnia di bandiera a interessarci. Si legge nel Verbale:

443 *Coronavirus, le misure adottate dal Governo* [http://www.governo.it/it/coronavirus-misure-del-governo].

444 R. SPERANZA, *Perché guariremo*, cit., p. 39.

445 L. BERBERI, *Coronavirus, l'Italia ferma i voli con la Cina, gli ultimi aerei sono arrivati a Roma e Milano,* "Corriere della Sera", 20.01.2020 - aggiornato alle 9,12 del 31 gennaio 2020 [https://www.corriere.it/cronache/20_gennaio_30/coronavirus-l-italia-ferma-voli-la-cina-ma-5-aerei-stanno-arrivando-roma-milano-4c159766-43a8-11ea-bdc8-faf1f56f19b7.shtml].

446 *Ivi.*

> Gli stessi rappresentanti di Alitalia hanno poi ammesso peraltro che esistono limiti all'efficacia dell'attuazione di queste misure limitanti, movimenti che permettono ad esempio a determinati passeggeri di accedere ai voli in area Schengen presentando come documento identificativo la sola carta d'identità invece del passaporto che potrebbe riportare il timbro cinese con data di uscita dal paese, eludendo quindi il controllo delle date e delle aree di provenienza.[447]

La conclusione a cui giunge il Comitato è di:

> Non intervenire in alcun modo nell'ambito di eventuali misure di protezione dei lavoratori Alitalia, ritenendo che queste sono da attribuire alla responsabilità del datore di lavoro in collaborazione con il medico competente [...] L'avvallo e la generalizzazione di analoghe misure restrittive (a livello di singoli vettori) risulterebbe, al momento, non giustificato ai fini del contenimento dell'infezione e, oltretutto, discriminatorio nei confronti di misure previste per i passeggeri in arrivo con altri vettori sul territorio italiano.[448]

In parole povere hanno risposto: problemi vostri.

Quindi il Governo non interviene sul traffico aereo internazionale e anche i bambini rientrati dalla Cina potranno frequentare le scuole senza praticamente nessun controllo. La prima Circolare recante *Indicazioni per la gestione degli studenti e dei docenti di ritorno o in partenza verso aree affette della Cina*[449] è del 1° febbraio. In questa viene ribadito come il virus possa manifestarsi in una forma lieve, simil-influenzale, e una forma più grave. Viene poi detto che i pochi casi segnalati nei paesi fuori dalla Cina sono in gran parte soggetti provenienti dalle zone colpite e che: «Come riportato dal Centro Europeo per il Controllo delle Malattie, la probabilità di osservare casi a seguito di trasmissione interumana all'interno dell'Unione Europea è stimata da molto bassa a bassa, se i casi vengono

447 Verbale del CTS, 14 febbraio 2020, n. 4.

448 *Ivi.*

449 Circolare del Ministero della Salute, 1° febbraio 2020, n. 0003187, recante: *"Indicazioni per la gestione degli studenti e dei docenti di ritorno o in partenza verso aree affette della Cina".*

identificati tempestivamente e gestiti in maniera appropriata».[450]

Per una gestione «appropriata» si chiede di: «Monitorare l'eventuale insorgenza di sintomi come tosse, febbre, difficoltà respiratorie» in quegli studenti che siano rientrati dalle zone colpite dall'epidemia in Cina o che sono venuti a contatto con persone contagiate. Per tutti gli altri: «Non sono previste misure specifiche».[451]

Per un controllo più organico si aspetterà una settimana.

L'OMS, intanto, resta irremovibile sulla sua politica di non chiusura dello spazio aereo. Il direttore generale dell'OMS, nel discorso di apertura al *briefing* tecnico sul nuovo Coronavirus del 4 febbraio ribadisce l'invito ai paesi membri a:

> ... non imporre restrizioni non coerenti con i regolamenti sanitari internazionali. Tali restrizioni possono avere l'effetto di aumentare la paura e lo stigma, con scarso beneficio per la salute pubblica [...] poiché 176 casi nel resto del mondo sono pochissimi, [non c'è, *Nota dell'Autore*] motivo di farsi prendere dal panico o avere paura.[452]

Quindi, mentre il Governo di Pechino blinda i confini interni e bloccava tutti i trasporti da e per la provincia di Wuhan, i viaggi internazionali e i confini esterni rimangono aperti.

Questa gestione rappresenta ora il cuore delle accuse che il Governo americano muove al Partito comunista cinese e al direttore dell'OMS, confluite in un Rapporto di 95 pagine, sottoscritto sia dai repubblicani che dai democratici, di cui ci dà notizia George Lombardi in un'intervista rilasciata a Vox Italia Tv.[453]

Queste stesse accuse sono riassunte nel breve discorso che il presidente Donald Trump ha tenuto all'assemblea delle Nazioni Unite:

450 Circolare del Ministero della Salute, 1° febbraio 2020, n. 0003187, cit.

451 *Ivi*.

452 *Chronologie de l'action de l'OMS face à la COVID-1*, WHO, ultimo aggiornamento del 30 luglio 2020 [https://www.who.int/fr/news-room/detail/29-06-2020-covidtimeline].

453 *La Cina ha infettato il mondo*, "Vox Italia TV", 23.09.2020 [https://youtu.be/RrjYgxa3PfA].

> Settantacinque anni dopo la fine della Seconda Guerra Mondiale e la fondazione dell'ONU, ci troviamo ancora una volta impegnati in una battaglia globale [...] Abbiamo condotto una feroce battaglia contro un nemico invisibile, il virus cinese, che ha causato innumerevoli vittime in 188 paesi [...]. Dobbiamo ritenere responsabile la Nazione che ha portato questa piaga nel mondo: la Cina. Nei primi giorni del virus, la Cina ha bloccato i voli interni ma ha permesso i voli internazionali e infettare il mondo. La Cina ha condannato il mio divieto di viaggio per il loro Paese, ma ha cancellato i voli nazionali e bloccato i cittadini nelle loro case. Il Governo cinese e l'OMS, che virtualmente è controllata dalla Cina, hanno falsamente dichiarato che non vi erano prove della trasmissione del virus da uomo a uomo.[454]

Per tutta risposta, la Cina biasima a sua volta Trump di «politicizzare» l'emergenza sanitaria in chiave elettorale:

> Ogni tentativo di politicizzare o stigmatizzare la pandemia deve essere respinto. Non vogliamo guerre fredde né calde con nessun Paese [...] La Cina continuerà ad essere un elemento che forgia la pace nel mondo, contribuisce allo sviluppo globale e sostiene l'ordine internazionale.[455]

I dati confermano tuttavia l'analisi del presidente americano. Come ha anche scritto il ministro Speranza: «... il mondo è troppo globalizzato, troppo interconnesso. Questa malattia non si fermerà alle frontiere».[456]

Per comprendere appieno la gravità delle accuse rivolte alla Cina da Trump, dobbiamo soffermarci per un istante sulla città da cui tutto è partito. Wuhan non è una città qualsiasi, sebbene in molti non ne avessimo sentito parlare prima dell'emergenza. Si tratta di un nodo nevralgico del sistema di trasporto nazionale e asiatico. La città dispone di tre aeroporti, il più grande dei quali è il Wuhan Tianhe: ristrutturato e ampliato nel 2017

454 *Trump all'Onu: "La Cina sia ritenuta responsabile per il coronavirus". Xi: "Accuse infondate"*, "la Repubblica", 22.09.2020 [https://www.repubblica.it/esteri/2020/09/22/news/trump_all_onu_la_cina_sia_ritenuta_responsabile_per_il_virus_-268189567/?refresh_ce].

455 *Ivi.*

456 R. SPERANZA, *Perché guariremo*, cit., p. 37.

è il primo aeroporto 4F[457] nella Cina centrale,[458] idoneo quindi per il decollo e l'atterraggio del Boeing 747, dell'Airbus A380 e degli altri grandi aerei. Nello stesso anno si contano 70 rotte nazionali e 42 rotte internazionali dirette.[459]

Da allora il transito è cresciuto in modo esponenziale: nel 2019 si sono raggiunti i 27.150.200 passeggeri.[460] Per fare un confronto, Milano Malpensa nello stesso anno ne ha registrati circa 29 milioni. Dal 2019, il Wuhan Tianhe è diventato una meta intermedia particolarmente attraente per turisti e viaggiatori internazionali, adottando la politica di transito per 144 ore (sei giorni) senza la necessità di un visto: per sei giorni chi è in possesso di un biglietto per un paese terzo con data e posto confermati entro 144 ore, possono quindi soggiornare in città.[461]

L'aeroporto è stato chiuso il 23 gennaio. I voli per Pechino sono ripresi solamente il 9 di giugno. I voli internazionali riprenderanno solamente il 16 di settembre: la prima rotta sarà Wuhan-Seoul.[462]

Nonostante gli inviti di Gebreyesus, le compagnie aeree mondiali registrano un calo drastico nella vendita di biglietti per la Cina. Tanto che la United Airlines, annuncia la

457 Secondo la classificazione ICAO degli aeroporti, dove 4 = pista con una lunghezza superiore a 1800 m; F = apertura alare maggiore o uguale a 65 m ma inferiore a 80 m e distanza esterna tra i carrelli principali maggiore o uguale a 14 m ma inferiore a 16 m.

458 武汉天河机场正式成为中部首家4F级机场 (*L'aeroporto di Wuhan Tianhe è ufficialmente il primo aeroporto 4F della Cina centrale*), CAAS, 11.03.2017 [http://www.caac.gov.cn/local/ZNGLJ/ZN_XXGK/ZN_HYDT/201711/t20171103_47411.html]

459 武汉天河机场客货运航线介绍 (*Rotte passeggeri e merci dell'aeroporto Wuhan Tianhe*), 17.07.2017 [https://web.archive.org/web/20170907032903/http://whairport.com/article/news_info?articleId=183].

460 Dati della 中国民航局 (Civil Aviation Administration of China).

461 144小时！2019年开始这五市实施外国人过境免签政策 (*144 ore! Nel 2019, queste cinque città implementeranno la politica di transito senza visto per gli stranieri*), "CNR", 15.11.2018 [http://news.cnr.cn/native/gd/20181115/t20181115_524416646.shtml].

462 武汉获批分阶段恢复国际航班，首条航线定于9月16日飞韩国 (L'aeroporto di Wuhan è stato autorizzato a riaprire i voli internazionali a *step*, con il primo volo per la Corea del Sud programmato per il 16 settembre), "HC CHINA», 09.09.2020 [http://hb.china.com.cn/2020-09/09/content_41290690.htm].

sospensione di dozzine di voli per questo paese, a causa di un «calo significativo della domanda»[463] già il 28 gennaio.

Il virus intanto, probabilmente non informato che la trasmissione interumana al di fuori della Cina è stimata da molto bassa a bassa, vola.

In questa prima fase di gestione (non-gestione?) dell'epidemia dell'OMS, le linee direttive rimangono «niente panico» e «niente paura». Il Governo italiano, dal canto suo, è «confortato» e «rassicurato» e, al contempo, «vigile» e «molto attento», così da non farsi trovare «impreparato».

La situazione, ha detto il ministro della Salute Speranza è: «Totalmente sotto controllo»[464] e, come ha messo nero su bianco nel suo ormai irreperibile *Perché guariremo – Dai giorni più duri a una nuova idea di salute:*

> 22 febbraio 2020.
> Il ministro della Salute non gioca a dadi con le vite dei cittadini.[465]

[463] L. JOSEPHS, *United Airlines cancels some China flights due to 'significant decline in demand' as coronavirus spreads,* "CNBC", 28.01.2020 [https://www.theverge.com/2020/1/29/21113166/british-airways-coronavirus-flightssuspended-mainland-china].

[464] *Due casi di Coronavirus in Italia. I turisti erano atterrati a Malpensa,* "Varese news", 30.01.2020 [https://www.varesenews.it/2020/01/due-casi-coronavirus-italia-chiuso-traffico-aereo-la-cina/895752/].

[465] R. SPERANZA, *Perché guariremo*, cit., p. 23

8. Si recita a soggetto

> Ecco qua, Signore e Signori. Ho in questo copione di poche pagine tutto quello che mi serve. Quasi niente. Una novelletta, o poco più, appena appena qua e là dialogata da uno scrittore a voi non ignoto.
>
> LUIGI PIRANDELLO, *Questa sera si recita a soggetto*

Stabilito che il contagio interumano è possibile, l'OMS si affretta a dichiarare che:

> Il mezzo principale di trasmissione sono i casi sintomatici. L'OMS è a conoscenza della possibilità di trasmissione del virus da persone infette prima che sviluppino i sintomi [...] L'infezione asintomatica è rara e, negli altri Coronavirus, la trasmissione da una persona asintomatica è molto rara [...] per cui la trasmissione da casi asintomatici probabilmente non è uno dei mezzi principali di trasmissione.[466]

Siamo al 1° febbraio, il virus è riscontrato in 24 Paesi.

Si apre la discussione intorno alla possibilità che gli asintomatici siano o meno contagiosi, questione sulla quale ancora oggi non c'è un parere condiviso e sulla quale torneremo in seguito. Basti pensare alle dichiarazioni rilasciate dall'epidemiologa Maria Van Kerkhove, capo del *team* tecnico anti-COVID-19 dell'OMS: l'otto giugno ha definito «molto rara»[467] la possibilità di contagio da parte di asintomatici ma, il giorno seguente, è stata costretta a ritrattare la sua posizione a causa dei numerosi attacchi provenienti dall'ambito sanitario e accademico. Il 9 giugno ha così rettificato in una videoconferenza Facebook:[468]

[466] *Novel Coronavirus(2019-nCoV) - SITUATION REPORT -12*, WHO, 01.02.2020 [https://www.who.int/docs/default-source/coronaviruse/situation-reports/20200201-sitrep-12-ncov.pdf].

[467] *Press conference 8 June 2020*, WHO [https://www.who.int/docs/default-source/coronaviruse/transcripts/who-audio-emergencies-coronavirus-press-conference-08jun2020.pdf?sfvrsn=f6fd460a_0].

[468] https://www.facebook.com/WHO/videos/live-on-covid-19-transmission-with-dr-michael-ryan-and-dr-maria-van-kerkhove/840748076450603/

> Sono stata fraintesa [...] Bisogna differenziare ciò che noi sappiamo, ciò che non sappiamo e ciò che stiamo cercando di capire. Ciò che sappiamo sulla trasmissione di Covid-19 è che gli infetti sviluppano sintomi, ma in una parte di loro questo non avviene. Sappiamo che la maggioranza delle infezioni avviene da qualcuno che ha sintomi [...] e che c'è una proporzione di persone che non sviluppa sintomi ma non sappiamo ancora quante siano, potrebbero essere dal 6% al 41% della popolazione che si infetta.[469]

Finalmente un dato incontrovertibile: a sei mesi dalla comparsa della COVID-19, quello che l'OMS sa sul SARS-COV-2 è tutto e il contrario di tutto. Se non fosse tragico sarebbe comico.

Ma la gravità di un'affermazione come quella rilasciata dalla dottoressa Van Kerkhove, che si è subito difesa dicendo di essere stata fraintesa, è lampante. Matteo Bassetti, direttore della Clinica di Malattie Infettive dell'Ospedale San Martino di Genova, la commenta dicendo: «Si tratta di un'affermazione pesante che, se fosse confermata, cambierebbe molto la situazione. Infatti, buona parte delle misure sono state prese proprio per evitare che soggetti asintomatici potessero trasmettere il SARS-COV-2 ad altri».[470]

Verissimo: dalle direttive contrastanti dell'OMS è dipesa buona parte della nostra vita in questi ultimi mesi. Periodo nel quale l'unico elemento coerente dell'azione dell'Organizzazione che siamo stati in grado di riscontrare, è stato proprio il procedere con dichiarazioni ufficiali per poi smentirle puntualmente poco tempo dopo. Giustificandosi con la novità rappresentata dal virus SARS-COV-2: «Ho parlato di umiltà diverse volte negli ultimi mesi e penso sia giusto dire che questo virus microscopico ha umiliato tutti noi. Per definizione, un

469 *Covid-19, l'OMS frena sull'utilizzo dei guanti: «Aumentano rischi, meglio lavarsi bene le mani»*, "Sanità informazione", 09.06.2020 [https://www.sanitainformazione.it/salute/covid-19-loms-contraria-ai-guanti-aumentano-rischio-infezione-meglio-lavarsi-bene-le-mani/].

470 *Oms, è molto raro che un asintomatico trasmetta il coronavirus. Ma esperti italiani frenano*, "ANSA", 9.06.2020 [https://www.ansa.it/canale_saluteebenessere/notizie/medicina/2020/06/09/oms-e-molto-raro-che-un-asintomatico-trasmetta-coronavirus_73057142-7b1f-4467-b1ee-43586c52f8ca.html].

nuovo virus significa che stiamo imparando mentre procediamo»[471] ha ammesso il direttore Ghebreyesus.

Se ci trovassimo alla presenza di un filosofo socratico guidato dal proverbiale «so di non sapere», saremmo tutti propensi a lodarne la saggezza. Ma dalla disinformazione sistematica dell'OMS è dipesa la gestione di una pandemia è costata la vita a 1.843.293 persone,[472] secondo i dati ufficiali. Una gestione che ha messo in ginocchio le economie mondiali e le cui ripercussioni sociali, sanitarie ed economiche saremo in grado di valutare solamente tra molto tempo. Per questo le parole del direttore dell'OMS non sono accettabili né giustificabili.

Non parliamo di 'disinformazione' in modo casuale. *World Health Coronavirus Disinformation*,[473] ossia *Disinformazione Mondiale della Sanità sul Coronavirus,* è il titolo di un articolo del "Wall Street Journal" del 5 aprile. Inizia con le parole:

> La pandemia di Coronavirus offrirà molte lezioni su cosa fare meglio per salvare più vite e fare meno danni economici la prossima volta. Ma esiste già un modo per garantire che le future pandemie siano meno mortali: riformare o sconfiggere l'Organizzazione mondiale della sanità (OMS).[474]

Riforma dell'OMS che era già stata invocata, tra gli altri, dalla giornalista Laurie Garret, nell'articolo in cui descriveva il malcostume e la corruzione che aleggiano intorno all'elezione del suo direttore, ma che non è stata intrapresa.

Sarebbe però un errore additare l'OMS come la sola responsabile delle misure intraprese nella gestione dell'emergenza. Scrive in merito il prof. Giulio Tarro in *Covid – il Virus della Paura*: «La dissennata gestione dell'emergenza Covid-19 nel

[471] *WHO Director-General's opening remarks at the media briefing on COVID-19 - 10 June 2020*, WHO, 10.06.2020 [https://www.who.int/dg/speeches/detail/who-director-general-s-opening-remarks-at-the-media-briefing-on-covid-19---10-june-2020].

[472] http://www.salute.gov.it/portale/nuovocoronavirus/dettaglioContenutiNuovoCoronavirus.jsp?lingua=italiano&id=5338&area=nuovoCoronavirus&menu=vuoto (URL consultato il 05/01/2021)

[473] *World Health Coronavirus Disinformation,* "Wall Street Journal", 05.04.2020 [https://www.wsj.com/articles/world-health-coronavirus-disinformation-11586122093].

[474] *Ivi.*

nostro Paese è nata, oltre che per questioni squisitamente politiche, per lo scimmiottamento da parte delle autorità delle iniziative messe in atto dal Governo di Pechino».[475] Sì, perché è in Cina che si è messo a punto il protocollo di gestione pandemica mandato in scena in Italia. Da qui è stato diffuso come modello nel mondo intero. Come scrive il ministro Speranza nel suo libro *Perché guariremo*:

> 22 febbraio 2020
> ... Nessun altro Paese occidentale ha ancora fatto esperienza di questo virus e delle strategie di gestione che richiede. L'unico precedente a cui possiamo guardare è la Cina, con un modello culturale, politico, istituzionale molto diverso dal nostro. In Italia, ripetono tutti da settimane, sarebbe impossibile fare ciò che ha fatto la Cina. E se invece fosse necessario? [...]
>
> Non ho un manuale di istruzioni per questa emergenza, nessuno di noi ce l'ha. In Occidente non ci sono soluzioni già sperimentate con successo da replicare. Siamo dentro una tempesta senza precedenti e non abbiamo un manuale da consultare che ci possa indicare una rotta sicura. L'Italia deve fare da apripista.[476]

A dire il vero un 'manuale' c'era, ma non era stato aggiornato. E, non potendo mettere a punto una strategia consona ai paesi occidentali, all'Italia «apripista» è toccato «replicare» il protocollo di un paese «molto diverso dal nostro». Sul risultato di questa strategia, così come sul 'manuale' mancante torneremo ampiamente inseguito.

Secondo alcuni osservatori, le drastiche iniziative prese dalla Cina per fronteggiare l'epidemia sarebbero la risposta alle numerose campagne mediatiche sui 'virus cinesi' create negli Stati Uniti per supportare la politica trumpiana dei dazi e delle sanzioni, e per impedire la realizzazione della Via della Seta.

Esasperati dalle campagne di diffamazione che hanno accompagnato la SARS del 2002 e l'influenza suina del 2009, i cinesi avrebbero reagito alla SARS-COV-2 con una mobilitazione senza precedenti, mettendo in atto misure di contenimento

475 G. TARRO, *COVID – Il Virus della paura,* "l'Antidiplomatico", 2020.

476 R. SPERANZA, *Perché guariremo*, cit., p. 21.

drastiche e dal forte impatto mediatico, come i blocchi alla circolazione e la quarantena imposti nella regione dello Hubei (poco meno di 60 milioni di abitanti) e la costruzione di tre ospedali da mille posti letto in meno di dieci giorni. Lo Hubei, di cui Wuhan è capoluogo, è stata isolata dal resto del paese per un mese e mezzo (dal 25 gennaio all'otto marzo; Wuhan dal 23 gennaio al 22 marzo) incidendo negativamente sul PIL dell'intera Nazione. A subire i maggiori contraccolpi però, sono i Paesi occidentali, che proprio in Cina hanno dislocato parte della loro produzione industriale.

L'andamento dell'economia cinese, come già era stato per l'influenza aviaria del 2003, ha infatti registrato un brusco calo, per poi riprendere rapidamente a crescere. Leggiamo ne "la Repubblica":

> Un rimbalzo incoraggiante, più veloce e deciso del previsto. Dopo essere caduta del 6,8% nei primi tre mesi dell'anno, quelli dell'emergenza coronavirus e del lockdown, nel secondo trimestre l'economia cinese è riuscita a rialzarsi, la prima tra le maggiori economie mondiali a ritrovare la crescita. Il dato annunciato oggi dall'ufficio nazionale di statistica, +3,2% rispetto allo stesso periodo del 2019, è migliore delle attese degli analisti.[477]

Difficile per i Paesi occidentali scimmiottare un risultato simile. La Cina non sembra aver conosciuto una 'seconda ondata', né tantomeno una 'terza'. Se il 'protocollo' pandemico cinese è stato seguito con zelo, portandolo al parossismo, i risultati economici nel Paese del dragone sembrano difficili da «replicare».

Ma a tutto questo nel mese di febbraio la maggior parte dei nostri politici non pensano.

Scrive il ministro Speranza nel suo libro:

> Gli hashtag *#milanononsiferma* e *#bergamononsiferma* spopolano, promossi anche da alcuni sindaci [...] Questo clima coinvolge tutti, senza distinzioni tra destra e sinistra. Il 27 febbraio il Pd organizza un aperitivo sui Navigli per dimostrare che

[477] F. SANTELLI, *L'economia cinese corre fuori dal Covid più veloce del previsto. Così la pandemia rafforza Xi*, "la Repubblica", 16.07.2020 [https://www.repubblica.it/economia/2020/07/16/news/l_economia_cinese_corre_fuori_dal_covid_piu_veloce_del_previsto_cosi_la_pandemia_rafforza_xi-262075151/].

> si può andare avanti senza fermarsi, continuare a produrre, a consumare. Lo stesso giorno, Mattero Salvini posta un video in cui esorta ad "Aprire, aprire, aprire! Tornare a correre, tornare a lavorare!" All'aperitivo milanese invitano anche me, ma declino.[478]

Mossi dal mito ipocrita del 'politicamente corretto', altri politici inneggiano invece alla campagna dell'aperitivo libero e dell'abbraccio. «E ora dobbiamo fare i conti anche con questa ignoranza strisciante che punta il dito contro qualsiasi cinese, anche se nato qui o residente in Italia, da una vita con nessun contatto con l'Oriente»[479] scrive Dario Nardella, sindaco di Firenze, lanciando l'*hashtag* su Twitter *#AbbracciaUnCinese* per esprimere solidarietà alla comunità.

Da simili messaggi è dipesa non già la pandemia, ma la percezione che abbiamo avuto di essa. Estinta la fase iniziale, l'unica nella quale un virus molto contagioso poteva essere fermato con efficacia, gli organi ufficiali di stampa e i *mass media* si sono allineati in una narrazione ansiogena, blindata nella sua verità, favorendo lo scollamento tra quello che succedeva e ciò che il grande pubblico percepiva. Ostile a ogni dialogo, questa narrazione ha ridicolizzato, etichettato e ghettizzato le voci discordanti, con la supponenza propria di chi sa di essere il padrone del discorso.

Ciò è stato possibile perché in quest'epoca non viviamo nel mondo, ma nella rappresentazione del mondo. La percezione che abbiamo della realtà è completamente svincolata dai nostri sensi e dai fatti. Conosciamo e apprendiamo quel che la narrazione ufficiale vuole farci conoscere, nei modi e nei tempi che stabilisce. Buona parte delle persone sa di vivere in un mondo di manipolazione mediatica, lo percepisce a livello istintivo. Poche, però, comprendono appieno la portata di questo fenomeno.

Il mago di questa 'arte della manipolazione', padre delle relazioni pubbliche, è Edward L. Bernays, nipote di Sigmund Freud. Nella sua opera più importante *Propaganda. Della*

478 R. SPERANZA, *Perché guariremo*, cit., p. 88.

479 L. CAROPPO, *"Basta, io non sono virus". Gara di abbracci al cinese. E parte l'hashtag dedicato"*, "la Nazione-Firenze", 5.02.2020 [https://www.lanazione.it/firenze/cronaca/virus-cinese-1.5016021].

manipolazione dell'opinione pubblica in democrazia, pubblicato nel 1928, scriveva:

> La manipolazione consapevole e intelligente delle abitudini sociali e delle opzioni delle masse è un elemento fondamentale della società democratica. Quelli che gestiscono questo meccanismo nascosto della società costituiscono un governo invisibile che rappresenta il vero potere dominante del nostro paese [...] Noi siamo governati, le nostre menti sono plasmate, i nostri gusti vengono creati, le nostre idee vengono influenzate soprattutto da uomini di cui non abbiamo mai neanche sentito parlare. Questo è il risultato logico del modo in cui la nostra società democratica è organizzata [...] In quasi tutte le azioni della nostra vita, nella sfera politica o economica, nella nostra condotta sociale o nel nostro pensiero morale, siamo dominati da un numero relativamente ristretto di persone [...] che comprendono i processi mentali e i modelli di comportamento delle masse. Sono loro che tirano i fili che controllano la mente delle persone.[480]

Lo scopo di questa manipolazione, sempre secondo le parole di Bernays, è: «Controllare e ordinare le masse secondo la nostra volontà senza che queste se ne rendano nemmeno conto».[481]

Sarebbe dunque ingenuo ritenere che la narrazione ufficiale che abbiamo subito in questi mesi sia conseguente ai fatti. È stata costruita da menti sottili che inseguono uno scopo preciso. Essendo fin troppo consapevoli della natura dell'uomo, hanno fatto leva su sentimenti potenti e irrazionali, i catalizzatori emotivi della paura e del senso di colpa.

In questo quadro, quello che potrebbe sembrare una 'recita a soggetto', dettata dall'imprevedibilità di un virus e dalla sua novità, risponde invece a un copione ben preciso che, come visto, è stato testato in Cina e recitato o meglio «replicato», *in primis*, in Italia, il Paese «apripista». Ma l'Italia è servita non solo a cristallizzare un protocollo di gestione della pandemia,

480 ED. L. BERNAY, *Propaganda – Della manipolazione dell'opinione pubblica in democrazia*, "Horace Liveright", 1928.

481 ED. L. BERNAY, *Propaganda – Ivi. manipolazione dell'opinione pubblica in democrazia,* "Logo Fausto Lupetti", 2008.

ma anche a rendere reale, nella percezione dei paesi occidentali, il virus cinese. Scrive Roberto Speranza:

> 25 febbraio 2020
>
> La mia impressione è che il Covid sia diventato un fenomeno globale solo con la sua apparizione in Italia. Prima, era sostanzialmente un problema cinese, guardato con distacco dalla maggioranza delle altre nazioni.[482]

Divenuto un nemico reale, il virus è stato affrontato con il protocollo che dall'Italia abbiamo visto riproporsi sempre uguale a se stesso, errori compresi, in tutti i paesi del mondo.

Non c'è stato nulla di casuale nella ripetizione sistematica dello schema imposto: dalla sottovalutazione iniziale alla drammatizzazione successiva; dalle diagnosi errate alla stigmatizzazione dei rimedi antivirali; dalle terapie mortali fino alla cremazione dei cadaveri, passando per i famigerati *lockdown*.

Nemmeno la disinformazione ufficiale lo è stata: la confusione e l'incertezza hanno uno scopo preciso.

In che misura la nostra classe politica ne sia consapevole è difficile da dirsi, nelle frasi che hanno pronunciato si avverte un'ansia dovuta forse alla volontà di mettersi al riparo da futuri attacchi.

«Abbiamo fatto queste scelte molto prudenziali per essere pronti, per provare a immaginare anche scenari che possono avvenire, che al momento escludiamo totalmente, però è giusto che il paese sia pronto»[483] diceva il ministro Speranza il 2 febbraio alla trasmissione "Che Tempo Che Fa".

L'Italia in quei giorni non era più a 'casi zero'. I due turisti cinesi erano già ricoverati presso l'Ospedale Spallanzani di Roma. Segnando uno scarto tra la lingua parlata e quella scritta, sempre nel suo libro il Ministro scrive al 30 gennaio che era ormai giunto il tempo di: «Avvisare gli italiani di ciò

[482] ED. L. BERNAY, *Op. Cit.*, p. 81.

[483] *Coronavirus in Italia: altro che rischio zero. Così i social massacrano Roberto Burioni e governo,* "Il Tempo", 23.03.2020 [https://www.iltempo.it/home-tv/2020/03/27/video/coronavirus-roberto-burioni-che-tempo-che-fa-2-febbraio-video-fabio-fazio-ministro-speranza-1303543/].

che sta avvenendo, con trasparenza e senza allarmismi, ma senza minimizzare».[484]

In una società interconnessa, dove il detto *verba volant scripta manent* sembra aver ormai perso la sua validità, possiamo affermare che, per tutto il mese di gennaio e buona parte di quello di febbraio, la parola d'ordine a livello massmediatico è stata «niente allarmismo». La possibilità che il virus giungesse in Europa e in Italia era ritenuta «zero». Chi ha provato a sollevare qualche dubbio è stato tacciato di razzismo.

Chi ha tentato di fornire una lettura diversa del fenomeno epidemico è stato marchiato con etichette che nulla hanno a che vedere con il contesto emergenziale, deviando ancora una volta di discorso dall'ambito scientifico a quello personale o ideologico. Da tutta questa ottusa rappresentazione dell'epidemia ne esce sconfitta la Scienza che, per sua stessa natura, dovrebbe fondarsi sul dubbio, sul dialogo e sulla ricerca della verità.

484 R. SPERANZA, *Perché guariremo*, cit., p. 52.

9. Il vaso di Pandora

> La Repubblica tutela la salute come fondamentale diritto dell'individuo e l'interesse della collettività, e garantisce cure gratuite agli indigenti.
> Art. 32 della *Costituzione Italiana*

Sfumata la possibilità di bloccare l'epidemia prima che giungesse sul suolo nazionale, la strategia avrebbe dovuto porsi i seguenti scopi:

> 1. Identificare, confermare e descrivere rapidamente casi di influenza causati da nuovi sottotipi virali, in modo da riconoscere tempestivamente l'inizio della pandemia;
> 2. Minimizzare il rischio di trasmissione e limitare la morbosità e la mortalità dovute alla pandemia;
> 3. Ridurre l'impatto della pandemia sui Servizi sanitari e sociali ed assicurare il mantenimento dei servizi essenziali;
> 4. Assicurare una adeguata formazione del personale coinvolto nella risposta alla pandemia;
> 5. Garantire informazioni aggiornate e tempestive per i decisori, gli operatori sanitari, i media e il pubblico;
> 6. Monitorare l'efficienza degli interventi intrapresi;

Non siamo noi a dirlo. È il *Piano nazionale di preparazione e risposta a una pandemia influenzale* elaborato dal CCM (Centro nazionale per la Prevenzione e il Controllo delle Malattie del Ministero della Salute) nel 2006, il cui obbiettivo era di: «Rafforzare la preparazione alla pandemia a livello nazionale e locale».[485] Infatti:

> Dalla fine del 2003, da quando cioè i focolai di influenza aviaria da virus A/H5N1 sono divenuti endemici nei volatili nell'area estremo orientale, e il virus ha causato infezioni gravi anche negli uomini, è diventato più concreto e persistente il

[485] CCN, *Piano nazionale di preparazione e risposta a una pandemia influenzale,* Ministero della Salute, 2006 [http://www.salute.gov.it/imgs/C_17_pubblicazioni_501_allegato.pdf].

> rischio di una pandemia influenzale. Per questo motivo l'OMS ha raccomandato a tutti i Paesi di mettere a punto un Piano Pandemico e di aggiornarlo costantemente seguendo linee guida concordate.Il presente Piano, stilato secondo le indicazioni dell'OMS del 2005, aggiorna e sostituisce il precedente Piano Italiano Multifase per una Pandemia Influenzale, pubblicato nel 2002. Esso rappresenta il riferimento nazionale in base al quale saranno messi a punto i Piani operativi regionali.[486]

Questo piano si ispirava all'assunto: «Che emergenze globali richiedono risposte coordinate e globali, dove il momento di pianificazione deve essere condiviso dai responsabili delle decisioni e il momento dell'azione deve essere conosciuto prima del verificarsi dell'evento, in modo che ognuno sia in grado di giocare il suo ruolo e prendersi le sue responsabilità».[487]

Tuttavia, per essere efficace, un piano pandemico deve essere costantemente aggiornato. Le scorte di materiale sanitario reintegrate. Le esercitazioni svolte con regolarità. Evidenza della quale si è consapevoli al Ministero della Salute, come apprendiamo dalla voce *Piano pandemia influenzale* sul sito ufficiale del Ministero stesso:

> ... l'OMS ha raccomandato a tutti i Paesi di mettere a punto un Piano pandemico e di aggiornarlo costantemente seguendo linee guida concordate [...] Le linee guida nazionali per la conduzione delle ulteriori azioni previste saranno emanate, a cura del Centro nazionale per la prevenzione e il controllo delle malattie (CCM), come allegati tecnici al Piano e saranno periodicamente aggiornate ed integrate.[488]

Infatti, secondo le linee guida dell'OMS il *Piano* andrebbe aggiornato ogni tre anni e, a partire dal 2013, l'Europa ha espressamente richiesto un aggiornamento triennale agli Stati membri. Aggiornamento del quale, come indicato, è responsabile il

[486] CCN, *Piano nazionale di preparazione e risposta a una pandemia influenzale,* Ministero della Salute, 2006, cit.

[487] *Ivi.*

[488] *Piano pandemia influenzale,* Ministero della Salute, 13.12.2007; ultimo aggiornamento 15.12.2016 [http://www.salute.gov.it/portale/influenza/dettaglioContenutiInfluenza.jsp?lingua=italiano&id=722&area=influenza&menu=vuoto]

Centro nazionale per la Prevenzione e il Controllo delle Malattie (CCM) che, però, non sembra essersene occupato.

L'intera vicenda è stata ricostruita da un'inchiesta di "Report", che non solo ha messo in evidenza il mancato aggiornamento del *Piano,* ma anche la catena di responsabilità che va dai vertici del CCM all'OMS.

Dall'inchiesta emerge infatti che il *Piano* non è mai stato aggiornato e che l'ultima versione (del 2017) non è che un: «Maldestro copia incolla di quello del 2006».[489] Tanto maldestro da non aver nemmeno cambiato le date. Nel 2017, si può infatti leggere che le scorte degli antivirali devono essere fatte: «Entro il 2006»![490]

L'incuria tuttavia non si arresta a livello nazionale ma scala i vertici della gerarchia sanitaria europea e mondiale. Chiarisce il giornalista e conduttore Sigfido Ranucci nel corso della trasmissione:

> La Direzione Salute della Commissione Europea ci ha detto che non è suo compito controllare. Anche l'ente indipendente l'ECDC, che però pubblica l'elenco dei piani pandemici europei, non ha verificato che quella italiana, datata 2010, è sbagliata di fatto. Insomma, è la Waterloo dei sistemi di controllo in tema di sanità. Quella mondiale, europea, italiana.[491]

Quindi non solo il *Piano* italiano non è stato aggiornato, ma nessuno, a nessun livello, si è accorto di questa mancanza. Una «Waterloo dei sistemi di controllo»[492] che ha messo il Comitato Tecnico Scientifico, all'inizio della pandemia, nella condizione di cestinare il *Piano pandemico* italiano. Un membro del Comitato, che ha chiesto di rimanere nell'anonimato, dichiara ai microfoni di "Report":

> Il piano del 2010, quello ufficiale, era uguale a quello del 2006. Dopo la dichiarazione dello stato d'emergenza guardi i

[489] C. CICCOLELLA, G. VALESINI, *Virus e Segreti di Stato,* "Report", 02.11.2020 [https://www.rai.it/programmi/report/inchieste/Il-grande-inganno-48cf229b-d4a8-45f4-9fd3-0d4692155cbd.html]

[490] *Ivi.*

[491] *Ivi.*

[492] *Ivi.*

> documenti a disposizione, ci chiedevamo: da cosa partiamo? Bene, abbiamo detto, c'è questo piano. Invece lo apri e lo chiudi perché è del tutto inutile.
>
> [...] Quel piano non entra nei dettagli. Invece quello che fai in quei momenti dipende proprio da queste cose. Insomma, ti prepari in base agli scenari: le terapie intensive, le mascherine. Quello del ministero della Salute era un piano che a livello operativo valeva zero.[493]

Aggiunge: «Il paese ha pagato un prezzo molto alto per questo».[494]

Sì, perché dall'aggiornamento costante del *Piano* dipende la qualità della risposta immediata a un evento pandemico. Aggiornamento che deve riguardare non solo l'analisi delle capacità e risorse esistenti per la risposta (personale sanitario, dispositivi di protezione, terapie intensive ecc.), le risorse aggiuntive necessarie, ma anche la messa a punto di un piano di formazione e di piani di emergenza in grado di mantenere la funzionalità dei servizi sanitari. L'operatività del *Piano*, come si legge dal documento stesso, deve poi essere valutata: «Con esercitazioni nazionali e regionali, cui parteciperanno tutte le istituzioni coinvolte in caso di pandemia».[495] Esercitazioni che hanno la funzione di preparare il sistema a reagire coralmente e puntualmente a un evento epidemico.

Ma l'intero sistema è saltato, tra l'incuria di aggiornamenti surrogati da grotteschi 'copia-incolla' e l'indifferenza generale. Come detto, dell'aggiornamento del *Piano pandemico* è responsabile il Centro nazionale per la Prevenzione e il Controllo delle Malattie, al capo del quale troviamo nel biennio 2018-2020, Claudio D'Amario. Intervistato in merito da "Report", questi ha affermato: «Non è che i piani pandemici scadono. Non sono yogurt».[496]

Pier Paolo Lunelli, ex comandante della Scuola di Difesa Nucleare, fornisce invece una versione meno bizzarra e più articolata:

[493] C. CICCOLELLA, G. VALESINI, *Virus e Segreti di Stato,* "Report", 02.11.2020, cit.

[494] *Ivi.*

[495] *Piano pandemia influenzale,* Ministero della Salute

[496] C. CICCOLELLA, G. VALESINI, *Virus e Segreti di Stato,* "Report", 02.11.2020, cit..

> C'erano 3 paesi, in particolare l'Italia, il Belgio e la Spagna i quali avevano un piano pandemico aggiornato al 2006. Se noi confrontiamo il dato di questi tre paesi con il dato della Svizzera o della Germania, che avevano i piani aggiornati, ne vien fuori che la Germania ha avuto un tasso di mortalità di circa 100 persone per un milione di abitanti che se l'avessimo avuto noi avremmo avuto meno di 7mila morti. Se avessimo seguito il sistema olandese, per esempio, che ha avuto qualche problema, arrivavamo sotto 20mila morti. Allora se noi ne abbiamo avuti 35mila lei fa subito la differenza.[497]

Un *Piano pandemico* aggiornato dunque, a differenza di uno yogurt, avrebbe potuto salvare numerose vite. Ed è forse per questo motivo che i PM del pool della Procura di Bergamo (che stanno indagando sulla gestione della COVID-19 nella provincia) hanno interrogato per 5 ore, come persona informata sui fatti, Ranieri Guerra, ex direttore generale del Ministero della Salute nonché direttore generale aggiunto dell'OMS e membro del CTS. Leggiamo ne "il Fatto Quotidiano":

> I magistrati [...] hanno rivolto a Guerra domande sul mancato aggiornamento del piano pandemico nazionale, fermo alla versione del 2016 che ricalcava quella del 2006. Guerra tra il 2014 e il 2017 era direttore della Prevenzione presso il Ministero della Salute, dunque sarebbe stato suo compito redigerlo e aggiornarlo.[498]

Intervistato dal giornalista Giulio Valesini di "Report", Guerra dribbla. Sul contenuto delle domande rivoltegli dai PM di Bergamo e sul tenore delle risposte non è dato sapere nulla: sui verbali è stato apposto il segreto.

Claudio D'Amario, che lo ha succeduto ai vertici del Centro nazionale per la Prevenzione e il Controllo delle Malattie, alla domanda di Valesini: «Quanto tempo ci si mette ad aggiornare un piano pandemico?» risponde: «Ci si mette molto tempo...»[499]

497 *Ivi.*

498 U. CROCE, G. BARBACETTO, *Gestione Covid, l'uomo dell'Oms dai pm,* "il Fatto Quotidiano", 6.11.2020.

499 C. CICCOLELLA, G. VALESINI, *Virus e Segreti di Stato,* "Report", 02.11.2020, cit.

«Dal 2006?» controbatte giustamente il giornalista.[500] Si tratta letteralmente di «molto tempo». Troppo tempo.

Ma facciamo un passo indietro, al «vecchio e inadeguato» *Piano nazionale di preparazione e risposta a una pandemia influenzale.*

Da questo documento apprendiamo che la condizione *sine qua non* per un buon funzionamento del contenimento è un alto grado di coordinamento condiviso tra Stato e Regioni che, ai tempi della stesura del *Piano* era garantita dal CNESPS (Centro per la Sorveglianza e Prevenzione delle Epidemie) dell'Istituto Superiore di Sanità. Fondato nel 2003 è stato smantellato nel 2016 dall'allora presidente dell'ISS,[501] l'ex attore Gualtiero Ricciardi, detto Walter,[502] oggi rappresentante italiano presso il consiglio dell'OMS nonché consigliere del ministro della Salute Roberto Speranza per l'emergenza COVID-19. Questo Istituto, che si avvaleva anche di una rete capillare di professionisti, svolgeva un ruolo essenziale nella prevenzione, sorveglianza e controllo delle malattie infettive. Ruolo di primaria importanza per la raccolta e l'elaborazione dei dati, per un'attuazione congiunta delle azioni pianificate e la verifica puntuale degli interventi intrapresi.

La chiusura di questo Centro ha provocato la dispersione delle competenze italiane, il venir meno delle indagini epidemiologiche e la mancata attivazione del *Piano pandemico.* La gestione dell'emergenza è stata così affidata principalmente alla Protezione Civile, come segno di emergenza nazionale.[503]

Questa mancanza di competenze specifiche, di un organo decisionale preposto e di coordinazione Stato-Regioni ha portato a:

> Scambiare un'emergenza, che era di sanità pubblica, per una emergenza di terapie intensive. All'inizio, non sono stati isolati i

[500] C. CICCOLELLA, G. VALESINI, *Virus e Segreti di Stato,* "Report", 02.11.2020, cit.

[501] L. MARGOTTINI, *Il centro contro le epidemie fu rottamato da Ricciardi,* "il Fatto Quotidiano", 31.03.2020 [https://www.ilfattoquotidiano.it/in-edicola/articoli/2020/03/31/il-centro-contro-le-epidemie-fu-rottamato-da-ricciardi/5754777/].

[502] *Walter Ricciardi,* "Wikipedia", [https://it.wikipedia.org/wiki/Walter_Ricciardi].

[503] F. FORASTIERE ET AL., *Epidemiologica e Covid-19 in Italia,* Epidemiologia & Prevenzione 2000; 24 (2) [https://www.epiprev.it/editoriale/epidemiologia-e-covid-19-italia-consentire-e-coordinare-l'accesso-ai-dati-un'ampia-collab].

> casi, non sono state fatte le indagini epidemiologiche, non sono stati fatti i tamponi ai pazienti [...] Addirittura si è proposto di portare i malati Covid nelle case di riposo, separando le strutture, ma senza aver chiaro come distinguere le equipe sanitarie. [...] Tutto quello che si poteva sbagliare è stato sbagliato con una politica territoriale inesistente. Tutti abbiamo sottovalutato il problema e questo si spiega con la non conoscenza del problema stesso [...] È mancata tutta la catena di comando. Direi che è quasi difficile attribuire allo Stato delle responsabilità, perché lo Stato non c'è stato [...] al di là delle loro conferenze stampa, mi sfugge cosa abbiano fatto lo Stato e la Protezione Civile.[504]

Così denuncia il dottor Guido Marinoni, presidente dell'Ordine dei Medici di Bergamo.

Anche il professor Giulio Tarro si è più volte espresso in merito. Perché il contenimento possa funzionare, scrive nel già citato *Covid – il virus della paura:* «Necessita di una informazione responsabile e, soprattutto di un rapporto di fiducia tra autorità e popolazione alla quale si chiede di attuare semplici misure profilattiche».[505] Tra queste ricorda il rispetto di distanze di bio-sicurezza e l'uso delle mascherine, accorgimenti che all'inizio della crisi (nel mese di gennaio) avrebbero portato al rallentamento della progressione dei contagi, riducendo l'impatto sui servizi socio-sanitari e garantendo il mantenimento dei servizi essenziali.

Nonostante la «vaga inquietudine» coagulata «in apprensione» denunciata dal Ministro Speranza a metà gennaio, l'allerta viene invece lanciata solamente il 21 febbraio dal CTS:

> Si prende atto della segnalazione proveniente dalla regione Lombardia di casi sporadici in via di conferma. Il CTS ritiene che questo rappresenti [...] un cambiamento rilevante del quadro epidemiologico nazionale. Pertanto suggerisce di adottare misure di contenimento e di controllo aggiuntive [...] ritiene sia necessario adottare misure simili a quelle previste per il livello 1

[504] G. RUCCIA, *Coronavirus, Marinoni (Ordine Medici Bergamo): «Errore non chiudere subito Alzano e Nembro. Stato e Protezione Civile? Assenti»*, "il Fatto Quotidiano", 6.04.2020 [https://www.ilfattoquotidiano.it/2020/04/06/coronavirus-marinoni-ordine-medici-bergamo-errore-non-chiudere-subito-alzano-e-nembro-stato-e-protezione-civile-assenti/5761530/].

[505] G. TARRO, *COVID – Il Virus della paura,* "l'Antidiplomatico", 2020, cit.

di risposta a eventi pandemici a partire dalla limitazione della mobilità delle persone.[506]

Due giorni dopo, il 23 febbraio, il presidente Conte con un DPCM[507] vara le Misure urgenti di contenimento del contagio nei comuni delle Regioni Lombardia e Veneto.

L'Italia sta per fare un salto di paradigma: dalla commedia alla tragedia. Ma, intanto, nulla viene fatto per la protezione della popolazione più a rischio, sulla quale il Ministero della Salute era già stato informato a gennaio, come dimostra la Circolare del 22 gennaio,[508] nella quale si legge che la Cina aveva avvertito della possibilità che la forma lieve causata dal virus potesse progredire in una forma grave nelle persone con un quadro clinico già compromesso e negli anziani. Come abbiamo visto, non solo a questo avvertimento non è seguita nessuna azione, ma le strutture di lunga degenza si sono trasformate in campi di sterminio. Il direttore regionale dell'Organizzazione Mondiale della Sanità per l'Europa, Hans Kluge, ha dovuto ammettere in merito: «Il quadro su queste strutture è profondamente preoccupante [...] Secondo le stime dei paesi della regione europea, circa la metà delle persone morte per Covid-19 erano residenti in case di riposo. È una tragedia inimmaginabile».[509]

Guardando alla sola bergamasca, i numeri di questa strage sono stati resi noti da "Altreconomia":

> Il dato ufficiale e drammatico è stato comunicato il 21 settembre ad Altreconomia dall'Agenzia di tutela della salute dopo oltre cinque mesi dalla prima istanza di accesso civico finalizzata a far luce sugli effetti del Covid-19 nelle 65 residenze sanitarie assistenziali del territorio.[510]

[506] Verbale del CTS, 21 febbraio 2020, n. 6.

[507] DPCM, 23 febbraio 2020, n. 20A01228, recante: *"Misure per il contenimento e gestione dell'emergenza epidemiologica"*.

[508] Circolare del Ministero della Salute, 22 gennaio 2020, n. 0001997, con oggetto: *"Polmonite da nuovo coronavirus (2019 – nCoV) in Cina"*.

[509] *Coronavirus, Oms: «Quasi la metà dei morti in Europa era nelle case di cura»*, "la Repubblica", 23.04.2020 [https://www.repubblica.it/cronaca/2020/04/23/news/oms_coronavirus_case_di_cura-254781814/].

[510] D. FACCHINI, *Nelle Rsa di Bergamo 1.308 decessi solo a marzo. I dati inediti dell'Ats sull'impatto del Covid-19,* Altreconomia.it, 23.09.2020 [https://altreconomia.it/

Nelle RSA di Bergamo, tra gennaio e giugno, sono decedute 2.255 persone (di cui 1.229 ultra 88enni), più 127% rispetto al 2019.[511] Se nel mese di marzo 2019 gli anziani deceduti erano 163, nello stesso mese del 2020 salgono a 1.308, una media di 42 al giorno. In percentuale il 702% in più rispetto all'anno precedente:

> Quello dei decessi era il pezzo mancante. Sapevamo come era andata rispetto alle mancate forniture dei dispositivi di protezione agli oltre 6mila ospiti e al personale sociosanitario, con quasi tutto il mese di marzo rimasto scoperto. Conoscevamo nel dettaglio i gravi ritardi nei tamponi, con il primo vero ciclo di esami effettuato il 24 aprile 2020. Avevamo ricostruito come in piena emergenza Covid-19 a Bergamo tra la metà di marzo e l'avvio della 'fase due' fossero stati dimessi dagli ospedali e trasferiti presso 11 RSA e strutture di cure intermedie oltre 260 pazienti già risultati positivi al virus.[512]

L'adozione di blande misure profilattiche e la protezione delle categorie più a rischio, avrebbero portato al rallentamento della diffusione del contagio, permettendo da un lato di non impattare drammaticamente sul servizio sanitario e dall'altro di raggiungere quella immunità di gregge che porta allo spegnimento progressivo e naturale dell'epidemia. Strategia che, ad esempio, è stata adottata dalla Svezia dove non è mai stato imposto nessun *lockdown*. Attaccato in modo veemente nei mesi passati, il Governo di Stoccolma ha infatti puntato sulla fiducia nei confronti dei propri cittadini, invitandoli a essere responsabili, ad attuare il distanziamento sociale e a rimanere a casa nel caso della comparsa di sintomi. Semplici regole basate sulla responsabilità individuale che sono state ampiamente rispettate. Se le scuole, le palestre, i ristoranti sono rimasti aperti, le visite nelle residenze per anziani sono state interrotte, così come sono state sospese le riunioni con più di 50 persone. «L'obiettivo principale della strategia svedese è di proteggere i gruppi più a rischio della società

decessi-rsa-bergamo-dati-ats/].

[511] *Ivi.*

[512] *Ivi.*

mantenendo al contempo le istituzioni aperte»[513] leggiamo in un articolo apparso sul sito "Notizie Geopolitiche". L'epidemiologo Anders Tegnell, che ha coordinato la risposta svedese all'epidemia, ha risposto alle critiche mosse alla strategia adottata, indicando come metro di misura la stabilità del risultato nel lungo periodo. I fatti gli danno ragione: se il paese ha pagato un prezzo in termini di contagi e decessi, la 'seconda ondata' annunciata per l'autunno sembra non essersi presentata nel paese.

La risposta a questa strategia è riassumibile in due articoli del "Corriere della Sera" che il 20 luglio intitola *Coronavirus, fase 2: l'estate isolata delle Svezia «in castigo»*,[514] mentre due mesi dopo, il 20 settembre, rettifica: *In Svezia pochi casi di coronavirus: «La nostra strategia ha funzionato»*.[515]

Anche Catherine Smallwood, funzionaria dell'OMS, in un *briefing online* ha elogiato la strategia svedese: «Bisogna riconoscere che la Svezia ha evitato l'incremento di casi [...] che si sta verificando in altri Stati, in particolare in Europa occidentale, e penso che ci siano lezioni da imparare dall'approccio svedese, in particolare sulla sostenibilità e il coinvolgimento dei cittadini».[516]

[513] A. GALVI, *Svezia. Ecco come si combatte il covid-19 con misure meno restrittive*, "Notizie Geopolitiche", 16.05.2020 [https://www.notiziegeopolitiche.net/svezia-ecco-come-si-combatte-il-covid-19-con-misure-meno-restrittive/].

[514] SOAVI, *Coronavirus, fase 2: l'estate isolata delle Svezia «in castigo»*, "Corriere della Sera", 20.07.2020 [https://www.corriere.it/esteri/20_luglio_06/coronavirus-fase-2-l-estate-isolata-svezia-in-castigo-fe0db98c-bf98-11ea-84bc-345fb2bcafbe_preview.shtml?reason=unauthenticated&cat=1&cid=xIkvKyQS&pids=FR&credits=1&origin=https%3A%2F%2Fwww.corriere.it%2Festeri%2F20_luglio_06%2Fcoronavirus-fase-2-l-estate-isolata-svezia-in-castigo-fe0db98c-bf98-11ea-84bc-345fb2bcafbe.shtml].

[515] *In Svezia pochi casi di coronavirus «La nostra strategia ha funzionato»*, "Corriere della Sera", 20.10.2020 [https://www.corriere.it/esteri/20_settembre_05/svezia-pochi-casi-coronavirus-la-nostra-strategia-ha-funzionato-5d030394-ef63-11ea-94cc-1f80cc642b17_preview.shtml?reason=unauthenticated&cat=1&cid=_DRtShoY&pids=FR&credits=1&origin=https%3A%2F%2Fwww.corriere.it%2Festeri%2F20_settembre_05%2Fsvezia-pochi-casi-coronavirus-la-nostra-strategia-ha-funzionato-5d030394-ef63-11ea-94cc-1f80cc642b17.shtml].

[516] *Coronavirus, Oms: "Grave situazione contagi in Europa, c'è da imparare dalla Svezia"*, "il Fatto Quotidiano", 17.10.2020 [https://www.ilfattoquotidiano.it/2020/09/17/coronavirus-oms-grave-la-situazione-contagi-in-europa-ce-da-imparare-dalla-svezia/5934600/].

Non è della stessa idea il ministro Speranza che nel suo *Perché guariremo* scrive:

> Romano Prodi ha dichiarato: "l'Italia ha salvato l'Europa". Ursula von Der Leyen ha detto: "Grazie all'Italia perché ci ha indicato la strada". La scelta rigorista, di non sottovalutare il Coronavirus ma di agire con determinazione, alla prova dei fatti è stata giusta e ci incoraggia a continuare così. La fotografia del mondo dice che chi ha seguito la linea italiana ha retto meglio all'assalto del virus, chi ha accarezzato l'idea dell'immunità di gregge ha pagato un prezzo enorme. La politica sa decidere. Nell'emergenza il governo lo ha dimostrato.[517]

Vero è che il libro del ministro Speranza è stato (inopportunamente?) lanciato e ritirato proprio nei giorni in cui la curva dei contagi in Italia riprendeva a salire, per cui «alla prova dei fatti» non dev'essere letto con troppa criticità.

Ringraziamenti e inchini a parte, quel che è certo è che la Sanità pubblica è una componente centrale del sistema sociale svedese, realtà che ha permesso al Governo di gestire in modo meno ansiogeno l'emergenza.

Non così in Italia, dove la scellerata gestione del Sistema Sanitario Nazionale è da ritenersi una concausa della desolante gestione dell'epidemia.

La stagione del progressivo smantellamento del Servizio Sanitario Nazionale, inaugurata con l'introduzione di logiche privatistiche e di prestazioni a pagamento nel 1992/93 (D.L. 502 e 517), è proseguita negli anni seguenti, portando a uno scollamento tra sanità e salute, e dimenticandosi un poco alla volta l'importanza della prevenzione.

Secondo i dati della Fondazione Gimbe, che si pone lo scopo di promuovere e realizzare attività di formazione e ricerca in ambito sanitario, negli ultimi dieci anni sono stati sottratti al Sistema Sanitario Nazionale 37 miliardi (circa € 25 miliardi nel 2010-2015, in conseguenza di "tagli" previsti da varie manovre finanziarie; oltre € 12 miliardi nel 2015-2019, in conseguenza del "definanziamento").[518]

517 R. SPERANZA, *Perché guariremo*, cit., pp. 188-189.

518 OSSERVATORIO GIMBE, *Il definanziamento 2010-2019 del Servizio Sanitario Nazionale,* Report Osservatorio GIMBE, n. 7/2019 [https://www.gimbe.org/

A confermare questa tendenza ci sono le analisi del Centro Studi Nebo, confluite nel *Rapporto Sanità 2018 – 40 anni del Servizio Sanitario Nazionale.*[519] Lasciamo parlare i numeri: 530.000 posti letto nel 1981; 365.000 nel 1992; 245.000 nel 2010; 191.000 nel 2017. In rapporto alla popolazione, significa che da 5,8 posti letto ogni mille abitanti siamo progressivamente scesi a 4,3 del 2007 e a 3,6 del 2017.[520]

Indicativo l'*incipit*:

> Le 695 USL dell'esordio contro le 101 ASL attuali, i 500.000 posti letto più che dimezzati, soprattutto in ambito pubblico, un aumento del 40% dei ricoveri fuori regione, [...] dai 64.000 medici e pediatri di base agli odierni 53.000.[521]

Il personale sanitario si è infatti ridotto drasticamente: dal 2010 al 2017 i medici operanti nelle strutture pubbliche hanno subito una riduzione rilevante pari al -9.5%, mentre nel settore privato si è registrato un aumento del 15%.[522] Questa tendenza porta a un ammanco di medici stimabile, per il periodo 2018-2025, in 17.000 unità.

Questa strategia politica ha favorito la Sanità privata (in larga misura convenzionata con il Sistema Sanitario Nazionale) maggiormente orientata verso prestazioni più remunerative, i cui limiti sono stati evidenti nel corso dell'emergenza sanitaria. Sulla gravità di questo slittamento dal pubblico al privato ci fornisce un quadro l'ANAAO Giovani (Sindacato dei medici) in un report intitolato *Ospedali. L'inesorabile declino*

osservatorio/Report_Osservatorio_GIMBE_2019.07_Definanziamento_SSN.pdf].

519 N. BUZZI, *Rapporto Sanità 2018 - 40 anni del Servizio Sanitario Nazionale,* Centro Studi Nebo, 2018 [https://www.researchgate.net/profile/Natalia_Buzzi/publication/328052719_Rapporto_Sanita_2018_-_40_anni_del_Servizio_Sanitario_Nazionale/links/5bb53ea345851574f7f7e92f/Rapporto-Sanita-2018-40-anni-del-Servizio-Sanitario-Nazionale.pdf?origin=publication_detail].

520 *Ivi.*

521 *Ivi.*

522 ANAAO, *Giovani, Ospedali. L'inesorabile declino del pubblico. Confronto 2010/2017,* "Quotidiano Sanità", 04.02.2020 [http://www.anaao.it/public/aaa_5443017_qs_studio_ag.pdf].

del pubblico. Confronto 2010/2017,[523] nel quale vengono analizzati i dati del Ministero della Salute:

> Nel 2010 l'assistenza ospedaliera si è avvalsa di 1.165 Istituti di cura, di cui il 54% pubblici ed il rimanente 46% privati accreditati. [...]
>
> Il SSN disponeva di 244.310 posti letto per degenza ordinaria (acuti e post-acuti), di cui il 71.8% (175.417 posti letto) erano in carico al pubblico ed il 28.2% (68.893 posti letto) al privato di cui il 21% nelle strutture private accreditate, 21.761 posti per day hospital, quasi totalmente pubblici (91%) e di 8.230 posti per day surgery in grande prevalenza pubblici (80%). A livello nazionale erano disponibili 4,1 posti letto ogni 1.000 abitanti, in particolare i posti letto dedicati all'attività per acuti erano 3,5 ogni 1.000 abitanti.
>
> Nel 2017, il numero degli Istituti di cura è risultato essere in calo (1.000), con una modifica della distribuzione totale: gli Istituti di cura Pubblici [...] rappresentavano il 51.8% mentre le strutture private accreditate il 48.2% [...]
>
> Il SSN disponeva di 211.593^{mila} posti letto per degenza ordinaria (acuti e post-acuti) di cui il 69.5% (147.035 posti letto) era in carico al sistema sanitario pubblico mentre il 30.5% (64.558 posti letto) al privato di cui il 23,3% nelle strutture private accreditate, 13.050 posti per day hospital, quasi totalmente pubblici (89,4%) e di 8.515 posti per day surgery in grande prevalenza pubblici (78,2%). [...]
>
> In conclusione, dai dati si nota come vi sia stata una progressiva contrazione dei posti letto su scala nazionale, molto più evidente e rilevante sul numero di posti letto pubblici rispetto alla quota dei posti letto a gestione privata convenzionata: il taglio dei 32.717 posti totali in 7 anni riguardava prevalentemente il pubblico con 28.832 posti letto in meno rispetto al 2010 (-16.2%), rispetto ai 4.335 posti letto in meno del privato accreditato (-6.3%).[524]

Nel pieno del *lockdown,* i politici che inneggiavano ai medici come 'angeli' sono in larga misura gli stessi che hanno contribuito allo smantellamento del Sistema Sanitario Nazionale, la

[523] *Ivi.*

[524] *Ivi.*

cui strategia politico-finanziaria: «Documenta inequivocabilmente che per nessun Governo nell'ultimo decennio la sanità ha mai rappresentato una priorità politica».[525]

Il ministro Speranza si è a lungo soffermato sulle condizioni del Sistema Sanitario Nazionale, mettendone in luce soprattutto le sofferenze della Medicina territoriale:

> Peccato che in decenni di contrazione della spesa pubblica, che hanno significato tra le altre cose una riduzione scellerata degli investimenti per la sanità, gran parte dei tagli abbiano colpito proprio il territorio: chiusura dei piccoli ospedali, chiusura dei presìdi, riduzione del personale. Per questo, nelle trattative che hanno portato all'approvazione della prima Legge di bilancio del nostro governo, il mio primo impegno è stato trovare i soldi per rafforzare il territorio.[526]

Mentre ci interroghiamo su chi fosse al Governo negli anni della grande austerità imposta dall'Europa, che ha di fatto minato la Sanità italiana, non possiamo esimerci dal notare che i 222 miliardi del Recovery Plan (il "Sole 24 Ore" precisa che: «Next Generation Eu resta ovviamente ferma a 209 miliardi, divisi fra i 196 della Recovery and Resilience Facility e i fondi satellite come React Eu e il Just Transition Fund»)[527] verranno così ripartiti:

> 48,7 per Digitalizzazione e innovazione;
> 74,3 per la Rivoluzione verde e Transizione ecologica;
> 27,7 per il settore Infrastrutture per una mobilità sostenibile;
> 19,2 per Istruzione e Ricerca;
> 17,1 miliardi per la Parità di genere;
> 9 per la Sanità;[528]

[525] *Il definanziamento 2010-2019 del Servizio Sanitario Nazionale,* Report Osservatorio GIMBE n. 7/2019, cit.

[526] R. SPERANZA, *Perché guariremo*, cit., p. 32.

[527] G. SANTILLI, G. TROVATI, *Recovery con aiuto di fondi Sud: 222 miliardi alla prova della Ue. Oltre 20 mld per l'istruzione,* "Il Sole 24 Ore", 07.01.2021 [https://www.ilsole24ore.com/art/recovery-aiuto-fondi-sud-220-miliardi-prova-ue-ADXCNvBB].

[528] *Recovery plan, la bozza: al green 74 miliardi, 48 al digitale. Giù le tasse per i ceti medi. Conte: "Voltiamo pagina". Task force e responsabili di missione: come funzionerà la gestione,* "il Fatto Quotidiano", 07.12.2020 [https://

In attesa di comprendere se verrà o meno istituita una *Task Force* di super esperti per aiutare l'Italia a «recuperare il terreno perduto con la crisi pandemica»[529] e a «voltare pagina rispetto al passato»[530] come ha detto il premier Conte, riassumiamo il quadro della situazione nella quale si è trovato il nostro al momento dello scoppio della pandemia: il Sistema Sanitario Nazionale è reduce da vent'anni di tagli; il Centro per la Sorveglianza e Prevenzione delle Epidemie, fondato nel 2003 è stato smantellato nel 2016; il *Piano nazionale di preparazione e risposta a una pandemia influenzale* elaborato dal CCM nel 2006 non è mai stato aggiornato, tanto che i membri del CTS sono letteralmente costretti a cestinarlo.

Eppure, il 30 gennaio, a poche ore dalla dichiarazione dello stato di emergenza, nel corso di una comunicazione urgente al Parlamento, proprio il Ministro della Salute dichiarava:

> Noi siamo in costante collegamento con l'Organizzazione Mondiale della Sanità, alla riunione della nostra Task Force del 27 gennaio scorso, ha partecipato *l'assistant director general*, Ranieri Guerra, che ha dichiarato: "Tra i paesi occidentali, l'Italia è la più fornita e la più attenta".[531]

Ancora a settembre viene rilanciato un video intitolato *Sharing Covid-19 experiences: The Italian Responce* con il quale l'OMS omaggia l'impegno e l'operato del Governo italiano.[532] In questo video, viene ripresa una dichiarazione del ministro Speranza che, all'inizio della pandemia, affermava: «Dobbiamo essere orgogliosi della qualità del nostro Servizio Sanitario Nazionale, che è all'altezza ed è pronto ad affrontare anche questa emergenza».[533]

www.ilfattoquotidiano.it/2020/12/07/recovery-plan-la-bozza-al-green-74-miliardi-48-al-digitale-giu-le-tasse-per-i-ceti-medi-conte-voltiamo-pagina-task-force-e-responsabili-di-missione-come-funzionera-la-gestion/6029261/].

529 *Ivi.*

530 *Ivi.*

531 C. CICCOLELLA, G. VALESINI, *La consapevole foglia di fico,* "Report", 30.11.2020 [https://www.rai.it/programmi/report/inchieste/Il-parafulmine-a7d91226-ac48-408b-bb43-35ef5992817b.html].

532 *Sharing Covid-19 experiences: The Italian Responce,* WHO, 25.09.2020 [https://www.youtube.com/watch?v=oDeSCVGi-pM].

533 *Ivi.*

Il presidente del Consiglio Conte prende al balzo la marchetta dell'OMS e cinguetta: «L'Organizzazione Mondiale della Sanità rende omaggio all'Italia».[534]

Esiste, tuttavia, un altro lato della medaglia che ha un nome o, meglio, un titolo: *An unprecedented challenge Italy's first response to COVID-19* (*Una sfida senza precedenti, la prima risposta dell'Italia alla COVID-19*), dossier di 102 pagine redatto da un *team* di esperti con sede presso l'Ufficio europeo per i piccoli Stati, con sede a Venezia, nel quale si analizza la qualità della prima risposta italiana alla pandemia.

I primi a parlarne sono i giornalisti del "The Guardian", nell'articolo *Il piano pandemico italiano "vecchio e inadeguato", rileva il rapporto Covid.* Sottotitolo: *Linee guida obsolete e mancanza di protocolli potrebbero aver portato a migliaia di morti in più.*

Il 13 maggio, l'OMS ha pubblicato un Rapporto indipendente, esaminando cosa sia successo all'inizio della pandemia in Italia. L'obiettivo era di aiutare altri paesi a evitare il disastro che si è verificato in Lombardia. Si intitolava: *Una sfida senza precedenti. La prima risposta dell'Italia al Covid-19*.

> Ma il giorno successivo, il rapporto è stato rimosso dal sito web dell'OMS e i riferimenti sono stati cancellati, su richiesta, a quanto risulta dal Guardian, del dottor Ranieri Guerra, vicedirettore generale dell'OMS per le iniziative strategiche. [...] Il rapporto, preparato dal COVID-19 Emergency Team presso l'Ufficio europeo per gli investimenti per la salute e lo sviluppo dell'OMS a Venezia, affermava che il piano pandemico dell'Italia risaliva al 2006, all'indomani della SARS, e successivamente è stato "riconfermato". [...]
>
> Quando è stato contattato mercoledì [12 agosto, *Nota dell'Autore*], Guerra ha rifiutato di parlare con il "Guardian".[535]

Una conferma su questo Rapporto arriva dal sito delle Nazioni Unite:

534 L. DASSI, *"CORONAVIRUS / L'OMS:* «Brava Italia». Conte rilancia. Speranza: «Livello di attenzione alto»", "ItaliachiamaItalia.it", 25.09.2020 [https://www.italiachiamaitalia.it/coronavirus-loms-brava-italia-conte-rilancia-speranza-livello-di-attenzione-alto-video/].

535 S. BOSELEY, A. GIUFFRIDA, *Italy's pandemic plan 'old and inadequate', Covid report finds,* "The Guardian", 13.08.2020 [https://www.theguardian.com/world/2020/aug/13/italy-pandemic-plan-was-old-and-inadequate-covid-report-finds].

> WHO Europe ha pubblicato un rapporto che illustra nel dettaglio la risposta dell'Italia alla pandemia COVID-19 [...] Il rapporto delinea i profili di ogni regione d'Italia, fornendo una panoramica epidemiologica e riassumendo i dati sui fattori, tra cui la capacità ospedaliera e la comunicazione. I dati sono stati raccolti durante la prima fase della pandemia – con ultimo aggiornamento al 30 aprile 2020 – poco prima che l'Italia entrasse nella seconda fase di transizione, comprendente un allentamento delle misure.[536]

A novembre è l'inchiesta di "Report" a svelare i retroscena della scomparsa di questo dossier, che «una manina» ha tolto dal sito dell'OMS dopo un solo giorno dalla sua pubblicazione.[537]

Sul perché sia stato censurato tanto rapidamente ci fornisce un indizio il giornalista e conduttore Sigfrido Ranucci:

> ... bisogna capire cosa c'era scritto nel rapporto di così compromettente da spingere l'OMS a rimuoverlo immediatamente. I ricercatori certificavano che l'Italia non aveva un piano pandemico aggiornato, riconfermavano sempre lo stesso, quello del 2006. [...] E questo imbarazzava il pesce grosso, l'ex direttore del ministero della Salute oggi direttore aggiunto dell'OMS: Ranieri Guerra.[538]

Ranieri Guerra era tra i revisori del Rapporto stesso. Documento che portava la firma di Hans Kluge, capo della divisione europea dell'OMS.

Quelle pagine non parlano solamente del *Piano pandemico* del 2017, che risulta essere una «riconferma» di quello del 2006, ma descrivono uno stato di generale impreparazione del Sistema sanitario. Vi si legge:

> Impreparati per una simile marea di pazienti gravemente ammalati, la reazione degli ospedali fu improvvisata, caotica e

[536] *COVID-19 – Il rapporto di WHO-Europe illustra la risposta italiana alla "sfida senza precedenti"*, Nazioni Unite, 14.05.2020 [https://unric.org/it/covid-19-il-rapporto-di-who-europe-illustra-la-risposta-italiana-alla-sfida-senza-precedenti/].

[537] C. CICCOLELLA, G. VALESINI, *Virus e Segreti di Stato*, "Report", 02.11.2020, cit.

[538] *Ivi.*

creativa. C'è voluto del tempo prima che una guida formale diventasse disponibile.[539]

Commenta Ranucci: «Come dire: Ministero della Salute e regioni non pervenuti».[540] E, ancora:

> Nel dossier rimosso, i ricercatori dell'OMS avevano sottolineato che l'Italia aveva un protocollo che non aiutava a individuare i malati di Covid. In sintesi, non trovavamo il virus perché lo cercavamo male. Ecco perché il paziente uno di Codogno viene scoperto tardi. [...] Lo studio ammette che la scoperta è stata fatta grazie a un dottore che ha disobbedito alle linee guida nazionali!

Un quadro assai lontano dagli elogi roboanti diffusi dall'OMS sulla gestione italiana della pandemia di cui tutti erano a conoscenza, da Tedros Gebreyesus all'ISS, passando per il Centro nazionale per la Prevenzione e il Controllo delle Malattie, fino ai vertici del Ministero della Salute.

Scomodo, forse troppo, perché fosse diffuso.

Per questo, intorno alla rimozione del dossier: «Si è scatenato un conflitto all'interno dell'Organizzazione Mondiale della Sanità che ha coinvolto anche Roma, il Ministero della Salute».[541]

Sembra infatti che diffusione del dossier scomparso avrebbe potuto urtare la sensibilità politica del ministro Speranza,[542] incrinando le relazioni tra OMS e l'Italia. In una *email* che Ranieri Guerra avrebbe scritto al dottor Francesco Zambon (alla guida dell'Ufficio europeo per i piccoli Stati, con sede a Venezia, che ha prodotto il report) di cui ci da notizia Massimo Giletti nella sua trasmissione "Non è l'Arena", si legge:

> Se anche l'OMS si mette in veste critica non concordata con la sensibilità politica del ministro che è certo superiore alla mia,

539 *Piano Pandemico, Massimo Giletti introduce l'approfondimento di Non è l'Arena sulla misteriosa sparizione del Piano pubblicato,* "Non è l'Arena", 06.12.2020 [https://www.la7.it/nonelarena/video/piano-pandemico-massimo-giletti-introduce-lapprofondimento-di-non-e-larena-sulla-misteriosa-06-12-2020-354241].

540 C. CICCOLELLA, G. VALESINI, *Virus e Segreti di Stato,* "Report", 02.11.2020, cit.

541 *Ivi.*

542 *Ivi.*

> non credo che facciamo un buon servizio al Paese. Ricordati che hanno appena dato 10 milioni di contributo volontario sulla fiducia e come segno di riconoscenza per quanto fatto finora, dopo sei anni di zero.[543]

Quando i giornalisti di “Report” scrivono a Cristiana Salvi, responsabile della comunicazione dell’OMS per l’Europa, chiedendo il motivo del ritiro del dossier, gli viene risposto che quel documento non era riferibile all’OMS.[544] Tuttavia, da comunicazioni fatte pervenire alla trasmissione della Rai, emerge che la stessa Salvi si fosse spesa prima della pubblicazione del dossier per mitigare le parti più problematiche, perché: «I contenuti sono bombe mediatiche per l’Italia [...] si sarebbero denudate completamente le critiche al nostro Governo».[545]

La sezione europea dell’Organizzazione mondiale per la sanità interviene ufficialmente sul caso del Rapporto scomparso, dichiarando che: «In seguito alla pubblicazione, nel testo sono state riscontrate inesattezze fattuali e l’Ufficio Regionale per l’Europa dell’OMS ha rimosso il documento dal sito web, con l’intento di correggere gli errori e ripubblicarlo».[546]

Forse, in tutta questa triste vicenda, vi è un aspetto ancora più scabroso della ‘scomparsa’ del Rapporto dal sito dell’OMS. In questa azione vediamo riproporsi quella particolare forma di ‘lealtà’ di cui abbiamo già parlato nel capitolo *Il Direttore e il Tappeto volante*. Una ‘lealtà’ che ha fatto sì che l’OMS di Tedros diventasse: «La consapevole foglia di fico delle criticate decisioni del Governo italiano»[547] come ha scritto Ranieri Guerra in una email.

Ma, a ben vedere, quella dell’OMS non è stata l’unica foglia di fico di un Governo che, per mascherare le proprie mancanze, si è trincerato dietro un esercito di *Task Force*.

543 “Non è l’Arena”, puntata del 06.12.2020 [https://www.youtube.com/watch?v=C-ZPYizhvoM].

544 C. CICCOLELLA, G. VALESINI, *La consapevole foglia di fico,* “Report”, 30.11.2020, cit.

545 *Ivi.*

546 *Covid. La polemica sul rapporto sull’Italia. Oms: “Report ritirato perché c’erano errori. Governo non ha chiesto di rimuoverlo”,* “Quotidiano Sanità”, 14.12.2020 [http://www.quotidianosanita.it/governo-e-parlamento/articolo.php?articolo_id=90884].

547 *Ivi.*

10. Pinocchio e gli Esperti

> *Task Force*: Espressione in uso nelle marine militari per designare un piccolo gruppo di diverse unità militari, di tipo complementare, destinato a compiere, sotto un comando unificato, una specifica missione autonoma di guerra.
> Treccani.it[548]

Smantellato l'organo preposto alla gestione dell'epidemia, orfano di un *Piano nazionale di preparazione e risposta a una pandemia influenzale,* il Governo si affida a *Task Force,* con il loro tripudio di esperti. Su chi siano questi 'esperti' e quale sia il loro ruolo ci forniscono una chiara definizione Rampton e Stauber, nel saggio *Fidati! Gli esperti siamo noi*:

> Quando la Rivoluzione Francese lasciò spazio al disincanto, il filosofo Claude-Henri Saint-Simon divenne uno dei pensatori più popolari del Diciannovesimo secolo [...] definito il "precursore del socialismo, della tecnocrazia e del totalitarismo". Come Bacon, Saint-Simon credeva che la scienza e la tecnologia avrebbero risolto gran parte dei problemi sociali e tecnici. Tuttavia, affinché gli esperti tecnici potessero governare la società, le "masse ignoranti" dovevano essere controllate. Ciò implicava a sua volta la necessità di abbandonare la democrazia e, quindi, la politica di massa. Al suo posto, egli proponeva l'istituzione di una nuova scienza che avrebbe governato tutte le altre, chiamata "scienza dell'organizzazione".[549]

Ad oggi, sembra che ci siano 16 *Task Force* a livello nazionale e 30 a livello locale,[550] tutte chiamate a supportare il Governo nella gestione dell'emergenza, risolvendo questioni di natura sociale, sanitaria e tecnica, come nella visione sopracitata di

548 *Task force,* Treccani.it [https://www.treccani.it/vocabolario/task-force/].

549 SH. RAMPTON, J. STAUBER,, *Fidati, gli esperti siamo noi,* "Nuovi mondi media", 2004.

550 M. PERRONE, *15 task force per combattere il virus: ripartenza a rischio caos,* "Il Sole 24 Ore", 24.06.2020 [https://24plus.ilsole24ore.com/art/15-task-force-combattere-virus-ripartenza-rischio-caos-ADMdEyK].

Saint-Simon. 'Sembra' perché non c'è una lista ufficiale delle *Task Force*. Sono:

1. *Task Force del Ministero della Salute*: riunitasi per la prima volta il 22 gennaio, ha il compito di: «Coordinare ogni iniziativa relativa al fenomeno coronavirus 2019-nCoV».[551] Nel suo primo comunicato, questa ha certificato che: «Le strutture sanitarie competenti sono adeguatamente allertate a fronteggiare la situazione in strettissimo contatto con l'Organizzazione Mondiale della Sanità e il Centro Europeo per la Prevenzione e il Controllo delle Malattie».[552]

2. *Comitato operativo della Protezione Civile*: guidato dal capo della Protezione Civile Angelo Borrelli; 21 componenti; preesistente alla COVID-19, ha il ruolo di assicurare la direzione unitaria e il coordinamento delle attività della Protezione Civile nelle situazioni di emergenza;

3. *Comitato Tecnico Scientifico*: istituito il 3 di febbraio per decreto dal commissario all'emergenza Angelo Borrelli. Passa dai 7 componenti iniziali a 15, tra i quali 6 donne, in risposta alla campagna social *#datecivoce,* con la quale si è protestato contro la minima rappresentanza femminile nelle *Task Force:* «Non sono solo un mancato riconoscimento al patrimonio di competenze femminili ma non offrono nemmeno una giusta rappresentazione della nostra Italia».[553] In aggiunta ai componenti 'ufficiali', comprende anche un numero imprecisato di consulenti; il suo ruolo è quello di fornire al Governo indicazioni sulle misure di prevenzione necessarie a fronteggiare l'emergenza sanitaria;

4. *Task Force del Ministero dell'Istruzione*: creata il 24 febbraio, fa capo al ministro Azzolina. Leggiamo in un articolo de "Il Sole 24 ore": «Il numero dei componenti non è chiaro: oltre

[551] Comunicato Ministero della Salute, 22 gennaio 2020, n.16, con oggetto: *"Coronavirus 2019-nCoV: riunita la task-force del Ministero della Salute"*.

[552] *Ivi.*

[553] M. LOMBARDI, *Fase 2, Conte integra la task-force con 5 donne, altre sei esperte nel Comitato tecnico scientifico,* "Il Messaggero", 12.03.2020 [https://www.ilmessaggero.it/mind_the_gap/fase_2_task_force_giuseppe_conte_donne_comitato_tecnico_scientifico-5223528.html].

ai vertici ministeriali e al viceministro Anna Ascani, ne fanno parte:

> Rappresentanti della Protezione Civile, dei pediatri, i referenti territoriali del ministero, i rappresentanti delle associazioni dei genitori e degli studenti, e realtà pubbliche e private che supportano il dicastero. A occhio, non meno di un centinaio di persone.[554]

5. *Task Force* MIUR *per il dopo emergenza*: secondo comitato a supporto delle scelte del ministro dell'Istruzione, fa capo all'ex assessore all'Istruzione della Regione Emilia Romagna, Patrizio Bianchi. Dichiara in merito il ministro Azzolina:

> Abbiamo voluto questo tavolo di lavoro per mettere a punto il nostro Piano per il mondo dell'Istruzione. Risponderemo rapidamente a tutti i dubbi e le istanze che ci stanno arrivando, in particolare dalle famiglie. Come Paese abbiamo fatto sforzi importanti in queste settimane per rispondere all'emergenza sanitaria, grandi sacrifici che non possono essere vanificati. Ma, al contempo, dobbiamo cominciare a guardare oltre. E vogliamo farlo da subito.[555]

Dunque una *Task Force* per il 'presente' della scuola e una per il 'post-emergenza'.

6. *Comitato donne per un 'Nuovo Rinascimento'*: creato a inizio aprile da Elena Bonetti (Ministero della Famiglia e delle Pari opportunità), è composto da 12 donne che, nell'intenzione del Ministro (il tredicesimo componente), mettono a disposizione il loro sapere e la loro esperienza per la ricostruzione dell'Italia devastata dalla pandemia.

[554] V. NUTI, *Task force e comitati: chi consiglia la politica sulle norme anticontagio,* "Il Sole 24 Ore", 14.04.2020 [https://www.ilsole24ore.com/art/task-force-e-comitati-chi-consiglia-decisore-politico-norme-anticontagio-ADEoDAK?refresh_ce=1].

[555] *Coronavirus, ecco il comitato di esperti per il rilancio della scuola. Bianchi presidente,* "La Tecnica della Scuola", 21.04.2020 [https://www.tecnicadellascuola.it/coronavirus-ecco-la-task-force-ministeriale-per-il-rilancio-della-scuola-bianchi-presidente].

7. *Task Force contro le Fake news*: gruppo di 11 esperti convocati dal sottosegretario Andrea Martella per contrastare la diffusione di *fake news* sulla COVID-19, il 4 aprile. Il sottosegretario ha chiarito in merito: «Il nostro è un servizio ai cittadini, nessuna censura o limitazione della libertà di espressione».[556]

8. *Task Force 'Fase 2' o 'Ricostruzione'*: comitato di esperti in materia economica e sociale, guidato dal manager Vittorio Colao, ex amministratore delegato di Vodafone; composto da 17 componenti. Istituito il 10 aprile ha il compito, di concerto con il CTS, di:

> Elaborare e proporre al misure necessarie a fronteggiare l'emergenza epidemiologica, nonché per la ripresa graduale nei diversi settori delle attività sociali, economiche e produttive anche attraverso l'individuazione di nuovi modelli organizzativi e relazionali, che tengano conto dell'esigenza di contenimento e prevenzione dell'emergenza.[557]

Ai 17 membri iniziali: «Il Presidente del Consiglio Giuseppe Conte, nell'esigenza di garantire una rappresentanza di genere, ha integrato il Comitato di esperti diretto da Vittorio Colao con cinque donne, che si aggiungono alle quattro già presenti».[558]

9. *Task Force per l'efficiente e rapido utilizzo delle misure di supporto alla liquidità*: comitato informale di 35 componenti, istituito su impulso del Ministero dell'Economia e delle Finanze, il Ministero dello Sviluppo Economico, la Banca d'Italia, l'Associazione Bancaria Italiana, il Mediocredito Centrale (MCC) e Sace,[559] con il compito di: «Assicurare l'efficiente e rapido

[556] *A Palazzo Chigi si insedia la task force contro le fake news*, FNSI, 8.04.2020 [https://www.fnsi.it/a-palazzo-chigi-si-insedia-la-task-force-contro-le-fake-news].

[557] Governo italiano - Presidenza del Consiglio dei ministri, *Task force per la fase 2, il Comitato di esperti in materia economica e sociale*, Governo, 10.04.2020 [http://www.governo.it/it/articolo/task-force-la-fase-2-il-comitato-di-esperti-materia-economica-e-sociale/14453].

[558] *Ivi.*

[559] *La Task Force per l'efficiente e rapido utilizzo delle misure di supporto alla liquidità*, Ministero dell'Economia e delle Finanze [https://www.mef.gov.it/covid-19/taskforce-liquidita.html].

utilizzo delle misure di supporto alla liquidità adottate dal Governo».[560]

10. *Gruppo di lavoro Finanza sostenibile*: insediato il 30 gennaio presso il Ministero dell'Ambiente, il Gruppo di studio su economia e sviluppo sostenibile è presieduto dal professor Leonardo Becchetti, ordinario di Economia politica all'Università di Tor Vergata di Roma. Questo gruppo lavora negli ambiti di:

> Sistemi di rating e di valutazione della finanza verde; metodi di "nudging", ovvero la cosiddetta economia comportamentale, per lo stimolo all'adozione di stili di vita e di consumo responsabili; *green public procurement*, cioè gli acquisti verdi per le pubbliche amministrazioni; gli incentivi all'adozione di iniziative in direzione della sostenibilità ambientale; campagne di promozione della sostenibilità ambientale; smart working e sostenibilità ambientale.[561]

11. *Task Force carceri*: istituita a marzo sull'onda dell'emergenza carceraria dal ministro della Giustizia Alfonso Bonafede; conta oltre 40 componenti.

12. *Task Force giustizia*: creata dal ministro Bonafede, opera a tre livelli (interdipartimentale, uffici giudiziari, magistrati e avvocati); 20 componenti.

13. *Task Force dati per l'emergenza* COVID-*19:* istituita su impulso della ministra dell'Innovazione, Paola Pisano, conta 76 componenti suddivisi in otto sottogruppi.[562] Il gruppo di lavoro:

> Svolge attività di studio e analisi, utile a supportare la Presidenza del Consiglio dei ministri e le Amministrazioni

[560] Ministero dell'Economia e delle Finanze, *La Task Force per l'efficiente e rapido utilizzo delle misure di supporto alla liquidità,* "Mef Gov" [https://www.mef.gov.it/covid-19/taskforce-liquidita.html].

[561] *Nasce al ministero un gruppo di studio su economia e sviluppo sostenibile,*"Vita", 31.01.2020 [http://www.vita.it/it/article/2020/01/31/nasce-al-ministero-un-gruppo-di-studio-su-economia-e-sviluppo-sostenib/153943/].

[562] MID, *Task force dati per l'emergenza Covid-19 – scheda,* Ministro per l'Innovazione tecnologica e la Digitalizzazione, 31.03.2020 [https://innovazione.gov.it/DM-task-force/].

pubbliche nella definizione di politiche di contenimento del contagio da COVID-19. A tal fine procede all'analisi del relativo impatto socio-economico ed epidemiologico sul sistema Paese e delle soluzioni tecnologiche data-driven, tenendo conto dei profili giuridici correlati alla gestione dei dati necessari a fronteggiare l'emergenza.[563]

14. *Task Force intersocietaria del Gruppo Ferrovie dello Stato Italiane*: costituita da FS Italiane, facente capo a Franco Fiumara, vi partecipano gli amministratori delegati e i più alti dirigenti di tutte le principali società del Gruppo. Questa *Task Force* opera: «In costante contatto con la Protezione Civile e le massime istituzioni dello Stato per monitorare l'evoluzione del contagio da COVID-19 e mettere a punto tutte le iniziative necessarie per contrastare questa minaccia, offrendo precauzioni e difese a tutela della salute di dipendenti e viaggiatori».[564]

15. *Cabina di regia Governo, Enti locali e Partiti sociali e Comunità scientifica*: oltre 40 componenti, che si riuniscono in videoconferenza alla presenza del ministro degli Affari regionali, Francesco Boccia. Citata più volte dal presidente Conte, è sede di un «confronto permanente» tra il Governo e la cabina stessa.

16. *Struttura di supporto al Commissario Arcuri*: voluta dallo stesso Arcuri, che con l'Ordinanza n. 7/2020 ha istituito la struttura di supporto al Commissario: «Al fine di coordinare al meglio le azioni di gestione dell'emergenza.»[565] All'interno operano diversi *team* e gruppi di lavoro.

Difficile stabilire il numero totale delle persone coinvolte in queste *Task Force* e dei loro vari sottogruppi. Migliaia di esperti il cui compito è stato, ed è tuttora, quello di supportare l'azione di Governo. Il quale, dal canto suo, ha spesso ignorato

[563] *Ivi.*

[564] M. MANCINI, *Franco Fiumara e la task force FS per l'emergenza Coronavirus*, "FS news", 03.04.2020 [https://www.fsnews.it/it/persone/incontri/2020/4/2/franco_fiumara_taskforce_fs_coronavirus.html].

[565] Ordinanza del Commissario Straordinario per l'emergenza Covid-19, 1° aprile 2020, n. 7/2020, con oggetto: *"Il Commissario Straordinario per l'Attuazione e il Coordinamento delle misura di contenimento e contrasto dell'emergenza epidemiologica Covid-19"*.

le loro indicazioni, prendendo posizioni in aperto contrasto con esse, sottovalutandole o sovrastimandole, a seconda dei casi.

Partiamo dall'inizio. Come risulta dal Verbale n. 8 del CTS, il 12 febbraio il Governo viene messo a conoscenza dello studio *Scenari di diffusione di 2019-NCoV in Italia e impatto sul servizio sanitario, in caso il virus non possa essere contenuto localmente,* dell'epidemiologo Stefano Merler della Fondazione Bruno Kessler. Elaborato sulla base dei 43mila casi registrati nel mondo, questo studio prende in considerazione due scenari di diffusione del virus in Italia: il primo con Ro pari a 1,3; il secondo con Ro pari a 1,7. Il primo scenario stima un milione di contagiati, il secondo il doppio; il numero di vittime oscilla tra le 35mila e le 60mila; la richiesta di posti in terapia intensiva tra i 60mila e i 120mila.[566] Previsioni che si sono dimostrate discretamente precise.

Sul fatto che Conte fosse a conoscenza di questo studio, ci dà contezza il senatore Alberto Bagnai, che in un *j'accuse* rivolto al Premier in Senato, chiarisce:

> Non era la prima volta che la Sua inerzia ci metteva in pericolo. Sempre dopo la desecretazione del Verbali, abbiamo saluto che il 12 febbraio, tre giorni dopo gli infausti *spot* della Presidenza del Consiglio secondo cui il contagio non era affatto facile, Lei riceveva uno studio dell'epidemiologo Stefano Merler, ricercatore della fondazione Bruno Kessler, secondo cui la COVID-19 avrebbe potuto provocare tra i 35mila e 60mila morti. [...] Studio del quale si sapeva che non era stato diffuso per non scatenare il panico. Ma mentre si evitava di scatenare il panico non ci si preparava.[567]

Il ministro Speranza, nel suo libro *Come guariremo,* ne scrive in questi termini:

> A febbraio la task force ha avviato uno studio con il contributo della Fondazione Kessler. Sulla base degli unici numeri

[566] R. LUNA, *Lo studio in mano al governo che già il 12 febbraio prevedeva fino a 60mila morti,* "la Repubblica", 29/08/2020, [https://rep.repubblica.it/pwa/generale/2020/08/29/news/covid_governo_dossier_febbraio-265798190/?ref=RHPPTP-BH-I265483598-C12-P3-S1.8-T1]

[567] *Alberto Bagnai tuona contro Conte in Senato*, "Agenzia Italia News", 13.10.2020 [https://www.youtube.com/watch?v=CSp-ZnDo3ZM&feature=youtu.be].

> di cui disponiamo, quelli cinesi, i tecnici provano a disegnare scenari possibili di diffusione dell'epidemia nel nostro Paese. Questo lavoro mi viene consegnato per la prima volta a metà del mese. [...] Sono toccato dalle cifre dello studio. Il virus è già in Italia, ma con soli tre casi. La speranza nostra e di tutti gli altri Paesi europei è che possa essere fermato in Cina. Eppure dobbiamo valutare anche lo scenario diverso. I numeri del contagio, se non riusciremo a contenerlo, potranno essere alti. [...] Una cosa mi resta comunque impressa: se avremo primi cluster in Italia, saranno decisive le scelte da compiersi nelle primissime ore. Se si consente al virus di diffondersi, infatti, sarà molto complicato fermarlo. Se invece si interviene immediatamente con forza, anche adottando misure estreme in territori limitati, si può provare a contenerlo in un ambito ristretto e rallentarne la diffusione.[568]

Pur a conoscenza di questi scenari, il Governo non solo tergiversa ma, come abbiamo già segnalato, il 15 febbraio dona diverse tonnellate di dispositivi medici alla Cina, sottraendo di fatto al Sistema Sanitario Nazionale le mascherine e l'attrezzatura che da lì a poco sarebbero diventate quasi impossibili da reperire. Ma questo è solo l'inizio.

Tra le prime indicazioni fornite dal CTS, troviamo la necessità di regolamentare lo svolgimento delle attività sportive, con particolare attenzione alle partite di calcio di Serie A programmate per i primi di marzo. Nella cronistoria iniziale, abbiamo riportato le parole di Francesco Le Foche, responsabile del *Day Hospital* di immunoinfettivologia, al Policlinico Umberto I Università La Sapienza di Roma, che ha definito la partita di Champions Atalanta-Valencia del 19 febbraio un:

> Megafono per la diffusione del contagio da coronavirus nella bergamasca. Per seguirla, quasi 50.000 tifosi sono andati da Bergamo a Milano, stando a stretto contatto in pullman, treni, autogrill, ristoranti e pub. A dircelo è la cronobiologia degli eventi. L'esplosione dei contagi c'è stata 14 giorni dopo il match.[569]

568 R. SPERANZA, *Perché guariremo*, cit., pp. 58-59.

569 *Coronavirus, l'immunoinfettivologo: "Atalanta-Valencia del 19 febbraio è stato un megafono per la diffusione del contagio"*, "il Fatto Quotidiano", 23.03.2020

Nella riunione del 27 febbraio il CTS, facendo seguito alle richieste pervenute in merito allo svolgimento di importanti eventi sportivi (tra i quali cita le partite di serie A di domenica 1° marzo) afferma che:

> Bisognerà considerare, oltre alla realizzazione delle partite a porte chiuse per quanto riguarda le squadre nelle Regioni con alta incidenza di casi di COVID-19, pure la sospensione delle partite anche in altre regioni, o il divieto di trasferta organizzata dei tifosi, residenti nelle regioni con casi confermati.[570]

Di fatto, domenica 1° marzo, si terranno le partite Cagliari-Roma e Lecce-Atalanta (proprio la squadra impegnata pochi giorni prima con il Valencia). In merito a questa seconda partita, leggiamo su "la Repubblica":

> Il termoscanner per misurare la temperatura corporea entra nello stadio di Lecce: è l'effetto Coronavirus sul calcio, quello che fino a poche ore fa sembrava aver messo a rischio la possibilità che i tifosi dell'Atalanta potessero seguire la squadra nella trasferta salentina. Un pericolo sventato dalla decisione presa dal ministro dello Sport, Vincenzo Spadafora, durante il Consiglio dei ministri di venerdì notte, dal quale è uscito un provvedimento che non vieta la trasferta, come molti – soprattutto sui social – avevano auspicato.[571]

Grazie alla desecretazione dei verbali del CTS, abbiamo potuto appurare che non erano solo i *social* ad aver auspicato il divieto di trasferta, ma anche i membri del Comitato stesso. Pericolo che, come testimonia l'articolo, è stato 'sventato' dal ministro dello Sport, Vincenzo Spadafora. Il CTS, nel Verbale del giorno seguente, sente la necessità di ribadire quanto già affermato: «Per quanto riguarda gli eventi e le manifestazioni

[https://www.ilfattoquotidiano.it/2020/03/23/coronavirus-limmunoinfettivologo-atalanta-valencia-del-19-febbraio-e-stato-un-megafono-per-la-diffusione-del-contagio/5746112/].

570 Verbale CTS, 27 febbraio 2010, n. 10.

571 CH. SPAGNOLO, *Coronavirus, a Lecce tensione per l'arrivo dei tifosi dell'Atalanta: "Termoscanner in azione"*, "Bari Repubblica", 01.03.2020 [https://bari.repubblica.it/cronaca/2020/03/01/news/coronavirus_tifosi_dell_atalanta_al_termoscanner_a_lecce_c_e_rischio_contagio_-249928424/].

sportive il CTS ribadisce le indicazioni fornite».[572] *Repetita iuvant:* le partite successive si svolgeranno senza pubblico.

Dal Verbale n. 16, apprendiamo che il 3 marzo, quando in Lombardia il virus era nel pieno della diffusione, il CTS si riunisce per analizzare la situazione nella Regione. Leggiamo:

> Nel tardo pomeriggio sono giunti all'ISS [Istituto Superiore di Sanità, *Nota dell'Autore*] i dati relativi ai Comuni di Alzano Lombardo e Nembro, entrambi situati in provincia di Bergamo, che sono poi esaminati dal CTS. Al proposito è stato sentito per via telefonica l'assessore Gallera e il DG [direttore generale, *Nota dell'Autore*] Caiazzo della Regione Lombardia, che confermano i dati relativi all'aumento nella regione e, in particolare, nei due comuni sopra menzionati. I due comuni si trovano in stretta prossimità di Bergamo e hanno una popolazione rispettivamente di 13.639 e 11.522 abitanti. Ciascuno dei due paesi ha fatto registrare attualmente oltre 20 casi, con molta probabilità ascrivibili a un'unica catena di trasmissione. Ne risulta pertanto che l'Ro è sicuramente superiore a 1, il che costituisce un indicatore di alto rischio di ulteriore diffusione del contagio. In merito il Comitato propone di adottare le opportune misure restrittive già adottate nei comuni della zona rossa anche a questi due comuni, al fine di limitare la diffusione dell'infezione nelle aree contigue. Questo criterio oggettivo potrà, in futuro, essere applicato in contesti analoghi.[573]

Il CTS chiede dunque l'imposizione della 'zona rossa' a quei comuni della Valle Seriana che diventeranno il lazzaretto d'Italia. L'esecutivo, però, non raccoglie la raccomandazione e il premier Conte decide di cinturare l'intera Lombardia, facendone un'unica 'zona arancione'. Come ricostruito nell'inchiesta de "la Repubblica" *L'ORA ZERO – Inchiesta sulla notte in cui il Covid si è preso l'Italia,*[574] il 5 marzo nella sola provincia di Bergamo sbarcano 370 agenti delle Forze dell'ordine per la

[572] Verbale CTS, 2 marzo, n. 15.

[573] Verbale CTS, 3 marzo 2020, n. 16.

[574] C. BONINI ET AL., *L'ORA ZERO – Inchiesta sulla notte in cui il Covid si è preso l'Italia,* "la Repubblica", 20.05.2020 [https://rep.repubblica.it/pwa/longform/2020/05/20/news/coronavirus_ora_zero_inchiesta_sulla_notte_che_ha_cambiato_l_italia_governo_conte_lockdown_codogno_mattia_fontana_speranza-257012464/?ref=RHPPTP-BH-I263973954-C12-P1-S1.8-T1].

chiusura di Nembro e Alzano. Ma la chiusura non arriverà mai o, meglio, arriverà per l'intero territorio nazionale. Il presidente dell'Ordine dei Medici di Bergamo, Guido Marinoni, ha dichiarato in merito:

> Era necessario chiudere Nembro e Alzano, andava bene farlo anche a marzo, si sarebbero salvate molte vite. [...] Già il 6 aprile noi scrivemmo una lettera alla Regione in cui sottolineavano che era stato un grave errore. In quei giorni ad Alzano e Nembro e Albino, il mio paese, c'era già la percezione che lì stesse succedendo tutto e fuori ancora poco. Poi si è scoperto che in quella zona era in azione il ceppo più virulento, se si fosse chiuso si sarebbe evitato di esportare quel tipo di infezione e di andamento epidemiologico. Quantificare cosa non sarebbe successo è difficile anche sulla stessa realtà bergamasca. Teniamo conto che a Bergamo c'è il 20% di positività, in Valle Seriana il 40%. Se si fosse chiuso avremmo potuto evitare tanti morti in questa zona così colpita.[575]

Il giorno successivo, il 4 di marzo, con un DPCM, introdotto dalla frase: «Tenuto conto delle indicazioni formulate dal Comitato tecnico scientifico di cui all'articolo 2 dell'Ordinanza del Capo del Dipartimento della protezione civile in data 3 febbraio 2020, n. 630, nelle sedute del 2, 3 e 4 marzo 2020»[576] il presidente del Consiglio, Giuseppe Conte, decreta che:

> ... limitatamente al periodo intercorrente dal giorno successivo a quello di efficacia del presente decreto e fino al 15 marzo 2020, sono sospesi i servizi educativi per l'infanzia di cui all'articolo 2 del decreto legislativo 13 aprile 2017, n. 65, e le attività didattiche nelle scuole di ogni ordine e grado, nonché la frequenza delle attività scolastiche e di formazione superiore,

575 P. BERIZZI, *Servono "misure restrittive", l'appello inascoltato degli esperti per la zona rossa ad Alzano e Nembro*, "Milano Repubblica", 07.08.2020 [https://milano.repubblica.it/cronaca/2020/08/07/news/servono_misure_restrittive_l_appello_inascoltato_degli_esperti_per_la_zona_rossa_ad_alzano_e_nembro-263978058/].

576 DPCM, 4 marzo 2020, n. 20A01475, in materia di: *"Ulteriori disposizioni attuative del decreto-legge 23 febbraio 2020, n. 6, recante misure urgenti in materia di contenimento e gestione dell'emergenza epidemiologica da COVID-19, applicabili sull'intero territorio nazionale".*

> comprese le Università e le Istituzioni di Alta Formazione Artistica Musicale e Coreutica, di corsi professionali, master e università per anziani, ferma in ogni caso la possibilità di svolgimento di attività formative a distanza [...].[577]

Il giorno stesso, come si evince dal Verbale n. 18 del 4 marzo, il ministro Speranza ha chiesto al CTS di: «Esprimere un parere relativo all'opportunità di chiudere le scuole di ogni ordine e grado sull'intero territorio nazionale».[578] Il CTS: «Basandosi su evidenze scientifiche»[579] si è così espresso:

> 1. Le scelte di chiusura dovrebbero essere proporzionali alla diffusione dell'infezione virale;
> 2. La situazione epidemica del Paese è, a tutt'oggi, differenziata [...];
> 3. La situazione epidemiologica può andare incontro a rapidi cambiamenti;
> 4. Non esistono attualmente dati che indirizzino inconfutabilmente sull'utilità di chiusura delle scuole indipendentemente dalla situazione epidemiologica locale. Alcuni modelli predittivi indicano che la chiusura delle scuole potrebbe garantire una limitata riduzione nella diffusione dell'infezione virale;
> 5. Vi è consenso tra gli addetti ai lavori che un'eventuale chiusura delle scuole è stimata essere efficace solo se di durata prolungata;[580]

Dunque, il DPCM, che pur si appella alle indicazioni del CTS, si muove in direzione contraria. A onor del vero, dobbiamo evidenziare che, il giorno seguente all'annuncio della chiusura totale delle scuole, sulla cui 'durata prolungata' l'Italia avrà modo di prendere coscienza nei mesi successivi, il CTS ha ritenuto: «Opportuno puntualizzare che questa decisione non è in alcuno modo in disaccordo con il testo elaborato nel giorno di ieri».[581]

577 *Ivi.*

578 Verbale CTS, 4 marzo 2020, n. 18.

579 *Ivi.*

580 *Ivi.*

581 Verbale CTS, 5 marzo 2020, n. 19.

Ci chiediamo se questa precisazione sia forse dovuta alle indiscrezioni relative al contenuto delle riunioni del CTS che sono state fatte trapelare agli organi di stampa e che hanno: «Creato sconcerto e disorientamento nell'opinione pubblica».[582]

Una parentesi in merito a documenti e verbali secretati del ministro Speranza:

> Il Governo non ha mai secretato nulla. Anzi, credo che siamo l'unico Paese del mondo ad aver reso pubblici tutti i verbali del Comitato tecnico scientifico. È importante ripeterlo: la trasparenza è stata sin dall'inizio il nostro punto di forza.[583]

Sicuramente siamo in errore, ma a noi sembrava che il contenuto delle sedute del CTS, così come i Verbali prima della loro parziale desecretazione,[584] fossero riservati. Tanto riservati da portare il generale Bonfiglio a ricordare ai suoi colleghi gli impegni relativi alla trattazione di documentazione riservata che: «Deve essere sottoposta alle regole della ristretta comunicazione e diffusione esterna».[585] Ma se il contenuto dei Verbali è stato per lungo tempo segreto, non si può dire lo stesso delle decisioni prese a Palazzo Chigi che, in più di un'occasione, sono trapelate ben prima della loro ufficializzazione. Ma su questo torneremo poco più avanti.

Questi sono i giorni della drammatizzazione nella gestione epidemica. L'Italia è divisa tra 'zone rosse', 'zone gialle' e il resto del paese. Il CTS, nella giornata del 7 marzo, raccomanda il Governo di: «Adottare tutte le azioni necessarie per rallentare la diffusione del virus al fine di diminuirne l'impatto assistenziale sul servizio sanitario o quando meno di diluire l'impatto nel tempo».[586] Per farlo, propone di:

> Rivedere la distinzione tra c.d. "zone rosse" (gli undici comuni di cui all'allegato 1 del D.P.C.M. 1° marzo 2020) e "zone gialle" (Regioni Lombardia, Emilia Romagna e Veneto, nonché

[582] Verbale CTS, 5 marzo 2020, n. 19, cit.

[583] R. SPERANZA, *Perché guariremo*, cit., p. 59.

[584] I Verbali scaricabili dal sito della Protezione Civile contengono infatti numerosi *Omissis*.

[585] Verbale CTS, 5 marzo 2020, n. 19.

[586] Verbale CTS, 7 marzo 2020, n. 21.

le province di Pesaro-Urbino e Savona)»[587] definendo due "livelli" di misure di contenimento da applicarsi:

> Nei territori in cui si è osservata ad oggi maggiore diffusione del virus;
> Intero territorio nazionale;[588]

Le misure più stringenti, secondo il parere del CTS, sono da applicare alla regione Lombardia e alle province di Parma, Piacenza, Rimini, Reggio-Emilia e Modena; Pesaro-Urbino; Venezia, Padova e Treviso; Alessandria e Asti.[589]

Il giorno seguente, segnando uno scarto territoriale tra le province indicate dal CTS, con il DPCM dell'8 marzo,[590] il presidente Conte decreta la chiusura dell'intera Lombardia e 14 province disseminate tra il Veneto (Padova, Treviso, Venezia), l'Emilia-Romagna (Modena, Parma, Piacenza, Reggio Emilia), il Piemonte (Alessandria, Asti, Novara, Verbano-Cusio-Ossola, Vercelli) e le Marche (Pesaro-Urbino) nelle quali, tra le altre cose, è vietato entrare e uscire, ed è fortemente raccomandato rimanere nel proprio domicilio.

Le notizie, come detto, trapelano prima della loro ufficializzazione da Palazzo Chigi, gettando l'Italia nel caos. In questo modo, sul Paese che si vuole leader nella gestione dell'emergenza, inizia ad aleggiare lo spettro della chiusura totale, che spinge all'esodo dalla Lombardia verso il Sud di migliaia di persone. Commenta il ministro Speranza nel suo libro:

> Appena la notizia del blocco inizia a diffondersi, però le stazioni ferroviarie del Nord, in particolare quella di Milano, vengono prese d'assalto [...] Le immagini dei telegiornali, quella domenica sera, lasciano sgomenti. Mostrano un paese impaurito. E siamo solo all'inizio. Abbiamo forse sottovalutato l'impatto emotivo di una misura così radicale.[591]

587 *Ivi.*

588 *Ivi.*

589 *Ivi.*

590 DPCM, 8 marzo 2020, n. 20A01522, recante: *"Ulteriori disposizioni attuative del decreto legge 23 febbraio 2020, n.6, recante misure urgenti in materia di contenimento e gestione dell'emergenza epidemiologica da Covid-19".*

591 R. SPERANZA, *Perché guariremo*, cit., p. 114.

Ma dai? Che i «principali scienziati italiani»[592] interpellati dal Ministro non abbiano pensato a questa possibilità ci lascia, volendo usare un eufemismo, perplessi.

Di un'altra opinione è infatti il senatore Bagnai che, nel corso di un'audizione al Senato accusa in merito il premier Conte: «Fu forse questa gestione goffa, tutta giocata sulla comunicazione a costringere poi al drastico provvedimento del *lockdown* in tutto il territorio nazionale. Sussisteva infatti allora il sospetto [...] che la fuga disorganizzata dalla Lombardia provocata dalla Sua gestione della crisi, avrebbe diffuso ovunque il virus».[593]

Arriviamo così al famigerato DPCM del 9 marzo che, in aperto contrasto con quanto proposto dal CTS, delibera che: «Allo scopo di contrastare e contenere il diffondersi del virus COVID-19, le misure di cui all'Art. 1 del DPCM dell'8 marzo sono estese a tutto il territorio nazionale».[594] L'Italia intera entra in *lockdown*.

Ad annunciarlo in televisione è lo stesso presidente Conte:

> Sto per firmare un provvedimento che potrei definire così: *#iorestoacasa*. Non ci saranno più "zona rossa" o "zona 1 e zone 2", ci sarà solo l'Italia zona protetta. Saranno quindi da evitare spostamenti su tutto il territorio nazionale a meno che non siano motivati da ragioni di lavoro, necessità o salute. Estenderemo tutte le misure già previste dal Dpcm dello scorso 8 marzo su tutto il territorio nazionale. Inoltre – ha concluso Conte – aggiungiamo anche un divieto degli assembramenti sia all'aperto che nei locali chiusi. Sono costretto ad intervenire in maniera decisa per tutelare la salute dei tutti e in particolare quella dei più fragili.[595]

592 R. SPERANZA, *Perché guariremo*, cit., p. 38.

593 *Alberto Bagnai tuona contro Conte in Senato*, "Agenzia Italia News", 13.10.2020 [https://www.youtube.com/watch?v=CSp-ZnD03ZM&feature=youtu.be].

594 DPCM, 9 marzo 2020, n. 20A01558, recante: *"Misure urgenti in materia di contenimento e gestione dell'emergenza epidemiologica da Covid-19, applicabili sull'intero territorio nazionale"*.

595 *Coronavirus, nuovo decreto "#iorestoacasa" estende a tutta Italia limitazioni aree più colpite,* "Salute Gov.", 9.03.2020 [http://www.salute.gov.it/portale/nuovocoronavirus/dettaglioNotizieNuovoCoronavirus.jsp?lingua=italiano&menu=notizie&p=dalministero&id=4184].

Questa, al pari di tante altre decisioni, è stata di natura squisitamente politica, presa in aperto contrasto sia con le indicazioni fornite dal CTS, che con i dati epidemiologici dell'Italia che, per la maggior parte delle regioni, registravano un numero di casi che poteva giustificare l'adozione di norme precauzionali, ma non certamente la chiusura indiscriminata di tutta la Nazione.

Ci chiediamo se non abbia ragione il senatore Bagnai: è stata la gestione goffa, tutta giocata sulla comunicazione a costringere al drastico provvedimento del *lockdown*?[596] Certo i numeri non sembrano poter giustificare questa scelta scellerata che nulla ha a che vedere con i principi di adeguatezza e proporzionalità, al quale si dovrebbe attenere ogni decisione politica. Per dare conto della mancanza di proporzionalità tra la situazione reale del paese e le imposizioni del DPCM del 9 marzo, riportiamo di seguito la tabella dei casi diagnosticati dai laboratori di riferimento regionale, aggiornata al giorno della firma del Decreto che ha chiuso l'intero paese, tratta dal Verbale del CTS n. 23 del 10 marzo:[597]

TABELLA 2 –DISTRIBUZIONE DEI CASI DIAGNOSTICATI DAI LABORATORI DI RIFERIMENTO REGIONALE, per regione/PPAA di diagnosi (8.342 casi riportati al 9/3/2020)

Regioni	N	%
Lombardia	5.510	66,1
Emilia-Romagna	1.180	14,2
Veneto	670	8,0
Marche	274	3,3
Piemonte	207	2,5
Campania	113	1,4
Toscana	64	0,8
Liguria	62	0,7
Friuli-Venezia-Giulia	51	0,6
Puglia	43	0,5
Lazio	33	0,4
Umbria	25	0,3
Bolzano	24	0,3

596 *Alberto Bagnai tuona contro Conte in Senato,* 13.10.2020 [https://www.youtube.com/watch?v=CSp-ZnDo3ZM&t=210s].

597 Verbale CTS, 10 marzo 2020, n. 23.

Sicilia	14	0,3
Trento	14	0,2
Molise	14	0,2
Abruzzo	11	0,1
Sardegna	8	0,1
Valle d'Aosta	7	0,1
Calabria	3	0,0
Basilicata	1	0,0
	8.342	

Dallo stesso Verbale, apprendiamo che la maggior parte dei decessi registrati al 9 marzo si conta tra la popolazione con un'età superiore agli ottant'anni (56,6%), percentuale che scende a 31,9% nella fascia di età compresa tra i 70 e i 79 anni, a 10,4% nella fascia 60-69, a 0,8 in quella 50-59 e a 0,3% in quella 40-49. Al di sotto dei quarant'anni, tra i 357 decessi riportati, non si conta nessun caso. Allo stesso modo, la percentuale di casi diagnosticati è più alta nelle fascia d'età 70-79 (21,4%) e quella superiore agli ottant'anni (18,4%).[598]

Questi dati testimoniano che il virus, come ampiamente annunciato, si è dimostrato essere molto aggressivo nelle fasce di età più elevate e nei soggetti con un quadro clinico già compromesso. La protezione tempestiva di queste categorie avrebbe salvato numerose vite e scongiurato la chiusura dell'intero Paese, con le conseguenze sociali, sanitarie ed economiche la cui portata non siamo ancora in grado di valutare appieno. Ma nonostante questa evidenza, il giorno seguente all'annuncio del *lockdown* totale, il CTS, ancora una volta, sente la necessità di giustificare l'operato del Governo: «In riferimento alle decisioni prese, nella serata di ieri, dalla Presidenza del Consiglio dei Ministri di estendere le misure di contenimento già vigenti in alcune aree del paese a tutto il territorio nazionale, il Comitato tecnico-scientifico valuta coerenti le misure adottate con il quadro epidemiologico configuratosi in Italia».[599] Nel Verbale dell'undici marzo, tuttavia aggiunge un'interessante riflessione:

> Il CTS, prendendo atto delle richieste di inasprimento delle misure di contenimento avanzate nelle ultime ore da alcune

[598] Verbale CTS, 10 marzo 2020, n. 23, cit.

[599] *Ivi*.

> Regioni, sottolinea che, anche per le implicazioni di carattere economico che una tale decisione comporta, vi è la necessità che i dati epidemiologici in divenire debbano supportare scelte così importanti per il paese.[600]

Nel leggere queste parole ci chiediamo se il ruolo degli 'esperti tecnici' sia stato quello di fornire indicazioni chiare e scientificamente validate al Governo o di giustificarne l'operato. O se proprio il Governo abbia utilizzato il CTS come un paravento dietro il quale trincerarsi per giustificare le azioni intraprese, muovendosi come è stato fatto notare da più parti, al di fuori del perimetro costituzionale. Forse questo dubbio ha attanagliato anche alcuni membri del Comitato che nel Verbale n. 66 del 4-5-6 maggio, sentono la necessità di puntualizzare:

> Le indicazioni fornite dal CTS rivestono carattere di ordine generale per garantire la coerenza delle misure essenziali al contenimento dell'epidemia, rimandando agli enti preposti ed alle autorità competenti la declinazione di specifiche indicazioni attuative.[601]

Da questo Verbale, apprendiamo anche la natura delle richieste rivolte al Comitato stesso. Istanze che, in alcuni casi, non hanno nessuna attinenza con le competenze del CTS, che ha dovuto ribadire il suo ambito di azione. Leggiamo:

> La richiesta del Sig. Ministro [per le Politiche Agricole Ambientali e Forestali, *Nota dell'Autore*] di concedere un "... permesso temporaneo di sei mesi per garantire il lavoro" non attiene all'ambito di intervento del Comitato medesimo che ha esclusiva competenza per valutazioni in ambito sanitario relative all'attuale epidemia di Sars-CoV-2.[602]

La ministra Teresa Bellanova, aveva infatti indirizzato una lettera al CTS nella quale chiedeva al Comitato di:

[600] Verbale CTS, 11 marzo 2020, n. 24.

[601] Verbale CTS, 04-05-06 maggio 2020, n. 66.

[602] *Ivi.*

> Esprimere il vostro parere circa i percorsi di regolarizzazione necessari al fine di consentire che l'attività lavorativa si possa svolgere in condizioni controllate e sicure. [...] ritengo che si debba procedere, con la massima urgenza, al rilascio di un permesso temporaneo di almeno sei mesi per garantire il lavoro e la tutela della salute e della sicurezza attraverso la profilassi necessaria.[603]

Tralasciando le istanze fuori luogo, rimane una verità che sottende la gestione dell'emergenza tramite *Task Force*: «Delegare è meglio che decidere»,[604] come intitola un articolo comparso su "l'Espresso".

[603] Verbale CTS, 04-05-06 maggio 2020, n. 66, cit.

[604] S. TURCO, Giuseppe Conte e l'apoteosi delle task force: perché delegare è meglio che decidere, "L'Espresso", 17.04.2020 [https://espresso.repubblica.it/plus/articoli/2020/04/17/news/giuseppe-conte-task-force-coronavirus-1.347187?preview=true].

11. Nessuno. Uno e centomila

Ogni realtà è un inganno.
LUIGI PIRANDELLO, *Uno, nessuno e centomila*

22 febbraio 2020
"È solo un'influenza un po' più grave", sento dire nei bar. Il peso della consapevolezza vera di quel che sta succedendo e di quel che sta per succedere, in questa sera come tante, lo portiamo ancora in pochi.
D'altra parte è il nostro mestiere.[605]

Fatto salvo per la consapevolezza dichiarata dal nostro ministro della Salute, un punto inamovibile nella narrazione ufficiale dell'epidemia, è che il SARS-COV-2 ha colto i Governi di sorpresa. Un pipistrello ha infettato qualcuno a Wuhan, i primi casi sono stati registrati a fine dicembre e a marzo il mondo si è trovato nel bel mezzo di una pandemia. Lo stesso dott. Crisanti, direttore di Microbiologia e Virologia dell'Università di Padova, intervistato da Maria Annunziata, ha ammesso: «Devo dire che lo scoppio del Covid-19 ci ho capito poco. A fine gennaio eravamo con meno di 200 casi, poi a febbraio il boom. Come si spiega?»[606]

Questa narrazione semplicistica, ideale per i tempi cinematografici più che per quelli epidemiologici, si trova però oggi a fare i conti con studi che dimostrano che il virus circolasse in Europa già dall'autunno del 2019 e in Cina dal mese di agosto.

In uno studio[607] condotto dai ricercatori della Harvard Medical School, della Boston University of Public Health e

[605] R. SPERANZA, *Perché guariremo*, cit., p. 19.

[606] A. CINQUEGRANI, *Andrea Crisanti / il parassitologo super finanziato da Stati Uniti & Bill Gates*, "La Voce delle Voci", 29.06.2020 [http://www.lavocedellevoci.it/2020/06/29/andrea-crisanti-il-parassitologo-super-finanziato-da-stati-uniti-bill-gates/].

[607] E. O. NSOESIE ET AL., *Analysis of hospital traffic and search engine data in Wuhan China indicates early disease activity in the Fall of 2019,* "Harvard.edu"

dell'Ospedale pediatrico di Boston, sono state analizzate le immagini satellitari dei parcheggi dei principali ospedali di Wuhan (gennaio 2018-aprile 2020), che rileverebbero un 'forte aumento' nel conteggio dei veicoli a partire da agosto 2019, con un picco a dicembre. Questo incremento è coinciso con l'aumento delle parole chiave 'tosse' e 'diarrea' (entrambi sintomi del SARS-COV-2) digitate sul motore di ricerca cinese Baidu. Bollato come «estremamente assurdo»[608] dal Ministero degli Esteri cinese, questo studio tuttavia non offre solo una diversa prospettiva attraverso la quale guardare alla COVID-19, ma evidenzia anche: «Il valore di nuove fonti digitali per la sorveglianza dei patogeni emergenti»[609] come sostenuto dagli autori.

Un'indagine condotta da un *team* internazionale, composto tra gli altri da Marco Ajelli e Stefano Merler della Fondazione Bruno Kessler, intitolato *The effect of travel restrictions on the spread of the 2019 novel coronavirus (COVID-19) outbreak*,[610] stima che il numero di casi a Wuhan al 22 gennaio fosse compreso tra 62.000 e 200.000, a fronte dei soli 270 riportati all'OMS alla stessa data, e che ci fossero tra 3.000 e 16.000 casi nel resto della Cina.[611]

Guardando al nostro continente, a inizio maggio, il professor Yves Cohen, direttore del reparto di Rianimazione degli Ospedali Avicenne a Bobigny e Jean Verdier a Bondy (Francia), analizzando i test PCR di 24 pazienti affetti da polmonite tra il dicembre 2019 e il gennaio 2020, scopre che uno di loro era affetto da COVID-19. Il caso risale al 27 dicembre 2019: «Il virus probabilmente circolava già»[612] conclude il professore.

[https://dash.harvard.edu/bitstream/handle/1/42669767/Satellite_Images_Baidu_COVID19_manuscript_DASH.pdf?sequence=3&isAllowed=y].

608 S. BOSELEY, L. KUO, *Coronavirus may have been in Wuhan in August - study suggests,* "The Guardian", 16.06.2020 [https://www.theguardian.com/world/2020/jun/09/coronavirus-may-have-been-in-wuhan-in-august-study-suggests].

609 *Ivi.*

610 M. CHINAZZI ET AL., *The effect of travel restrictions on the spread of the 2019 novel coronavirus (COVID-19) outbreak,* "Science", 24.04.2020 [https://science.sciencemag.org/content/368/6489/395].

611 *COVID-19: diffusione globale era inevitabile*, Fondazione Bruno Kessler, 09.03.2020 [https://www.fbk.eu/it/press-releases/covid-19-diffusione-globale-era-inevitabile/].

612 H. SENTIER, *Coronavirus: le professeur Cohen affirme qu'il y avait un cas de Covid-19 en France dès le 27 décembre*, BFM TV, 03.05.2020 [https://www.bfmtv.

Per quanto concerne l'Italia, l'Istituto Superiore di Sanità ha analizzato campioni prelevati nei depuratori di centri urbani del Nord Italia, utilizzandoli come 'spia' della circolazione del virus nella popolazione. Spiega Giuseppina La Rosa, del Reparto di Qualità dell'Acqua e Salute del Dipartimento di Ambiente e Salute dell'Istituto Superiore di Sanità, che ha condotto lo studio in collaborazione con Elisabetta Suffredini del Dipartimento di Sicurezza Alimentare, Nutrizione e Sanità pubblica veterinaria:

> I risultati, confermati nei due diversi laboratori con due differenti metodiche, hanno evidenziato presenza di RNA di SARS-Cov-2 nei campioni prelevati a Milano e Torino il 18/12/2019 e a Bologna il 29/01/2020. Nelle stesse città sono stati trovati campioni positivi anche nei mesi successivi di gennaio e febbraio 2020, mentre i campioni di ottobre e novembre 2019, come pure tutti i campioni di controllo, hanno dato esiti negativi.[613]

Prosegue la ricercatrice:

> Questa ricerca può contribuire a comprendere l'inizio della circolazione del virus in Italia e fornisce informazioni coerenti rispetto ad altri risultati ottenuti dall'analisi retrospettiva su campioni di pazienti ospedalizzati in Francia, che identificavano un positivo al SARS-CoV-2 in un campione respiratorio, quindi clinico, risalente alla fine di dicembre 2019, e ad un recente lavoro spagnolo che ha rinvenuto RNA di SARS-CoV-2 in campioni di acque reflue raccolte nella metà di gennaio a Barcellona, circa 40 giorni prima della notifica del primo caso autoctono.[614]

A novembre viene poi pubblicato su "Tumori Journal" lo studio *Unexpected detection of SARS-CoV-2 antibodies in the*

com/sante/coronavirus-le-professeur-cohen-affirme-qu-il-y-avait-un-cas-de-covid-19-en-france-des-le-27-decembre_AV-202005030119.html].

613 *Studio ISS su acque di scarico, a Milano e Torino Sars-Cov-2 presente già a dicembre*, Istituto Superiore di Sanità, CS N°39/2020 [https://www.iss.it/primo-piano/-/asset_publisher/o4oGR9qmvUz9/content/cs-n%25C2%25B039-2020-studio-iss-su-acque-di-scarico-a-milano-e-torino-sars-cov-2-presente-gi%25C3%25A0-a-dicembre].

614 *Ivi.*

prepandemic period in Italy,[615] condotto dall'Istituto Nazionale dei Tumori di Milano in collaborazione con l'Università degli Studi di Milano e l'Università di Siena. Si spiega nell'articolo:

> Tutto nasce nell'ambito dello screening per il tumore al polmone "Smile", che da settembre 2019 a marzo 2020 ha arruolato 959 volontari sani per sottoporli a Tac spirale ai polmoni e analisi del sangue. Poi i ricercatori hanno fatto il sierologico a tutti i campioni di sangue conservati.

Da questo studio, il cui primo firmatario è il prof. Giovanni Apollone, direttore dell'Istituto Nazionale dei Tumori di Milano, emerge che:

> Anticorpi specifici per SARS-CoV-2 RBD sono stati rilevati in 111 individui su 959 (11,6%), a partire da settembre 2019 (14%), con un cluster di casi positivi (> 30%) nella seconda settimana di febbraio 2020 e numero più alto (53,2%) in Lombardia. Questo studio mostra un'inaspettata e precoce circolazione del SARS-CoV-2 tra individui asintomatici in Italia diversi mesi prima dell'identificazione del primo paziente e chiarisce l'insorgenza e la diffusione della pandemia da Coronavirus 2019 (COVID-19). La ricerca di anticorpi SARS-CoV-2 in persone asintomatiche prima dell'epidemia di COVID-19 in Italia potrebbe rimodellare la storia della pandemia.[616]

Nel *talk show* "diMartedì", Giovanni Floris chiede alla professoressa Ilaria Capua una riflessione sulle conseguenze di «una scoperta del genere». In collegamento dall'America, risponde:

> Se il virus ha circolato in Italia, parliamo dell'estate del 2019, ha circolato anche in Germania, in Francia, in Svizzera, in Austria [...] se questo fosse confermato evidenzia una fragilità gigantesca. Noi abbiamo criticato, tra virgolette, la Cina per aver risposto in ritardo a questa emergenza e per aver perso tempo.

615 G. APOLONE, *Unexpected detection of SARS-CoV-2 antibodies in the prepandemic period in Italy,* "Tumori Journal", 11.11.2020 [https://journals.sagepub.com/doi/10.1177/0300891620974755].

616 *Ivi.*

> [...] Ma se noi in Europa non abbiamo un sistema che è capace di identificare un virus nuovo in tempo reale, siamo messi veramente, ma veramente, male.[617]

La stampa nazionale, inevitabilmente, sminuisce lo studio capace di far crollare il castello di carte della narrazione ufficiale. Il quotidiano "la Repubblica", nell'articolo *L'istituto tumori di Milano: "Il coronavirus in Italia già da settembre 2019"*, chiosa:

> Il test sierologico produce comunque dei falsi positivi [...] Inoltre è stato provato che una quota di persone sviluppa gli anticorpi contro Sars-CoV2 dopo essere stata infettata da un coronavirus del raffreddore. Anche per questo molti degli esperti italiani osservano con cautela lo studio.[618]

Non pago, dà voce ai dubbi del prof. Massimo Galli, direttore delle Malattie infettive del Sacco di Milano, che chiede:

> ... conferme reali. È veramente difficile pensare che il virus sia così vecchio, anche perché allora non ci si spiega perché non ha creato focolai molto prima. È un virus esplosivo, quando arriva in ospedale fa decine di infezioni se non lo gestisci.[619]

Peccato che in Italia, nell'autunno-inverno 2019, si sia registrato un picco di polmoniti da 'agente non specificato' e complicanze respiratorie, che hanno colpito soprattutto pazienti anziani e immunodepressi. Leggiamo sul "Corriere di Como" del 14 gennaio:

> Non si allenta la morsa sui pronto soccorso comaschi, alle prese ininterrottamente da diversi giorni con accessi di pazienti ben superiori alla media stagionale. Una situazione causata in particolare da un'impennata di casi di polmoniti e complicanze respiratorie, in particolare in pazienti anziani e fragili.

[617] Ilaria Capua, "diMartedì", 17.11.2020 [https://www.youtube.com/watch?v=5AB7uhanSa4&t=367s].

[618] O. LISO, *L'istituto tumori di Milano: "Il coronavirus in Italia già da settembre 2019"*, "la Repubblica", 15.11.2020 [https://www.repubblica.it/cronaca/2020/11/15/news/lo_studio_dell_istituto_tumori_di_milano_il_coronavirus_in_italia_gia_da_settembre_2019_-274462640/].

[619] *Ivi*.

> Nella giornata di ieri, l'ospedale Valduce ha così segnalato una situazione di criticità proprio legata ai ricoveri di pazienti con la polmonite: «Visto il numero elevato di casi, ben sopra la media – hanno fatto sapere dall'ospedale – già da giorni siamo costretti a ricoverare i pazienti utilizzando tutti i letti disponibili, anche in reparti diversi da quelli in cui dovrebbero essere sistemati questi malati. Abbiamo degenti con la polmonite in appoggio praticamente in tutti i reparti e questo di fatto blocca la normale attività dei singoli settori» [...] L'ultimo bollettino dell'Istituto Superiore di Sanità indica in Lombardia un dato medio di 4 casi ogni mille assistiti. A livello più globale sono oltre 384mila i casi di influenza registrati in Lombardia dalla seconda metà di ottobre.[620]

Anche "L'Eco di Bergamo" si è interessato alle 'polmoniti sospette' registrate all'Ospedale di Alzano Lombardo (quello finito nell'inchiesta della Procura di Bergamo sulla gestione del Pronto Soccorso durante l'emergenza) tra novembre e gennaio. Secondo i dati di ATS e ASST Est, le polmoniti 'sospette' sarebbero state 18 a novembre, 40 a dicembre e 52 a gennaio. Si legge nell'articolo di "Rainews":

> Dal confronto tra i ricoveri del 2019 e quelli del 2018 sono "196 le polmoniti non riconosciute nel 2018, 256 tra gennaio e dicembre 2019". Come dire che questo inverno sono state il 30% in più. Sui dati indaga ora la procura "sia per far luce sulle procedure messe in atto all'ospedale di Alzano Lombardo nei giorni roventi dell'emergenza, sia per ricostruire se e come sono sfuggiti questi casi sospetti". Al centro delle indagini le linee guida del 22 gennaio in cui si raccomandava di considerare un caso sospetto anche "una persona che manifesta un decorso clinico insolito o inaspettato, soprattutto un deterioramento improvviso nonostante un trattamento adeguato senza tener conto del luogo di residenza o storia di viaggio, anche se è stata identificata un'altra eziologia che spiega pienamente la situazione clinica". Peccato che nella circolare del 27 gennaio i casi sospetti dovevano anche avere "una storia di viaggi nella città di Wuhan (e nella provincia di Hubei), Cina, nei 14 giorni

620 *Polmoniti e complicanze respiratorie, ospedali super affollati,* "Corriere di Como", 14.01.2020 [https://www.corrieredicomo.it/polmoniti-e-complicanze-respiratorie-ospedali-super-affollati/].

precedenti l'insorgenza della sintomatologia" oppure aver "visitato o lavorato in un mercato di animali vivi a Wuhan e/o nella provincia di Hubei, Cina". Particolare che ha spinto a non eseguire i tamponi agli ammalati di polmonite.[621]

In risposta a un'interrogazione dell'esponente di Azione Nicolò Carretta, in merito ai ricoveri per polmonite da 'agente non specificato' in Lombardia e, in particolare, nella Bergamasca, Giulio Gallera ha affermato che i flussi ospedalieri non hanno prodotto «Evidenze di una rilevabile presenza precoce del virus»[622] aggiungendo che dai dati «Si può facilmente rilevare come non siano riscontrabili variazioni apprezzabili nel periodo dicembre-gennaio, mentre sono rilevabili aumenti consistenti a partire dal mese di febbraio».[623]

Se i dati presentati dall'assessore al Welfare lombardo, confermati anche da Alberto Zucchi (responsabile del servizio epidemiologico dell'ATS di Bergamo), sembrano smentire un'impennata quantitativa, certo è che sarebbe di grande interesse stabilire di quale natura fossero quelle polmoniti. Così come un'indagine epidemiologica, condotta sull'intero territorio nazionale nei primi mesi del 2020, avrebbe fornito preziose indicazioni in merito alle persone che erano già entrate in contatto con il virus, immunizzandosi. Dall'articolo del "Corriere della Sera" del 31 marzo, intitolato *Test anticorpi coronavirus, Burioni: «Utili per capire chi si è ammalato»*, scopriamo che: «A favore del monitoraggio a tappeto [è, *Nota dell'Autore*] Roberto Burioni, professore di Microbiologia e virologia all'Università Vita-Salute del San Raffaele di Milano».[624]

[621] *Covid-19. In ospedale Alzano già a novembre registrate polmoniti 'strane'*, "Rainews", 30.06.2020 [http://www.rainews.it/dl/rainews/articoli/covid-19-in-ospedale-alzano-gia-a-novembre-registrate-polmoniti-strane-3371e1d9-839b-4c5a-9212-38968b26cfb6.html].

[622] G. BONEZZI, *Covid in Lombardia, l'esplosione delle polmoniti (ma da febbraio)*, "Il Giorno", 08.07.2020 [https://www.ilgiorno.it/milano/cronaca/polmoniti-coronavirus-lombardia-1.5299035].

[623] *Polmoniti, Gallera: in Lombardia a dicembre e gennaio nessuna anomalia*, "Il Giorno", 08.07.2020 [https://www.ilgiorno.it/polmoniti-coronavirus-1.5298637].

[624] L. CUPPINI, *Test anticorpi coronavirus, Burioni: «Utili per capire chi si è ammalato»*, "Corriere della Sera", 31.03.2020 [https://www.corriere.it/salute/malattie_infettive/20_marzo_31/burioni-test-ricerca-anticorpi-utili-capire-chi-stato-malato-fcbf5fe8-732d-11ea-bc49-338bb9c7b205.shtml].

Bizzarro. Perché l'idea del monitoraggio della popolazione non è stata recepita con questo entusiasmo quando, con il *team* di Meleam[625] siamo stati ricevuti presso il Centro di Crisi allora in via di formazione, per presentare i risultati dell'indagine volta a stabilire la reale presenza del SARS-COV-2 sul territorio nazionale. Non solo nessuno si è dimostrato interessato, ma si è arrivati per fino a negare la validità del risultato ottenuto.

Questo studio ci ha permesso di valutare la reale presenza del SARS-COV-2 sul territorio nazionale: al 24 aprile, oltre il 30% della popolazione era già entrata in contatto con il virus sviluppando anticorpi. Su 7.038 soggetti analizzati, i positivi erano 2.365, circa il 34% dell'intero campione. Nel primo *step* (3 febbraio-3 aprile compresi), su un totale di 1.731 esaminati (di cui 1.113 uomini e 618 donne),[626] erano positivi 668 soggetti, circa il 38%, con un'incidenza di IgG pari al 74% (494 soggetti). I numeri più alti si riscontravano nella provincia di Brescia, dove il 49% del campione che si era sottoposto al test sierologico risultava positivo (a Milano il 46%, a Bergamo il 48%). Non solo: i risultati dimostravano che nell'80% dei casi si trattava di immunoglobuline G, cioè anticorpi consolidati. Il che dimostrava che la malattia era stata già stata affrontata e superata.

Alla luce di questi risultati, il contagio deve essere fatto risalire ai primi di ottobre, compiendo un salto indietro di tre mesi rispetto alla narrazione ufficiale.

Un altro dato interessante fornito dall'indagine svolta dalla Meleam riguarda lo spostamento del virus in Italia: i dati evidenziavano che il SARS-COV-2 si era mosso verso il Sud Italia dalla fine del 2019. A inizio 2020, il virus era già presente su tutto il territorio nazionale; tuttavia le concentrazioni inferiori e la minore capacità aggressiva dovuta al clima hanno reso la maggior parte delle infezioni al Sud quasi del tutto asintomatiche.

Inizialmente, nell'analizzare i dati, anche noi siamo rimasti sorpresi: erano emersi picchi del 50%, che dimostravano che una persona su due manifestava anticorpi già a marzo 2020,

[625] La Meleam Spa è una società di servizi per la sicurezza nei luoghi di lavoro. Nei primi giorni di febbraio, aveva promosso uno studio sulla reale diffusione del virus tra i lavoratori in Italia.

[626] Indagine svolta nelle regioni Campania, Puglia, Basilicata, Lazio, Lombardia, Veneto, Liguria, Sicilia e Sardegna.

smentendo la narrazione ufficiale e dimostrando una penetrazione del SARS-COV-2 più diffusa di quanto non risultasse dai primi studi effettuati dalle Regioni. La nostra indagine, posizionando l'inizio del contagio a ottobre 2019 (anziché a febbraio 2020), dimostrava che gli studi regionali erano del tutto superati: forse per questo è stata considerata tanto insidiosa da non essere nemmeno presa in considerazione nelle sedi istituzionali. Di questi dati abbiamo discusso con numerosi professionisti che lavorano nelle strutture ospedaliere della Lombardia, dell'Emilia Romagna e della Toscana, focalizzandoci sulle famose polmoniti essudative di ottobre, che sono state attribuite alla legionella, ma che probabilmente erano già causate dal Coronavirus, in una forma più 'stanca' rispetto a quella di febbraio 2020, che si è avvantaggiata anche del clima freddo e umido invernale.

Se tenuto in considerazione, il nostro studio avrebbe fornito preziose indicazioni sulle categorie maggiormente a rischio, quelle stesse già indicate nella famosa Circolare del 22 gennaio. Ma non solo. Avrebbe potuto fornire un metodo di indagine: incrociando i risultati di test e tamponi, si sarebbe potuta 'liberare' una larga fetta della popolazione, individuando i soggetti immunizzati naturalmente, scongiurando la sciagura del *lockdown* totale. Dai dati si sarebbe potuto verificare che quasi il 90% degli infettati non manifestava nessuno dei sintomi riconducibili alla COVID-19, primo tra tutti l'aumento della temperatura corporea.

In breve: i dati forniti da questa indagine condotta sull'intero territorio nazionale, avrebbe permesso di intervenire in maniera meno drastica e più efficace.

Quei dati, se trasmessi, sarebbero stati di estrema utilità anche al CTS che, nel Verbale n.8 del 24 febbraio, lamentava:

> Si rileva che la qualità dei dati che giungono dalla periferia è insufficiente per definire un preciso profilo epidemiologico dell'epidemia; il CTS raccomanda pertanto l'invio di dati epidemiologici nelle aree con casi confermati per effettuare analisi più accurate.[627]

[627] Verbale CTS, 24 febbraio 2020, n. 8.

Siamo costretti a usare il condizionale. Quando a metà marzo abbiamo presentato lo studio alle Unità di Crisi che solo allora venivano create, ci siamo concentrati sulla situazione nel Bresciano: dei 400 pazienti di Brescia ben 199 erano risultati positivi. Si trattava di un campione estremamente significativo. Ma ci è stato risposto che l'incidenza del virus nel Bresciano era del 2% e che noi ci sbagliavamo: «È così e noi lo sappiamo» ci è stato detto.

Sarebbero occorsi alcuni mesi, perché fosse recepita l'importanza di uno studio di sieroprevalenza sul territorio. Bisognerà attendere, infatti, il Verbale n. 98 del 5 agosto, prodotto dall'ISTAT e dal Ministero della Salute, per trovare in allegato un documento sui *Primi risultati dell'indagine di sieroprevalenza sul SARS-CoV-2*:[628]

> Dal 25 maggio al 15 luglio è stata condotta l'indagine di sieroprevalenza sul SARS-CoV-2 secondo quanto previsto dal decreto legge 10 maggio 2020 n. 30 [...] L'indagine mira a definire la proporzione di persone nella popolazione generale che hanno sviluppato una risposta anticorpale contro SARS-CoV-2, attraverso la ricerca di anticorpi specifici nel siero. La metodologia adottata consente, oltre che di valutare il tasso di siero-prevalenza per SARS-CoV-2 nella popolazione, di stimare la frazione di infezioni asintomatiche o subcliniche e le differenze per fasce d'età, sesso, regione di appartenenza, attività economica nonché altri fattori di rischio. I risultati qui presentati sono provvisori e sono relativi a 64.660 persone che hanno effettuato il prelievo e il cui esito è pervenuto entro il 27 luglio.[629]

Da questa indagine, è risultato che:

> *Livelli di sieroprevalenza al 2,5%, pari a 1 milione 482mila persone*
> Sono 1 milione 482mila le persone, il 2,5% della popolazione residente in famiglia (escluse le convivenze), risultate con IgG positivo [...] Quelle che sono entrate in contatto con il virus sono dunque 6 volte di più rispetto al totale dei casi intercettati

[628] ISTAT e Ministero della Salute, *Primi risultati dell'indagine di sieroprevalenza sul SARS-CoV-2*, ISTAT, 3.08.2020 [https://www.istat.it/it/files//2020/08/ReportPrimiRisultatiIndagineSiero.pdf].

[629] *Ivi*.

> ufficialmente durante la pandemia, attraverso l'identificazione del RNA virale, secondo quanto prodotto dall'Istituto Superiore di Sanità.
>
> Come già evidenziato dai dati ufficiali in tema di mortalità e dai livelli di infezione, le differenze territoriali sono molto accentuate. La Lombardia raggiunge il massimo con il 7,5% di sieroprevalenza: ossia 7 volte il valore rilevato nelle regioni a più bassa diffusione, soprattutto del Mezzogiorno. Il caso della Lombardia è unico: da sola questa regione assorbe il 51% delle persone che hanno sviluppato anticorpi. D'altra parte in Lombardia, dove è residente circa un sesto della popolazione italiana, si è concentrato il 49% dei morti per il virus e il 39% dei contagiati ufficialmente intercettati durante la pandemia: in alcune sue province, quali ad esempio Bergamo e Cremona, il tasso di sieroprevalenza raggiunge addirittura punte, rispettivamente, del 24% e 19%.[630] [...]
>
> È asintomatico quasi il 30% delle persone con anticorpi [...]. Il 27,3% delle persone che ha sviluppato anticorpi non ha avuto alcun sintomo [...].

Il progresso scientifico procede dall'analisi di dati certi. Come ha affermato il professor Palù: «I numeri ci dicono la realtà dei fatti».[631] Parafrasando William Edwards Deming, famoso ingegnere e statistico secondo il quale «Senza dati sei solamente un altro uomo con un'opinione», potremmo dire che: «Senza dati quest'emergenza è stata solamente un altro esempio di gestione in balìa delle opinioni».

[630] *Ivi.*

[631] G. PALÙ, *Primus Inter Pares* (1 di 4), Gruppo Tv7, 14.10.2020 [https://www.youtube.com/watch?v=VO8RyzNhdRc].

12. Danza macabra

> Inesauribile pozzo di sciocchezze ed errori!
> Eterno alambicco dell'antico dolore!
> Attraverso la maglia curva delle tue costole
> Vedo, ancora errante, l'insaziabile aspide!
> CHARLES BAUDELAIRE, *Danza macabra*

I mesi del *lockdown* sono stati scanditi dalle macabre litanie del numero dei contagiati, degli ospedalizzati, dei letti in terapia intensiva e dei decessi. Posti di fronte a quei dati epidemiologici, di difficile interpretazione ma di grande impatto emotivo, che ogni sera la Protezione Civile sgranava nel suo bollettino, ci siamo sentiti smarriti. In alcuni di noi, questi elenchi di morte hanno risvegliato uno spirito critico. Ma nella maggior parte delle persone, riscontrabili soprattutto tra le fasce più fragili e sole, hanno invece aperto cicatrici e ferite che sarà molto difficile riuscire a sanare.

Può forse confortare il sapere che non siamo stati i soli a navigare nel mare dello sconforto e dell'incertezza creato dalla fredda e impersonale logica statistica che, almeno nella narrazione ufficiale, non lasciava spazio al dubbio. Con la desecretazione dei Verbali del Comitato Tecnico Scientifico, abbiamo infatti appreso che anche i 'tecnici' erano perplessi sulla validità di questi dati. Dai Verbali trapelano interrogativi sulla corretta interpretazione del numero dei decessi attribuibili alla COVID-19, nonché sull'affidabilità dei dati forniti dall'Istituto Superiore di Sanità. Leggiamo nel Verbale n. 17 del 4 marzo:

> In considerazione delle sostanziali disparità nell'incidenza dei casi di decesso per Covid-19 riscontrati a livello europeo e a livello regionale italiano, il CTS invita l'ISS [Istituto Superiore di Sanità, *Nota dell'Autore*] ad effettuare una revisione puntuale e compiuta di tutte le cause di morte per tutti i pazienti deceduti attualmente attribuiti a Covid-19, così come disposto dall'OCDPC n. 640 del 27 febbraio 2020.
>
> Il CTS ribadisce che il flusso informativo dei dati dal territorio continua a presentare forti criticità che impediscono e rallentano la corretta analisi epidemiologica e di conseguenza le

azioni in risposta ai bisogni urgenti delle strutture sanitarie locali.

Il CTS auspica che si giunga a un flusso unico di informazione affidabile e rapido che dovrebbe essere garantito dai dati forniti dall'ISS.[632]

A inizio marzo, secondo la narrazione del 'Nessuno. Uno e centomila' casi, l'Italia balza infatti al primo posto per numero di contagiati e decessi, segnando uno scarto significativo tra l'incidenza del virus nel nostro Paese e quello nel resto del mondo. Tra il primo Decreto Legge del Consiglio dei Ministri del 23 febbraio e la chiusura della Lombardia dell'8 marzo l'epidemia, letteralmente, 'esplode'.

Dell'abisso che separa i dati italiani sulla mortalità per COVID-19 da quelli degli altri Paesi ci dà contezza *@theworldindex*, con un grafico postato il 22 marzo:[633]

DEATHS DUE TO COVID-19 PER MILLION PEOPLE:

Italy: 79.84	Switzerland: 6.47	Denmark: 2.24
Spain: 28.36	Belgium: 5.78	South Korea: 2.03
Iran: 18.53	UK: 3.43	Sweden: 1.98
France: 8.61	Iceland: 2.93	Norway: 1.29
Netherland: 7.94	China: 2.27	USA: 1.03

Questi dati si sommano alle incaute parole del premier Conte che, parlando con i giornalisti, ha dichiarato:

Non possiamo prevedere l'andamento del virus: c'è stato un focolaio e di lì si è diffusa anche per una gestione di una struttura ospedaliera non del tutto propria secondo i protocolli prudenti che si raccomandano in questi casi, e questo ha contribuito alla diffusione. Noi proseguiamo con massima cautela e rigore.[634]

632 Verbale CTS, 4 marzo 2020, n. 14.

633 S. TURIN, *Coronavirus: perché l'Italia ha più morti di tutto il resto del mondo,* "Corriere della Sera", 24.03.2020 [https://www.corriere.it/salute/malattie_infettive/20_marzo_24/coronavirus-perche-l-italia-ha-piu-morti-tutto-resto-mondo-0964d244-6dae-11ea-9b88-27b94f5268fe.shtml].

634 *Coronavirus, Conte: "Un focolaio si è diffuso perché un ospedale non ha seguito i protocolli",* "Rai News", 25 febbraio 2020 [http://www.rainews.it/dl/rainews/

Accusa per nulla velata, alla quale replica duramente l'assessore al Welfare Giulio Gallera, definendola: «Una dichiarazione inaccettabile da una persona ignorante, perché ignora assolutamente quali erano e sono i protocolli definiti dall'Istituto Superiore di Sanità».[635]

Il 14 marzo, dieci giorni dopo l'invito espresso dal CTS a: «Effettuare una revisione puntuale e compiuta di tutte le cause di morte per tutti i pazienti deceduti attualmente attribuiti a Covid-19»[636] il Comitato, nella persona del professor Franco Locatelli, rettifica, sottolineando chiaramente che: «A differenza di quanto riportato da alcuni organi d'informazione, la mortalità osservata nel nostro Paese, una volta aggiustata per fascia d'età, è inferiore ai dati ripostati in Cina».[637]

Ma la percezione che l'Italia fosse 'l'untore' del mondo, incapace di gestire l'emergenza sanitaria, si è dimostrata essere più virale del virus stesso.

Guardiamo più da vicino i dati ufficiali, riportati nel Verbale n. 23 del 10 marzo:[638]

TABELLA 1 - DISTRIBUZIONE DEI CASI DIAGNOSTICATI DAI LABORATORI DI RIFERIMENTO REGIONALE (N=8.342) E DEI DECESSI RIPORTATI (N=357) PER FASCIA DI ETÀ

Classe di età	N° casi	% casi	N° deceduti	% deceduti	% letalità
0-9	43	0,5	0	0	0
10-19	85	1,0	0	0	0
20-29	296	3,5	0	0	0
30-39	470	5,6	0	0	0
40-49	891	10,7	1	0,3	0,1
50-59	1.453	17,4	3	0,8	0,2
60-69	1.471	17,7	37	10,4	2,5
70-79	1.785	21,4	114	31,9	6,4
>=80	1.532	18,4	202	56,6	13,2
Non riportato	316	3,8	0	0	0

articoli/coronavirus-numero-contagiati-italia-borreli-nessun-nuovo-focolaio-sesta-vittima-f4b7a314-d16a-4d78-a320-4aad2d233f66.html].

635 *Coronavirus, Conte: "Un focolaio si è diffuso perché un ospedale non ha seguito i protocolli",* "Rai news", 25 febbraio 2020, cit.

636 Verbale CTS, 4 marzo 2020, n. 14.

637 Verbale CTS, 14 marzo 2020, n. 27.

638 Verbale CTS, 10 marzo 2020, n. 23.

Nel Verbale n. 38 del 27 marzo, ad accompagnare la tabella della *Distribuzione dei casi diagnosticati dai laboratori di riferimento regionale e dei decessi segnalati per fascia di età e di sesso* troviamo una chiave di lettura in grado di orientarci tra questi numeri:

> La letalità [...] evidenzia un incremento con l'andamento della fascia d'età. [...] Tra i soggetti deceduti, complessivamente, è stata segnalata almeno una co-morbidità nell'88% dei casi (patologie cardiovascolari, patologie respiratorie, diabete, deficit immunitari, patologie metaboliche, patologie oncologiche, obesità, patologie renali o altre patologie croniche).[639]

Dato, non ci stancheremo mai di dirlo, che era già a disposizione del Governo il 22 di gennaio e sul quale non si è intervenuto per tempo.

Questa danza macabra ci porta a formulare alcune domande chiave, per comprendere la narrazione dell'epidemia: chi ha calcolato i morti da COVID-19, e come? Qual è la sottile linea rossa che demarca i morti 'per' COVID dai morti 'con' COVID? Perché non si è invocata quella *Prudenza nell'interpretazione*[640] che invece è stata utilizzata nell'aumento di mortalità del 2015? Perché non si è sentito parlare del cosiddetto 'effetto rimbalzo' e dell''effetto mietitura'?

Non è semplice trovare il bandolo della matassa.

Partiamo dall'inizio. Come esplicitato nel Verbale n. 17 del 4 marzo, la sorveglianza epidemiologica e microbiologica del SARS-COV-2 è normata dall'OCDPC n. 640 del 27 febbraio 2020.[641] In questa Ordinanza, leggiamo che spetta all'Istituto Superiore di Sanità predisporre e gestire la piattaforma dati inerenti alla COVID-19, che le Regioni e le Provincie Autonome sono tenute ad alimentare. L'Istituto Nazionale di Malattie Infettive Lazzaro Spallanzani di Roma:

639 Verbale CTS, 27 marzo 2020, n. 38.

640 *Aumento di mortalità nel 2015? Prudenza nell'interpretazione,* Epicentro ISS, 11.02.2016 [https://www.epicentro.iss.it/mortalita/EccessoMortalita2015].

641 Ordinanza Presidenza Consiglio dei Ministri, 27 febbraio 2020, n. 640, recante: *"Ulteriori misure urgenti in di protezione civile in relazione all'emergenza relativa al rischio sanitario connesso all'insorgenza di patologie derivanti da agenti virali trasmissibili".*

> In qualità di Centro collaboratore dell'Organizzazione Mondiale della Sanità per la gestione clinica, diagnosi, risposta e formazione sulle malattie altamente contagiose, in collaborazione con l'Istituto Superiore di Sanità, effettua la sorveglianza delle caratteristiche cliniche dei casi nazionali, attraverso apposito database, connesso con la piattaforma dati.[642]

I dati raccolti devono poi essere «comunicati tempestivamente»[643] dall'ISS al Ministero della Salute e al Capo del Dipartimento della Protezione Civile, e messi a disposizione delle Regioni.

Da quanto trapela dai Verbali del CTS questo complesso meccanismo, che coinvolge differenti attori, non ha però sempre funzionato al meglio. Nel Verbale n. 36 del 25 marzo, il CTS acquisisce il documento *Sorveglianza Integrata COVID-19 in Italia,* in cui sono riportati i dati epidemiologici aggiornati dell'Istituto Superiore di Sanità. All'interno di questo documento viene riportata una tabella nella quale si mettono a paragone il totale dei casi in dato ISS con quelli della Protezione Civile. La tabella è anticipata dalla segnalazione delle «limitazioni»:

> Le stime risentono di una qualità del dato che è per molte Regioni carente. La tabella seguente mostra come per la maggioranza delle Regioni il dato su cui vengono fatte le stime è intrinsecamente poco affidabile.[644]

In effetti, per alcune Regioni, i dati forniti dall'ISS e dalla Protezione Civile differiscono di molto: nel Lazio il dato ISS riposta 825 casi, mentre quello della Protezione Civile 1.383; per il Piemonte sono rispettivamente 3.273 e 4.420; per la Sicilia 326 e 630; per la Toscana 1.312 e 2.277; per la Basilicata 10 e 81...

Si potrebbe pensare che la mancanza di affidabilità dei dati possa essere attribuibile al caos generalizzato nel quale il Paese era sprofondato. Dati in base ai quali, ricordiamo, il CTS forniva e fornisce i consigli per la gestione dell'emergenza e che avrebbero dovuto essere «comunicati tempestivamente».

642 Ordinanza Presidenza Consiglio dei Ministri, 27 febbraio 2020, n. 640, cit.

643 *Ivi.*

644 Verbale CTS, 25 marzo 2020, n. 36.

Ma non è così, perché ancora il 22 maggio, dal Verbale n. 79 si scopre che:

> Al fine di adempiere a quanto previsto dall'Art. 1 co. 16 del DL 16/05/2020 n. 33, il CTS apprende esclusivamente dalla conferenza stampa dell'ISS ed in maniera solo parziale i dati provenienti dalle Regioni relativi alla distribuzione del SARS-CoV-2, che rende assolutamente inattuabile ogni azione del CTS. In considerazione di ciò, si richiede al Sig. Ministro della Salute la definizione di ruoli e competenze per il CTS medesimo, al fine di poter consentire in maniera coerente la prosecuzione del mandato in tale ambito.[645]

Non è la prima volta che il CTS esprime il proprio disappunto in questi termini. Il meccanismo di trasmissione dei dati epidemiologici, già definiti «poco affidabili», si deve essere più volte inceppato, rendendo «assolutamente inattuabile ogni azione del CTS».[646]

Preso consapevolezza di questa situazione a dir poco allarmante nella gestione dei dati dell'epidemia, arriviamo ora ad analizzare la spinosa questione della definizione, certificazione e codifica dei decessi attribuiti alla COVID-19.

A darne contezza è il Verbale n. 88 del 12 giugno, nel quale: «Il CTS, dopo ampia condivisione, approva la bozza del documento "COVID-19 – Rapporto *ad interim* su definizione, certificazione e codifica dei decessi attribuibili a Covid-19" proposto da ISS, INAIL, ISTAT».[647] Sebbene indicato come allegato, questo documento è stato omesso nel Verbale stesso, ma è reperibile sul sito dell'ISS.[648]

Questo Rapporto: «Recepisce le raccomandazioni su questi temi fornite dall'Organizzazione Mondiale della Sanità[649] e le

[645] Verbale CTS, 22 maggio 2020, n. 79.

[646] *Ivi.*

[647] Verbale CTS, 12 giugno 2020, n. 88.

[648] Rapporto ISS COVID-19, n. 49/2020, *COVID-19: rapporto ad interim su definizione, certificazione e classificazione delle cause di morte,* ISS, versione 8 giugno 2020 [https://www.iss.it/documents/20126/0/Rapporto+ISS+COVID-19++49_2020+%281%29.pdf/9378da12-76ae-f51f-9666-14c7c2078a17?t=1592583825077].

[649] https://www.who.int/classifications/icd/Guidelines_Cause_of_Death_COVID-19-20200420-EN.pdf?ua=1

contestualizza alla realtà italiana»[650] e ha come primo obiettivo il fornire la definizione di un decesso dovuto alla COVID-19.

Prima di inoltrarci nella lettura di questo Rapporto, soffermiamoci un istante sulla data della versione iniziale dell'ISS: l'otto giugno. Il CTS «dopo ampia condivisione» approva la bozza il 12. Prima di questa data, in pieno *lockdown*, si faceva riferimento al documento *Covid-19: indicazioni per la compilazione della scheda di morte* (modello ISTAT D4),[651] elaborato dall'ISTAT. Documento che, al punto *Indicazioni per la compilazione della parte A in presenza di Covid-19*,[652] indica:

> Riportare sempre il COVID-19 – È importante riportare sempre l'informazione, confermata o sospetta, della presenza di COVID-19. Se si ritiene che il COVID-19 abbia causato direttamente il decesso, riportare questa condizione in parte I, anche se non c'è una diagnosi confermata. Riportare comunque la condizione indicando "probabile" o "sospetta".[653]

Una delucidazione su queste indicazioni viene fornita dal Rapporto ISS/INAIL/ISTAT approvato dal CTS in giugno, al capitolo 6 *Linee guida per la codifica del COVID-19 nella mortalità*:

> Sebbene entrambe le categorie, U07.1 (COVID-19, virus identificato) e U07.2 (COVID-19, virus non identificato) possano essere utilizzate per la codifica delle cause di morte, l'OMS riconosce che in molti Paesi l'informazione sul risultato del test è spesso assente e che molti certificatori omettono di riportare questa informazione, pertanto raccomanda di utilizzare provvisoriamente il codice U07.1 [COVID-19, virus identificato, *Nota dell'Autore*], a meno che non sia esplicitamente riportato COVID-19 probabile o sospetto, nel qual caso la categoria utilizzata è U07.2.[654]

650 https://www.who.int/classifications/icd/Guidelines_Cause_of_Death_COVID-19-20200420-EN.pdf?ua=1

651 *COVID-19: indicazioni per la compilazione della scheda di morte (modello ISTAT D4)*, ISTAT [https://www.istat.it/it/files/2020/03/Covid_Indicazioni_scheda_morte.pdf].

652 La parte A è riservata alle cause di morte, ossia a tutte le condizioni che hanno contribuito a determinare il decesso.

653 *Covid-19: indicazioni per la compilazione della scheda di morte (modello ISTAT D4)*

654 Rapporto ISS COVID-19, n. 49/2020, *COVID-19: rapporto ad interim su definizione, certificazione e classificazione delle cause di morte*, cit.

Lo stesso Rapporto, al capitolo 2 *Definizione di decesso per COVID-19*, indica i 4 criteri che devono essere presenti per definire un decesso dovuto a COVID-19:

> 1. Decesso occorso in un paziente definibile come caso confermato di COVID-19 (casi confermati dai laboratori di riferimento regionali con test molecolari di SARS-CoV-2) [...];
> 2. Presenza di un quadro clinico e strumentale suggestivo di COVID-19 (La definizione di quadro clinico compatibile è di pertinenza del medico che certifica le cause di morte, curante o necroscopo) [...];
> 3. Assenza di una chiara causa di morte diversa dal COVID-19 o comunque non riconducibile all'infezione da SARS-CoV-2 (per esempio trauma) [...];
> 4. Assenza di periodo di recupero clinico completo tra la malattia e il decesso [...];[655]

Tralasciando gli altri, è il terzo criterio a rivestire maggiore interesse ai fini della nostra indagine. Riportiamo testualmente:

> Assenza di una chiara causa di morte diversa dal COVID-19 o comunque non riconducibile all'infezione da SARS-CoV-2 (per esempio trauma). Ai fini della valutazione di questo criterio, non sono da considerarsi tra le chiare cause di morte diverse da COVID-19 le patologie pre-esistenti che possono aver favorito o predisposto ad un decorso negativo dell'infezione. Una patologia pre-esistente è definita come qualsiasi patologia che abbia preceduto l'infezione da SARS-CoV-2 o che abbia contribuito al decesso pur non facendo parte della sequenza di cause che hanno portato al decesso stesso. Per esempio, sono patologie pre-esistenti il cancro, le patologie cardiovascolari, renali ed epatiche, la demenza, le patologie psichiatriche ed il diabete.[656]

Più avanti, al punto *Codifica cause di morte in presenza di Covid-19*, si legge:

> Nella valutazione dei concatenamenti accettabili (durante l'applicazione delle regole di selezione SP1-SP5) si deve

[655] *Ibidem*, p. 2.

[656] *Ivi*.

> utilizzare il seguente criterio: il COVID-19 non dovrebbe essere accettato come dovuto ad altre condizioni morbose, in analogia con quanto avviene per malattie quali l'influenza o altre malattie emergenti di particolare interesse. Infatti, lo scopo della classificazione è quello di produrre l'informazione più utile possibile e, quindi, l'accettabilità delle sequenze è dettata più da motivi di interesse per la sanità pubblica che da considerazioni puramente mediche. È quindi raccomandato di applicare sempre il criterio descritto, anche se le sequenze riportate sul certificato possano apparire plausibili. Queste disposizioni, infatti, sono alla base della comparabilità internazionale dei dati.[657]

Queste indicazioni ci rimandano alla 'relazione causale' che porta a stabilire la 'causa di morte'. Per comprendere meglio questo meccanismo, dobbiamo rifarci a un documento precedente, intitolato *Codifica delle cause di morte con l'ICD-10, versione 2016 – istruzioni adottate dall'ISTAT e orientate al sistema Iris.*[658] Sul sito si legge: «Per la codifica delle cause di morte, l'Istat utilizza la decima revisione della Classificazione internazionale delle malattie (ICD10) pubblicata e aggiornata periodicamente dall'Organizzazione mondiale della sanità (OMS)».[659] Nel documento si spiega la 'relazione causale':

> Una relazione causale esiste se una condizione menzionata sul certificato può essere causata da un'altra condizione anch'essa riportata sul certificato. Tuttavia, nella codifica delle cause di morte una relazione causale può essere considerata accettabile o meno non solo in base ad una valutazione medica, ma anche sulla base di considerazioni di carattere epidemiologico o di salute pubblica. Pertanto una relazione causale accettabile dal punto di vista medico potrebbe risultare non accettabile nelle istruzioni di codifica, poiché un elemento successivo nella sequenza potrebbe risultare più importante dal punto di vista della salute pubblica.[660]

[657] Rapporto ISS COVID-19, n. 49/2020, *COVID-19...*, cit.

[658] *Codifica delle cause di morte con l'ICD-10, versione 2016 – istruzioni adottate dall'ISTAT e orientate al sistema Iris,* ISTAT, versione 2018 [https://www.istat.it/it/archivio/222078].

[659] *Ivi.*

[660] *Ivi.*

Più avanti nel testo viene ribadito lo stesso concetto:

> Si noti che l'elenco delle relazioni causali accettabili e non accettabili riflette ciò che è importante selezionare per la salute pubblica, anche se da un punto di vista puramente medico le relazioni causali possono essere valutate diversamente. Pertanto, per la codifica controllare sempre le istruzioni nel paragrafo 4.2.3 *Istruzioni speciali su sequenze accettabili e non accettabili (step SP3 e SP4)* e applicarle anche se possono non apparire corrette da un punto di vista medico. [661]

In questo modo, ciò che è importante per la salute pubblica si discosta dalla Medicina e ciò che non appare corretto da un punto di vista medico deve essere dogmaticamente applicato.

Queste sono le indicazioni per la codifica della causa di morte, basato sulla *Classificazione internazionale delle malattie (Icd10)* pubblicata e aggiornata periodicamente dall'Organizzazione Mondiale della Sanità.

Analizziamo un esempio lampante di 'relazioni causali accettabili e non accettabili'. Al punto 4.2.4 *Istruzioni speciali su ovvie cause,* è indicata la procedura da seguire in presenza di complicanze dell'HIV:

> (a) Malattie infettive e HIV
> Considerare la malattia da HIV (B20-B24), ma non la condizione di sieropositività (R75), come un'ovvia causa di malattie infettive [segue elenco, *Nota dell'Autore*]
> (b) Tumori maligni e HIV
> Considerare sia la malattia da HIV (B20-B24) che la condizione di sieropositività (R75) come l'ovvia causa dei seguenti tumori maligni [segue elenco, *Nota dell'Autore*]
> (c) Immunodeficienza e HIV
> Considerare la malattia da HIV (B20-B24) come ovvia causa di immunodeficienza
> (d) Polmonite e HIV
> Considerare la malattia da HIV (B20-B24), ma non la condizione di sieropositività (R75), come un'ovvia causa della polmonite (J12-J18).
> (e) Sindrome da deperimento *(Wasting syndrome)* e HIV

[661] *Ivi.*

> Considerare sia la malattia da HIV (B20-B24) che la condizione di sieropositività (R75), come un'ovvia causa della sindrome da deperimento (R64).[662]

Secondo queste indicazioni, l'HIV si considera «un'ovvia causa» di tumori, immunodeficienza, polmonite e altre sindromi. Ma c'è un 'ma'. Al punto 4.2.3 *Istruzioni speciali su sequenze accettabili e non accettabili,* troviamo infatti questa indicazione:

> Questo paragrafo elenca le sequenze di cause di morte che dovrebbero essere accettate o non accettate quando si seleziona la causa iniziale di morte. Lo scopo di questi elenchi è di produrre statistiche di mortalità più utili possibile. Pertanto, se una sequenza viene indicata come "non accettabile" o "accettabile" questo può riflettere ciò che è importante per la salute pubblica piuttosto che ciò che è accettabile da un punto di vista puramente medico. Pertanto, queste istruzioni vanno sempre seguite, sia che possano essere considerate corrette dal punto di vista medico o meno. I singoli paesi non dovrebbero effettuare correzioni su ciò che si presume essere un errore, poiché cambiamenti (scelte diverse) a livello nazionale porteranno ad ottenere dati meno confrontabili con quelli di altri paesi, e così meno utili per l'analisi.
>
> [...] B. Sequenze non accettabili
>
> (a) Malattie infettive dovute ad altre condizioni
>
> Non accettare le seguenti malattie infettive e parassitarie come dovute a qualsiasi altra causa, neppure HIV/AIDS, tumori maligni o condizioni che compromettono il sistema immunitario: [...] [quali, *Nota dell'Autore*]
>
> – altre malattie emergenti notificabili all'OMS (per esempio, U04 SARS, J09, Influenza aviaria)
>
> – influenza dovuta ad alcuni virus influenzali identificati (J09).[663]

L'HIV, al pari di 'qualsiasi altra causa', non può dunque considerarsi «un'ovvia causa» di malattie emergenti né di virus influenzali identificati. In linea con queste 'istruzioni speciali',

[662] *Codifica delle cause di morte con l'icd-10, versione 2016 – istruzioni adottate dall'ISTAT e orientate al sistema Iris*, ISTAT, versione 2018

[663] *Ivi.*

nel documento adottato dal CTS a giugno 2020, per la certificazione e classificazione delle cause di morte in presenza di COVID, viene riportato a titolo di esempio di errata compilazione, il caso di un paziente affetto da HIV, nel quale il medico curante ha indicato come causa di morte proprio questa malattia:[664]

4. Parte I	
Causa di morte: sequenza di condizioni morbose o traumatismi/avvelenamenti che ha condotto a morte	*Tempo intercorso tra l'insorgenza della causa indicata e la morte*
Causa iniziale. Scegliere la sola patologia o trauma che ha dato inizio alla sequenza:	
1 ***Malattia da HIV*** ***B24***	***5***
(che ha provocato la causa nella riga successiva)	*(anni/mesi/giorni)*
Eventuali condizioni o complicazioni che fanno parte della sequenza:	
2 ***COVID-19*** ***U07.1***	***7***
(che ha provocato la causa nella riga sucessiva)	*(anni/mesi/giorni)*
3 ***Sindrome da distress respiratorio acuto*** ***J80***	***3***
(che ha provocato la causa nella riga sucessiva)	*(anni/mesi/giorni)*
4	
(che ha provocato la causa nella riga sucessiva)	*(anni/mesi/giorni)*
4. Parte II	
Altri stati morbosi rilevanti: indicare altre condizioni morbose o traumatismi/avvelenamenti che non fanno parte della sequenza riportata nel quesito 4, Parte I, ma che hanno contribuito al decesso	
	(anni/mesi/giorni)

La scheda così compilata dà luogo al commento seguente:

In questo esempio il medico certificatore avrebbe dovuto riportare la malattia da HIV in parte II come altro stato morboso

664 Rapporto ISS COVID-19, n. 49/2020, *COVID-19...*, cit..

> rilevante. Tuttavia, le regole di selezione dell'ICD consentono di identificare il COVID-19 come causa iniziale di morte. Il COVID-19 è riportato in una sequenza morbosa che porta ad una condizione terminale (Sindrome da distress respiratorio acuto dovuta a COVID-19). Per la selezione della causa iniziale si applica lo step SP4 poiché è stata compilata più di una riga nella parte I del certificato e la condizione riportata per prima sulla prima riga utilizzata in parte I (malattia da HIV) non può causare tutte le altre condizioni.[665]

Ecco come, grazie a un servile inchino della Medicina alle necessità statistiche della 'salute pubblica' che fa capo all'OMS e ai suoi finanziatori, la COVID-19 è stata indicata come causa di morte per una larga parte dei decessi occorsi nei mesi della pandemia, anche in quei pazienti affetti da patologie oncologiche, da malattie autoimmuni, immunodepressi la cui aspettativa di vita, spesso, era limitata. Per le quali, come vedremo inseguito, in altre occasioni si è ricorso all'effetto 'rimbalzo' e l'effetto 'mietitura' al fine di minimizzare l'aumento di mortalità.

Come abbiamo letto: «Queste istruzioni vanno sempre seguite, sia che possano essere considerate corrette dal punto di vista medico o meno. I singoli paesi non dovrebbero effettuare correzioni su ciò che si presume essere un errore».[666]

Ma il sistema si è spinto oltre, prevedendo la rettifica dell'operato dei medici fedeli alla Medicina più che agli obiettivi dell'OMS. Infatti, qualora un medico si esprimesse diversamente rispetto a queste direttive, ritenendole scorrette da un punto di vista medico, interviene il sistema automatico Iris e la verifica manuale:

> Si fa presente, inoltre, che per la codifica dei certificati di morte l'Istat utilizza il sistema automatico Iris. Questo sistema è stato aggiornato per rendere possibile la codifica automatica dei casi con COVID-19 e applica le regole appena descritte, tuttavia una verifica manuale è incoraggiata dall'OMS, specialmente per quei casi in cui il COVID-19 è menzionato ma non selezionato come causa iniziale.[667]

665 Rapporto ISS COVID-19, n. 49/2020, cit.

666 *Codifica delle cause di morte con l'icd-10, versione 2016...*, ISTAT, cit.

667 Rapporto ISS COVID-19, n. 49/2020, cit.

Da tutto questo meccanismo che non ha nulla a che vedere con la Medicina e molto con l'OMS, è derivata la sovrastima del numero di decessi che, amplificata dal megafono distopico dei *mass media,* ha diffuso la percezione di un virus letale. Dati che hanno portato il CTS stesso a richiedere la: «Revisione puntuale e compiuta di tutte le cause di morte per tutti i pazienti deceduti attualmente attribuiti al Covid-19»,[668] come abbiamo visto in precedenza.

Il 18 novembre l'ISS ha diffuso il *Report sulle caratteristiche dei pazienti deceduti positivi all'infezione da SARS-CoV-2 in Italia,* che ci aiuta nella lettura di questa tematica tanto sensibile:

> L'analisi si basa su un campione di 41.737 pazienti deceduti e positivi all'infezione da SARS-CoV-2 in Italia. [...] L'età media dei pazienti deceduti e positivi a SARS-CoV-2 è 80 anni (mediana 82, range 0-109, Range InterQuartile – IQR 74-88). [...] Il numero medio di patologie osservate in questa popolazione [dato ottenuto da 5234 deceduti per i quali è stato possibile analizzare le cartelle cliniche, *Nota dell'Autore*] è di 3,5. [...] Complessivamente, 174 pazienti (3,3% del campione) presentavano 0 patologie, 682 (13,0%) presentavano 1 patologia, 988 (18,9%) presentavano 2 patologie e 3.390 (64.8%) presentavano 3 o più patologie.[669]

Da medico legale, ho trovato sconvolgente l'essere chiamato a certificare la morte del più giovane malato di COVID-19 in Italia. Le testimonianze dei colleghi medici e lo studio condotto con la Meleam evidenziavano come il SARS-COV-2 fosse un virus assolutamente banale, incapace di uccidere soggetti privi di un quadro clinico già compromesso. Quella richiesta mi ha fatto vacillare. Il ragazzo deceduto aveva 36 anni. Dalle informazioni che mi erano state fatte pervenire, il suo stato di salute era buono. Quando, con due colleghi, abbiamo analizzato la salma ci siamo trovati davanti un uomo dializzato, paraplegico e diabetico. Ho testato in prima persona l'ipocrisia

668 Verbale CTS, 4 marzo 2020, n. 14.

669 *Report sulle caratteristiche dei pazienti deceduti positivi all'infezione da SARS-CoV-2 in Italia,* ISS, 18.11.2020 [https://www.epicentro.iss.it/coronavirus/sars-cov-2-decessi-italia].

di chi gioca con il dolore e con la morte. E l'ho trovato umanamente nauseante.

Per questo ribadiamo oggi con forza che il SARS-COV-2 non ha causato la morte se non di persone con una situazione clinica compromessa.

La COVID-19, invece, con la sua *danse macabre* piegata alle necessità statistiche di una salute pubblica scollata dalla Medicina e servile all'OMS e alle aziende che la foraggiano, sottomettendo l'interesse pubblico a quello privato, si è dimostrata letale per il benessere psicofisico dell'umanità, per l'economia e per la società in generale. Solamente in questa accezione, è corretto sostenere che la COVID-19 rappresenta la malattia più pericolosa con la quale l'umanità si sia mai confrontata.

13. Crisan-temi

> Al crisantemo, se portasse un altro nome,
> sarebbe più facile incantare il mondo.
> ANONIMO

> ... e soprattutto mi sembra che chiunque voglia discorrere di quest'arte debba trattare le cose che sono famigliari alla gente comune [...] dal momento che alle persone ignoranti in medicina non è facile comprendere le loro stesse malattie, come esse si originino e come cessino, né quali cause le facciano peggiorare o guarire. [...] Ma se un medico non riesce a trasmettere le nozioni ai non specialisti e non li rende in grado di ascoltarlo, fallisce il suo obbiettivo.
> *De prisca medicina, Corpus Hippocraticum*

Di tutto questo non abbiamo mai sentito parlare nei salotti televisivi. Troppo tecnico. Troppo scorretto dal punto di vista medico. Troppo asservito alle necessità della narrazione ufficiale e agli interessi di chi sta orchestrando questa *danse macabre*.

È risaputo: la COVID-19 è una malattia politicamente corretta. Tanto corretta che il perfino il nome è stato scelto: «Con accuratezza e per evitare lo stigma; pertanto non si riferisce a nessuna località geografica animale, individuo o gruppo di persone».[670] Per questo, se nell'ultimo secolo il mondo si è trovato ad affrontare la Spagnola, l'Asiatica e la Spaziale, la società odierna è talmente attanagliata dal politicamente corretto da non osare chiamare più le cose con il proprio nome per «evitare lo stigma».

Peccato che a questo delicato sotterfugio linguistico non sia accompagnata una narrazione sobria e rassicurante, in grado di evitare il dilagare della paura. Una strategia comunicativa capace di orientare la popolazione in questo momento di

[670] *Chronologie de l'action de l'OMS face* à la COVID-19, OMS, 29.06.2020 [https://www.who.int/fr/news-room/detail/29-06-2020-covidtimeline].

smarrimento, lontana da ogni allarmismo, capace di prendere le distanze da *scoop* macabri, sacrificando l'*audience* del terrore alla morigeratezza. Non è un'utopia. C'è stato un tempo in cui radio e televisione erano strumenti educativi. Non 'superdiffusori' di un panico contagioso. Per i nostalgici, facciamo un tuffo nel passato, all'epidemia del 1969.

A cavallo del Natale era giunta in Italia la cosiddetta 'Spaziale', nome che celebrava l'impresa del 21 luglio, quando Neil Armstrong aveva compiuto il primo passo sulla superficie lunare: «Questo è un piccolo passo per l'uomo, ma un grande balzo per l'umanità».

Questo il resoconto dell'epidemia in un Tg dell'epoca:

> E adesso una domanda: che cosa ci ha portato il Natale? Le solite cose: festoni colorati, pioggia e influenza. Una vera epidemia. Tredici milioni di italiani a letto, un italiano su quattro, e cinquemila sono passati a miglior vita. Le strade, le fabbriche, gli uffici, i mercati si sono mezzi vuotati. A riempirsi sono stati gli ospedali, doppi letti, dunque, anche se le cliniche sono sempre le stesse. «Quando Mao starnuta – dice un proverbio inglese coniato da poco – il mondo si ammala». Di fatti, l'epidemia di questo inverno è nata a Hong Kong nel luglio del '68, un anno e mezzo fa. Ha impiegato 18 mesi per arrivare in Italia ma, in compenso, ci ha colto del tutto impreparati. Adesso che è quasi passata [...] possiamo fare il bilancio: negativo senz'altro. L'influenza non è pericolosa? e chi lo dice! Non bastano sciroppi e supposte, gocce e iniezioni che vengono dopo. Occorre fermare il virus prima che arrivi. [...] Prevenire, insomma, non soltanto reprimere. Senza contare il pericolo di ricadute. Staremo a vedere [...] il girotondo ricomincia, pensiamoci in tempo.[671]

Paradossale vedere come tutto sia cambiato pur non cambiando nulla. Il girotondo è ricominciato, sempre uguale a se stesso: oggi come allora, Mao ha starnutito e il mondo si è ammalato. L'epidemia proveniente dalla Cina ha colto il nostro paese impreparato; il Sistema Sanitario è stato portato al collasso; il bilancio dei malati e dei morti è tragico. L'unica cosa a cambiare, in peggio, è stata la narrazione.

[671] *L'epidemia influenzale 1969-79,* "Istituto Luce Cinecittà", caricato online il 04.03.2020 [https://www.youtube.com/watch?v=uXIrGeh93IM]..

Chi ha parlato senza mezzi termini di questo «autunno della ragione»,[672] di questa «confusione mediatica, questa esagerazione, questa frenesia, questa perdita della ragione» è stato Giorgio Palù, virologo e microbiologo, professore di Neuroscienze presso l'Università di Philadelphia, nominato a dicembre presidente dell'AIFA.[673] Alla trasmissione "Primus Inter Pares" del Gruppo Tv7, mette in guardia:

> Direi che questa narrazione è stata molto isterica, allarmistica, tesa anche da parte vostra [dei giornalisti, *Nota dell'Autore*], mi permetta, tesa a suscitare clamore, allo scoop. [...] Nel mondo ormai la comunicazione dilaga e quando qualcuno è allarmato e passa su internet la cosa si diffonde e quindi, come dicevo, la paura è virale. Il raziocinio e il buonsenso non sono virali, in quanto non contagia [...] La gente mi ferma per strada e mi domanda: ma moriremo tutti?[674]

Questa narrazione 'isterica', 'allarmistica' è stata causata anche e soprattutto dal caos cognitivo provocato dal martellante vociferare di sedicenti esperti, il cui campo di ricerca spazia dall'Entomologia alla Veterinaria, i quali con grande *nonchalance* si sono attribuiti o si sono fatti attribuire dai giornalisti il ruolo di virologi. Mette in guardia il prof. Palù:

> Autoaffermazione, autoacclamazione di sedicenti virologi, di pseudovirologi, di paravirologi e il fatto che i giornalisti li abbiano etichettati come tali. Ecco da noi [...] abbiamo l'esperto ad ogni trasmissione [...] Questo è anche colpa di chi interpella dei cosiddetti esperti e gli attribuisce una conoscenza e non guarda il curriculum. Questo all'estero non avviene. Nei talk-show partecipano attrici, soubrette e si intersecano dialoghi che vanno dal politico, all'economico, al sociale, al medico-scientifico. Capisco che le persone siano confuse.[675]

672 G. PALÙ, *Primus Inter Pares* (2 di 4), Gruppo Tv7, 14.10.2020, cit.

673 *Giorgio Palù nuovo presidente Aifa, oggi la nomina,* "ANSA", 03.12.2020 [https://www.ansa.it/canale_saluteebenessere/notizie/sanita/2020/12/03/giorgio-palu-nuovo-presidente-aifa-oggi-la-nomina_c6aff3b0-dabe-42d9-b1b2-489c3e18346b.html].

674 G. PALÙ, *Primus Inter Pares* (1 di 4), Gruppo Tv7, 14.10.2020, cit.

675 G. PALÙ, *Primus Inter Pares* (2 di 4), Gruppo Tv7, 14.10.2020, cit.

Per dissipare questa confusione, è fondamentale delineare la figura del virologo. La Virologia è la scienza che, come dice l'etimo, studia i virus, la loro origine, la struttura, i meccanismi di replicazione, quelli attraverso i quali causano le malattie e le strategie per individuarli. Questo è il campo di ricerca dei virologi. Altra cosa sono gli infettivologi, che si occupano invece dei sintomi delle malattie causate dai virus e delle cure dei pazienti infetti. Ci sono poi gli igienisti, che studiano e descrivono le curve epidemiche. In un mondo sempre più specializzato, che biasima la 'tuttologia', ognuno ha il suo campo di ricerca specifico, che non può e non deve essere sovrapposto a quello degli altri. Tra questi, spicca poi la figura degli entomologi, dei quali il prof. Palù ci fornisce una descrizione colorata: «Esperti di zanzare o di malaria, che non avevano mai visto o pubblicato un lavoro scientifico su un virus».[676] Il riferimento è al professor Andrea Crisanti, che abbiamo amato nella parodia di Crozza, la cui narrazione della pandemia sottende una certa tensione verso la veggenza e il catastrofismo:

> Mi chiami Crisantemi, nell'ambiente mi chiamano tutti così. A gennaio il cielo diventerà color sangue. Pioveranno castori infetti [...] Tra la quarta e la quinta ondata pioveranno capodogli. [...] Ci sarà un picco di assemblee di condominio... perché si dovranno rifare i tetti. [...] Bisognerà stare chiusi in casa per almeno otto-nove-dieci anni. [...] Questo è solo gennaio... eh perché febbraio...»[677]

Il professor Palù, che non fa satira, ne parla con cognizione di causa. Non solo perché ha fondato la Società italiana di Virologia e ha diretto il Centro europeo di virologia per sette anni, ma perché è stato proprio lui a chiamare in Italia Crisanti:

> È un mio allievo, nel senso che accademicamente l'ho chiamato io da Londra. Non è un virologo, non ha mai pubblicato un lavoro di virologia. Devo dire che negli ultimi dieci anni non ha neanche pubblicato lavori di microbiologia. Ho fatto

[676] G. PALÙ, *Primus Inter Pares* (2 di 4), Gruppo Tv7, 14.10.2020, cit.

[677] *Crozza Crisanti "A gennaio il cielo diventerà color sangue"*, "Nove", 14.12.2020 [https://www.youtube.com/watch?v=sORfcduXTvE].

una certa difficoltà a chiamarlo, dico le cose per quelle che sono. Ma è un esperto di zanzare.[678]

L'Entomologia riveste una grande importanza nello studio della diffusione dei virus perché una larga fetta delle virosi viene trasmessa dagli insetti e, in particolare, dalle zanzare. Per questo è stato richiamato in Italia:

> Pensavo di fare una cosa buona per la comunità scientifica, chiamando un esperto, un entomologo, uno che aveva studiato all'inizio la malaria, ma che poi si era incentrato sulla riproduzione sessuale di una zanzara (la *Anopheles nefastus*) per renderla sterile e non trasmettere la malaria.[679]

Il prof. Crisanti si è poi trovato al posto giusto al momento giusto. Leggiamo dal curriculum pubblicato su Wikipedia:

> Durante la pandemia di COVID-19 in Italia, Crisanti ha condotto uno studio sui cittadini di Vo' e scoperto che la maggior parte delle persone infette erano portatori asintomatici, ma in grado di diffondere il virus SARS-CoV-2. Nella primavera del 2020 è stato nominato dalla regione Veneto consulente tecnico. È stato tra i primi a rilevare la contagiosità degli infetti asintomatici e a far effettuare i tamponi su di essi. A maggio 2020 è stato insignito del sigillo della città di Padova, per i suoi meriti nella gestione della pandemia di COVID-19. A fine giugno 2020 viene nominato dal PM di Bergamo consulente speciale sulle indagini delle morti per COVID-19 nelle RSA e nella sanità lombarda.[680]

Curriculum di tutto rispetto, che non gli ha però impedito di farsi attribuire il ruolo del 'virologo', per vedersi costretto, a distanza di mesi dall'inizio della pandemia, a confessare «Faccio chiarezza, non sono un virologo. Faccio outing».[681]

678 G. PALÙ, *Primus Inter Pares* (3 di 4), Gruppo Tv7, 14.10.2020, cit.

679 *Ivi.*

680 *Andrea Crisanti (medico)*, "Wikipedia", [https://it.wikipedia.org/wiki/Andrea_Crisanti_(medico)].

681 *Crisanti fa 'outing': "Non sono virologo..."*, "AdnCronos", 25.06.2020 [https://www.adnkronos.com/fatti/cronaca/2020/06/25/crisanti-outing-non-sono-virologo_3MEey5dPY6fEaRmoQtQfWM.html].

Ma non è solo questa invasione di campo che gli viene rimproverata. Ospite di "Studio 24" (RaiNews24), nel commentare le misure prese con il DPCM del 12 ottobre, dichiara in merito alla possibilità di un *lockdown* a Natale: «Credo sia nell'ordine delle cose [...] un lockdown in quel periodo potrebbe resettare il sistema».[682]

Nei commenti leggiamo: «Crisanti fai meno TV la gente è terrorizzata fai meno il fenomeno!! Chiudere tutto?? Veniamo a mangiare tutti a casa tua!!!!!!!!!!!!!!!!!!!!!»[683]

Seraficamente, il prof. Palù, commenta:

> Quando una persona che fa predizioni, questi sono DPCM di pseudovirologi, fa anche lui suo Decreto del Presidente della Repubblica e sancisce il *lockdown* io mi domando ma a che titolo e poi: su che base? [...] Un *lockdown* generalizzato, ormai lo hanno capito tutti, questo paese non se lo può permettere.[684]

Crisanti, dal canto suo, si è difeso attaccando Palù di voler: «Generare un monopolio culturale sull'area complessiva della pandemia sulla base "autoreferenziale"».[685]

Quando, tra qualche anno, questa pandemia sarà studiata dai sociologi, questo stato di generale caos e confusione rappresenterà un inesauribile campo di indagine. Si darà forse rilievo al fatto che il confronto scientifico sia troppo spesso scivolato nell'ignominia dell'attacco personale tra esperti. Verrà forse ricordato come una sconfitta per l'intero mondo accademico, l'attacco Twitter del professor Burioni rivolto al virologo di fama mondiale Giulio Tarro: «Se Tarro è virologo da Nobel, io sono Miss Italia».[686] Materiale buono per battibecchi da megere, dai quali Scienza e Verità escono sconfitte. Anche il

[682] A. CRISANTI., *Dcpm anticovid, Crisanti: "Impatto misure solo tra due settimane"*, "Rainews24", 14.10.2020 [https://www.youtube.com/watch?v=_dyoCoenqiY&feature=emb_title].

[683] G. PALÙ., *Primus Inter Pares* (3 di 4), Gruppo Tv7, 14.10.2020, cit.

[684] *Ivi.*

[685] *CORONAVIRUS: il prof. PALU' ridicolizza CRISANTI in DIRETTA VIDEO, 'Non è un Virologo'. Ecco le IMMAGINI,* "Il Meteo", 22.10.2020 [https://www.ilmeteo.it/notizie/coronavirus-il-prof-palu-ridicolizza-crisanti-in-diretta-video-non-un-virologo-ecco-le-immagini-082636].

[686] *Non è l'Arena, Giulio Tarro e la frecciatina a Burioni: «Fai le passerelle come Miss Italia»,* "Il Messaggero", 20.04.2020 [https://www.ilmessaggero.it/televisione/

quotidiano "la Stampa", dopo aver dato ampio spazio a questi personaggi, fornisce un quadro imbarazzante di questo clima:

> Dopo le frecciate di Bassetti a Crisanti, la reprimenda di Burioni alla Gismondo, i dispetti tra Galli e Zangrillo, il derby pugliese Lopalco-De Vito e la sconfessione di Crisanti per mano del maestro Palù, la nuova puntata del Trono di Spade dei virologi racconta la battaglia finale tra Burioni e Zangrillo. L'allarmista contro il minimizzatore. Il microbiologo democratico contro l'anestesista berlusconiano.[687]

Non sono i soli a prendere le distanze da questo *mare magnum* dell'informazione. Perfino l'Ospedale San Raffaele è stato costretto a proteggersi dalla smania comunicativa. Leggiamo nelle pagine de "la Repubblica":

> Roberto Burioni, virologo, professore ordinario all'Università Vita-Salute San Raffaele di Milano, in un tweet ieri invitava a non dire che i pronto soccorso sono affollati «da persone in preda al panico» perché ci sono centinaia di persone che finiscono ogni giorno al cimitero a causa del Covid-19. «Basta bugie» è l'invito di Burioni. Al quale risponde il gruppo per cui lavora scrivendo in una nota di volersi discostare «dal pensiero del professore, in quanto le sue considerazioni sono del tutto infondate dal momento che non è a conoscenza della realtà clinica che si vive nei pronto soccorso e nei reparti Covid. [...] Si raccomanda ai divulgatori del San Raffaele che ogni giorno in Italia continuano a esserci 650 decessi per infarto e 450 per tumori.[688]

E pensare che, all'inizio della pandemia, è stata proprio l'OMS a mettere in guardia dal pericolo di 'infodemia', neologismo recepito dalla Treccani che indica la: «Circolazione di

non_arena_giulia_tarro_frecciatina_burioni_ha_dichiarato_virologo_tv-5181472.html].

687 G. SALVAGGIULO, *"Burioni è fuori linea", così al San Raffaele ha vinto la dottrina Zangrillo-* Dopo mesi di guerra sotterranea, l'ospedale-università sconfessa il virologo, "la Stampa", 11.11.2020 [https://www.lastampa.it/topnews/primo-piano/2020/11/11/news/burioni-e-fuori-linea-cosi-al-san-raffaele-ha-vinto-la-dottrina-zangrillo-1.39528506].

688 *Mail del San Raffaele "frenate Burioni"*, "la Repubblica", 11.11.2020.

una quantità eccessiva di informazioni, talvolta non vagliate con accuratezza, che rendono difficile orientarsi su un determinato argomento per la difficoltà di individuare fonti affidabili».[689] Che a mettere in guardia sul pericolo di infodemia sia stata proprio l'OMS sarebbe comico se non fosse tragico. Tuttavia, il pericolo correlato alla infodemia, come leggiamo, non riguarda solamente la qualità dell'informazione, ma anche la quantità. Negli ultimi anni, sono infatti stati compiuti diversi studi che dimostrano come qualità e quantità dell'esposizione massmediatica influenzino le risposte psico-fisiche a un evento traumatico, tanto a livello individuale quanto comunitario.

Ognuno di noi, è stato costretto a subire in questi mesi il martellamento monotematico e onnipresente inerente alla COVID-19. Dagli ansiogeni bollettini della Protezione Civile ai provvedimenti annunciati in prima serata che hanno avuto la capacità di aumentare l'allarmismo senza affrontare realmente il problema. Tornano in mente i versi di manzoniana memoria: «Soltanto, il tribunale suddetto ordinò alcune precauzioni che, senza riparare al pericolo, ne indicavano il timore».[690] Ci siamo visti minacciare dal lanciafiamme di Vincenzo De Luca, lo stesso 'Sceriffo' che ci ha falsamente rincuorati in diretta Facebook, salmodiando: «Per la Sanità siamo stati un modello nazionale. La Campania è diventata un modello di concretezza di operatività, di rigore».[691] Affermazione accompagnata dalla sottotitolatura: «Il Modello Campania è fatto di concretezza, operatività e rigore. Modello Campania vuol dire decisioni rapide, scelte chiare, senza perdere tempo e senza fare demagogia. [...] Noi invece vogliamo riaprire tutto e per sempre».[692] Salvo poi essere smentito dalle terribili immagini di un anziano senza vita, abbandonato in un bagno del pronto soccorso dell'Ospedale Cardarelli.[693]

[689] *Infodemia*, Treccani [https://www.treccani.it/vocabolario/infodemia_(Neologismi)/].

[690] A. MANZONI, *I Promessi sposi,* Cap. XXXII.

[691] V. DELUCA, diretta Facebook, 8.05.2020 [https://www.facebook.com/vincenzodeluca.it/videos/fase-2-modello-campania-concretezza-operatività-rigore/558086885103686/].

[692] *Ivi.*

[693] *Napoli, morto al Cardarelli. L'autore del video: «L'ho girato perché qui la situazione è terribile»,* "Il Messaggero", 12.11.2020 [https://www.ilmessaggero.it/italia/cardarelli_napoli_covid_morto_bagno_video_shock-5581525.html].

Ma, soprattutto, non ci siamo potuti sottrarre al macabro *scoop* dei camion dell'Esercito che portavano le salme a Bergamo. Immagini che rimandano, tristemente, alla strategia messa in atto dal Tribunale della Sanità di Milano di manzoniana memoria, per convincere la città dell'esistenza della peste:

> C'era, del resto, un certo numero di persone non ancora persuase che questa peste ci fosse. Per levare ogni dubbio, trovò il tribunale della sanità un espediente proporzionato al bisogno, un modo di parlare agli occhi, quale i tempi potevano richiederlo o suggerirlo. Era in quel giorno morta di peste, tra gli altri, un'intera famiglia. Nell'ora del maggior concorso, in mezzo alle carrozze, alla gente a cavallo, e a piedi, i cadaveri di quella famiglia furono, d'ordine della Sanità, condotti al cimitero su un carro, ignudi, affinché la folla potesse vedere in essi il marchio manifesto della pestilenza. Un grido di ribrezzo, di terrore, s'alzava per tutto dove passava il carro; un lungo mormorio regnava dove era passato; un altro mormorio lo precorreva. La peste fu più creduta.[694]

Nonostante la narrazione ufficiale sembri ricalcare fedelmente quella manzoniana, questo non è un esercizio letterario. In un mondo stretto nell'abbraccio mortale della COVID-19, le parole sortiscono effetti reali. Questa informazione pletorica, spesso correlata da immagini angoscianti, ha causato l'aumento di disagi psico-fisici e delle malattie ad essi associate, nonché la risposta ansiogena e traumatica all'epidemia, in larga misura sproporzionata rispetto alla reale condizione. Non può essere ignorato l'aumento dei suicidi, causati dalla paura legata alla COVID-19. Leggiamo sul sito dell'AGI:

> L'imprenditore angosciato dai debiti, il paziente con un disagio mentale che 'esplode' durante l'isolamento, il paziente Covid positivo che teme di morire o di contagiare i suoi cari e decide di farla finita, come l'infermiera che lavora nei reparti di terapia intensiva. Le cronache dei mesi di pandemia raccontano tante storie di sofferenza e gli psichiatri lanciano l'allarme: da marzo a oggi in Italia si sono registrati 71 suicidi e 46

[694] A. MANZONI, "I Promessi sposi", Cap. XXXI.

tentativi di suicidio che si ritiene siano connessi in maniera diretta o indiretta al coronavirus.[695]

Fenomeno che non riguarda solamente le fasce adulte della popolazione, ma investe anche i giovanissimi. Preoccupato per l'aumento (del 30%) di tentativi di suicidio e autolesionismo nella 'seconda ondata' Stefano Vicari, responsabile di Neuropsichiatria dell'Infanzia e dell'Adolescenza dell'Ospedale Pediatrico Bambin Gesù di Roma, denuncia:

> Dal mese di ottobre ad oggi, quindi con l'inizio della seconda ondata, abbiamo notato un notevole rialzo degli accessi al pronto soccorso con disturbo psichiatrico, nel 90% sono giovani tra i 12 e i 18 anni che hanno cercato di togliersi la vita [...] Ho avuto per settimane tutti i posti letto occupati da tentativi di suicidio e non mi era mai successo. Al pronto soccorso si registra un ricovero al giorno per 'attività autolesionistiche.

Chiarisce poi:

> Stiamo assistendo a due fenomeni: da una parte, abbiamo gli adolescenti che per autoaffermarsi diventano aggressivi, fanno male agli altri, fanno male ai genitori, si tagliano, diventano intrattabili. Dall'altra, abbiamo i giovani che si chiudono a riccio, si rifugiano nel loro mondo e nella loro stanza e non sappiamo se avranno voglia di uscire fuori da questo guscio, una volta passata la tempesta.[696]

Allo stesso modo non si può ignorare l'aumento del consumo di antidepressivi e l'abuso di alcool e droghe, denunciato dall'Istituto europeo per il trattamento delle dipendenze (IEuD).

Gli effetti del Covid sulla salute mentale: +300mila pazienti psichiatrici, boom di psicofarmaci intitola un'inchiesta di "Fanpage". Leggiamo nell'Introduzione:

[695] P. GIORGI, *È allarme per i suicidi causati dal Covid,* "AGI – Agenzia Italiana", 07.09.2020 [https://www.agi.it/cronaca/news/2020-09-07/allarme-psichiatri-suicidi-covid-9589799/].

[696] I. BETTI, *L'allarme del Bambin Gesù: "I giovanissimi si tagliano e tentano il suicidio: mai così tanti"*, "Huffingtonpost", 19.01.2021 [https://www.huffingtonpost.it/entry/i-giovanissimi-si-tagliano-e-tentano-il-suicidio-mai-cosi-tanti-ricoveri-prima-della-pandemia_it_6006f714c5b697df1a09146e].

> Quali sono stati gli effetti del coronavirus sulla salute mentale? L'abbiamo chiesto al professor Massimo Di Giannantonio, presidente della Società Italiana di Psichiatria: "Le farmacie hanno aumentato del 35% le dotazioni di ansiolitici e ipnotici e del 28,2% le dotazioni di antidepressivi. Ci attendiamo 300mila nuovi casi in carico ai dipartimenti di salute mentale". [...] Apatia, ansia, depressione, disturbi del sonno, ma anche iperattività, desiderio di trasgredire alle restrizioni e ribellarsi alle chiusure per "sentirsi vivi". L'epidemia di coronavirus sta avendo conseguenze drammatiche su tutta la popolazione, ma mentre quelle sulla salute fisica sono circoscritte direttamente ai contagiati gli effetti psicologici non stanno risparmiando nessuno.[697]

Sempre il professor Massimo Di Giannantonio, in un'intervista rilasciata a "La Stampa", puntualizza:

> Osserviamo un aumento nella vendita di antidepressivi e ansiolitici. E una crescita delle visite psichiatriche. [...] In questa seconda ondata della pandemia – sottolinea – si conferma il trend di un aumento dei farmaci già emerso nella scorsa primavera. Per l'OMS una delle principali conseguenze dell'emergenza sarà la moltiplicazione dei problemi psicopatologici e del disagio sociale.[698]

Negli Stati Uniti, si è registrata un'impennata di morti per abuso di sostanze stupefacenti, dove l'epidemia da COVID-19 sembra aver posto le premesse per un'altra epidemia: quella da overdose per droga.[699] Fenomeno direttamente collegato con l'isolamento forzato al quale siamo stati costretti.

[697] D. FALCIONI, *Gli effetti del Covid sulla salute mentale: +300mila pazienti psichiatrici, boom di psicofarmaci,* "Fanpage.it", 03.11.2020 [https://www.fanpage.it/attualita/gli-effetti-del-covid-sulla-salute-mentale-300mila-pazienti-psichiatrici-boom-di-psicofarmaci/].

[698] Boom di ansiolitici. Così la pandemia ci ha reso più fragili, "La Stampa", 01.12.2020 [https://www.lastampa.it/topnews/primo-piano/2020/12/01/news/boom-di-ansiolitici-cosi-la-pandemia-ci-ha-reso-piu-fragili-1.39603226].

[699] *L'Istituto Europeo per il trattamento delle dipendenze (IEuD) segnala l'aumento in USA delle morti per droga. Una riflessione sui dati italiani,* "IndexMedical", 27.07.2020 [https://indexmedical.it/articoli/ieud-durante-lemergenza-covid-19-aumentate-le-morti-per-overdose-in-usa-e-italia/].

Se: «La vita è una navigazione in un oceano di incertezze attraverso isole di certezze»,[700] come sostiene il quasi centenario filosofo francese Edgar Morin, possiamo dire che la narrazione della COVID-19 ha spazzato via ogni isola, lasciando solo qualche scoglio immerso nella solitudine e nella paura che rendono reale un nemico tanto piccolo da essere invisibile, la cui ombra proiettata dal faro dell'OMS si è ingigantita fino a gettare nell'oscurità interi paesi. Ma questa è un poetare da principianti che non vale nulla in un tempo in cui la politica, che sostiene di agire per garantire e proteggere la salute dei cittadini, ha di fatto precipitato il mondo nella disperazione e nella povertà. Non ce ne voglia il professor Galli che non vede: «Morti di fame per le strade ma morti di malattia negli ospedali».[701] Perché noi quesi morti li vediamo e non solo nell'aumento dei suicidi. Li vediamo nelle interminabili file di persone in attesa di un pasto caldo. Li vediamo negli occhi disperati e umiliati delle persone costrette alla miseria perché gli è stato vietato quel diritto al lavoro garantito dalla nostra Costituzione. Li vediamo nell'abisso di chi ha ceduto all'alcool, alle droghe. Di chi trae conforto negli psicofarmaci. Li vediamo nei volti degli invisibili che hanno perso tutto. Di coloro che sentono il desiderio di «trasgredire alle restrizioni e ribellarsi alle chiusure per "sentirsi vivi"». Li vediamo nella solitudine imposta per decreto ai nostri anziani.

Anche questa è morte.

Questi mille volti della Morte da COVID-19 assumono le tinte fosche della peste di Bombay del 1896, rappresentata da Bocklin nella copertina di questo libro. Un'immagine ineluttabile, in cui la figura della Grande Mietitrice sovrastante un vicolo con tre corpi accasciati, interpreta plasticamente la causa, più che l'effetto, della COVID. Causa che ognuno di noi può ricercare nel virus ma anche nello Stato Leviatano, nella narrazione fetida e mortifera di questo anno i cui effetti non si esauriranno con l'epifania di un messianico vaccino, né con la scomparsa del virus.

700 A. GINORI, *Edgar Morin e il potere dell'incertezza,* "la Repubblica", 30.09.2020 [https://rep.repubblica.it/pwa/robinson/2020/09/30/news/edgar_morin_e_il_potere_dell_incertezza-269030496/].

701 *Galli: "Non vedo morti di fame per le strade ma morti di malattia negli ospedali",* "Huffpost" [https://www.huffingtonpost.it/entry/galli-non-vedo-morti-di-fame-per-le-strade-ma-morti-di-malattia-negli-ospedali-video_it_5f8db2acc5b6dc2d17f9501c].

Sugli effetti di una comunicazione ansiogena della pandemia, è stato pubblicato un interessante studio, promosso dall'Università della California, intitolato *The Novel Coronavirus (COVID-2019) Outbreak: Amplification of PublicHealth Consequences by Media Exposure.* [702] Leggiamo:

> Mentre i funzionari della sanità pubblica cercano di contenere il virus e mitigare gli effetti deleteri sulla salute della popolazione mondiale, è emersa una minaccia correlata: l'esposizione dei media globali alla crisi. [...] L'esposizione onnipresente ai media durante la diffusione di notizie globali, 24 ore su 24, 7 giorni su 7, può portare gli spettatori a stimare in modo non accurato la minaccia per le proprie comunità. [...]
>
> Ciò ha implicazioni non solo per la sofferenza immediata di una popolazione già alle prese con ricadute sociali ed economiche senza precedenti, ma anche per gli effetti a valle sulla salute fisica e mentale sul lungo periodo. [...] Inoltre, queste risposte allo stress possono aumentare i comportamenti di ricerca di aiuto che possono essere sproporzionati o non raccomandati come risposta alla minaccia reale, sovraccaricando le strutture sanitarie e deviando le risorse critiche. Ad esempio, il panico acquisto di articoli di consumo essenziali come carta igienica, kit di pronto soccorso, acqua in bottiglia e disinfettante per le mani in risposta alla COVID-19 ha portato a carenze globali. [703]

Dallo studio emerge dunque chiaramente che l'esposizione massmediatica eccessiva (24 h al giorno, 7 giorni su 7) causa non solo malessere psico-fisico ma anche carenza di risorse e sovraccarico delle strutture sanitarie: «Poiché comporta un afflusso di pazienti preoccupati [...] visite ai reparti di emergenza da parte di persone con sintomi relativamente lievi che portano a un ulteriore logoramento un sistema sanitario già sovraccarico.» [704] Il tutto in un circolo vizioso, nel quale: «Le persone con le maggiori preoccupazioni possono cercare una

[702] D. R. GARFIN ET AL., *The Novel Coronavirus (COVID-2019) Outbreak: Amplification of Public Health Consequences by Media Exposure,* Health Psychology, 2020, Vol. 39, No. 5, 355–357 [https://content.apa.org/fulltext/2020-20168-001.pdf].

[703] *Ivi.*

[704] *Ivi.*

maggiore copertura mediatica dell'evento, aumentando ulteriormente la loro risposta allo stress».[705]

Dopo un'analisi puntuale sulla situazione globale, lo studio conclude con una nota di buonsenso tanto elementare quanto dimenticata:

> Sebbene sia fondamentale per i media trasmettere informazioni al pubblico per promuovere comportamenti di protezione della salute appropriati e risposte istituzionali efficaci, è imperativo che le informazioni siano trasmesse senza sensazionalismo o immagini disturbanti.[706]

Parimenti per quanto accade nella popolazione, la sovraesposizione mediatica a contenuti e informazioni inerenti all'emergenza COVID-19, rappresenta un rischio per il personale sanitario. Leggiamo nel Rapporto ISS del 7 maggio, intitolato: *Indicazioni ad interim per la gestione dello stress lavoro-correlato negli operatori sanitari e socio-sanitari durante lo scenario emergenziale Sars-COV-2:*

> L'esposizione eccessiva alle informazioni non ufficiali diffuse attraverso i social media potrebbe favorire lo sviluppo di malessere. Una comunicazione di buona qualità può aiutare a mitigare le preoccupazioni che derivano dall'esperienza emergenziale e trasmettere un senso di controllo. Nell'emergenza attuale si è assistito ad un *overload* di informazioni sul tema dell'epidemia, dei rischi ad essa connessi, delle prospettive future, con possibili ricadute psicologiche negative. L'eccessiva attenzione, cognitiva ed emotiva, a questo tema può interferire con lo spostamento verso altre tematiche, non direttamente legate all'emergenza.[707]

A questo rischio nel quale incorre il personale sanitario, si aggiunge un ulteriore pericolo: quello dello stigma sociale di chi lavora a contatto con i pazienti COVID, testimoniato da "la Repubblica" nell'articolo *"Vattene, porti il virus". Medici e*

[705] D. R. GARFIN ET AL., *The Novel Coronavirus...*, cit.

[706] *Ivi.*

[707] Verbale CTS, n. 50, 11 aprile 2020.

infermieri trattati come untori.[708] La 'seconda ondata' ha inasprito questo sentimento, portandolo al parossismo:

> Prima angeli, poi demoni. Prima eroi, poi persone da insultare. Oggi ti porto in palmo di mano e domani non sei più nessuno. Gli infermieri e i medici presi di mira, le auto rigate, nessun attestato di stima quando prima c'erano striscioni e pizza regalata tutte le sere in ospedale, il non riconoscimento dello sforzo svolto.[709]

Ha forse dunque ragione il nostro Ministro della Salute quando scrive nel capitolo *Elogio delle virtù antieroiche:*

> Luglio 2020
> ... sinceramente, la retorica degli eroi non mi ha mai persuaso molto. Non solo perché credo avesse ragione Bertolt Brecht quando diceva che è "sfortunato il Paese che ha bisogno di eroi" (e peraltro lo scriveva in un'opera su uno scienziato, la *Vita di Galileo*). Ma anche perché penso che all'Italia serva proprio l'atteggiamento opposto: coltivare virtù antieroiche.[710]

Sofismi a parte, sulla condizione di altro rischio nella quale si trovano ad agire medici e infermieri, il CTS e il Governo sono stati messi a conoscenza già dal documento *Gestione dello stress e prevenzione del burnout negli operatori sanitari nell'emergenza Covid-19, redatto dal Consiglio Nazionale dell'Ordine degli Psicologi,* allegato al Verbale del CTS n. 50, nel quale leggiamo:

> La situazione di emergenza espone il personale sanitario a una serie di fattori di rischio legati alla cura del paziente contagiato, che possono contribuire all'accrescimento di stress psico fisico, primi tra i quali: l'esposizione agli agenti patogeni, la paura di essere contagiati e di contagiare pazienti e familiari, il

708 D. MASTROGIACOMO, *"Vattene, porti il virus". Medici e infermieri trattati come untori,* "la Repubblica, 15.04.2020 [https://rep.repubblica.it/pwa/generale/2020/04/15/news/_vattene_porti_il_virus_medici_e_infermieri_trattati_come_untori-254134575/].

709 M. BORIA, B. ZANETTI, *Prima erano eroi, ora vengono insultati,* "La Prealpina", 12.11.2020 [https://www.prealpina.it/pages/coronavirus-prima-erano-eroi-poi-vengono-insultati-234702.html].

710 R. SPERANZA, *Perché guariremo*, cit., p. 161.

contatto con la morte, lo stigma sociale dovuto alla maggiore esposizione alla malattia.[711]

Temprare la nevrosi massmediatica e mettere in atto misure in grado fermare l'isteria comunicativa potrebbero dunque rivelarsi strumenti in grado di affiancare gli sforzi complessivi di salute pubblica messi in campo per combattere efficacemente l'epidemia di COVID-19, contrastando ulteriori ricadute negative della pandemia.

Rileggiamo in questa prospettiva la dichiarazione del prof. Galli, dubbioso riguardo allo studio pubblicato su "Tumori Journal" che fa iniziare la circolazione a settembre 2019:

> È veramente difficile pensare che il virus sia così vecchio, anche perché allora non ci si spiega perché non ha creato focolai molto prima. È un virus esplosivo, quando arriva in ospedale fa decine di infezioni se non lo gestisci.[712]

E se avesse ragione la professoressa Ilaria Capua nel sostenere che: «Se noi in Europa non abbiamo un sistema che è capace di identificare un virus nuovo in tempo reale, siamo messi veramente, ma veramente, male»?[713]

Ma una spiegazione potrebbe essere che la paura sia più virale del SARS-COV-2. Che il panico scatenato dal terrorismo mediatico che ha caratterizzato la COVID-19 possa annoverarsi tra le cause del collasso del sistema sanitario.

Come abbiamo visto, il virus circolava probabilmente già nell'autunno del 2019. In alcuni ospedali si era già registrata un'impennata di polmoniti 'da agente non specificato'. Ma i giornali e i telegiornali non battevano quotidianamente la notizia. A un anno di distanza, nella cosiddetta 'seconda ondata', si registra invece un'attenzione al limite del patologico sulla 'contagiosità' e sul pericolo rappresentato dagli asintomatici. Questo ha creato una sovrapposizione quasi perfetta tra infezione e malattia: una drammatica confusione tra il virus SARS-COV-2 e la malattia COVID-19. Asintomatici, paucisintomatici

711 DPCM, 8 aprile 2020, n. 0012302, recante: *"Indicazioni emergenziali connesse ad epidemia COVID-19riguardanti il settore funebre, cimiteriale e di cremazione"*.

712 DPCM, 8 aprile 2020, n. 0012302, cit.

713 Ilaria Capua, "diMartedì", 17.11.2020.

e malati sono stati messi in un unico calderone mediatico, aumentando lo stigma sociale e la paura. Eppure i dati e le evidenze scientifiche testimoniano una realtà ben diversa. Vale la pena provare a fare un po' di chiarezza. Nell'*Aggiornamento nazionale* del 13 ottobre, l'ISS trasmette questi dati:

> ... L'informazione sulla gravità clinica dei pazienti affetti da COVID-19 è disponibile per 75.892/89.305 casi confermati (85%) riportati al sistema di sorveglianza. Tra questi, 42.404 (55,9%) risultano asintomatici, 11.906 (15,7%) sono pauci-sintomatici, 16.074 (21,2%) hanno sintomi lievi, 4.990 (6,6%) hanno sintomi severi e 518 (0,7%) presentano un quadro clinico critico.[714]

Il SARS-COV-2 è un virus estremamente contagioso ma, come testimoniano i dati ufficiali dell'ISS, la maggior parte delle persone che lo incontrano non sviluppano alcun segno clinico, ossia sono asintomatici (55,9%). Se a questi sommiamo i paucisintomatici (15,7%), che l'ISS definisce come: «Persona con sintomi lievi e generali (ad es. malessere, febbre, stanchezza, ecc.)»[715] e coloro che manifestano sintomi lievi (21,2%), ossia: «Manifestazioni cliniche a carico delle vie respiratorie/altri organi apparati che non necessiterebbe normalmente di ricovero»,[716] si raggiunge il 92,8% di persone che, pur essendo entrati in contatto con il SARS-COV-2, non necessitano di cure ospedaliere e che, come vedremo nel capitolo sucessivo, probabilmente non sono in grado di trasmettere la malattia. Tra i restanti, il 6,6% hanno sintomi severi, definiti: «Manifestazioni cliniche a carico delle vie respiratorie/altri organi apparati che necessitano di ricovero (non in terapia intensiva)»[717] e lo 0,7% presenta un quadro clinico critico, tale da comportare la necessità «Di ricovero in terapia intensiva».[718]

714 *Epidemia COVID-19: Aggiornamento nazionale 13 ottobre 2020,* ISS, 16.10.2020 [https://www.epicentro.iss.it/coronavirus/bollettino/Bollettino-sorveglianza-integrata-COVID-19_13-ottobre-2020.pdf].

715 *Piattaforma Web della Sorveglianza Integrata dei casi di COVID-19 – Manuale Utente (ver. 1.0) ISS* [https://covid-19.iss.it/files/manuale_utente_v1_sorveglianza_covid19.pdf].

716 *Ivi.*

717 *Ivi.*

718 *Ivi.*

Nei paucisintomatici e in coloro che manifestano sintomi lievi, come ha anche sottolineato il Responsabile dell'U.O. di Medicina Generale dell'Istituto Clinico Città di Brescia: «Non bisogna correre in pronto soccorso, ma occorre avvisare il medico di famiglia il quale provvederà a valutare il caso specifico del paziente e si attiverà per sottoporlo a tampone naso-faringeo».[719]

Nonostante medici e virologi abbiano tentato di rettificare l'errata assimilazione tra l'essere 'positivo al test' e contagioso, questa sottigliezza si è persa nella narrazione massmediatica che, semplificando il messaggio, ha fatto passare il concetto che gli asintomatici sono contagiosi e pericolosi. Il risultato di questa superficialità è lo stigma generalizzato, la paura diffusa.

Ci chiediamo se sia stata la presa di coscienza delle conseguenze di questa comunicazione ad aver condotto il TG5 a fare un'inversione di marcia. Puntualizza la giornalista Cesara Buonamici introducendo l'edizione delle 20:00 del 15 novembre:

> Come ormai tutti ben sappiamo, sulle strutture ospedaliere c'è una fortissima pressione per il COVID che poi, ovviamente, si riverbera negativamente sulle cure delle altre malattie. E quindi i medici chiedono di andare solo quando c'è una vera necessità. A questo proposito, forse, è bene dire una parola di chiarezza su due punti sui quali tutti gli scienziati concordano. Essere positivi non significa necessariamente essere malati, primo punto. E inoltre non significa neanche, in tanti casi, essere contagiosi, perché tutto dipende dalla carica virale. Se è bassa non si contagia nessuno.[720]

Giustamente, Massimo Mazzuco, conduttore di Contro.TV, nel segnalare questa notizia, commenta:

> Pensa se solo due mesi fa avessero iniziato dicendo: «Non preoccupatevi perché, anche se ci sono dei contagiati, nel 90% dei casi non si ammalano e, comunque, ci sono le cure». Avremmo visto un autunno completamente diverso.[721]

[719] *Covid-19: cosa vuol dire essere paucisintomatico,* "Gruppo San Donato", 18.11.2020 [https://www.grupposandonato.it/news/2020/novembre/covid-paucisintomatico-cosa-vuol-dire].

[720] Cesara Buonamici , "TG5", 15.11.2020, ore 20:00.

[721] "Contro TV – News della Settimana (14-20 novembre)", 21.11.2020 [https://www.youtube.com/watch?v=fTuypNaB4T4&t=118s].

14. Roulette russa

Perché giocare alla roulette quando puoi giocare con la vita della gente?
MARTIN VAIL, *Schegge di paura*

La prima fase dell'emergenza pandemica è stata affrontata muovendo dal presupposto che le persone infettate dal virus del SARS-COV-2, che non presentavano però i sintomi della COVID-19, non fossero in grado di trasmettere la malattia. Infatti, in generale, pur potendo trasmettere un microbo, un asintomatico non trasmette la malattia.

Facciamo l'esempio dell'HIV / AIDS. Il primo termine indica il virus o meglio il retrovius (*Human Immunodeficiency Virus* o Cirus dell'Immunodeficienza Umana) mentre il secondo la fase conclamata della malattia (*Acquired Immuno-Deficiency Sindrome* o Sindrome da Immunodeficienza Acquisita). Si può essere positivi all'HIV senza avere l'AIDS. Questo dipende dalla viremia o 'carica virale', che rileva la quantità di virus presente nel plasma, espressa dal numero delle copie di virus per millilitro di sangue (copie/ml). Se questa è bassa (naturalmente o grazie alle terapie antiretrovirali) si riduce significativamente il rischio di complicazioni cliniche e la possibilità di trasmettere il virus. È stato infatti ampiamente dimostrato che i soggetti positivi all'HIV, con carica virale stabilmente inferiore alle cinquanta copie/ml, non trasmettono il virus.[722]

Un'altro esempio è quello del menigococco (*Neisseria meningitidis*) che può, in rarissimi casi, portare alla famigerata meningite. Leggiamo dal sito dell'ISS: «Il meningococco alberga nelle alte vie respiratorie (naso e gola), spesso di portatori sani e asintomatici (2-30% della popolazione)».[723] Sebbene una parte significativa delle popolazione sia 'positiva' a questo

[722] *Se l'HIV non è rilevabile, non è trasmissibile. Crescono le adesioni al principio U=U. La LILA: "Subito l'endorsement ufficiale dell'Italia"*, "LILAnews", 07.03.2019 [https://www.lila.it/it/lilanews/1151-u-u-endorsement-unaids].

[723] *Malattie batteriche invasive (sepsi e meningiti)*, "Epicentro" [https://www.epicentro.iss.it/meningite/].

batterio, i casi di meningite batterica, ossia la malattia conclamata, sono molto rari e si manifestano soprattutto in persone con deficit immunologico.

Nella cosiddetta 'pandemia' da COVID-19, pur in assenza del consenso univoco della comunità scientifica, questo paradigma è stato rovesciato. In assenza di strumenti in grado di misurare la 'carica virale', tutti i 'postivi' ai tamponi sono stati ritenuti in grado di trasmettere la malattia. Questo ha costretto migliaia di persone 'positive' ma completamente sane alla cosiddetta 'quarantena', eufemismo che nascondere il sequestro di persona diffuso e legalizzato.

All'evidenza scientifica si è forse attenuta l'epidemiologa Maria Van Kerkhove, capo del *team* tecnico anti-COVID-19 dell'OMS quando, come abbiamo già visto, l'otto giugno ha definito «molto rara»[724] la possibilità di contagio da parte di asintomatici. Salvo poi dover rettificare il giorno seguente a causa dei numerosi attacchi che la sua dichiarazione ha sollevato.

Uno studio conferma però questa scomoda verità, che è costata all'epidemiologa una rapida ritrattazione, e che potrebbe ribaltare l'intero costrutto della gestione pandemica.

Il 20 novembre 2020, "Nature" ha infatti pubblicato i risultati di uno *screening* dell'infezione da SARS-COV-2 condotto nel post-*lockdown* nella città di Wuhan (tra il 14 maggio e il 1° giugno 2020), al quale hanno partecipato 9.899.828 persone. Lo studio, intitolato *Post-lockdown SARS-CoV-2 nucleic acid screening in nearly ten million residents of Wuhan, China*[725] giunge alle seguenti conclusioni:

> C'erano 10.652.513 persone idonee di età ≥6 anni a Wuhan (94,1% della popolazione totale). [...] Dei 9.899.828 partecipanti, 9.865.404 non avevano una precedente diagnosi di COVID-19 e 34.424 erano pazienti COVID-19 guariti.
>
> Lo screening dei 9.865.404 partecipanti senza una storia di COVID-19 non ha rilevato casi COVID-19 confermati di recente e ha identificato 300 casi positivi asintomatici [...]

724 *Press conference 8 June 2020*, WHO, 08.06.2020 [https://www.who.int/docs/default-source/coronaviruse/transcripts/who-audio-emergencies-coronavirus-press-conference-08jun2020.pdf?sfvrsn=f6fd460a_0].

725 S. CAO ET AL, *Post-lockdown SARS-CoV-2 nucleic acid screening in nearly ten million residents of Wuhan, China,* "Nature", 20.11.2020 [https://www.nature.com/articles/s41467-020-19802-w].

> [...] Sono stati rintracciati un totale di 1.174 contatti stretti dei casi positivi asintomatici che sono tutti risultati negativi alla COVID-19. [...]
>
> Dei 34.424 partecipanti con una storia di COVID-19, 107 sono risultati nuovamente positivi [...] Le colture virali erano negative per tutti i casi asintomatici positivi e nuovamente positivi, indicando l'assenza di "virus vitale" nei casi positivi rilevati in questo studio.[726]

Questo studio ci dice due cose importanti: la prima è che i 300 casi 'asintomatici' rinvenuti non hanno trasmesso né virus né, tantomeno, la malattia. La seconda ci ricorda che ci sono dei casi di re-infezione. Una *preprint* del 12 dicembre 2020, apre uno scenario di grande interesse proprio sui casi delle re-infezioni che, in alcuni casi, sembrano manifestarsi non già per il contatto con soggetti contagiosi, ma per una riattivazione virale. Da quanto emerge da questo studio, intitolato *SARS-CoV-2 RNA reverse-transcribed and integrated into the human genome,*[727] sembra infatti che il SARS-COV-2 sarebbe in grado di retro-integrare sequenze virali nel genoma umano attraverso la trascriptasi inversa, cronicizzando l'infezione e la ricorrente produzione di virus. Conclude lo studio: «Questa nuova caratteristica dell'infezione da SARS-COV-2 può spiegare perché i pazienti possono continuare a produrre RNA virale dopo il recupero e suggerisce un nuovo aspetto della replicazione del virus a RNA».[728]

Inoltre, l'eventuale riattivazione del SARS-COV-2 potrebbe essere motivo di sindromi autoimmuni, infiammatorie, allergiche o di altra natura. Il che lascia aperta l'incognita sui danni a lungo termine che non solo il virus, ma anche i vaccini, potrebbero causare. Ma analizzeremo più nel dettaglio questo aspetto nel capitolo dedicato ai vaccini.

Ciò premesso, torniamo ora all'inizio di questa pantomima. Il 20 gennaio, dopo aver negato il contagio interumano, l'OMS ammette suo malgrado questa possibilità. Ma, come abbiamo visto, si affretta a dichiarare che:

726 *Ivi.*

727 L. ZHANG ET AL., *SARS-CoV-2 RNA reverse-transcribed and integrated into the human genome,* "BioRixv", 12.12.2020 [https://www.ncbi.nlm.nih.gov/pmc/articles/PMC7743078/].

728 *Ivi.*

> Il mezzo principale di trasmissione sono i casi sintomatici. L'OMS è a conoscenza della possibilità di trasmissione del virus da persone infette prima che sviluppino i sintomi [...] L'infezione asintomatica è rara e, negli altri Coronavirus, la trasmissione da una persona asintomatica è molto rara [...] per cui la trasmissione da casi asintomatici probabilmente non è uno dei mezzi principali di trasmissione.[729]

Il quadro epidemiologico evolve rapidamente ma, nei primi mesi, i tamponi vengono riservati ai soli casi sintomatici. Leggiamo al punto 5 del Verbale del CTS n. 8, del 24 febbraio, intitolato *Valutazione dei casi nei quali è opportuno eseguire tamponi*:

> Il CTS evidenzia che in assenza di sintomi il test non è giustificato, in quanto non fornisce un'informazione indicativa a fini clinici ai sensi delle definizioni di "caso". [...] Le comunicazioni di positività non associate a sintomi determinano una sovrastima del fenomeno sul Paese, rendendo i dati non omogenei con gli altri diffusi all'OMS.[730]

L'Italia, infatti, dopo la scoperta del cosiddetto 'caso zero', balza velocemente al vertice della classifica per numero di contagi e decessi, cogliendo di sorpresa l'intero paese. Le indicazioni fornite dall'OMS, sommate alla carenza di test molecolari e alla limitata disponibilità dei reagenti necessari, spingono il CTS a consigliare questi strumenti diagnostici per i soli sintomatici e per il personale sanitario. Ma dai primi verbali del CTS emergono anche chiaramente i limiti di questo sistema.

Gli strumenti utilizzati per la diagnosi di infezione virale, come abbiamo già visto, sono i test rapidi, che identificano gli anticorpi IgM e IgG specifici e i test molecolari, basati invece sull'identificazione del RNA virale dai tamponi rinofaringei. Scrivono i membri del CTS nel Verbale del 24 marzo al punto *Test molecolari rapidi per la diagnosi di infezione da SARS-CoV-2*:

729 *Novel Coronavirus(2019-nCoV) - SITUATION REPORT -12*, WHO, 01.02.2020 [https://www.who.int/docs/default-source/coronaviruse/situation-reports/20200201-sitrep-12-ncov.pdf].

730 Verbale CTS, 24 febbraio 2020, n. 8.

> In seguito alle continue richieste di utilizzo di test rapidi [...] per la diagnosi di infezione da SARS-CoV-2, si ritiene di dover ribadire che tali test non possono in alcun modo sostituire [sottolineato nel testo, *Nota dell'Autore*] il test molecolare basato sull'identificazione di RNA virale dai tamponi nasofaringei secondo i protocolli indicati dall'OMS.
>
> In particolare, il risultato qualitativo ottenuto su un singolo campione di siero non è sufficientemente attendibile per ragioni di possibile cross-reattività con altri patogeni affini come altri coronavirus umani. Inoltre, il rilevamento di anticorpi mediate l'utilizzo di test rapidi non è comunque indicativo di un'infezione acuta in atto, e quindi della presenza di virus nel paziente e rischio associato a una sua diffusione nella comunità. Infine, l'assenza di rilevamento di anticorpi non esclude la possibilità di un'infezione in atto in fase precoce o asintomatica e relativo rischio di contagiosità dell'individuo.
>
> Il CTS ritiene che l'esecuzione del test diagnostico vada riservata ai casi clinici sintomatici/paucisintomatici e ai contatti a rischio familiari e/o residenziali ed operatori sanitari [...].[731]

Nello stesso Verbale, il CTS si esprime in questi termini in merito all'istanza della Regione Lombardia inerente *All'appropriatezza e la sostenibilità dell'estensione alla popolazione generale sull'esecuzione del tampone*:[732]

> Premesso che la ricerca di RNA di SARS-CoV-2 riflette una situazione esistente nell'individuo al momento dell'esecuzione del tampone rino-faringeo e che un'eventuale negatività potrebbe dopo pochi giorni trasformarsi in una successiva positività, il CTS ribadisce che l'esecuzione dei test diagnostici vada riservata ai casi previsti dal parere già licenziato dal CSS[733] il 28 febbraio u.s.[734]

731 Verbale CTS, 24 marzo 2020, n. 35.

732 *Ivi.*

733 CSS, 27 febbraio 2020, n.1, recante "Quesiti scientifici relativi all'infezione da Coronavirus SARS-CoV-2 - Documento relativo ai criteri per sottoporre soggetti clinicamente asintomatici alla ricerca d'infezione da SARS-CoV-2 attraverso tampone rino-faringeo e test diagnostico" [http://www.quotidianosanita.it/allegati/allegato8282890.pdf].

734 Verbale CTS, 24 marzo 2020, n. 35.

Il CSS nel *Documento relativo ai criteri per sottoporre soggetti clinicamente asintomatici alla ricerca d'infezione da SARS-CoV-2 attraverso tampone rino-faringeo e test diagnostico* del 27 febbraio, segnala:

> ... va considerato che il risultato del tampone può largamente essere influenzato da variabili quali: i) il tempo trascorso dal momento in cui il soggetto testato ha avuto contatto con un altro soggetto portatore del virus; ii) l'accuratezza del metodo di prelievo; iii) l'adeguata rappresentatività del secreto rino-faringeo nel campione prelevato. [...] Il gruppo di lavoro ritiene che trasferire un numero elevato di campioni che risulteranno poi essere, nella larghissima maggioranza dei casi, negativi a laboratori di virologia che, comunque, devono svolgere normale attività diagnostica per altri tipi d'infezioni virali a potenziale impatto negativo sulla salute dei cittadini del nostro Paese, non sia scientificamente giustificabile e rischi di esitare in un danno per altre priorità sanitarie di ordine virologico/infettivologico.
>
> [...] In assenza di sintomi, pertanto, il test non appare al momento sostenuto da un razionale scientifico, in quanto non fornisce un'informazione indicativa ai fini clinici e potrebbe essere addirittura fuorviante.[735]

A imporre un cambio di rotta è uno studio pubblicato il 16 marzo sulla rivista "Science",[736] nel quale viene riportato che i casi non documentati di COVID-19 hanno causato l'80% dei casi d'infezione riconosciuti. Leggiamo nell'*abstract*:

> Come è riuscita [la COVID-19, *Nota dell'Autore*] a diffondersi dalla Cina a tutto il mondo nell'arco di 3 o 4 mesi? [...] Si stima che circa l'86% dei casi non fosse rilevato prima che le restrizioni di viaggio fossero messe in atto. Prima che venissero applicate le limitazioni ai viaggi e l'isolamento personale, il tasso di trasmissione delle infezioni non rilevate era poco più della metà di quello dei casi noti. Tuttavia, a causa del loro maggior numero, le infezioni non rilevate sono state la fonte per di circa

[735] CSS, 27 febbraio 2020, n.1, recante "Quesiti scientifici relativi all'infezione da Coronavirus SARS-CoV-2...".

[736] R. LI ET AL., *Substantial undocumented infection facilitates the rapid dissemination of novel coronavirus (SARS-CoV-2),* "Science", 13.03.2020 [https://science.sciencemag.org/content/early/2020/03/13/science.abb3221].

> l'80% dei casi documentati. Immediatamente dopo l'imposizione delle restrizioni di viaggio, circa 65% dei casi è stato documentato. Questi risultati aiutano a spiegare la diffusione fulminea di questo virus in tutto il mondo. [...]
>
> [Le 'infezioni non rilevate', *nota dell'Autore*] spesso non vengono riconosciute a causa di sintomi lievi, limitati o privi di sintomi e quindi, a seconda della loro contagiosità e del numero, possono esporre al virus una porzione di gran lunga maggiore della popolazione di quanto non sarebbe altrimenti.

Ritorna qui la questione della mancata restrizione degli spostamenti all'inizio della pandemia, conseguenza dell'invito dell'OMS a non interrompere i viaggi da e verso la Cina. Dopo la pubblicazione di questo articolo, tuttavia, l'OMS è costretta a rivedere la sua posizione in merito a test e tamponi, ammettendo la necessità di identificare e isolare i positivi asintomatici (sul modello della Corea). Dichiara il direttore Tedros Adhanom Ghebreyesus:

> Abbiamo assistito a un rapido aumento delle misure di distanziamento sociale, come la chiusura di scuole e l'annullamento di eventi sportivi e di altri raduni. Ma non abbiamo visto un aumento della stessa intensità nell'esecuzione dei tamponi, nell'isolamento e nella ricerca di contatti – la spina dorsale della risposta contro la pandemia. Le misure di distanziamento sociale possono contribuire a ridurre la trasmissione e a consentire ai sistemi sanitari di far fronte alle difficoltà. Il lavaggio delle mani e tossire nel gomito possono ridurre il rischio per se stessi e per gli altri. Ma da sole queste misure non sono sufficienti a spegnere questa pandemia. È la combinazione delle varie misure che fa la differenza. Come continuo a dire, tutti i paesi devono adottare un approccio globale. Ma il modo più efficace per prevenire le infezioni e salvare vite umane è spezzare le catene di trasmissione. Per farlo, bisogna fare tamponi e isolare gli infetti. Non puoi spegnere il fuoco con gli occhi bendati. Allo stesso modo non possiamo fermare questa pandemia se non sappiamo chi è infettivo.[737]

737 *Tampone: serve un cambio di strategia?*, "Esanum", 17/03/2020 [https://www.esanum.it/today/posts/tampone-serve-un-cambio-di-strategia].

Si apre la stagione dei test e dei tamponi, con i numeri dei cosiddetti 'positivi' che assurgono alle luci della ribalta. Inizia anche il confronto sulla validità degli strumenti di rilevamento del virus, che prosegue ancora oggi nel silenzio quasi totale dei mass-media, più interessati a denunciare le chilometriche file per l'esecuzione di un tampone che la mancanza di affidabilità del tampone stesso.

Seguendo il ragionamento inverso, si potrebbe segnalare come l'aspetto più inquietante di tutta questa 'diagnostica' non sia la mala gestione, quanto le criticità che viziano il risultato dei tamponi, trasformando quello che dovrebbe essere un procedimento affidabile in una vera e propria *roulette* russa.

Tra i vizi di fondo troviamo anzitutto la rapida e continua mutazione del virus di cui parla anche l'ISS, nel Rapporto (n. 46/2020, del 23 maggio), intitolato *Test Diagnostici COVID-19, Dispositivi diagnostici in vitro per COVID-19. Parte 2: evoluzione del mercato e informazioni per gli stakeholder*. L'Istituto Superiore di Sanità invita infatti produttori di questi strumenti a prestare particolare attenzione allo:

> ... stato di aggiornamento delle banche dati relative alle sequenze di SARS-CoV-2 che il dispositivo identifica per l'amplificazione: il virus infatti può mutare e nuove sequenze nucleotidiche depositate nelle banche dati possono rivelare se queste mutazioni possano a loro volta rendere un particolare test meno efficace o addirittura inefficace.[738]

Come segnalato dall'ISS, le mutazioni del SARS-COV-2 possono rendere i tamponi del tutto 'inefficaci'. Un'ulteriore problematica correlata ai tamponi è la scarsa affidabilità del risultato, dovuta soprattutto alla metodica dei cicli (*runs*) della PCR. Per identificare la presenza di un virus, il materiale biologico prelevato tramite il tampone viene sottoposto alla tecnica PCR (*Polymerase Chain Reaction,* Reazione a Catena della Polimerasi), che amplifica attraverso cicli (CT) alcuni specifici frammenti genetici del campione prelevato. Nel caso specifico della SARS-COV-2, il genoma (RNA) viene prima trascritto a DNA

[738] Rapporto ISS COVID-19, n. 46/2020, *Dispositivi diagnostici in vitro per COVID-19. Parte 2: evoluzione del mercato e informazioni per gli stakeholder,* ISS, versione del 23 maggio 2020 [https://www.iss.it/documents/20126/0/Rapporti+ISS+COVID-19+46_2020.pdf/f7ecd139-1bae-7d11-22e7-094fbd41ec44?t=1592222248380].

e poi amplificato grazie alla PCR, che aumenta il materiale genico di partenza. Maggiore è la quantità di RNA presente sul tampone, minore è il numero di cicli necessari per l'identificazione del virus, e viceversa. Più si aumenta il numero dei cicli, più il segnale si fa incerto. Stephen Bustin, Dottorato di Ricerca in Molecular Genetics presso l'Università di Dublino, in un'intervista dichiara:

> ... il numero di cicli di per sé non è una buona misura [...], superando i 35 cicli, sorgono dubbi sull'affidabilità dei tuoi risultati [...] e salendo oltre i 40 cicli, si rischia di produrre un fantasma, la PCR potrebbe iniziare a raccordare basi nucleotidiche in modo aleatorio... [739]

Nonostante questo limite sia ben conosciuto dalla comunità scientifica, i tamponi utilizzati per il SARS-COV-2 sono spesso sottoposti a più di 35 cicli CT, come riscontrabile dalla tabella dei tamponi analizzati e testati dalla FIND (Foundation for Innovative New Diagnostics).[740]

Per capire il risultato al quale può portare questo procedimento, si può fare riferimento allo studio condotto a giugno, su 133 ricercatori dell'Istituto di Ricerche Farmacologiche Mario Negri e 298 dipendenti della Brembo, nel quale si sono riscontrati 40 casi di tamponi positivi. Ma, dice il dottor Giuseppe Remuzzi, direttore dello stesso Istituto:

> ... la positività di questi tamponi emergeva solo con cicli di amplificazione molto alti, tra 34 e 38 cicli, che corrispondono a 35.000-38.000 copie di Rna virale. [Significa, *Nota dell'Autore*] che sono casi di positività con una carica virale molto bassa, non contagiosa. Li chiamiamo contagi, ma sono persone positive al tampone [...].[741]

[739] *The Infectious Myth – Stephen Bustin on Challenges with RT-PCR* [https://infectiousmyth.podbean.com/e/the-infectious-myth-stephen-bustin-on-challenges-with-rt-pcr/]

[740] https://www.finddx.org/covid-19-old/sarscov2-eval-molecular/

[741] M. IMARISIO, *Coronavirus, Remuzzi: «I nuovi positivi non sono contagiosi, stop alla paura»*, "Corriere della Sera", 19.06.2020 [https://www.corriere.it/cronache/20_giugno_19/coronavirus-remuzzi-nuovi-positivi-non-sono-contagiosi-stop-paura-bf24c59c-b199-11ea-842e-6a88f68d3e0a.shtml].

Persone debolmente positive al tampone non possono dunque contagiare, perché la loro carica virale è troppo bassa per diffondere la malattia. Questa evidenza si somma a ciò che abbiamo letto nei Verbali del CTS («L'identificazione di RNA virale non implica necessariamente l'infettività»),[742] alla dichiarazione di Maria Van Kerkhove[743] e allo *screening* condotto nel post-*lockdown* a Wuhan.

Ma tutte queste evidenze non cambiano però il fatto che i 'debolmente positivi' vengano conteggiati tra i 'positivi' il che, nel linguaggio terroristico della pandemia, equivale a persone 'contagiose'. Spiega bene il professor Palù:

> Contagioso, ecco direi, che è un termine improprio. Il termine *contagium vivum fluidum*, cioè di contagio 'vivo e fluido' fu utilizzato per la prima volta nel 1909 e applicato ai primi virus scoperti [...] Il contagio è un qualcosa che si diffonde, ma visibilmente, è visivo. Quindi quando parliamo di 'contagiati' usiamo un termine improprio. Noi dovremmo parlare di 'soggetti positivi al test' [...] Un cosiddetto 'contagioso', dovremmo dirlo 'positivo'. Perché ci sono i 'positivi' che contagiano e i 'positivi' che non contagiano. 'Positivo' non vuol dire 'malato'. Quindi questi termini la gente deve comprenderli bene. Cioè trovare un positivo, vuol dire che io, dopo tanti cicli di amplificazione con una tecnica che si chiama PCR (*polimery change reaction*) che si fa in laboratorio, prendendo la materia che c'è sul tampone, estraendola e amplificandola per milioni di volte. Ecco se io trovo un segnale positivo, vuol dire che ho un po' di acido nucleico del virus, ma non è detto che quell'acido nucleico rappresenti una particella virale infettante, quindi in grado di infettare. Può essere un residuo, un virus morto; oppure non è detto che quell'acido nucleico sia rappresentante di una concentrazione di virus sufficiente a infettare. Sappiano [...] che l'infezione è possibile quando troviamo in un campione clinico almeno un milione di genomi equivalenti. Oggi non abbiamo ancora un test che dosi precisamente la carica virale. Come abbiamo per tanti altri virus: ricordo il virus dell'HIV, ricordo il

[742] Verbale CTS, 6 marzo 2020, n. 20.

[743] https://www.facebook.com/WHO/videos/live-on-covid-19-transmission-with-dr-michael-ryan-and-dr-maria-van-kerkhove/840748076450603/

> virus dell'Epatite C, dell'Epatite B, il virus del citomegalo. Perché non l'abbiamo [per la COVID-19, *Nota dell'Autore*]?[744]

Da mesi, sappiamo dunque qual è la carica virale minima perché un soggetto possa trasmettere l'infezione, ma nonostante tutte le risorse messe in campo per il contrasto della COVID-19, nessun test è in grado di dosarla. Paradossi pandemici.

Un'ulteriore criticità dei test-tamponi è poi rappresentata dalla cross-reattività, che si traduce nella mancanza di specificità. Questi strumenti possono infatti rilevare virus o particelle simil-virali diverse dal SARS-COV2, producendo un'elevata quantità di cosiddetti 'falsi positivi'.

Per quanto inaffidabili, questi strumenti hanno condizionato e continuano a condizionare la vita di milioni di persone, costrette a subire la quarantena, alias sequestro istituzionalizzato, e lo stigma sociale. Facendo leva sull'irrisolta equazione tra 'positivo' e 'contagioso', la *roulette* dei tamponi ha trasformato ognuno di noi in un possibile untore, sommando il senso di colpa alla paura.

Non solo. Già nel mese di giugno, l'OMS aveva diffuso un documento[745] nel quale sottolineava come:

> ... i risultati debolmente positivi dovrebbero essere interpretati con cautela. Il valore del ciclo di cut-off (Ct) richiesto per rilevare il virus è inversamente proporzionale alla carica virale del paziente. Quando i risultati del test non corrispondono al quadro clinico, è necessario prelevare un nuovo campione e ripetere il test utilizzando lo stesso metodo o un diverso metodo di amplificazione degli acidi nucleici.[746]

Si aggiunge a questa una seconda nota, nella quale:

> L'OMS ricorda a chi utilizza IVD [dispositivi diagnostici in vitro, *Nota dell'Autore*] che la prevalenza della malattia influisce

744 G. PALÙ, *Primus Inter Pares* (1 di 4), Gruppo Tv7, 14.10.2020, cit.

745 *Tests diagnostiques pour le dépistage du SARS-CoV-2*. Genève, Organisation mondiale de la Santé, 2020, numéro de référence OMS : WHO/2019-nCoV/laboratory/2020.6.

746 https://www.who.int/fr/news/item/20-01-2021-who-information-notice-for-ivd-users-2020-05

> sul valore predittivo dei risultati dei test; al diminuire della prevalenza, aumenta il rischio di falsi positivi. Ciò significa che la probabilità che una persona con un risultato positivo (SARS-CoV-2 rilevata) venga effettivamente infettata da SARS-CoV-2 diminuisce al diminuire della prevalenza, indipendentemente dalla specificità dichiarata del test.[747]

Tuttavia non sono solo i tamponi a essere uno strumento di per sé poco affidabile. Dalla Valle d'Aosta, proprio a ridosso di Natale, giunge la notizia che anche «le macchine sbagliano»:[748]

> Sono 61 i casi falsi positivi al coronavirus riscontrati dall'Usl della Valle d'Aosta: 45 pazienti esterni a domicilio e 16 pazienti interni che erano in ospedale per altri motivi e che in primo momento sono stati trasferiti nei reparti Covid [...] Lo fa sapere l'azienda sanitaria valdostana, secondo cui la causa è "un errore tecnico del software del laboratorio analisi dell'Ospedale Parini di Aosta avvenuto nella giornata del 26 dicembre 2020, dovuto ad una di interruzione del segnale di rete".[749]

Tuttavia, le conseguenze di questo sistema dalla validità ipotetica non si limitano a 'misure di prevenzione' che mascherano il sequestro della popolazione e la sospensione dei diritti sanciti dalla nostra Costituzione o a spostamenti ingiustificati nei reparti COVID: nell'attesa dell'esito incerto di un tampone si può morire.

Il 21 agosto, l'avvocato Salvatore Manca, 61 anni, di Sassari è stato colto da dolori lancinanti al petto e vomito. Trasferito in ambulanza all'Ospedale di Olbia viene sottoposto al tampone. Dopo 17 ore di attesa in una stanza isolata dell'Ospedale Giovanni Paolo II, è deceduto per dissezione dell'aorta:

> Un periodo di tempo lunghissimo durante il quale il paziente non solo si sarebbe reso conto della sua gravissima

747 https://www.who.int/fr/news/item/20-01-2021-who-information-notice-for-ivd-users-2020-05

748 *Covid: Usl Vda, 61 i falsi positivi ad Aosta,* "ANSA", 29.12.2020 [https://www.ansa.it/valledaosta/notizie/2020/12/29/covid-usl-vda-61-i-falsi-positivi-ad-aosta_cc8c3e71-a1af-4d28-ab28-126d97dd31de.html].

749 *Ivi.*

> condizione, ma avrebbe anche ripetutamente implorato aiuto per i dolori al torace, arrivando a chiedere l'intervento dei Carabinieri. [...] La Procura di Tempio sta verificando se il legale è morto a causa di una presunta mancata diagnosi della patologia. [...] C'è un'altra circostanza, ancora tutta da dimostrare, sulla quale si sta concentrando l'attenzione della Procura. Manca avrebbe detto al telefono che la ragione dell'isolamento al quale era sottoposto, erano le misure anti Covid. Il legale era stato sottoposto a tampone, il cui esito sarebbe arrivato solo nel pomeriggio del 22 agosto, quindi dopo il decesso.[750]

Se possibile, ancora più paradossale è la vicenda di Maria, una ventenne di Napoli. Arrivata alla clinica Sanatrix del quartiere Vomero per partorire, viene sottoposta prima al test (che ha dato esito negativo) e poi al tampone per verificare la negatività al Coronavirus. Quando, dopo 6 ore di attesa, riceve l'esisto del tampone, viene trasferita in sala parto per il taglio cesareo. Ma è troppo tardi: il bambino è morto. Sull'intera vicenda indaga ora la Procura di Napoli.

La clinica Sanatrix si giustifica «Smentendo l'inverosimile e fuorviante ricostruzione dei fatti apparse sui social»[751] e dichiarando che: «Nessun primario, medico, né tantomeno il direttore sanitario della clinica Sanatrix, ha mai dato nessuna disposizione per fermare o ritardare alcun parto se non urgente».[752] Ma la nonna del bimbo denuncia:

> Nessuno può ridare questo piccolo indietro, nessuno ci starà vicini, voglio che il mio grido di dolore lo sentano tutti perché non si può far morire un neonato per un tampone che non arriva.[753]

[750] *Al telefono invocava i famigliari: "Chiamate i carabinieri",* "L'Unione Sarda", 16.09.2020 [https://www.unionesarda.it/articolo/news-sardegna/gallura/2020/09/16/al-telefono-invocava-i-famigliari-chiamate-i-carabinieri-136-1059893.html].

[751] P. FRATASSI, *Neonato morto, il ginecologo: "Aspettiamo autopsia, sia fatta giustizia",* "Fanpage.it", 06.11.2020 [https://www.fanpage.it/napoli/neonato-morto-parenti-devastano-clinica-il-ginecoloco-aspettiamo-autopsia-sia-fatta-giustizia/].

[752] *Ivi.*

[753] R. GRASSO, *Sta per partorire, aspetta 6 ore per un tampone e perde il bambino: "È una tragedia ma non chiamateci violenti",* "il Riformista", 6.11.2020 [https://www.ilriformista.it/sta-per-partorire-aspetta-6-ore-per-un-tampone-e-perde-il-bambino-e-una-tragedia-ma-non-chiamateci-violenti-173664/?refresh_ce].

15. Il grande silenzio

> Chi tenta davvero di tiranneggiare tramite il governo è la scienza. Chi usa davvero il braccio secolare è la scienza. E il credo che davvero estorce decime e si impadronisce delle scuole, il credo che davvero viene imposto con le multe e la prigione,
> il credo che davvero è proclamato non in prediche ma in leggi, e diffuso non da pellegrini ma da poliziotti: quel credo è il grande ma contestato sistema di pensiero che ha avuto inizio con l'evoluzione ed è finito con l'eugenetica. La nostra vera «Chiesa Ufficiale» è il materialismo: perché è il materialismo che gode davvero dell'aiuto del governo nel perseguitare i suoi eretici.
> GILBERT KEITH CHESTERTON, *Eugenetica e altri malanni*

Queste notizie sono passate nel silenzio generale della grande stampa, poco interessata a indagare gli aspetti potenzialmente in grado di incrinare la narrazione ufficiale della pandemia. Questo silenzio omertoso diventa assordante quando si affronta il percorso grottesco che ha portato all'obbligo di indossare la 'mascherina'.

Inizialmente, si registra un parere unanime nel limitare l'uso dei DPI (Dispositivi di Protezione Individuale) al solo personale sanitario e alle persone fragili o immunodepresse. Infatti, come si legge nei Verbali del CTS, questi: «Sono destinati per loro stessa natura alla protezione degli operatori esposti al rischio biologico».[754]

Le immagini provenienti dalla Cina e dalla Corea devono però aver impressionato alcuni governanti, che hanno fin da subito tastato la possibilità di estendere l'uso della mascherina all'intera popolazione, tanto che il Comitato Tecnico Scientifico ha dovuto ribadire:

[754] Verbale CTS, 29 febbraio 2020, n. 13.

... la prioritaria importanza di fornire indicazioni quanto più precise possibile sull'uso delle mascherine definendone le categorie d'uso in 1) uso indispensabile 2) uso consentito 3) uso non richiesto. Con riferimento al quesito inerente la dotazione e la fornitura di mascherina a tutta la popolazione il CTS ritiene che, oltre l'impossibilità materiale attuale di un approvvigionamento di tale portata, l'utilizzo di tali dispositivi è consigliato alle persone fragili e immunodepresse ed agli operatori sanitari con le modalità descritte dalle circolari ministeriali e dei provvedimenti normativi già in essere in base alle indicazioni delle Organizzazioni internazionali, in particolare dell'Organizzazione Mondiale della Sanità (OMS), del Centro Europeo per la Prevenzione e il Controllo delle Malattie (ECDC), il Ministero della Salute (circolare n. 5443 del 22 febbraio 2020, che ha diramato le prime disposizioni sull'uso dei Dispositivi di protezione individuale per il personale sanitario che accudisce i casi sospetti e confermati).[755]

Siamo all'inizio della pandemia quando, mancando di fatto un *Piano pandemico* aggiornato e le scorte di materiale indispensabile per la gestione dell'emergenza, l'Italia si trova, come ha ben scritto il ministro Speranza: «"Disarmata" di fronte al virus».[756] Per ovviare a questa mancanza di DPI, con il Decreto Legge del 2 marzo n. 9 (Art. 34, *Disposizioni finalizzate a facilitare l'acquisizione di dispositivi di protezione e medicali*) viene disposto che:

In relazione all'emergenza di cui al presente decreto, in coerenza con le linee guida dell'Organizzazione Mondiale della Sanità e in conformità alle attuali evidenze scientifiche, è consentito fare ricorso alle mascherine chirurgiche, quale dispositivo idoneo a proteggere gli operatori sanitari; sono utilizzabili anche mascherine prive del marchio CE previa valutazione da parte dell'Istituto Superiore di Sanità.[757]

[755] Verbale CTS, 11 marzo 2020, n. 24.

[756] R. SPERANZA, *Perché guariremo*, cit., p. 122.

[757] Decreto Legge, 02 marzo 2020, n. 9, recante: *"Misure urgenti di sostegno per famiglie, lavoratori e imprese connesse all'emergenza epidemiologica da COVID-19"*.

Con il Decreto Legge del 17 marzo (Art. 16, *Ulteriori misure di protezione a favore dei lavoratori e della collettività*) viene ribadita l'assimilazione tra mascherine e DPI, e la possibilità di reperire in commercio dispositivi privi di marchio CE:

> ... fino al termine dello stato di emergenza di cui alla delibera del Consiglio dei ministri in data 31 gennaio 2020, sull'intero territorio nazionale, per i lavoratori che nello svolgimento della loro attività sono oggettivamente impossibilitati a mantenere la distanza interpersonale di un metro, sono considerati dispositivi di protezione individuale (DPI) [...] le mascherine chirurgiche reperibili in commercio.
>
> Ai fini del comma 1, fino al termine dello stato di emergenza di cui alla delibera del Consiglio dei ministri in data 31 gennaio 2020, gli individui presenti sull'intero territorio nazionale sono autorizzati all'utilizzo di mascherine filtranti prive del marchio CE e prodotte in deroga alle vigenti norme sull'immissione in commercio.[758]

Queste deroghe sembrano però allarmare i membri del CTS che sottolineano:

> ... la necessità di valutare gli aspetti di sicurezza dei prodotti e della corretta informazione sulle loro caratteristiche e sul loro utilizzo (non sono né Dispositivi medici né DPI). Si rende necessario individuare dei requisiti di sicurezza minimi anche mediante un gruppo di lavoro.[759]

L'allargamento delle maglie delle normative vigenti, non riesce tuttavia a garantire una fornitura sufficiente di mascherine e DPI. All'Italia non resta che fare affidamento sulla creatività e sull'improvvisazione.

Il 17 marzo "il Fatto Quotidiano" pubblica un articolo a firma di Daniela Ranieri, intitolato *A chi lavora in corsia mascherine militari,* che dipinge un quadro tra il tragico e il ridicolo:

[758] Decreto Legge,17 marzo 2020, n. 18, recante: *"Misure di potenziamento del Servizio sanitario nazionale e di sostegno economico per famiglie, lavoratori e imprese connesse all'emergenza epidemiologica da COVID-19"*.

[759] Verbale CTS, 19 marzo, n. 32.

> Perché i medici e gli operatori sanitari continuano a infettarsi? Perché, a parte i protocolli di trattamento dei casi sospetti che si stanno precisando via via, non ci sono abbastanza mascherine. Lo denunciano tutti, medici in prima linea, sindacati di infermieri e medici. L'assessore alla Sanità lombarda Gallera ha mostrato le mascherine ricevute dalla Protezione civile (una benda con i buchi per le orecchie). Una gara Consip consentirà di acquistarne 24 milioni di tipo chirurgico. Basteranno?[760]

Nello stesso articolo viene indagata la possibilità di ricorrere alle mascherine in uso nell'Esercito (maschera anti-NBC M90) agli ospedali: «Magari arrivassero le mascherine dall'Esercito – dicono all'ANAAO, il sindacato dei medici – stiamo usando mascherine fai da te con carta da forno».[761]

Il CTS vaglia questa proposta ma conclude che non è possibile dirottare le mascherine dall'Esercito agli ospedali, condividendo: «L'assoluta impossibilità di utilizzo nello scenario epidemiologico attuale».[762] Così come esprime perplessità circa la possibilità di sanificare le mascherine al fine di riutilizzale in ambito sanitario. I dispositivi di protezione continuano a mancare.

A partire da fine marzo, mentre inizia a palesarsi la graduale riduzione delle misure di contenimento, la questione delle 'mascherine' diventa centrale, per cui i tecnici del CTS provano a fare un po' di chiarezza. I dispositivi di protezione delle vie aeree sono classificati in base all'uso:

> Le mascherine chirurgiche hanno lo scopo di evitare che chi le indossa contamini l'ambiente, in quanto limitano la trasmissione di agenti infettivi e ricadono nell'ambito dei dispositivi medici [...]
>
> I facciali filtranti (mascherine FFP2 e FFP3) sono utilizzate in ambiente ospedaliero e assistenziale per proteggere l'utilizzatore da agenti esterni (anche da trasmissioni di infezioni da goccioline e aerosol) [...]

760 D. RANIERI, *A chi lavora in corsia mascherine militari,* "il Fatto Quotidiano", 17.03.2020[https://www.ilfattoquotidiano.it/in-edicola/articoli/2020/03/17/a-chi-lavora-in-corsia-mascherine-militari/5739027/].

761 *Ivi.*

762 Verbale CTS, 17 marzo 2020, n. 30.

> Ogni altra mascherina reperibile in commercio, diversa da quelle sopra elencate, NON È DISPOSITIVO MEDICO NÉ DISPOSITIVO DI PROTEZIONE INDIVIDUALE [...] Le mascherine in questione non possono essere utilizzate in ambiente ospedaliero o assistenziale in quanto, non hanno i requisiti tecnici dei dispositivi medici e di dispositivi di protezione individuale. Chi la indossa DEVE COMUNQUE RISPETTARE LE NORME PRECAUZIONALI SUL DISTANZIAMENTO SOCIALE E LE ALTRE INTRODOTTE PER FRONTEGGIARE L'EMERGENZA COVID-19.[763]

Nei primi giorni di aprile, sebbene il ricorso ai sistemi di protezione delle vie aeree rimanga ancora consigliato per i soli sintomatici e il personale sanitario, si registra una prima apertura all'estensione delle mascherine a tutta la popolazione: «L'utilizzo universale di mascherine potrebbe essere preso in considerazione se gli approvvigionamenti lo consentono».[764]

A sostegno dell'utilizzo 'universale' e indiscriminato delle mascherine non vi sono dunque valide motivazioni scientifiche, quanto la disponibilità delle mascherine stesse. Infatti non esiste alcuno studio a sostegno dell'efficacia di questo strumento, quanto una serie di suggestioni e opinioni: «Sebbene le evidenze scientifiche non siano sufficientemente consolidate sull'uso comunitario delle mascherine, le stesse sono ampiamente consigliate da numerose e autorevoli organismi internazionali (CDC, ECDC, OMS)».[765]

Con l'Ordinanza n. 7468, depositata il 4 dicembre 2020, il TAR del Lazio ha accolto, in via cautelare, il ricorso presentato dai genitori di un alunno di età compresa tra i 6 e gli 11 anni, che ha manifestato sintomi riconducibili all'eccesso di anidride carbonica dovuta all'obbligo di indossare la mascherina in classe (introdotto con il DPCM del 3 novembre 2020). Secondo la Corte:

> Dal DPCM impugnato non emergono elementi tali da far ritenere che l'amministrazione abbia effettuato un opportuno bilanciamento tra il diritto fondamentale alla salute della

[763] Verbale CTS, 30 marzo 2020, n.39.

[764] Verbale CTS, 6 aprile 2020, n. 45.

[765] Verbale CTS, 23 aprile 2020, n. 57.

> collettività e tutti gli altri diritti inviolabili, parimenti riconosciuti e tutelati dalla Costituzione, fra cui primariamente il diritto alla salute dei minori di età compresa fra i 6 e gli 11 anni, sì da poter connotare di ragionevolezza e proporzionalità l'imposizione a questi ultimi dell'uso di un dispositivo di protezione individuale in modo prolungato e incondizionato.[766]

In attesa che venga rinviato alla fase di merito l'esame dell'incostituzionalità del DPCM in questione, siamo costretti a notare come, pur senza portare nessuna prova scientifica sull'utilità di questa misura, il 'consiglio' è stato mutato in obbligo e presto assimilato nella quotidianità.

Poco importa se i DPI siano strumenti medici e come tali dovrebbero essere utilizzati; se il Governo abbia consigliato il ricorso a sciarpe e foulard per coloro che non dispongono di mascherine; se, dopo l'estensione dell'obbligatorietà dagli ambienti chiusi all'esterno, non ci siano ancora studi in grado di dimostrare l'utilità di questo strumento. Poco importa perché, come ha detto Alberto Villani, presidente della Società Italiana di Pediatria e membro del CTS:

> L'obbligo di indossare la mascherina all'aperto è un richiamo. Non importa se scientificamente ha senso oppure no. È un segnale di attenzione per noi stessi e per la comunità.[767]

Non serve, non ha nessuna validità scientifica ma dobbiamo indossarla all'interno e all'esterno. Perché la mascherina è un 'richiamo' o, come lo ha definito Ranieri Guerra, direttore aggiunto dell'OMS e membro del Comitato Tecnico Scientifico, un 'simbolo':

> Tecnicamente [la mascherina, *Nota dell'Autore*] all'aperto non servirebbe, a meno di non trovarsi in luoghi confinati e affollati. La variabile però sono i comportamenti individuali, e non mi sento di criticare un amministratore che, conoscendo i

766 https://www.professionegiustizia.it/documenti/notizia/2020/tar-lazio-obbligo-mascherine-eta-scolastica

767 M. DE BAC, *Covid, Villani (Cts): «Non siamo al dramma, possiamo fermare l'epidemia»,* "Il Corriere della Sera", 07.08.2020, cit.

> propri concittadini, sa come proteggerli. La mascherina ha anche un valore simbolico di allerta.[768]

L'analisi più plausibile di questa isteria istituzionalizzata ci viene dal "New York Times", che il 17 marzo ha pubblicato un articolo intitolato *The surgical face mask has become a symbol of our times*[769] (*La maschera chirurgica è diventata un simbolo dei nostri tempi*):

> Se c'è un simbolo dell'attuale confusione e paura, della disinformazione e dell'ansia, generata dalla diffusione del nuovo Coronavirus, è proprio la mascherina chirurgica. Quando la storia ripercorrerà la pandemia del 2020, ciò che vedrà saranno quei rettangoli bianchi o celesti che nascondono bocca e naso, trasformando tutti in pellicani con la museruola [...]
>
> Ancor più dei flaconi di disinfettante per le mani e delle salviettine disinfettanti, la mascherina è diventata l'*avatar* del virus; la scorciatoia per la nostra paura incombente, il desiderio di nasconderci, l'incapacità di proteggerci e il desiderio di fare qualcosa – qualsiasi cosa – per sembrare che funzioni.[770]

Il far qualcosa nella speranza che funzioni, è una perfetta iperbole che rievoca il vero significato del termine *Màschera* (anticamente màscara), che deriva dalla voce preindoeuropea *masca* "fuliggine, fantasma nero", indossata:

> ... a scopo magico-rituale (ad es. per rappresentare con efficacia antropomorfica l'essenza divina o demoniaca), bellico (per incutere terrore al nemico), di spettacolo (per comunicare con immediatezza il carattere e la funzione di un personaggio), di divertimento (come le maschere dai tratti spesso grotteschi che si usano per il carnevale), o semplicemente per non farsi riconoscere (e in questo caso potrà avere forma molto semplice).[771]

768 M. DE BAC, *Coronavirus, Guerra: «Non vedo rischi di altre chiusure totali. Ma ora gli italiani scarichino la app Immuni,* "il Corriere", 27.09.2020, cit.

769 F. VANESSA, *The surgical face mask has become a symbol of our times,* "The New York Times", 17.03.2020 [https://www.nytimes.com/2020/03/17/style/face-mask-coronavirus.html].

770 *Ivi.*

771 *Màschera*, dizionario Treccani [https://www.treccani.it/vocabolario/maschera/].

Queste sensazioni le abbiamo provate tutti nel nostro mascheramento quotidiano. Siamo, come vedremo in seguito, in guerra. Per cui le maschere incutono timore. Innalzate velocemente (forse troppo velocemente) a oggetti di moda, le abbiamo trovate a tratti divertenti. Sicuramente non ci hanno permesso di riconoscerci.

Quello che è meno evidente della loro natura fuligginosa è invece la pericolosità. Tuttavia, gli amministratori che 'ci conoscono', sanno come 'proteggerci', ci impongono questo 'richiamo', questo 'simbolo'.

Non si tratta di un gioco né di un'uscita carnevalesca. Perché, come ha puntualizzato il ministro Roberto Speranza nel suo saggio: «Il ministro della Salute non gioca a dadi con le vite dei cittadini».[772] Parafrasi del più sobrio aforisma attribuito ad Albert Einstein «Dio non gioca a dadi con l'universo», di un ministro che si definisce un «Razionalista convinto» con «Un vero culto per la scienza».[773]

Andiamo dunque a vedere cosa dice 'la scienza' relativamente alle mascherine, sulla loro efficacia e, soprattutto, sulla loro pericolosità.

Sorvolando sull'impatto ambientale dell'estensione dell'utilizzo delle mascherine a tutta la popolazione (in particolare associato allo smaltimento di tonnellate di maschere contaminate, che tra l'altro contengono anche plastica), riportiamo le conclusioni a cui giunge lo studio intitolato *L'uso delle mascherine, esteso a tutta la popolazione, più dannoso che utile?*[774] nel quale si analizzata la valenza simbolica della mascherina, evidenziandone le conseguenze psicologiche, soprattutto nei bambini:

> La mascherina è un simbolo di pericolo che, coprendo il viso, impedisce di far conoscere l'altro, e riconoscere nell'altro le espressioni e le emozioni umane. Limitando così la mimica facciale, si riduce il contatto emotivo con la conseguenza di rendere i bambini – ma ciò riguarda anche gli adulti – deboli, ansiosi, insicuri ed anche immunodepressi poiché, lo stato

[772] R. SPERANZA, *Perché guariremo*, cit., p. 23.

[773] *Ibidem*, p. 38.

[774] B. OBERRAUCH ET AL., *È l'uso delle mascherine, esteso a tutta la popolazione, più dannoso che utile?*

> psichico rappresenta un elemento fondamentale a garanzia di una buona risposta immunitaria. Dal punto di vista psicologico, le norme sanitarie previste dal Governo che sono imposte a bambini sani, risultano altamente nocive e causa di possibili disturbi psichici permanenti. Educare i bambini a temere la reciproca vicinanza, risulta fortemente dannoso per lo sviluppo della loro autostima. Inoltre, stabilire una correlazione tra i loro comportamenti e la possibile morte di familiari amati, cosa difficile da dimostrare nel concreto, può danneggiare profondamente il loro relazionarsi con chi li circonda. Anche negli adulti l'utilizzo della mascherina suggerisce rappresentazioni di malattia, contagio e morte, e fa ritenere che la vicinanza umana sia un pericolo per la vita provocando malessere psicologico e limitando la possibilità di un reale funzionamento creativo del cervello. Gli psicologi stanno osservando un drastico aumento di disturbi d'ansia, isolamento sociale, attacchi di panico, e casi di suicidio. [775]

Ma i danni dell'uso delle mascherine non si limitano all'aspetto psicologico. Nello stesso documento gli autori, dopo aver esaminato oltre 40 studi sull'utilità delle mascherine nel prevenire le infezioni respiratorie, concludono sottolineando la mancanza di:

> ... evidenze di efficacia nell'estendere l'uso a tutta la popolazione, al di fuori delle strutture sanitarie. Al contrario, alcuni studi sottolineano come, ad esempio per le mascherine di stoffa, la ritenzione di umidità, il riutilizzo e una scarsa filtrazione possano addirittura aumentare il rischio di infezione. [...] Abbastanza frequenti appaiono forme dermatologiche tipo "maskne" (acne da mascherina). Sono stati rilevati anche fenomeni di "compensazione del rischio", causati da un falso senso di sicurezza generato dall'uso della mascherina. Infine occorre rilevare l'aumento della resistenza respiratoria e il conseguente incremento del lavoro dei muscoli respiratori con l'uso delle mascherine FFP2. L'OMS attualmente raccomanda alle persone di indossare maschere facciali solo se si hanno sintomi respiratori o se si deve prendersi cura di qualcuno con sintomi: è

[775] B. OBERRAUCH ET AL., *È l'uso delle mascherine, esteso a tutta la popolazione, più dannoso che utile?*

lasciata ai singoli stati la facoltà di eventualmente estenderne le indicazioni.[776]

In attesa che l'OMS ritratti nuovamente la sua posizione, in quella danza che abbiamo già visto per i guanti e il saluto (per cui ci siamo presi a gomitate, a calci... per sentirci consigliare dal Direttore di metterci letteralmente la 'mano sul cuore'), ricordiamo cosa diceva questa Organizzazione in merito ai rischi legati all'uso universale delle mascherine:

> I probabili svantaggi dell'uso della mascherina generalizzato da parte di persone sane includono:
> – Potenziale aumento del rischio di auto-contaminazione dovuto alla manipolazione di una maschera facciale e al successivo contatto con gli occhi con mani contaminate;
> – Potenziale auto-contaminazione che può verificarsi se le mascherine non-mediche non vengono sostituite quando sono bagnate o sporche. Questo può creare condizioni favorevoli per l'amplificazione del microrganismo;
> – Potenziale mal di testa e/o difficoltà respiratorie, a seconda del tipo di mascherina utilizzata;
> – Potenziale sviluppo di lesioni cutanee del viso, dermatite irritante o peggioramento dell'acne, se usato frequentemente per lunghe ore; [...]
> – Potenziale disagio;
> – Falso senso di sicurezza, che porta a un potenziale abbassamento dell'aderenza ad altre misure preventive critiche quali l'allontanamento fisico e l'igiene delle mani; [...]
> – Problemi di gestione dei rifiuti; smaltimento improprio della mascherina che può portare a un aumento dei rifiuti nei luoghi pubblici, rischio di contaminazione degli operatori ambientali e pericolo per l'ambiente;
> – Difficoltà di comunicazione per le persone sorde che fanno affidamento sulla biolettura;
> – Svantaggi o difficoltà a indossarle, in particolare per i bambini, le persone con disabilità dello sviluppo, le persone con malattie mentali, le persone anziane con deterioramento cognitivo, quelle con asma o problemi respiratori o respiratori cronici, coloro che hanno subito traumi facciali o recente

[776] *Ivi.*

> chirurgia maxillo-facciale orale e coloro che vivono in ambienti caldi e umidi.[777]

Queste criticità sembrano quasi lapalissiane, ma è bene ricordarle. Scontato, ad esempio, segnalare che le mascherine impediscono la normale respirazione. Fungendo da filtro tra i nostri polmoni e l'aria, le mascherine bloccano la libera assimilazione dell'ossigeno e la corretta espulsione della CO_2. Se questo non ci permette, almeno per il momento, di dimostrare che indossare per lunghi periodi la mascherina potrebbe indurre uno stato di acidosi, ci venga almeno concesso di ipotizzare che non favorisce certamente la basicità del corpo.

In merito alle mascherine, sorge spontanea una riflessione, inerente all'inspiegabile silenzio dell'Ordine dei Medici su questo e altri temi attinenti la salute.

Potremmo forse sbagliarci, ma crediamo che la salute dei medici e della popolazione dovrebbe essere un tema che riguarda la Federazione Nazionale degli Ordini dei Medici e degli Odontoiatri. Allora perché questo assordante silenzio?

Perché l'Ordine dei Medici non ha denunciato la mancanza di DPI, sia in ambito ospedaliero che nella gestione domiciliare dei pazienti? Non siamo infatti stati capaci di riscontrare nessun comunicato dell'Ordine al CTS in merito a questa questione.

Perché l'Ordine dei Medici non ha preso posizione di fronte alla mancanza di un protocollo condiviso per la gestione dei pazienti domiciliari?

Perché l'Ordine dei Medici non si è opposto all'invito rivolto ai medici in pensione di scendere in prima linea contro la COVID-19? Target di persone che, ricordiamo, è stato il più colpito dalla malattia.

Perché l'Ordine dei Medici, di fronte a un'endemica carenza di medici che la COVID non ha fatto altro che palesare, non si ribella contro la pratica incostituzionale del numero chiuso universitario?

Perché l'Ordine dei Medici non si è pronunciato di fronte all'indicazione del CTS che proponeva:

777 OMS, *Advice on the use of masks in the context of COVID-19*, 05.06.2020 [https://www.fnopi.it/wp-content/uploads/2020/06/OMS-MASK.pdf]

> In caso di documentato rifiuto di MMG e PLS [Medici di Medicina Generale e Pediatri di Libera Scelta, *Nota dell'Autore*] di tale presa in carico [la gestione domiciliare dei pazienti, *Nota dell'Autore*] si suggerisce come sanzione la revoca della convenzione individuale.[778]

Perché l'Ordine dei Medici non ha sollevato nessuna obiezione alla cosiddetta 'telemedicina' che cancella di fatto le visite mediche e porta a una 'ricetta digitale' senza la presenza fisica del paziente? Ricordiamo che prima della COVID, per i medici che non visitavano i pazienti, limitandosi a prescrivere dei farmaci, si palesava il reato di rifiuto di atti di ufficio.

Perché l'Ordine dei Medici non ha proposto un protocollo per una sana alimentazione in tempo di COVID? Eppure il presidente della FNOMCeO, Filippo Anelli, in occasione del convegno "Dottoremeveroche" organizzato nell'ottobre del 2019, aveva dichiarato:

> L'alimentazione è uno dei fattori fondamentali per la sostenibilità dei Sistemi Sanitari, in quanto è strettamente correlata con l'incidenza, la prevalenza, la mortalità delle malattie cardiovascolari, del diabete, dei tumori.[779]

Sottolineiamo che i dati dei decessi COVID indicano proprio le malattie cardiovascolari, i tumori e il diabete come concause principali della mortalità.

Ma, soprattutto, ci chiediamo perché l'Ordine dei Medici non si sia pronunciato sul 'consiglio' a non eseguire autopsie.

Ricordando che per esercitare la professione medica si deve obbligatoriamente essere iscritti alla FNOMCeO, non possiamo non concludere che questa Federazione, tanto solerte nel richiamare i medici non allineati al pensiero unico, si è contraddistinta nella pandemia da COVID-19 per la sua totale, quanto inaccettabile, assenza. Per il suo grande silenzio.

[778] OMS, *Advice on the use of masks in the context of COVID-19*, 05.06.2020, cit.

[779] *Gli esperti di Dottoremaeveroche a Como svelano le fake news sull'alimentazione Si parlerà anche di sostenibilità ambientale e nutrizione*, FNOMCeO, 27.09.2019 [https://portale.fnomceo.it/gli-esperti-di-dottoremaeveroche-a-como-svelano-le-fake-news-sullalimentazione-si-parlera-anche-di-sostenibilita-ambientale-e-nutrizione/].

16. Pesce d'Aprile

Dalla morte la vita

Il FNOMCeO non si è pronunciato sul 'consiglio' a non eseguire le autopsie, sebbene la Medicina debba una parte dei suoi progressi proprio a queste. Ma questo silenzio non investe solo il cosiddetto Ordine dei Medici, anzi. La pandemia ha causato un vero e proprio '*lockdown* della Scienza'.

Questa espressione è stata utilizzata per la prima volta in un articolo pubblicato sulla rivista scientifica "Journal of Clinical Medicine"[780] e poi ripresa da Cristoforo Pomara, direttore di Medicina Legale dell'Università di Catania e co-autore di un trattato di tecniche autoptiche forensi studiato in tutto il mondo.[781] Nel contestare la controversa e contraddittoria Circolare del Ministero della Sanità,[782] nella quale emerge un: «Chiaro indirizzo a non procedere per l'intero periodo della fase emergenziale "all'esecuzione di autopsie o riscontri diagnostici nei casi conclamati Covid-19"» afferma:[783]

> Nel Covid-19 il rischio di contagio dei medici legali e degli anatomopatologi è molto relativo. Il rischio lo hanno corso i medici che sono andati in trincea. Noi siamo i medici delle

[780] S. MONICA ET AL., *No Autopsies on COVID-19 Deaths: A Missed Opportunity and the Lockdown of Science,* "Journal of Clinical Medicine", 14.05.2020 [https://www.ncbi.nlm.nih.gov/pmc/articles/PMC7291342/].

[781] V. FINESCHI, C. POMARA, *Manuale-atlante di tecnica autoptica forense,* Piccin-Nuova Libraria, 2007.

[782] Circolare Ministero della Salute, 1° aprile 2020, n. 0011285, recante: "*Indicazioni emergenziali connesse ad epidemia COVID-19 riguardanti il settore funebre, cimiteriale e di cremazione*".

[783] *Interrogazione a risposta immediata in Commissione 5-04014*, presentata da Roberto Bagnasco, del 20 maggio 2020, seduta n. 343 [https://aic.camera.it/aic/scheda.html?numero=5-04014&ramo=C&leg=18].

retrovie. Quelli che hanno tutta la possibilità e il tempo di organizzarsi sul cadavere con le dovute misure di sicurezza.[784]

I 'medici delle retrovie' da sempre forniscono ai colleghi in prima linea le strategie e le 'armi' per affrontare il 'nemico' Armi che, a loro volta, dipendono dagli sforzi che la ricerca mette in campo per comprendere i patogeni emergenti e per sviluppare interventi efficaci.[785] In particolare, nel settore critico delle nuove malattie infettive, l'autopsia diagnostica completa era, e continua a essere, il *'gold standard'* per determinare le cause e i processi che conducono al decesso, fornendo utili informazioni cliniche.[786]

Esami autoptici sono stati eseguiti su persone infettate dal virus dell'Ebola, dal prione della 'mucca pazza', ben più pericolosi del SARS-COV-2. Ricordiamo che nel focolaio della sindrome respiratoria mediorientale (MERS), è stato sottolineato il valore di questo strumento di indagine, che ha fornito indicazioni clinicamente rilevanti sulla progressione di questa infezione sconosciuta, in grado di capovolgere idee precedentemente accettate.[787] Indagini istologiche e immunoistochimiche, effettuate sui campioni polmonari raccolti nel corso delle autopsie di pazienti deceduti per SARS, hanno permesso di descrivere la patologia del danno alveolare diffuso, fornendo le basi per le strategie terapeutiche.[788]

Tuttavia, nel caso del SARS-COV-2, si è registrato un rovesciamento del paradigma medico che ha condotto a una paralisi del sistema autoptico per fini diagnostici. Questo ha portato

784 G. CEDRONE, *Covid-19 e autopsie, la battaglia del professor Pomara: «Sconsigliarle danno per ricerca scientifica. Eppure, rischio contagio è basso»,* "Sanità Informazione", 05.06.2020 [https://www.sanitainformazione.it/salute/covid19-e-autopsie-continua-la-battaglia-del-professor-pomara-sconsigliarle-danno-per-ricerca-scientifica-eppure-rischio-contagio-e-basso/].

785 S. MONICA ET AL., *No Autopsies on COVID-19 Deaths: A Missed Opportunity and the Lockdown of Science,* "Journal of Clinical Medicine", 14.05.2020, cit.

786 K. M. DE COCK ET AL., *Learning from the Dead.,* "New England Journal Medicine", 14.11.2019

787 S. MONICA ET AL., *No Autopsies on COVID-19 Deaths: A Missed Opportunity and the Lockdown of Science,* "Journal of Clinical Medicine", 14.05.2020, cit.

788 T. J. FRANKS ET AL., *Lung pathology of severe acute respiratory syndrome (SARS): A study of 8 autopsy cases from Singapore,* "Human Pathology", Vol. 34, agosto 2003, pp. 743-748 [https://www.sciencedirect.com/science/article/pii/S0046817703003678?via%3Dihub].

a un fatale ritardo nella definizione della causa esatta dei decessi da COVID-19 e all'applicazione di protocolli che, in larga misura, si sono dimostrati non solamente controindicati ma addirittura letali.

Questo '*lockdown* della Scienza' ha riguardato, come vedremo, buona parte dei paesi nel mondo. Ma è in Italia che questo cortocircuito ha direttamente provocato le conseguenze più devastanti, perché nel nostro paese il virus ha giocato d'anticipo.

Analizziamo la famigerata Circolare, alla quale seguirà quella del 2 maggio,[789] entrambe aventi oggetto: *Indicazioni emergenziali connesse ad epidemia COVID-19 riguardanti il settore funebre, cimiteriale e di cremazione.*

Al punto C *Esami autoptici e riscontri diagnostici* leggiamo:

> 1. Per l'intero periodo della fase emergenziale non si dovrebbe procedere all'esecuzione di autopsie o riscontri diagnostici nei casi conclamati di COVID-19, sia se deceduti in corso di ricovero presso un reparto ospedaliero sia se deceduti presso il proprio domicilio.
>
> 2. L'Autorità Giudiziaria potrà valutare, nella propria autonomia, la possibilità di limitare l'accertamento alla sola ispezione esterna del cadavere in tutti i casi in cui l'autopsia non sia strettamente necessaria. Analogamente le Direzioni sanitarie di ciascuna regione daranno indicazioni finalizzate a limitare l'esecuzione dei riscontri diagnostici ai soli casi volti alla diagnosi di causa del decesso, limitando allo stretto necessario quelli da eseguire per motivi di studio e approfondimento.
>
> 3. In caso di esecuzione di esame autoptico o riscontro diagnostico, oltre ad una attenta valutazione preventiva dei rischi e dei vantaggi connessi a tale procedura, devono essere adottate tutte le precauzioni seguite durante l'assistenza del malato. Le autopsie e i riscontri possono essere effettuate solo in quelle sale settorie che garantiscano condizioni di massima sicurezza e protezione infettivologica per operatori ed ambienti di lavoro: sale BSL3, ovvero con adeguato sistema di aerazione, cioè un sistema con minimo di 6 e un massimo di 12 ricambi aria per ora, pressione negativa rispetto alle aree adiacenti, e

[789] Circolare Ministero della Salute, 2 maggio 2020, n. 0015280, recante: "*Indicazioni emergenziali connesse ad epidemia COVID-19 riguardanti il settore funebre, cimiteriale e di cremazione*".

> fuoriuscita di aria direttamente all'esterno della struttura stessa o attraverso filtri HEPA, se l'aria ricircola [...].
> 5. Si deve evitare l'effettuazione di procedure e l'utilizzo di strumentario che possono determinare la formazione di aerosol.
> 6. Deve essere evitata l'irrigazione delle cavità corporee; il lavaggio di tessuti ed organi deve essere eseguito utilizzando acqua fredda a bassa pressione, fatta defluire a distanza ravvicinata in modo da evitare la formazione di aerosol; i fluidi corporei devono essere raccolti per mezzo di materiale assorbente, immesso nelle cavità corporee.[790]

Interdire senza vietare è una strategia estremamente utile a chi non può imporre un determinato divieto o non vuole assumersi la responsabilità delle proprie azioni. Come ogni linguaggio specialistico, anche quello giuridico è un labirinto sintattico e lessicale, il più delle volte incomprensibile per chi non frequenta una specifica materia. Per cui il ricorso al condizionale può essere letto come un'ottemperanza alla norma secondo cui: «È evitato l'uso del verbo servile diretto a sottolineare la imperatività della norma ("deve"; "ha l'obbligo di"; "è tenuto a")».[791]

L'evidente contraddizione insita nel testo, che prima 'sconsiglia' e poi fornisce le linee guida per eseguire ciò che prima è stato scoraggiato, è funzionale al collasso cognitivo e alla paralisi esecutiva.

Questa formula giuridica nel suo insieme ha garantito la giustificazione perfetta per eludere, senza peraltro affrontare, le accuse che da più fronti sono piovute in merito alla Circolare. Abbiamo parlato a lungo di questo punto focale della gestione pandemica. Lo abbiamo fatto con uno sgomento giustificato dalle conseguenze alle quali ha condotto. Ma non abbiamo mai ricevuto risposte ufficiali né ufficiose. Poi, a dieci giorni dalla pubblicazione dell'articolo del 10 maggio di "Affaritaliani", intitolato *Coronavirus, le autopsie non vanno fatte.*

790 Circolare Ministero della Salute, 2 maggio 2020, n. 0015280, cit.

791 *Lettera circolare sulle regole e raccomandazioni per la formulazione tecnica dei testi legislativi,* Camera dei Deputati, 20 aprile 2001 [https://www.camera.it/leg17/116?circolare_presidente=3].

Ordine del Ministero della Salute,[792] Roberto Bagnasco ha presentato un'interrogazione parlamentare nella quale afferma testualmente:

> ... dalla suddetta circolare del Ministero è arrivato lo «stop» a procedere alle autopsie, e ciò, di fatto, ha portato a errate diagnosi e terapie;
>
> Se fossero state eseguite più autopsie, magari anche la corsa alle terapie intensive per la necessità della ventilazione meccanica si sarebbe forse potuta evitare;
>
> Si può dunque ipotizzare che fino alla scoperta rivelatrice fatta dopo l'effettuazione di alcune autopsie, le complicanze da Covid sono state in qualche misura prodotte da errate diagnosi e, conseguente, inadeguata terapia;

Interrogazione alla quale il sottosegretario alla Salute Sandra Zampa ha ribattuto da manuale:

> In primo luogo, va sgombrato il campo da un equivoco: la circolare del Ministero della salute non detta alcun divieto di effettuare autopsie, né potrebbe farlo, considerato che non è un atto normativo di livello primario.
>
> Tuttavia, al fine di tutelare la salute degli operatori sanitari, con la circolare si è raccomandato di limitare il ricorso a tale tipo di riscontro diagnostico.
>
> In altri termini, considerati i rischi connessi all'effettuazione delle autopsie, si è inteso salvaguardare la salute e la sicurezza dei professionisti sanitari, nonché la salute degli operatori del settore funerario e, naturalmente, della popolazione in generale.
>
> Conferma del fatto che l'obiettivo della circolare ministeriale non è quello di proibire le autopsie viene dalla lettura del paragrafo C, che, nel suo insieme, si traduce in un invito ad eseguire le autopsie soltanto da parte di personale adeguatamente protetto e in sale settorie di tipo BSL3, cioè debitamente attrezzate a garantire la sicurezza di chi vi opera. Se si fosse

[792] A. M. PERRINO, *Coronavirus, le autopsie non vanno fatte. Ordine del Ministero della Salute*, "Affari Italiani", 10.05.2020 [https://www.affaritaliani.it/blog/cose-nostre/covid-19-le-autopsie-non-vanno-fatte-ordine-del-ministero-della-salute-671347.html].

voluto proibire le autopsie, non sarebbero state date indicazioni su come eseguirle.[793]

Ma di fatto e nonostante questa spiegazione, la Circolare in esame ha portato alla mancata esecuzione di esami autoptici, il che potrebbe aver direttamente causato la morte di innumerevoli pazienti che avrebbero potuto essere salvati se si fossero applicati i protocolli corretti, come ha fatto notare anche Bagnasco.

C'è poi un ulteriore aspetto da tenere in considerazione, che riguarda la dicitura per cui: «L'Autorità Giudiziaria potrà valutare, nella propria autonomia, la possibilità di limitare l'accertamento alla sola ispezione esterna del cadavere in tutti i casi in cui l'autopsia non sia strettamente necessaria».[794] Il dottor Stefano Manera, medico chirurgo, specialista in Anestesia e Rianimazione, che lavora presso l'Ospedale Papa Giovanni XXIII di Bergamo, riferisce nel corso di un'intervista rilasciata al giornalista Maurizio Blondet che le autopsie, tranne «quelle indispensabili»,[795] non potevano essere eseguite. A comunicarlo, con una Circolare interna nella quale motiva la decisione con «ragioni di sicurezza»[796] è stato il procuratore di Milano, Francesco Greco. Intervistato da Virginia Camerieri per ByoBlu24, Manera afferma:

> Abbiamo avuto una negazione nel poter fare le autopsie. Se vi ricordate, era stato espresso un divieto e furono proprio due colleghi anatomopatologi dissidenti dell'Ospedale di Bergamo a fare autopsie sui primi casi, anche se questa pratica era scoraggiata e in un certo senso vietata dal Tribunale di Milano.[797]

793 Risposta scritta all'*Interrogazione a risposta immediata in Commissione 5-04014*, pubblicata 21 maggio 2020, nell'allegato al bollettino in Commissione XII (Affari sociali) 5-04014.

794 Circolare Ministero della Salute, 2 maggio 2020, n. 0015280, recante: "*Indicazioni emergenziali connesse ad epidemia COVID-19 riguardanti il settore funebre, cimiteriale e di cremazione*".

795 M. BLONDET, *LE AUTOPSIE VIETATE – La precisazione del dottor Manera*, 27.05.2020 [https://www.maurizioblondet.it/le-autopsie-vietate-la-precisazione-del-dottor-manera/].

796 *Ivi*.

797 L. BIANCHI, *Dott. Manera: "grazie alle autopsie (sconsigliate) abbiamo scoperto come curare il covid"*, "Salute Eco Bio", 16.06.2020 [https://www.salutecobio.

Da questo quadro generale apprendiamo che, fin dall'inizio dell'epidemia, le autopsie non sarebbero state autorizzate dai Tribunali per motivi di sicurezza. E non sono state eseguite nemmeno in quegli ospedali dotati di sala autoptica con requisiti di sicurezza elevati, quali ad esempio l'Ospedale Sacco di Milano, il Papa Giovanni XXIII di Bergamo o lo Spallanzani di Roma. Il divieto espresso dai tribunali non chiarisce tuttavia la 'genesi' della Circolare in questione. Infatti, la posizione assunta dal Ministero della Salute non è stata accompagnata da evidenze scientifiche. Né, tanto meno, siamo riusciti a risalire al demiurgo che l'ha ideata.

Nel leggere i Verbali del CTS desecretati fino ad ora, non siamo stati in grado di trovare nessuna indicazione in merito. L'argomento delle autopsie non è stato affrontato né prima né dopo l'emissione della Circolare del primo aprile. In quei giorni, come emerge dai Verbali, era sentita l'urgenza di valutare la riduzione graduale delle misure di contenimento sia livello sociale che scolastico.

La seconda pista porta all'OMS. Vi era infatti la percezione diffusa che fosse stata l'Organizzazione Mondiale della Sanità ad aver dettato queste linee guida. Il dottor Andrea Gianatti, direttore del Dipartimento di Medicina di laboratorio e dell'Unità di Anatomia patologica dell'Ospedale Papa Giovanni XXIII di Bergamo, uno tra i primi ad aver effettuato autopsia su pazienti deceduti da COVID-19, dichiara a "Prima Bergamo":

> Tra le ragioni che giustificavano il consiglio dell'OMS di non eseguire le autopsie c'era, purtroppo, il dato che in un reparto normale di anatomia patologica, come ad esempio a Seriate o a Treviglio, i locali non sono dotati di condizioni adatte, ad esempio sono privi di aerazione, in spazi piccoli; il nostro campo è sempre stato considerato ai margini, l'ultimo su cui investire. Mi faccia aggiungere che questo è molto grave e l'abbiamo imparato a nostre spese con il coronavirus.[798]

com/dott-manera-grazie-alle-autopsie-vietate-scoperto-curare-covid].

798 F. FENAROLI., *Gianatti, il primario "disobbediente" del Papa Giovanni che ha smascherato il coronavirus*, "Prima Bergamo", 28.09.2020 [https://primabergamo.it/personaggi/andrea-gianatti-il-medico-disobbediente-che-ha-smascherato-il-coronavirus/?refresh_ce].

Ricordiamo che proprio Bergamo è una città altissima incidenza di infezione da SARS-COV-2 che, nella 'prima ondata', ha provocato più di 1.000 morti. Tuttavia, non è possibile attribuire il 'consiglio' di non eseguire autopsie all'OMS perché il 24 marzo, prima dunque della diffusione della Circolare italiana, venivano pubblicate delle linee guida provvisorie intitolate *Azioni da intraprendere in termini di controllo delle infezioni per la gestione sicura del corpo di una persona deceduta nel quadro della COVID-19.*[799] Al punto *Autopsie, ivi comprese le misure di controllo d'ordine tecnico e ambientale,* leggiamo:

> Le procedure di sicurezza per le persone decedute, infette da COVID-19, dovrebbero essere compatibili con quelle utilizzate in qualsiasi autopsia di persone decedute per malattia respiratoria acuta. Se una persona è morta durante il periodo infettivo del COVID-19, i polmoni e gli altri organi possono ancora contenere virus vivi, ed è necessaria una protezione respiratoria aggiuntiva nel corso delle procedure che generano aerosol (ad es. procedure che generano aerosol di piccole particelle, come l'uso di seghe elettriche o lavaggio degli intestini);[800]

Seguono le indicazioni per le misure di protezione da adottare. La stessa dicitura, ancora presente nelle linee guida OMS del 4 settembre 2020[801] testimonia che, almeno su questo punto, l'OMS ha tenuto fede alla posizione iniziale. In sintonia con queste linee guida è il documento prodotto dall'ISS, intitolato *Procedura per l'esecuzione di riscontri diagnostici in pazienti deceduti con infezione da SARS-CoV-2,*[802] pubblicato in data 27 marzo 2020. Nell'introduzione, evidenziato, troviamo scritto:

799 *Conduite à tenir en matière de lutte anti-infectieuse pour la prise en charge sécurisée du corps d'une personne décédée dans le contexte de la COVID-19,* OMS, 24.03.2020 [https://apps.who.int/iris/bitstream/handle/10665/331538/WHO-COVID-19-lPC_DBMgmt-2020.1-eng.pdf].

800 *Ivi.*

801 *Conduite à tenir en matière de lutte anti-infectieuse pour la prise en charge sécurisée du corps d'une personne décédée dans le contexte de la COVID-19,* OMS, cit.

802 Rapporto ISS COVID-19 n. 6/2020, *Procedura per l'esecuzione di riscontri diagnostici in pazienti deceduti con infezione da SARS-CoV-2,* Versione del 27.03.2020 [https://www.iss.it/documents/20126/0/Rapporto+COVID-19+n.+6_2020+Autopsie+-v27+marzo.pdf/c4b363a1-a246-c36c-d007-ae24ed7e648b?t=1585307031219].

> Si ritiene pertanto che nella infezione da SARS-CoV-2 l'esame istologico abbia un ruolo confermatorio di un quadro di laboratorio e di *imaging*, possa contribuire alla diagnosi e a spiegare i meccanismi. L'esame istologico, oltre che da prelievi tessutali in corso di riscontro autoptico, può essere ottenuto anche da prelievi bioptici mediante *core biopsy* su multipli organi (polmone, fegato, reni, muscolo scheletrico).[803]

Seguono indicazioni per eseguire gli esami autoptici in sicurezza: 1. *Dove eseguire le autopsie;* 2. *Autopsia nella pratica clinica;* 3. *Sicurezza e salute;* 4. *Panoramica sull'esame autoptico;* 5. *Report dell'esame autoptico: standard minimo e dataset.*[804]

Dall'ISS non proviene dunque nessun consiglio a non procedere all'esecuzione di autopsie o riscontri diagnostici.

La difficoltà a reperire l'evidenza scientifica che ha condotto a questo '*lockdown* della scienza' e il modo di superarlo, ha raggiunto i vertici dell'Unione Europea. Testimone ne è il fatto che in data 27 maggio, l'europarlamentare Luisa Regimenti ha posto un'interrogazione con richiesta di risposta scritta alla Commissione europea, con oggetto: *Il "lockdown della scienza": esami autoptici COVID-19.*[805] Riportiamo per intero il testo:

> Gli accertamenti autoptici sono unanimemente riconosciuti come rilevanti nel fornire alla clinica elementi anatomo-patologici fondamentali per la ricerca medica.
>
> In molti Stati membri, tuttavia, lo svolgimento di autopsie è stato sconsigliato o vietato per ogni decesso da COVID-19, fosse esso sospetto, probabile o confermato.
>
> Alcune statistiche nazionali di mortalità da COVID-19 includono dunque tutte le persone che si sono dimostrate positive al coronavirus, anche quelle decedute per complicazioni dovute a una condizione preesistente, rendendo impossibile capire se il virus fosse stato realmente la principale causa della morte, soprattutto in presenza di malattie pregresse.

803 Rapporto ISS COVID-19 n. 6/2020, *Procedura per l'esecuzione di riscontri diagnostici in pazienti deceduti con infezione da SARS-CoV-2,* Versione del 27.03.2020, cit.

804 *Ivi.*

805 Interrogazione con richiesta di risposta scritta E-003231/2020 alla Commissione, presentata da L. Regimenti, 27.05.2020, con oggetto: *Il "lockdown della scienza": esami autoptici COVID-19* [https://www.europarl.europa.eu/doceo/document/E-9-2020-003231_IT.html].

Anche qualora non espressamente vietata, l'esecuzione di necroscopie in sicurezza è spesso impossibile nella pratica, vista la mancanza, in numerosi Stati membri, di idonei presidi e requisiti di sicurezza delle sale autoptiche, come adeguati sistemi di aerazione, pressione negativa della sala rispetto alle aree adiacenti e installazione di filtri.

Alla luce dell'importanza dei rilievi necroscopici per l'attuale e futura ricerca sulla COVID-19, può la Commissione chiarire:

1. Come intende incoraggiare nel concreto la pratica dell'autopsia come strumento di indagine e sostenere così la comunità scientifica nella definizione di un trattamento efficace per ridurre la mortalità da COVID-19?

2. Se nell'ambito del Programma salute intende incentivare le autorità sanitarie nazionali a migliorare le condizioni in cui i medici legali e il personale competente operano le necessarie attività autoptiche?[806]

Stella Kyriakides, a nome della Commissione Europea, il 12 agosto risponde:

Il Centro europeo per la prevenzione e il controllo delle malattie (ECDC) ha pubblicato orientamenti disponibili in 26 lingue per fornire assistenza nelle attività di pianificazione della preparazione operativa e di risposta sanitaria per quanto riguarda la manipolazione sicura dei cadaveri di pazienti con sospetta o accertata positività a COVID-19. In base alle raccomandazioni dell'ECDC, ove fosse necessario procedere a esami autoptici, dovrà essere evitata l'esecuzione di procedure che possono generare aerosol, tra cui l'uso di strumenti rotanti. Se non può escludersi la produzione di aerosol (per esempio, in caso di utilizzo di utensili elettrici), è opportuno l'uso di appropriati dispositivi di protezione individuale.

Il documento dell'ECDC citato nella risposta è una relazione tecnica intitolata *Considerazioni relative alla manipolazione sicura dei cadaveri di soggetti con sospetta o accertata positività a*

[806] Interrogazione con richiesta di risposta scritta E-003231/2020 alla Commissione, presentata da L. Regimenti, 27.05.2020, cit.

Covid-19,[807] nel quale non vi è un riferimento specifico alle autopsie, quanto un'analisi dei rischi specifici relativi alla manipolazione dei cadaveri di soggetti con sospetta o accertata positività a COVID-19, e le precauzioni da adottare per ridurre il rischio di contagio.

In Germania, l'Istituto Robert Koch, responsabile per il controllo e la prevenzione delle malattie infettive, facente parte del Ministero federale della Salute, ha inizialmente consigliato apertamente di evitare le autopsie su pazienti deceduti per COVID-19, per poi modificare la sua raccomandazione, riconoscendo i benefici e il valore delle autopsie nel contesto del controllo delle pandemie.[808] Dopo questa drastica inversione, nella città-stato di Amburgo, che conta una popolazione di 1.8 milioni di abitanti, sono stati sottoposti ad autopsia tutti i deceduti da COVID. Questo ha permesso, nei primi giorni di maggio, di giungere a uno studio che fornisce: «La più ampia panoramica delle autopsie di pazienti con infezione da SARS-CoV-2»[809] fino ad allora presentato. Da questa indagine, che analizza 80 autopsie complete, emerge come:

> Un cadavere infetto da SARS-COV-2 è molto probabilmente contagioso. [...] Tuttavia, nel caso di un'autopsia eseguita con adeguate misure protettive, non è previsto un aumento del rischio di trasmissione per il personale. Nessuno dei patologi forensi o del personale medico coinvolti nelle autopsie di questo studio (e di quelli successivi) ha mostrato sintomi della malattia COVID-19 al momento della stesura di questo manoscritto.[810]

Dopo la consultazione di tutta questa documentazione, la domanda iniziale, sulle fonti e le motivazioni che hanno

807 *Considerazioni relative alla manipolazione sicura dei cadaveri di soggetti con sospetta o accertata positività a Covid-19,* ECDC [https://www.ecdc.europa.eu/sites/default/files/documents/Safe%20handling%20of%20bodies%20of%20persons%20dying%20from%20COVID19_IT.pdf].

808 E. CAROLIN ET AL., *Dying with SARS-CoV-2 infection—an autopsy study of the first consecutive 80 cases in Hamburg, Germany,* International "Journal of Legal Medicine", 04.06.2020 [https://www.ncbi.nlm.nih.gov/pmc/articles/PMC7271136/pdf/414_2020_Article_2317.pdf].

809 *Ivi.*

810 *Ivi.*

indotto il Governo italiano a sconsigliare le autopsie, rimane senza risposta.

Sebbene, come affermato dal sottosegretario alla Salute Sandra Zampa: «La circolare del Ministero della Salute non detta alcun divieto di effettuare autopsie, né potrebbe farlo, considerato che non è un atto normativo di livello primario»,[811] l'effetto prodotto è stato il famigerato '*lockdown* della scienza'.

Sul come questo 'consiglio' sia stato recepito dal mondo scientifico ci fornisce un'idea precisa l'articolo intitolato *The autopsy debate during the COVID-19 emergency: the Italian experience*[812] (*Dibattito sulle autopsie nel corso dell'emergenza COVID-19: l'esperienza italiana*), compilato per conto della Società Italiana di Anatomia Patologica e Citologia, la cui prima firmataria è la professoressa Anna Sapino, ordinario di Anatomia Patologica dell'Università di Torino e membro del Consiglio Superiore di Sanità, primo ricercatore italiano a vincere il prestigioso Premio Vladimir Totovic.[813]

Leggiamo:

> Il 1 ° aprile il Ministero della Salute italiano ha pubblicato un documento ufficiale sulle autopsie nel corso dell'epidemia di SARS-COV-2. Di seguito una sintesi delle principali indicazioni:
>
> 1. Per l'intero periodo della fase di emergenza, le autopsie o gli studi diagnostici post-mortem non devono essere eseguiti nei casi conclamati di COVID-19.
>
> 2. L'Autorità Giudiziaria valuterà la possibilità di limitare l'accertamento alla sola ispezione esterna del cadavere, in tutti i casi in cui l'autopsia non sia strettamente necessaria per ragioni forensi.[814]

[811] Risposta scritta all'*Interrogazione a risposta immediata in Commissione 5-04014*, pubblicata 21 maggio 2020, nell'allegato al bollettino in Commissione XII (Affari sociali) 5-04014.

[812] A. SAPINO ET AL., *The autopsy debate during the COVID-19 emergency: the Italian experience*, "Springer Nature", 05.04.2020 [https://www.ncbi.nlm.nih.gov/pmc/articles/PMC7190281/].

[813] A. MONDO, *L'Istituto dei tumori di Candiolo premiato per gli studi contro i tumori alla mammella*, "la Stampa", 16.06.2019 [https://www.lastampa.it/torino/2018/03/01/news/l-istituto-dei-tumori-di-candiolo-premiato-per-gli-studi-contro-i-tumori-alla-mammella-1.33986486].

[814] A. SAPINO ET AL., *The autopsy debate during the COVID-19 emergency*, "Springer Nature", 05.04.2020, cit.

Di fatto, le autopsie non sono state effettuate e solo la coraggiosa azione di medici 'disobbedienti' di Bergamo hanno portato a scoprire che non tutti i malati di COVID-19 morivano di polmonite interstiziale, ma che erano la coagulazione intravascolare disseminata (CID), i cedimenti cardiaci e i danni renali ad essere fatali. Gli esami autoptici sono stati eseguiti su casi selezionati (ad esempio su pazienti deceduti con risposta terapeutica atipica), adottando un protocollo minimamente invasivo. Sulle motivazioni che hanno spinto i medici a questo gesto controcorrente, il dottor Andrea Gianatti racconta:

> Ci morivano i pazienti davanti agli occhi di insufficienza respiratoria e, nonostante tutti gli sforzi, i respiratori, la Cpap e i farmaci non riuscivamo a fermare questa strage. Allora ho capito che tornare alle autopsie avrebbe potuto essere l'unica via utile in qualche modo, o almeno ci volevo provare. [...] In scienza e coscienza, ho deciso di andare contro queste direttive: ero più utile al microscopio che nei turni in terapia intensiva, quindi il 13 marzo abbiamo eseguito la prima autopsia sul nostro paziente zero e poi ne abbiamo eseguite quattro o cinque al giorno fino a fine aprile.[815]

Infatti, proprio da microscopio, giunge la risposta a quella strage che i medici non riuscivano a fermare:

> Abbiamo finalmente capito il motivo di un'alterazione talmente estesa e grave, che spiegava le morti così veloci per insufficienza respiratoria. La terapia fino a quel momento si concentrava sul curare gli alveoli polmonari, mentre le trombosi e occlusioni dei vasi polmonari, che abbiamo riscontrato al vetrino per la prima volta non erano state considerate, né previste [...] È come se un idraulico si mettesse ad aggiustare un calorifero che perde, mentre i tubi sono tutti rotti e la casa si sta allagando. Il calorifero sono gli alveoli, i tubi sono i vasi sanguigni e la casa sono i polmoni. Un cambio completo di paradigma diagnostico.[816]

[815] F. FENAROLI, *Gianatti, il primario "disobbediente" del Papa Giovanni che ha smascherato il coronavirus*, "Prima Bergamo", 28.09.2020, cit.

[816] *Ivi.*

Se facciamo attenzione alla data della prima autopsia però emerge un'incongruenza: siamo al 13 marzo, prima della famigerata Circolare, datata 1° aprile. Questo perché, come abbiamo anticipato, il '*lockdown* della Scienza' è ben più esteso, sia a livello temporale che a livello territoriale, del 'caso Italia'. Di fatto, anche prima del 'consiglio' a non eseguire le autopsie, i medici non erano stati messi nelle condizioni di poterle eseguire:

> ... È importante sollevare anche una questione politica: sebbene l'Organizzazione Mondiale della Sanità abbia suggerito di eseguire esami post mortem per quelle persone decedute con COVID-19 seguendo le procedure di sicurezza raccomandate, molti governi, incluso quello italiano, non hanno fornito gli strumenti adeguati per eseguire un numero sufficiente di autopsie.[817]

Forse a causa di questa mancanza di strumenti adeguati, nei primi mesi dell'epidemia, autopsie complete non sono state svolte in Cina né in nessun altro paese del mondo. Anche se non è credibile che non esistano laboratori equipaggiati per svolgere esami autoptici in sicurezza a livello mondiale.

Un quadro complessivo della paralisi del *'gold standard'* del meccanismo diagnostico a livello mondiale ci viene fornito dall'articolo *No Autopsies on COVID-19 Deaths: A Missed Opportunity and the Lockdown of Science*[818] (*Nessuna autopsia nei decessi COVID-19: un'opportunità persa e il lockdown della Scienza*). Inizia lapidario:

> Nonostante il numero crescente di studi pubblicati su COVID-19, in tutti gli studi esaminati è evidente la mancanza di una ben definita fisiopatologia della morte tra i pazienti deceduti a seguito di infezione da COVID-19. L'autopsia dovrebbe essere considerata obbligatoria per definire la causa esatta della morte, fornendo così informazioni cliniche ed epidemiologiche

[817] S. MONICA ET AL., *No Autopsies on COVID-19 Deaths: A Missed Opportunity and the Lockdown of Science,* "Journal of Clinical Medicine", 14.05.2020, cit.

[818] *Ivi.*

utili, nonché approfondimenti fisiopatologici per fornire ulteriori strumenti terapeutici.[819]

Lo sforzo compiuto per arrivare a questa affermazione è titanico: è stata effettuata una ricerca bibliografica sulle risorse *online* (database PubMed) tramite chiavi di ricerca, che ha portato all'analisi di 9.709 articoli (7.010 se si escludono quelli duplicati). Ne è emerso che solamente 7 tra questi riportavano, al 29 aprile, dati basati su autopsie. Rimandiamo all'articolo per gli esiti delle stesse. L'articolo conclude sottolineando come:

> Alla luce di questa revisione della letteratura, la mancanza di indagini post-mortem non ha consentito una definizione della causa esatta della morte. In questo quadro è estremamente complesso definire i percorsi esatti di questa infezione. [...] Come possiamo stimare la mortalità specifica per causa reale, incluso il tasso di mortalità associato a COVID-19, quando la causa della morte non è presente negli studi? Come possiamo identificare le cure aggiuntive richieste per specifiche categorie di pazienti se mancano ancora informazioni sulla vera causa della morte? [...] E se un domani non fosse un virus ma fosse un batterio, o un nuovo prione, cosa faremmo? Questo non è accettabile. Il valore diagnostico e scientifico dell'autopsia non può essere mutuato dall'andamento epidemiologico. Esso è un valore assoluto e uno strumento irrinunciabile.[820]

Le autopsie rappresentano lo strumento elettivo nel campo per il quale si sono battuti i pionieri della Medicina. Nel caso della COVID-19, nonostante il numero impressionante di articoli pubblicati, si registra un'evidente mancanza nella definizione fisiopatologica della morte di soggetti deceduti a seguito dell'infezione da SARS-COV-2. La perdita di informazioni essenziali, nel periodo iniziale della pandemia, ha portato all'applicazione di protocolli che potrebbero aver causato la morte di numerosi pazienti. Nonostante il numero crescente di studi pubblicati sulla COVID-19, c'è un evidente vuoto di una ben definita fisiopatologia della morte tra i pazienti deceduti a

[819] S. MONICA ET AL., *No Autopsies on COVID-19 Deaths: A Missed Opportunity and the Lockdown of Science,* "Journal of Clinical Medicine", 14.05.2020, cit.

[820] *Ivi.*

seguito di infezione da COVID-19. Ma le motivazioni che hanno condotto a questo '*lockdown*' rimangono ancora oscure. Così come incerto è il comportamento che il mondo scientifico terrà, o sarà indotto a tenere, quando, come è stato più volte prospettato, l'umanità si troverà ad affrontare nuovi patogeni emergenti e sconosciuti.

Di tutta questa vicenda, una frase dell'articolo pubblicato su "Journal of Clinical Medicine" ci dovrebbe far molto riflettere:

> Un'altra prospettiva importante che sottolinea l'importanza dell'autopsia è legata allo sviluppo dei candidati vaccini e delle nuove terapie per la prevenzione e il trattamento della malattia polmonare causata da COVID-19.[821]

[821] *Ivi.*

17. L'Impero della scienza

> Predatori del mondo intero, i Romani, dopo aver devastato tutto, non avendo più terre da saccheggiare, vanno a frugare anche il mare; avidi se il nemico è ricco, smaniosi di dominio se è povero, tali da non essere saziati né dall'Oriente né dall'Occidente, gli unici che bramano con pari veemenza ricchezza e miseria. Distruggere, trucidare, rubare, questo, con falso nome, chiamano Impero e là dove hanno fatto il deserto, lo hanno chiamato pace.
>
> PUBLIO CORNELIO TACITO, *La vita di Agricola*

La dottoressa Annarita Iannetti fornisce indirettamente, nel corso dell'intervista rilasciata al canale indipendente Byoblu, una spiegazione plausibile per questo '*lockdown* della Scienza': «Molti colleghi [...] obbediscono come se fossero dei soldati. Non hanno l'idea che l'atto medico è una responsabilità personale. Si attengono alle linee guida: se ci sono agiscono; se non ci sono non agiscono».[822]

Quali sono questi famigerati protocolli che i medici avrebbero dovuto seguire? Un fatto di cronaca nera ha aperto il vaso di Pandora. Un medico di Montichiari, nel bresciano, avrebbe iniettato Midarine e Propofol ai pazienti COVID, causandone la morte. Lo avrebbe fatto per «liberare i letti».[823] La ricerca di un capro espiatorio è sempre la strada più semplice. Tuttavia la questione sembra essere più complessa. Carlo Montaperto, presidente dell'Associazione Nazionale Primari Ospedalieri della Lombardia, a Radio 102.5 dichiara in merito alla vicenda:

> Sono stati usati dei farmaci che vengono utilizzati per una pre-intubazione: nei reparti di medicina e di pronto soccorso

[822] "Tg Byoblu24", edizione 19:00, 19.11. 2020 [https://www.youtube.com/watch?v=uMZEGqLqOZo&t=1303s].

[823] P. BERIZZI, *"Il primario ha ucciso pazienti Covid". Un infermiere: lo fa per liberare i letti,* "la Repubblica", 25.01.2021 [https://www.repubblica.it/cronaca/2021/01/25/news/il_primario_ha_ucciso_pazienti_covid_un_infermiere_lo_fa_per_liberare_i_letti-284210386/].

ciò avveniva, venivano utilizzati farmaci come il Propofol che viene utilizzato per l'induzione dell'anestesia e farmaci che sono bloccanti della contrazione muscolare, perché spesso e volentieri i pazienti che devono essere intubati sono anche molto agitati. Questa era la prassi: un paziente che deve essere intubato, deve ricevere una dose di questi farmaci.[824]

A suggerire il ricorso all'utilizzo di bloccanti neuromuscolari «Nelle prime 24 ore dall'inizio della ventilazione meccanica in pazienti con ARDS severa» è lo stesso CTS, nel Verbale n. 13 del 29 febbraio (*Linee di indirizzo assistenziale del paziente critico affetto dal COVID-19*).[825]

Dal mese di marzo: «Considerata la carenza sul territorio italiano di altri medicinali a base di propofol e l'assenza di medicinali aventi le medesime indicazioni terapeutiche del propofol»[826] l'Ufficio Qualità dei Prodotti e Contrasto al Crimine Farmaceutico dell'AIFA[827] ha autorizzato l'acquisto di centinaia di migliaia di flaconcini di questo medicinale (oltre 600mila al 22 gennaio 2021), in larga misura nella versione Diprivan® (AstraZeneca), ai quali si sommano quelli donati dalle case farmaceutiche per l'emergenza. Il 16 aprile, vista la carenza di medicinali a base di Propofol, l'AIFA ha autorizzato la Boehringer Ingelheim Italia Spa a distribuire per uso umano alcuni lotti del medicinale Proposure – Emulsione iniettabile per infusione per cani e gatti.[828]

È assodato che la sedazione con propofol possa essere rapidamente avviata e interrotta, anche dopo una somministrazione

[824] Primario arrestato, Montaperto: "Durante l'emergenza a marzo, somministrare quei farmaci era la prassi", RTL, 20.01.2021 [https://www.rtl.it/notizie/articoli/primario-arrestato-montaperto-durante-l-emergenza-a-marzo-somministrare-quei-farmaci-era-la-prassi/].

[825] Verbale CTS, 29 febbraio 2020, n. 13.

[826] AIFA, autorizzazione del 20 marzo 2020, n. 0032947, *AUTORIZZAZIONE ALL'IMPORTAZIONE DEL MEDICINALE "Propofol Lipuro 20mg/ml – AIC n. 41913.01.00"*.

[827] https://www.aifa.gov.it/en/ricerca?q=Propofol

[828] AIFA, autorizzazione del 16 aprile 2020, n. 0043608, *AUTORIZZAZIONE ALLA DISTRIBUZIONE E ALL'UTILIZZO DEI MEDICINALI PROPOSURE 10 mg/ml (Propofol, emulsione iniettabile per infusione per cani e gatti) - Confezione da 5 flaconi da 20 ml (lotti 19D200A-19D322A-19D322B) E PROPOSURE 10 mg/ml (Propofol, emulsione iniettabile per infusione per cani e gatti) - Confezione da 1 flacone da 50 ml (lotti 19B058B-20B001A).*

prolungata, garantendo un maggiore controllo del livello di sedazione e uno svezzamento più rapido dalla ventilazione meccanica. Tuttavia la letteratura scientifica ha sollevato numerosi interrogativi sul ricorso a questo medicinale, specialmente nei pazienti COVID-19 sottoposti a ventilazione meccanica con sedazione a lungo termine (circostanza che comporta una dose totale di sedativo somministrato di gran lunga superiore a quella utilizzata per un'anestesia intraoperatoria). Ben conosciuta è la cosiddetta 'Sindrome da infusione di propofol', una sindrome rara che colpisce i pazienti sottoposti a trattamento a lungo termine con una dose elevata di questo farmaco anestetico e sedativo, che può condurre a insufficienza cardiaca, miopatia, acidosi metabolica, insufficienza renale, ed è spesso fatale.[829] Lo studio *High risk of thrombosis in patients with severe SARS-CoV-2 infection: a multicenter prospective cohort study* riporta come:

> Un numero crescente di pazienti COVID soffre di disturbi tromboembolici come trombosi venosa profonda, ischemia degli arti inferiori e microembolia polmonare. Infezione, tromboembolia, sindrome da distress respiratorio acuto e danno miocardico possono anche verificarsi come reazioni avverse al farmaco con emulsioni lipidiche.[830]

Benché non conclusivo, lo studio *Does prolonged propofol sedation of mechanically ventilated COVID-19 patients contribute to critical illness myopathy?* evidenzia come frequente il numero di pazienti in terapia intensiva sopravvissuti alla COVID-19, affetti da profonda debolezza muscolare dopo la dimissione dall'ICU:

> Questi risultati suggeriscono che l'uso prolungato di infusioni di propofol potrebbe non essere appropriato come scelta di prima linea per la sedazione nei pazienti adulti COVID-19 sottoposti a ventilazione meccanica.[831]

829 V. LUCCHETTA ET AL., *Propofol infusion syndrome in severe COVID-19*, "British Journal of Anaesthesia", novembre 2020 [https://www.ncbi.nlm.nih.gov/pmc/articles/PMC7444932/]

830 J. HELMS ET AL., *High risk of thrombosis in patients with severe SARS-CoV-2 infection: a multicenter prospective cohort study*, "Intensive Care Medicine", 04.05.2020 [https://pubmed.ncbi.nlm.nih.gov/32367170/].

831 P.-A. LÖNNQVIST ET AL., *Does prolonged propofol sedation of mechanically ventilated COVID-19 patients contribute to critical illness myopathy?*, "British

Come dimostrano le autorizzazioni AIFA all'acquisto di questo prodotto, il propofol continua ad essere il farmaco elettivo nella sedazione dei pazienti COVID. Pur non volendo giungere a nessuna conclusione, ci chiediamo se il ricorso a questo medicinale rappresenti la migliore soluzione possibile.

Certo è che la COVID-19 ha messo in luce le fragilità e i punti deboli della nostra società, facendo emergere nello stesso tempo tanto l'eroismo quanto la miseria umana.

Come abbiamo visto, alcuni medici coraggiosi, disattendendo il consiglio ministeriale, hanno effettuato autopsie, giungendo alla definizione delle cause di morte. Allo stesso modo, ci sono stati medici che, in scienza e coscienza, hanno stravolto il protocollo applicato per la COVID-19 e, invece di aspettare che i pazienti arrivassero in ospedale in condizioni critiche e spesso irreversibili, hanno ripercorso il sentiero tracciato dalla Medicina domiciliare di emergenza. Un esempio di questa eccellenza è rappresentato da Luigi Cavanna, primario di Oncologia ed Ematologia dell'Ospedale di Piacenza. Ai primi di marzo, quando: «Si è reso conto che troppi pazienti con COVID-19 gravemente ammalati stavano arrivando al pronto soccorso, mentre la maggior parte di loro avrebbe potuto essere curata a casa prima, prima che i loro sintomi diventassero troppo gravi»[832] ha deciso di fermare l'onda d'urto che investiva la struttura ospedaliera andando a curare i pazienti nelle loro abitazioni.

> Non si poteva non fare qualcosa di più rispetto al normale. C'è stata una prova straordinaria del personale sanitario, una prova di grande umanità. Allora si diceva che i malati Covid potevano essere salvati solo con la terapia intensiva. Si ripeteva che una cura specifica per Covid non esisteva. I ricoverati venivano curati con due farmaci per bocca: idrossiclorochina e antivirali, oltre a ossigeno e terapia di supporto. Gli stessi farmaci però potevano essere somministrati a domicilio, in una fase molto più precoce e quindi con una efficacia antivirale migliore. Ma nessuno ancora lo faceva. I pazienti arrivavano in

Journal of Anaesthesia", settembre 2020 [https://www.ncbi.nlm.nih.gov/pmc/articles/PMC7284264/].

832 F. BERARDI, *The Italian Doctor Flattening the Curve by Treating COVID-19 Patients in Their Homes,* "Time", 09.04.2020 [https://time.com/5816874/italy-coronavirus-patients-treating-home/].

> ospedale dopo giorni o settimane di febbre, tosse, malessere, poi dispnea da sforzo e dispnea a riposo.[833]

L'undici marzo la direzione dell'Ospedale di Piacenza ha preso la decisione di formare squadre di intervento rapido a domicilio, interrompendo il circolo vizioso che conduceva a un ricovero troppo spesso tardivo. Il dottor Cavanna ha seguito in quei giorni oltre 270 pazienti nelle loro abitazioni. Solo il 5% è stato ospedalizzato. Nessuno è morto.

L'impellenza di invertire l'immobilismo della Sanità territoriale non ha solamente salvato delle vite, ma ha ridato speranza alle persone più fragili. Prigioniere nelle loro stesse case, questi medici hanno trovato: «Tante persone anziane, sole e impaurite. L'accoglienza è stata commovente, ci hanno visto come dei salvatori».[834] Per questi atti di amore e umanità, di bellezza e poesia, il dottor Cavanna si è conquistato la copertina del "Time", diventando un simbolo mondiale di buona sanità.[835] Un simbolo che, tuttavia, non è stato eletto a modello.

Fin dall'inizio dell'emergenza, abbiamo sentito parlare dell'importanza dell'assistenza territoriale nella lotta al Coronavirus. Scrive il comitato FROMCeO Lombardia[836] nel documento *Nuova lettera indirizzata ai vertici della sanità lombarda*[837] del 6 aprile:

> Non è questo il momento dell'analisi delle responsabilità, ma la presa d'atto degli errori occorsi nella prima fase dell'epidemia può risultare utile alle autorità competenti per un aggiustamento dell'impostazione strategica, essenziale per affrontare le prossime e impegnative fasi. [...]

833 G. SCHIAVI, *Luigi Cavanna, un medico in famiglia Ha salvato i pazienti, casa per casa,* "Corriere della Sera", 18.05.2020 [https://www.corriere.it/buone-notizie/20_maggio_19/luigi-cavanna-medico-famiglia-ha-salvato-pazienti-casa-casa-ef797b68-990a-11ea-8e5b-51a0b6bd4de9.shtml].

834 *Ivi.*

835 F. BERARDI, *The Italian Doctor Flattening the Curve by Treating COVID-19 Patients in Their Homes,* "Time", 09.04.2020, cit.

836 Federazione Regionale degli Ordini dei Medici Chirurghi e degli Odontoiatri della Lombardia.

837 *FROMCeO Lombardia. Nuova lettera indirizzata ai vertici della sanità lombarda* [https://portale.fnomceo.it/fromceo-lombardia-nuova-lettera-indirizzata-ai-vertici-della-sanita-lombarda/#!].

La situazione disastrosa in cui si è venuta a trovare la nostra Regione [la Lombardia, *Nota dell'Autore*], anche rispetto a realtà regionali viciniori, può essere in larga parte attribuita all'interpretazione della situazione solo nel senso di un'emergenza intensivologica, quando in realtà si trattava di un'emergenza di sanità pubblica. La sanità pubblica e la medicina territoriale sono state da molti anni trascurate e depotenziate nella nostra Regione.

Eppure, sul ruolo che avrebbero dovuto svolgere i medici sul territorio, il CTS aveva le idee molto chiare, espresse senza mezzi termini nel Verbale n. 23 del 10 marzo:

Il CTS ritiene che, oltre alle importanti misure di contenimento già adottate con il DPCM del 10/03, sia indispensabile garantire la gestione domiciliare dei pazienti febbrili paucisintomatici e non acuti da parte dei MMG e PLS [Medici di Medicina Generale e Pediatri di Libera Scelta, *Nota dell'Autore*] per evitare ingressi non giustificabili clinicamente in ospedale di pazienti potenzialmente infetti. Tale presa in carico, in questa fase di espansione dell'epidemia su tutto il territorio nazionale, rappresenta una misura indispensabile di ulteriore contenimento e protezione.[838]

Aggiunge lapidario:

In caso di documentato rifiuto di MMG e PLS di tale presa in carico si suggerisce come sanzione la revoca della convenzione individuale.[839]

Il giorno precedente, con il Decreto n. 14 del 9 marzo, il Governo costituisce le USCA, (Unità Speciali di Continuità Territoriale) che tutte le Regioni e Province autonome dovevano attivare entro dieci giorni. Al Capo II del Decreto, Articolo 8, *Potenziamento delle reti assistenziali,* leggiamo:

Al fine di consentire al medico di medicina generale o al pediatra di libera scelta o al medico di continuità assistenziale di

[838] Verbale CTS, 10 marzo 2020, n. 23.

[839] *Ivi.*

> garantire l'attività assistenziale ordinaria, le regioni e le province autonome di Trento e Bolzano istituiscono, entro dieci giorni dall'entrata in vigore del presente decreto, presso una sede di continuità assistenziale già esistente una unità speciale ogni 50.000 abitanti per la gestione domiciliare dei pazienti affetti da COVID-19 che non necessitano di ricovero ospedaliero. [...]
>
> Il medico di medicina generale o il pediatra di libera scelta o il medico di continuità assistenziale comunicano all'unità speciale di cui al comma 1, a seguito del triage telefonico, il nominativo e l'indirizzo dei pazienti di cui al comma 1. I medici dell'unità speciale per lo svolgimento delle specifiche attività devono essere dotati di ricettario del Servizio sanitario nazionale, di idonei dispositivi di protezione individuale e seguire tutte le procedure già all'uopo prescritte. [840]

Parafrasando quello che giustamente è stato fatto notare da Guido Bertolaso, direttore del Dipartimento della Protezione Civile, nel corso di un'intervista rilasciata a Radio Radio, possiamo dire che scrivere una Legge non significa che questa automaticamente si trasformi in azione, in fatti concreti, compiuti.[841] Per passare dalle parole ai fatti, occorre organizzazione, capacità di implementare e rendere attuabile ciò che viene scritto: «Questo, purtroppo, è quello che è mancato in questi ultimi mesi».[842] Quanto, di questa falla del sistema, sia attribuibile al mancato aggiornamento del *Piano pandemico* e delle esercitazioni che non si sono svolte, saranno i tribunali preposti a stabilirlo.

Quanto emanato dal Decreto Legge del 9 marzo, poi ribadito in un articolo del Decreto 'Cura Italia' (Art. 4-bis D.L. 18/2020)[843] non solo non si traduce in atti, ma apre un contenzioso: dal testo si evince che l'affidamento ai medici di

[840] Decreto Legge, 9 marzo 2020, n. 14, recante "*Disposizioni urgenti per il potenziamento del Servizio sanitario nazionale in relazione all'emergenza COVID-19*".

[841] *Bertolaso Denuncia "150 letti di rianimazione pronti tra 28 mesi: eccolo il famoso piano Arcuri"*, Radio Radio Tv, 19.11.2020 [https://www.youtube.com/watch?v=OiTAuVVmtos].

[842] *Ivi.*

[843] Decreto Legge, 17 marzo 2020, n. 18, recante "*Misure di potenziamento del Servizio sanitario nazionale e di sostegno economico per famiglie, lavoratori e imprese connesse all'emergenza epidemiologica da COVID-19. Proroga dei termini per l'adozione di decreti legislativi*".

Medicina generale del compito di assistenza domiciliare ai malati COVID risulterebbe essere in aperto contrasto con la normativa emergenziale. Questa è la conclusione alla quale è giunta la Terza Sezione Quater del TAR del Lazio, nella sentenza del 16 novembre 2020, n. 11991, depositata in accoglimento del ricorso presentato dal Sindacato Medici Italiani. I medici laziali hanno infatti ritenuto impropria la funzione di assistenza domiciliare ai pazienti COVID, che per Legge dovrebbe spettare solo alle Unità Speciali di Continuità Assistenziale, istituite dal legislatore nazionale d'urgenza per tale scopo.

Nella sentenza si legge che:

> Nel prevedere che le Regioni 'istituiscono' una unità speciale 'per la gestione domiciliare dei pazienti affetti da Covid-19 che non necessitano di ricovero ospedaliero', la citata disposizione rende illegittima l'attribuzione di tale compito ai MMG, che invece dovrebbero occuparsi soltanto dell'assistenza domiciliare ordinaria (non Covid)».[844] Per questo: «Hanno ragione i ricorrenti quando affermano che il legislatore d'urgenza ha inteso prevedere che i MMG potessero proseguire nell'attività assistenziale ordinaria, senza doversi occupare dell'assistenza domiciliare dei pazienti Covid».[845] A riprova di tale impostazione, il Decreto 'Cura Italia' specifica che: «Il medico di medicina generale o il pediatra di libera scelta o il medico di continuità assistenziale comunicano all'unità speciale di cui al comma 1, a seguito del triage telefonico, il nominativo e l'indirizzo dei pazienti di cui al comma 1».[846]

Il presidente della Federazione nazionale degli ordini dei medici (FNOMCeO), Filippo Anelli, dichiara all'ANSA:

> Secondo la legge i medici di base non devono fare le visite domiciliari ai pazienti Covid, ma ne effettuano il monitoraggio via telefonica o telematica. I medici di base non sono infatti

[844] *I medici di base non possono assistere pazienti Covid a domicilio, dice il Tar*, "AGI", 16.11.2020 [https://www.agi.it/cronaca/news/2020-11-16/tar-medici-base-assistenza-domicilio-pazienti-covid-10314530/].

[845] *I medici di base non possono assistere pazienti Covid...*, "AGI", 16.11.2020

[846] L. BIARELLA, *Medici di base, Tar Lazio: no a visite domiciliari ai pazienti Covid,* "Altalex" [https://www.altalex.com/documents/news/2020/11/18/coronavirus-medici-famiglia-stop-visite-domicilio].

> attrezzati per effettuare le visite domiciliari a questi pazienti, compito che spetta appunto alle Usca. Questa è la legge e se le Regioni non l'hanno applicata, perché le Usca non ci sono o sono insufficienti, sono in difetto le Regioni.[847]

Sicuramente i medici di Medicina generale non sono stati messi nelle condizioni per operare celermente e in sicurezza, mentre i malati si sono dovuti confrontare con un iter tutt'altro che lineare ed efficace. La procedura prevede la chiamata al proprio medico che, dopo un 'telemonitoraggio', deve a sua volta telefonare al Medico dell'USCA di riferimento per concordare la valutazione domiciliare e compilare scheda di attivazione online. Questo procedimento, lungo e farraginoso, è poi condizionato dalla presenza dei DPI (Dispositivi Protezione Individuale: mascherina FFP2/FFP3, tuta, camice monouso, soprascarpe, guanti, visiera), in assenza dei quali: «Il medico dell'U.S.C.A. così come i MMG e di CA, non potranno svolgere l'attività clinica che preveda contatto con casi sospetti o COVID-19».[848] In assenza dei DPI, dunque, il sistema si blocca: il medico dell'USCA deve comunicare all'azienda la non operatività e non può effettuare attività clinica. Informa il medico di Medicina generale che l'attività clinica è sospesa in attesa di ricevere i DPI necessari. Anche il paziente attende, se può farlo. Altrimenti chiama il 118 e va in ospedale. O, come abbiamo visto accadere in molti casi, salta tutta la trafila e si reca direttamente in Pronto Soccorso.

Non sono solamente i DPI a essere carenti. In tutto questo caos normativo e nonostante le immense risorse umane ed economiche messe in campo, per una bozza ufficiale delle linee-guida per la gestione domiciliare dei pazienti con infezione da SARS-COV-2 si è dovuto attendere novembre. Ad annunciare questo parto tardivo e ancora provvisorio è stato il presidente del Consiglio Superiore di Sanità, Franco Locatelli, nella conferenza stampa al Ministero della Salute per l'analisi della situazione epidemiologica:

[847] E. TATA, *I giudici contro la Regione Lazio: i medici di famiglia non possono curare pazienti Covid a casa,* "Fanpage", 16.11.2020 [https://www.fanpage.it/roma/i-giudici-contro-la-regione-lazio-i-medici-di-famiglia-non-possono-curare-pazienti-covid-a-casa/].

[848] https://www.ordine-medici-firenze.it/modulistica-docman/varie/406-protocollo-operativo-gestione-domiciliare/file

> Il ruolo dei medici di Medicina generale è cruciale e va portato al centro della gestione dei malati. In queste ore è pronto per una sua valutazione concertata con i medici un documento che è stato promosso su iniziativa del ministro e che vuole essere una linea di indirizzo. Ciò per dare indicazioni sia sul monitoraggio che sulle linee terapeutiche per evitare sovraccarico degli ospedali. Il documento è pronto e verrà condiviso e concertato con i medici.[849]

"Il Fatto Quotidiano" ci rende edotti dei contenuti:

> In primis c'è la misurazione periodica dell'ossigeno con il saturimetro. Il consiglio è il ricorso a trattamenti sintomatici come il paracetamolo e di non modificare terapie croniche in atto; corticosteroidi, eparina e antibiotici sono da utilizzare in precise situazioni e comunque su prescrizione e consiglio del medico; non sono raccomandati supplementi vitaminici e integratori (lattoferrina, vitamina D ecc.) per cui non esistono evidenze solide di efficacia. Tra le indicazioni c'è quella di non utilizzare l'idrossiclorochina; non somministrare farmaci mediante aerosol se in isolamento con altri.[850]

Commenta Filippo Anelli, presidente della FNOMCeO: «Se l'impianto scientifico generale è condivisibile, le linee guida vanno poi dotate di indicazioni più precise e meno generiche rendendole più rispondenti alle molteplici realtà che il medico si trova ad affrontare».[851] Al di là dei dieci mesi spesi per realizzare questo documento, si potrebbe far notare che esiste un'ampia letteratura a supporto dell'azione antinfettiva e antivirale delle vitamine e, in particolare, della Vitamina C. Nello specifico, senza considerare dunque la letteratura pregressa, a Shanghai sono stati trattati con successo pazienti COVID-19 moderati e gravi con alte dosi di vitamina C.[852] In Italia, al Primo

[849] *Cure anti-Covid a casa: pronte le prime linee-guida. Dall'eparina alle vitamine: cos'è consigliato e cosa no,* "il Fatto Quotidiano", 14.11.2020 [https://www.ilfattoquotidiano.it/2020/11/14/cure-anti-covid-a-casa-pronte-le-prime-linee-guida-dalleparina-alle-vitamine-cose-consigliato-e-cosa-no/6003657/].

[850] *Cure anti-Covid a casa...*, "il Fatto Quotidiano", 14.11.2020, cit.

[851] *Ivi.*

[852] HARRI HEMILÄ, *Vitamin C and SARS coronavirus*, "Journal of Antimicrobial Chemotherapy", Vol. 52, dicembre 2003, pp. 1049–50 [https://academic.oup.

Reggimento Carabinieri Paracadutisti 'Tuscania', il Maggiore medico Salvatore Gancitano raccomanda l'assunzione di vitamina C per stimolare l'attivazione: «Dell'immunità naturale».[853]

Anche se del SARS-COV-2 ignoriamo ancora molte cose, sappiamo che una parte delle complicanze più gravi deriva da risposte immunitarie e infiammatorie inappropriate. Infatti, una delle principali cause dell'aggravamento del quadro clinico dei pazienti COVID, è la cosiddetta 'tempesta infiammatoria' o 'citochinica',[854] che in alcuni pazienti porta a una risposta eccessiva dell'organismo. In questo quadro, la forma attiva dell'ormone della vitamina D (1,25-diidrossivitamina o VDR), sembra agire da regolatore della risposta immunitaria e infiammatoria. Non per nulla, un articolo del "Journal of Translational Medicine", intitolato *The importance of vitamin d metabolism as a potential prophylactic, immunoregulatory and neuroprotective treatment for COVID-19,*[855] (*L'importanza del metabolismo della vitamina D come potenziale trattamento profilattico, immunoregolatorio e neuroprotettivo per COVID-19*) si concentra su possibili azioni esplicate dalla Vitamina D nel quadro della COVID-19, quali:

1. Prevenzione dell'infezione da SARS-COV-2;
2. Azione di potente immunosoppressore, in grado di inibire la sindrome da rilascio di citochine nella COVID-19;
3. Prevenzione della perdita della sensazione neurale nella COVID-19 (agendo da stimolo dell'espressione di neurotrofine come il fattore di crescita nervoso);[856]

Uno studio condotto da Giancarlo Isaia, docente di Geriatria e Presidente dell'Accademia di Medicina di Torino, e da Enzo Medico, ordinario di Istologia presso l'Università di Torino,

com/jac/article/52/6/1049/731701].

853 *Coronavirus: Vitamina C E Olio Di Fegato Di Merluzzo, La Verità,* "Il giornale alternativo", 22.03.2020 [https://www.ilgiornalealternativo.it/coronavirus-vitamina-c-e-olio-di-fegato-di-merluzzo-la-verita/].

854 Le chitochine sono mediatori coinvolti nella risposta infiammatoria.

855 Y. XU, D. J. BAYLINK, S. C. CHEN ET AL, *The importance of vitamin D metabolism as a potential prophylactic, immunoregulatory and neuroprotective treatment for COVID-19, Journal of Translational Medicine*, 26.08.2020 [https://www.ncbi.nlm.nih.gov/pmc/articles/PMC7447609/].

856 *Ivi.*

riporta che i pazienti ricoverati in ospedale per COVID-19 presentano un'elevatissima prevalenza di ipovitaminosi D.[857] Leggiamo su "QuiFinanza" un articolo dedicato a questo studio:

> Chi ha una carenza di vitamina D avrebbe un rischio maggiore di contrarre il virus, e, in caso di positività, di sviluppare una forma più grave della malattia.
>
> In particolare, le oltre 300 ricerche condotte nei laboratori di tutto il mondo indicano chiaramente che la carenza di vitamina D aumenta in maniera importante il rischio di contrarre l'infezione da Covid-19, di ricovero e di mortalità. Non rappresenterebbe una cura, dunque, ma un validissimo strumento per ridurre i fattori di rischio.[858]

L'invito a non ricorrere a strumenti come la vitamina D, che pure ha dimostrato risultati incoraggianti nella prevenzione della COVID-19, ha disincentivato ogni ulteriore indagine sui possibili benefici. Conclude il professor Isaia in merito alla vitamina D: «Le nostre evidenze, che partono dall'inizio del 2020, possono essere discutibili ma meritano almeno un approfondimento».[859] Lo stesso dicasi per lo Zinco, la cui attività antivirale nei confronti dei virus a RNA è nota da tempo: anche qui, purtroppo, si registra l'azione del '*lockdown* della Scienza'.

Ma se nei confronti di vitamine e minerali ci si è limitati a sconsigliare, per l'idrossiclorochina si è passati al divieto.

Una parentesi: il medico francese Didier Raoult, che dirige l'Istituto ospedaliero-universitario Méditerranée Infection a Marsiglia, e che per primo ha utilizzato l'idrossiclorochina nel trattamento clinico dei pazienti COVID, è stato raggiunto da un provvedimento disciplinare, avviato in seguito al ricorso presentato nel mese di luglio dalla Società di patologia infettiva SPILF. Leggiamo sul sito dell' "AGI":

> Il difensore di Raoult considera scontato che il medico sarà scagionato da ogni accusa, e si chiede polemicamente se il

857 *Vitamina D e Coronavirus: nuovo studio a Torino conferma legame. 61 esperti lanciano un appello,* "QuiFinanza", 11.12.2020 [https://quifinanza.it/info-utili/video/vitamina-d-coronavirus-torino-appello/441172/].

858 *Ivi.*

859 *Vitamina D e Coronavirus: nuovo studio a Torino conferma legame. 61 esperti lanciano un appello,* "QuiFinanza", 11.12.2020, cit.

consiglio dell'Ordine dei medici non abbia di meglio da fare in questo momento di emergenza Covid.[860]

Soffermandoci sull'idrossiclorochina, questo farmaco è utilizzato da decenni contro la malaria e le malattie reumatologiche. Fin dai tempi della prima SARS è stato dimostrato che i derivati della china riescono a bloccare la tempesta citochinica che, come si è visto, nella COVID-19 conduce spesso a complicanze letali. Nel documento *Idrossiclorochina nella terapia dei pazienti adulti con COVID-19* (*update* del 22 luglio 2020)[861] prodotto dall'AIFA, nel quale la stessa Agenzia del Farmaco non autorizza l'uso *off label* di HCQ e CQ al di fuori di sperimentazioni cliniche, si legge:

> Idrossiclorochina (HCQ) e clorochina (CQ) (ed i loro metaboliti attivi) hanno dimostrato in vitro o in modelli animali di possedere un effetto antivirale attraverso l'alterazione (aumento) del pH endosomiale che è determinante per la fusione virus-cellula. Tali farmaci inoltre interferiscono sulla glicosilazione dei recettori cellulari di SARS-COV-2. Dati in vitro riportano che la CQ è in grado di bloccare la replicazione virale di SARS-COV-2 a dosi utilizzate nella pratica clinica. Oltre all'azione antivirale, entrambi i farmaci hanno un'attività immunomodulante che potrebbe sinergisticamente potenziare l'effetto antivirale in vivo.[862]
>
> Da studi in vitro sembra inoltre che gli effetti sulle cellule sono osservabili sia quando il farmaco è presente prima sia quando è presente dopo l'inoculo virale.
>
> CQ e HCQ si distribuiscono in tutto il corpo incluso il polmone dove sembrano concentrarsi. La scelta di HCQ deriva da una maggiore efficacia in vitro; secondo uno studio recente, l'HCQ potrebbe essere attiva contro SARS-COV-2 a concentrazioni minori rispetto alla CQ.[863]

[860] *Sotto accusa in Francia il dottore dell'idrossiclorochina,* "AGI", 12.12.2020 [https://www.agi.it/estero/news/2020-11-12/raoult-covid-idrossiclorochina-marsiglia-francia-10265910/].

[861] *Idrossiclorochina nella terapia dei pazienti adulti con COVID-19*, AIFA, *update* del 22 luglio 2020 [https://www.aifa.gov.it/documents/20142/1123276/idrossiclorochina_22.07.2020.pdf/764add8f-f08f-0e26-df75-952986e54b8b].

[862] *Ivi.*

[863] *Ivi.*

Ma non si tratta solo di studi 'in vitro'. Come detto in precedenza, il dottor Luigi Cavanna ha utilizzato con successo l'idrossiclorochina nel trattamento precoce della malattia. E non è stato il solo. Alle prese con la 'seconda ondata', medici 'disobbedienti' continuano a far ricorso a questo farmaco: «Prescriveremo l'idrossiclorochina nonostante il divieto dell'AIFA. L'abbiamo già somministrata a marzo senza autorizzazione. A maggior ragione lo faremo adesso, visti i buoni risultati ottenuti da noi e da tanti altri colleghi, comprovati da vari studi scientifici»[864] dichiara il dottor Andrea Mangiagalli, del gruppo "Medici in Prima Linea", che nel milanese hanno curato con successo i loro pazienti a casa nella 'prima ondata'.

Nel lanciare una raccolta firme da sottoporre all'AIFA perché autorizzi di nuovo l'uso dell'idrossiclorochina, "Panorama" pone un interessante interrogativo: «È mai possibile che dei medici debbano finire nei guai perché [...] prescrivono un farmaco che ha funzionato bene per decenni e che non si può usare a causa di uno studio ritirato 13 giorni dopo la pubblicazione?»[865]

È una domanda pertinente che ci precipita in una vicenda a dir poco kafkiana.

All'inizio della pandemia, il Sistema Sanitario è allo sbando, gli ospedali collassano e molti pazienti vengono letteralmente abbandonati nelle loro abitazioni. Soprattutto in Lombardia. Alcuni medici del milanese decidono di intervenire tempestivamente, senza aspettare che la situazione diventi irreversibile. Consultano la letteratura disponibile e giungono alla stesura di un protocollo d'intervento condiviso, che prevede il ricorso all'idrossiclorochina, allora sconsigliata dall'AIFA:

> Il risultato è stato strabiliante: nessun paziente trattato nella fase precoce della malattia ha avuto bisogno di ricovero ospedaliero. E nessuno è deceduto. Un successo poco dopo sdoganato anche a livello ufficiale: il 31 marzo l'Agenzia del Farmaco ha consentito l'utilizzo della clorochina per i casi sospetti di COVID.[866]

[864] E. BURBA, *I medici: «Useremo la clorochina. Parte la raccolta firme per l'AIFA»*, "Panorama", 16.10.2020 [https://www.panorama.it/news/salute/i-medici-useremo-la-clorochina-parte-la-raccolta-firme].

[865] *Ivi*

[866] *Ivi.*

Finalmente sembra essere stata trovata una cura per il trattamento precoce della COVID-19 e l'AIFA, il 31 marzo, consente l'utilizzo dell'idrossiclorochina per i casi sospetti.

Il 22 maggio, però, due tra le più autorevoli riviste inglesi di Medicina, "The Lancet" e "New England Journal of Medicine", pubblicano studi sugli effetti della clorochina e dell'idrossiclorochina (associate o meno a macrolidi), nella terapia della COVID-19, intitolati rispettivamente *Hydroxychloroquine or chloroquine with or without a macrolide for treatment of COVID-19: a multinational registry analysis*[867] e *Cardiovascular Disease, Drug Therapy, and Mortality in Covid-19.*[868]

Entrambi gli studi muovono dai dati raccolti, digitalizzati ed elaborati dalla Surgisphere: *startup* fondata nel 2008 dal medico Sapan S. Desai, specializzata nell'uso d'intelligenza artificiale per l'analisi dei dati. Si tratta di un lavoro immane, nel quale sono state analizzate 96.000 cartelle cliniche, provenienti da 671 ospedali di tutto il mondo, di pazienti ricoverati dal 20 dicembre 2019 al 14 aprile 2020. Un'impresa titanica.

Su 96.032 pazienti affetti da COVID-19, 14.888 sono stati trattati con idrossiclorochina e clorochina; il gruppo di controllo conta 81.144 unità. La conclusione alla quale giunge lo studio è allarmante: i derivati della china (con o senza macrolide) non solo non migliorano la situazione clinica dei pazienti ma la peggiorano, riducendone la sopravvivenza a causa di gravi e pericolose aritmie ventricolari. La mortalità del gruppo trattato risulta pari al 16-24%, contro il 9% del gruppo non trattato. Gli autori riportano un'altissima percentuale di complicanze cardiache con l'allungamento del tratto QT all'elettrocardiogramma, dovuto al blocco dei canali del potassio che inibisce la ripolarizzazione ventricolare: i derivati della china uccidono.

Questo studio: «È stato considerato autorevole e le principali sperimentazioni sui farmaci sono state immediatamente interrotte, perché? perché curare qualcuno con un farmaco

867 S. S. DESAI, M. R. MEHRA, A. N. PATEL F. RUSCHITZKA, *Hydroxychloroquine or chloroquine with or without a macrolide for treatment of COVID-19: a multinational registry analysis*, "The Lancet", 13.06.2020 [https://www.thelancet.com/journals/lancet/article/PIIS0140-6736(20)31180-6/fulltext].

868 S. S. DESAI, A. KUY, M. R. MEHRA, A. N. PATEL, *Cardiovascular Disease, Drug Therapy, and Mortality in Covid-19,* "The New England Journal of Medicine", 01.05.2020 [https://www.nejm.org/doi/full/10.1056/NEJMoa2007621].

non sicuro?»[869] si chiede la rivista "The Guardian". Gli studi pubblicati causano l'immediata sospensione delle cure con l'idrossiclorochina. L'OMS e, di conseguenza diversi paesi tra i quali l'Italia, la Francia e il Belgio mettono al bando il farmaco. L'AIFA spiega in questo modo la posizione assunta:

> ... L'idrossiclorochina, pur in assenza di indicazione terapeutica specifica per il COVID-19, è stata resa disponibile a carico del SSN tenendo conto di evidenze scientifiche preliminari su pazienti COVID e a fronte di un profilo di tossicità che appariva consolidato sulla base degli usi clinici autorizzati per il trattamento cronico delle malattie reumatiche. La posizione dell'Agenzia è stata pertanto quella di prevederne l'utilizzo, ai dosaggi e per i tempi indicati nelle schede, nel contesto di una accurata valutazione del rapporto rischio/beneficio nei singoli casi, considerando attentamente le patologie concomitanti [...].
>
> Al momento attuale tuttavia, nuove evidenze cliniche relative all'utilizzo di idrossiclorochina nei soggetti con infezione da SARS-CoV-2 (seppur derivanti da studi osservazionali o da trial clinici di qualità metodologica non elevata) indicano un aumento di rischio per reazioni avverse a fronte di benefici scarsi o assenti.
>
> Per tale ragione, in attesa di ottenere prove più solide dagli studi clinici in corso in Italia e in altri paesi (con particolare riferimento a quelli randomizzati), l'AIFA sospende l'autorizzazione all'utilizzo di idrossiclorochina per il trattamento dell'infezione da SARS-CoV-2, al di fuori degli studi clinici, sia in ambito ospedaliero che in ambito domiciliare. Tale utilizzo viene conseguentemente escluso dalla rimborsabilità. Si ribadisce altresì che l'Agenzia non ha mai autorizzato l'utilizzo di idrossiclorochina a scopo preventivo.[870]

[869] J. HEATHERS, *The Lancet has made one of the biggest retractions in modern history. How could this happen?,* "The Guardian", 05.06.2020 [https://www.theguardian.com/commentisfree/2020/jun/05/lancet-had-to-do-one-of-the-biggest-retractions-in-modern-history-how-could-this-happen].

[870] *AIFA sospende l'autorizzazione all'utilizzo di idrossiclorochina per il trattamento del COVID-19 al di fuori degli studi clinici,* AIFA, 26.05.2020 (comunicazione aggiornata al 29.05.2020) [https://www.aifa.gov.it/web/guest/-/aifa-sospende-l-autorizzazione-all-utilizzo-di-idrossiclorochina-per-il-trattamento-del-covid-19-al-di-fuori-degli-studi-clinici].

L'idrossiclorochina viene bandita dal protocollo di cura della COVID. La sperimentazione e gli studi randomizzati, così come l'arruolamento di pazienti per gli studi clinici vengono interrotti in numerosi paesi.[871]

Tuttavia, fin dalla pubblicazione sorgono dubbi sulla validità degli studio basati sui dati raccolti dalla Surgisphere: il 28 maggio, 120 ricercatori sottoscrivono una lettera indirizzata al "The Lancet", nella quale esprimono dubbi e preoccupazioni.[872] Infatti, se è vero che l'allungamento di QT sia una pericolosa complicanza delle clorochine, stupisce l'alta incidenza di questo evento raro, rarissimo. Perplessità sorgono anche sull'apparente contraddizione tra questa indagine e i risultati pubblicati in precedenza, che confermano l'efficacia terapeutica della clorochina nella COVID-19 e la non pericolosità nelle dosi consigliate. Sgomenta poi che lo studio non riporti le dosi giornaliere di farmaco adoperate. Non da ultimo, lascia interdetti la data dell'inizio dell'indagine: il 20 dicembre, ben prima che il SARS-COV-2 facesse la sua comparsa ufficiale.

Il "The Guardian" decide di indagare e riscontra fin da subito una discrepanza tra i dati dei 600 pazienti australiani indicati nello studio (che riporta 73 pazienti deceduti prima del 21 aprile) con quelli forniti dalla Johns Hopkins University (che ne segnala invece 67).[873] La Surgisphere, si giustifica, spiegando come alcuni pazienti siano stati erroneamente assegnati all'Australia invece che all'Asia.[874] Ma ci sono ancora troppe anomalie. Per questo viene chiesto a una società terza e indipendente di esaminare il *database* fornito da Surgisphere, per garantire che i dati degli oltre 96.000 pazienti disseminati in 671 ospedali nel mondo siano reali e corretti. Ma il dottor Sapan Desai si rifiuta di concedere l'accesso ai dati, poiché:

[871] H. LEDFORD, R. V. NOORDEN, *High-profile coronavirus retractions raise concerns about data oversight,* "Nature", 05.06.2020 [https://www.nature.com/articles/d41586-020-01695-w].

[872] *Ivi.*

[873] M. DAVEY, S. KIRCHGAESSNER, *Surgisphere: governments and WHO changed Covid-19 policy...*, "The Guardian", 03.06.2020, cit.

[874] S. BOSELEY, M. DAVEY, *Covid-19: Lancet retracts paper that halted hydroxychloroquine trials,* "The Guardian", 04.06.2020 [https://www.theguardian.com/world/2020/jun/04/covid-19-lancet-retracts-paper-that-halted-hydroxychloroquine-trials].

«Tale trasferimento violerebbe gli accordi con i clienti e i requisiti di riservatezza».[875]

"The Guardian" non si ferma e procede con un'indagine parallela. I giornalisti inglesi contattano direttamente cinque ospedali di Melbourne e due di Sydney (i nomi degli ospedali che hanno fornito i dati non sono indicati nello studio): nessuno ha mai fornito alcun dato alla Surgisphere, non ne hanno mai nemmeno sentito parlare. Le principali istituzioni, tra le quali la Stanford University, citate come partner di ricerca sul sito web di Surgisphere, dichiarano di non essere a conoscenza di alcuna relazione formale con l'azienda.[876]

Interrogato in merito dalla rivista inglese, Richard Horton, editore di "The Lancet", ammette: «Date le domande sollevate circa l'affidabilità dei dati raccolti da Surgisphere, oggi abbiamo emesso un'espressione di preoccupazione, in attesa di ulteriori indagini».[877] Il "New England Journal of Medicine" si associa pubblicando un'espressione di preoccupazione. L'inchiesta procede e il "The Guardian" scopre che l'azienda ha solamente 11 dipendenti,[878] troppo pochi per svolgere un'analisi mastodontica come quella millantata. Il dottor James Todaro, che gestisce "Medicine (un)censored",[879] sito web che ha pubblicato i risultati degli studi sull'idrossiclorochina, dichiara: «Surgisphere è venuta fuori dal nulla, conducendo, nel giro di poche settimane, quello che è probabilmente lo studio globale più influente su questa pandemia».[880]

Nonostante tutte le pressioni e le evidenti mancanze, il fondatore della Surgisphere si ostina a non fornire le informazioni contenute nella banca dati della sua azienda. Non si riesce nemmeno a risalire alla metodologia utilizzata per l'acquisizione dei dati e per la loro analisi. Né tanto meno si capisce come l'azienda sia stata in grado di mettere in atto accordi di condivisione dei dati provenienti da così tanti ospedali

875 S. BOSELEY, M. DAVEY, *Covid-19: Lancet retracts paper that halted hydroxychloroquine trials,* "The Guardian", 04.06.2020, cit.

876 *Ivi.*

877 *Ivi.*

878 M. DAVEY, S. KIRCHGAESSNER, *Surgisphere: governments and WHO changed Covid-19 policy*, "The Guardian", 03.06.2020, cit.

879 https://www.medicineuncensored.com

880 *Ivi.*

disseminati in tutto il mondo, compresi quelli con tecnologia limitata, e di conciliare linguaggi e sistemi di codifica diversi, il tutto nel rispetto delle norme di protezione dei dati ed etiche di ciascun paese.[881] Peter Ellis, capo di Nous Group, società di consulenza gestionale internazionale che realizza progetti di integrazione dei dati per i dipartimenti governativi, manifesta la propria preoccupazione, sostenendo che il *database* Surgisphere sia: «Quasi certamente una truffa».[882]

Il banco salta: si indaga su Desai, fondatore della Surgisphere e cofirmatario degli articoli. Viene messa in dubbio la veridicità delle sue qualifiche post-laurea, ivi compreso il secondo dottorato di ricerca e la presunta laurea in Giurisprudenza.[883] Si indaga sulla validità degli studi che ha precedentemente pubblicato e sulla sua tesi di dottorato.[884] Viene alla luce che Desai sarebbe stato citato in tre cause per negligenza medica negli Stati Uniti, due delle quali presentate nel novembre 2019. Un suo paziente, Joseph Vitagliano, avrebbe accusato Desai di essere «sbadato e negligente» e di aver riportato danni permanenti a seguito di un intervento chirurgico eseguito dal medico.[885]

Questa, tuttavia, non è la prima volta che il dottor Desai si trova al centro di uno studio controverso, con pretese ambiziose. Nel 2008, aveva infatti lanciato una campagna di *crowdfunding* per promuovere Neurodynamics Flow, un: «Dispositivo di potenziamento umano di nuova generazione».[886] Nella brochure si legge: «Con la sua programmazione sofisticata, punti di induzione neurale ottimali e risultati comprovati e veri, Neurodynamics Flow ti consente di raggiungere l'apice dell'evoluzione umana».[887] Un dispositivo in grado di: «Aiutarti a ottenere ciò che non avresti mai pensato fosse

[881] https://www.medicineuncensored.com

[882] *Ivi.*

[883] M. DAVEY, S. KIRCHGAESSNER, *Surgisphere: mass audit of papers...*, "The Guardian", 10.06.2020, cit.

[884] *Ivi.*

[885] M. DAVEY, S. KIRCHGAESSNER, *Surgisphere: governments and WHO changed Covid-19 policy*, "The Guardian", 03.06.2020, cit.

[886] *Ivi.*

[887] *Ivi.*

possibile».[888] Il *crowd funding* ha raccolto poche centinaia di dollari e non è mai stato realizzato.

La pagina Wikipedia personale di Desai viene cancellata a seguito delle domande sulla Surgisphere e sulla sua carriera.[889]

Anche la Surgisphere entra nell'occhio del ciclone: risulta essere stata liquidata in maniera coatta nel 2015 per mancata produzione di contabilità. In seguito sarebbe stata ricreata, pare, più volte. Sempre il "The Guardian" scopre che tra gli undici dipendenti dell'azienda nessuno sembra possedere un *background* scientifico o statistico, quanto competenze in strategia, *copywriting*, *leadership*.[890] Il caporedattore sarebbe uno scrittore di romanzi di fantascienza, mentre la dirigente del *marketing* una modella di riviste per adulti e *hostess* in fiere e congressi.[891] Nei giorni successivi allo scoppio dello scandalo, i dipendenti da undici scendono a sei, poi a tre. Il "The Guardian" ironizza anche sul fatto che la Surgisphere, che si vanta di gestire: «Una delle più vaste e veloci banche dati ospedaliere del mondo» sia inesistente online.[892] L'account Twitter conta meno di 170 follower e non è stato riscontrato nessun post tra l'ottobre 2017 e il marzo 2020. Subito dopo lo scandalo, scompaiono dal sito web della società i parternariati per 'progetti innovativi' con ricercatori delle principali università (Harvard, Università del Minnesota, Stanford, Università dello Utah e di Glasgow). Le università, dal canto loro, smentiscono qualunque collaborazione.[893]

Il castello di carte crolla.

Tre dei quattro autori si dissociano dalle pubblicazioni sugli effetti letali dell'idrossiclorochina.[894] Desai firma la ritrattazione del "New England Journal of Medicine" ma non quella di "The Lancet".[895] I dati erano taroccati e privi di fondamento

[888] *Ivi.*

[889] *Ivi.*

[890] *Ivi.*

[891] *Ivi.*

[892] *Ivi.*

[893] *Ivi.*

[894] H. LEDFORD, R. V. NOORDEN, *High-profile coronavirus retractions raise concerns about data oversight,* "Nature", 05.06.2020, cit.

[895] *Ivi.*

scientifico. Si tratta di un'inaccettabile frode condotta ai danni della Scienza e dell'umanità.

Forse, il personaggio che meglio si inserisce in questa vicenda è lo scrittore di romanzi di fantascienza. Solo in questo genere di romanzi uno studio come quello fondato sui dati forniti dall'azienda di Desai potrebbe essere pubblicato da una rivista affermata e prestigiosa come il "The Lancet". Solo in una realtà parallela si potrebbe delegare a fantomatici gestori di dati la vita e la morte delle persone. Perché è di questo che stiamo parlando: di studi che condizionano direttamente la nostra salute, le cure e i farmaci ai quali possiamo o meno avere accesso. Questo scandalo non investe solamente una cura potenzialmente in grado di invertire il corso della pandemia e di salvare innumerevoli vite umane, ma proietta ombre oscure sull'intero sistema che dalla revisione conduce alla pubblicazione di articoli scientifici. Grazie alle inchieste del "The Guardian" questa truffa è stata portata alla luce. Ma è lecito chiedersi quanti articoli simili siano stati pubblicati. Commenta Ian Kerridge, a bioeticista presso l'Università di Sydney in Australia:

> L'intero evento è catastrofico: è problematico per le riviste coinvolte, è problematico per l'integrità della Scienza, è problematico per la Medicina ed è problematico per la nozione di sperimentazione clinica e la generazione di prove.[896]

Mandeep Mehra, cardiologo di grande fama che lavora presso la Brigham & Women's Hospital di Boston, primo autore di entrambi gli studi, sconfessando gli articoli, afferma:

> Poiché non siamo in grado di verificare i dati primari o la fonte primaria dei dati, non ho più fiducia nell'origine e nella veridicità dei dati, né nei risultati ai quali hanno condotto.[897]

Ci chiediamo se sia sufficiente, viste le conseguenze alle quali hanno condotto questi studi.

Dopo la ritrattazione degli articoli, l'OMS annuncia la ripresa della sperimentazione globale sull'idrossiclorochina. Il

[896] H. LEDFORD, R. V. NOORDEN, *High-profile coronavirus retractions raise concerns about data oversight,* "Nature", 05.06.2020, cit.

[897] *Ivi.*

comitato di monitoraggio dichiara che non vi era alcun aumento del rischio di morte per i pazienti con COVID che assumevano questo farmaco.[898]

Mentre Cina e India non hanno mai sospeso la somministrazione dell'idrossiclorochina nella profilassi contro la COVID-19, ancora al 26 novembre, l'Agenzia Italiana del Farmaco non ha riconsiderato la sua posizione. Nell'aggiornamento delle schede relative all'utilizzo di idrossiclorochina, remdesivir e eparina per la terapia dei pazienti affetti da COVID-19:

> ... conferma la sospensione dell'autorizzazione all'utilizzo off-label dell'idrossiclorochina sia per l'uso terapeutico (ospedaliero e territoriale) sia per l'uso profilattico, sulla base delle evidenze che si sono progressivamente accumulate e che dimostrano la completa mancanza di efficacia a fronte di un aumento di eventi avversi, seppur non gravi. L'utilizzo nei pazienti non gravi e nelle fasi iniziali della malattia può essere consentito solo nell'ambito di studi clinici randomizzati, in quanto al momento le evidenze, seppur tendenzialmente negative, sono ancora limitate.[899]

Qualche giorno dopo, l'undici dicembre, con la sentenza numero 7097/2020, la III Sezione del Consiglio di Stato, in accoglimento del ricorso presentato da un gruppo di medici, ha però ammesso l'utilizzo dell'idrossiclorochina a scopo terapeutico per la COVID-19, sospendendo di fatto la nota del 22 luglio con la quale l'AIFA aveva impedito ai medici di prescrivere il farmaco al di fuori degli studi clinici autorizzati dall'Ente. Si legge nella sentenza:

> La perdurante incertezza circa l'efficacia terapeutica dell'idrossiclorochina, ammessa dalla stessa Aifa a giustificazione dell'ulteriore valutazione in studi clinici randomizzati [...] non è ragione sufficiente sul piano giuridico a giustificare

898 M. DAVEY, S. KIRCHGAESSNER, *Surgisphere: governments and WHO changed Covid-19 policy*, "The Guardian", 03.06.2020, cit.

899 "*COVID-19: AIFA limita l'uso di remdesivir in casi selezionati e consente idrossiclorochina solo in studi clinici randomizzati a domicilio*", AIFA, 26.11.2020 [https://www.aifa.gov.it/web/guest/-/covid-19-aifa-limita-l-uso-di-remdesivir-in-casi-selezionati-e-consente-idrossiclorochina-solo-in-studi-clinici-randomizzati-a-domicilio].

> l'irragionevole sospensione del suo utilizzo sul territorio nazionale da parte dei medici curanti [...] La scelta se utilizzare o meno il farmaco, in una situazione di dubbio e di contrasto nella comunità scientifica, sulla base di dati clinici non univoci, circa la sua efficacia nel solo stadio iniziale della malattia, deve essere dunque rimessa all'autonomia decisionale e alla responsabilità del singolo medico in scienza e coscienza.[900]

Dichiara Mauro Rango, fondatore di "IppocrateOrg",[901] che ha portato avanti la battaglia a favore dell'utilizzo dell'idrossiclorochina:

> La sentenza del Consiglio di Stato di oggi sull'idrossiclorochina riporta al centro la questione della scientificità su cui si devono basare le decisioni politiche. Prende dunque le distanze dalla "narrazione medica" portata avanti finora dai mass media e riafferma, rispetto alla narrazione giornalistica attuata da marzo ad oggi, il valore della realtà medico-scientifica.[902]

La battaglia sull'idrossiclorochina, tuttavia, non è ancora giunta al termine e, in attesa di ulteriori sviluppi, citiamo la conclusione a cui giunge il già citato articolo di "Panorama": «Il principio attivo nato come antimalarico ha due gravi difetti: costa poco e non ha sponsor».[903]

A un anno dalla comparsa del virus, siamo giunti a una certezza: la COVID-19 è refrattaria a ogni cura. In attesa dell'ormai messianico vaccino, abbiamo visto passare nel dimenticatoio non solo l'idrossiclorochina, ma numerose altre terapie, tra le quali quella con plasma iperimmune, donato da pazienti convalescenti per curare altri pazienti.

900 G. DE LORENZO, *Covid, via libera all'idrossiclorochina: "Irragionevole vietarne l'uso", "il Giornale",* 11.12.2020 [https://www.ilgiornale.it/news/cronache/covid-libera-allidrossiclorochina-irragionevole-vietarne-1909000.html].

901 https://ippocrateorg.org

902 Il Consiglio di Stato accetta il ricorso dei medici sulla prescrizione dell'idrossiclorochina, "Pressenza", 11.12.2020 [https://www.pressenza.com/it/2020/12/il-consiglio-di-stato-accetta-il-ricorso-dei-medici-sulla-prescrizione-dellidrossiclorochina/].

903 E. BURBA, *I medici: «Useremo la clorochina. Parte la raccolta firme per l'AIFA»*, "Panorama", 16.10.2020, cit.

I primi a ricorrere a questa terapia, che vanta una storia centenaria, sono stati i centri di ricerca di Pavia e Mantova. A maggio, gli ottimi risultati ottenuti hanno portato il Comitato Etico dell'Istituto Nazionale di Malattie Infettive Lazzaro Spallanzani di Roma ad autorizzare uno studio randomizzato, al quale però è stato assegnato un nome che non lasciava presagire nulla di buono: TSUNAMI (acronimo di *TranSfUsion of coNvalescent plAsma for the treatment of severe pneuMonIa due to SARS-CoV-2*).[904] Il progetto, per essere attivo su tutto il territorio nazionale, avrebbe dovuto coinvolgere un minimo di 60 ospedali e 472 pazienti. A fine settembre il professor Francesco Menichetti, primario di Malattie infettive dell'Azienda ospedaliera e universitaria di Pisa, capofila della sperimentazione sul plasma, fa il punto della situazione:

> In totale sono una decina i centri ospedalieri attivati fino ad ora e alcuni di questi stanno arruolando i donatori di plasma iperimmune. Sono in totale circa una ventina gli arruolamenti, di questi solo l'azienda sanitaria pisana è riuscita a effettuarne undici. [...] È emersa una complessità nelle procedure richieste dall'istituto superiore di Sanità. Ma anche una complessità nelle procedure delle aziende sanitarie e ospedaliere. Confidavamo che in tempi di pandemia, avendo l'ISS accentrato lo studio in un unico protocollo, riuscisse a velocizzare queste pratiche a livello nazionale, ma il nostro è stato un calcolo errato. Dopo che il protocollo è diventato nazionale, cioè gestito da ISS e AIFA, l'impressione è che invece di un'accelerazione ci sia stata una complicazione.[905]

Alla domanda della giornalista: «Quindi per affrontare un possibile ritorno dell'epidemia di Covid-19, a proposito degli "arsenali al plasma", a che punto siamo con la raccolta di plasma iperimmune?» Il professore risponde:

904 *Autorizzato studio nazionale Tsunami su efficacia e ruolo del plasma dei pazienti convalescenti da COVID-19*, AIFA, 15.05.2020 (Aggiornato al: 18.05.2020) [https://www.aifa.gov.it/web/guest/-/autorizzato-studio-nazionale-tsunami-su-efficacia-e-ruolo-del-plasma-dei-pazienti-convalescenti-da-covi-19].

905 L. GHIANDONI, *Plasma anti-Covid: non decolla il progettoTsunami. L'appello del responsabile ad istituzioni e associazioni*, "Donatori H24", 23.09.2020 [https://donatorih24.it/2020/09/23/plasma-anti-covid-19-tsunami-appello/].

> Sarebbe importante capire perché, dopo l'iniziale entusiasmo, nessuno si stia impegnando attivamente. Si sente un assordante silenzio da parte del centro nazionale sangue, dal centro regionale sangue e dalle associazioni di donatori sul tema raccolta plasma iperimmune. Inoltre i donatori si sono rarefatti e i preparati iperimmuni negli ultimi mesi sono stati ampiamente utilizzati per uso compassionevole.[906]

Questo 'assordante silenzio' sommato al '*lockdown* della Scienza', fornisce un quadro a dir poco allarmante che non può essere giustificato con la novità rappresentata da un virus che appartiene a una famiglia con la quale l'umanità si confronta ormai da decenni.

Potremmo continuare a parlare a lungo delle terapie per la COVID. Dell'ozonoterapia. Del diossido di cloro, utilizzato con successo in Sud America. Ma il quadro non cambierebbe.

Certo tutto questo non ha nulla a che vedere con la clausola contenuta nel documento della FDA (Food and Drug Administration, ente governativo statunitense che si occupa della regolamentazione dei prodotti alimentari e farmaceutici) *Emergency Use Authorization for Vaccines to Prevent COVID-19*, dove si legge che si può procedere all'emissione di una EUA (autorizzazione all'uso di emergenza) per un vaccino COVID-19 solamente nel caso in cui: «Non esista un'alternativa adeguata, approvata e disponibile al prodotto per la diagnosi, la prevenzione o il trattamento della malattia o condizione».

[906] L. GHIANDONI, *Plasma anti-Covid: non decolla il progetto Tsunami. L'appello del responsabile ad istituzioni e associazioni,* "Donatori H24", 23.09.2020, cit.

18. Armiamoci, e vaccinatevi!

> Vi ho radunati in questo pubblico deserto per annunziarvi che l'ora della riscossa è giunta! [...] Hai fiducia in me quale tuo condottiero? [...] lo sai tu che la guerra comporta tanti sacrifici e ogni genere di privative? [...] Abbiamo lance, spade, frecce, mortaretti, [...] tricchi tracche e castagnole. [...] Armiamoci, e partite! Io vi seguo dopo!
> *Totò contro Maciste*

Il linguaggio della pandemia è un linguaggio bellico: per fronteggiare il virus si è riesumato il coprifuoco; per contrastarlo si ricorre alle 'armi'; gli ospedali sono 'trincee', i medici e gli infermieri sono 'eroi'. I morti sono 'caduti'. Si parla di 'fronte del virus', di 'economia di guerra'. '*Task Force*' sono state istituite per 'sconfiggere' il 'nemico'. Lo scrittore Sandro Veronesi, premio Strega 2006, sogna: «Una Radio Londra che ogni sera alle sette annunci i passi avanti che ogni centro di ricerca ha mosso quel giorno».[907]

«Lo vogliamo capire che siamo in guerra? Stiamo lottando per salvare l'Italia, punto»[908] sbotta Pierpaolo Sileri, viceministro della Salute, in collegamento a "Non è l'Arena". «Siamo in guerra»[909] dice il governatore veneto Luca Zaia. «Siamo in guerra [...] E quando si è in guerra bisogna che tutti rinunciamo a qualcosa»[910] fa eco il presidente della Sicilia, Nello Musumeci.

907 P. CECCATELLI, *Veronesi: "Sogno una Radio Londra del Coronavirus"*, "La Nazione", 16.03.2020 [https://www.lanazione.it/coronavirus-sandro-veronesi-cura-vaccino-1.5071004].

908 *Covid, Sileri: "Siamo in guerra"*, "Adnkronos", 09.11.2020 [https://www.adnkronos.com/fatti/politica/2020/11/09/covid-sileri-siamo-guerra_Levqejp7u70R6SceZlNf9H.html].

909 *Zaia: "Siamo in guerra"*, "Adnkronos", 10.10.2020 [https://www.adnkronos.com/fatti/cronaca/2020/10/10/zaia-siamo-guerra_xnRP8Ejjc2jdpzSVjza2BP.html].

910 *Coronavirus, Musumeci: siamo in guerra, occorrono sacrifici,* "Askanews", 29.11.2020 [http://www.askanews.it/video/2020/10/01/coronavirus-musumeci-siamo-in-guerra-occorrono-sacrifici-20201001_video_17040910/].

Nel saggio *L'Aids e le sue metafore,* Susan Sontag, filosofa e storica statunitense, analizza questo modo di rappresentare la malattia: è più semplice e immediato rispondere a un'emergenza sanitaria trattandola come una guerra, anziché addentrarsi nella complessità sociale, culturale, economica che questa comporta. Ma, soprattutto, lo spauracchio della guerra rende immediatamente il popolo docile e ubbidiente:

> La guerra è una delle poche attività umane a cui la gente non guarda in modo realistico; ovvero valutandone i costi o i risultati. In una guerra senza quartiere, le risorse vengono spese senza alcuna prudenza. La guerra è pura emergenza, in cui nessun sacrificio sarà considerato eccessivo.[911]

Malgrado gli effetti devastanti di questa comunicazione, siamo in guerra e, proprio come i soldati inviati a combattere nella campagna di Russia, male attrezzati e peggio armati, i medici in prima linea affrontano senza strumenti il nemico. Al popolo si richiedono sacrifici e, ancora una volta, l'Europa è costretta ad attendere, per rovesciare le sorti del conflitto, l'intervento dell'alleato straniero. Il quotidiano "la Repubblica", nell'annunciare entusiasticamente lo sbarco del vaccino in Inghilterra intitola: *È il V-day del Regno Unito: inizia la più grande campagna di vaccinazione di massa della storia:* «L'hanno paragonato allo sbarco in Normandia: dal D-Day al V-Day, il giorno del primo vaccino britannico contro il Covid».[912]

Tuttavia, mentre il fronte annuncialista del vaccino avanza a suon di *scoop,* lanciati dalle stesse case farmaceutiche che li producono, le fila degli scettici si ingrossano.

Ad aprire le danze è il professor Andrea Crisanti il 19 novembre, in un intervento al Festival della divulgazione scientifica "Focus Live":

> *Giornalista: Lei se lo farebbe il vaccino, il primo vaccino che arriva a gennaio?*
>
> Crisanti: Senza dati no.

[911] S. SONTAG, *L'Aids e le sue metafore,* "Einaudi", 1989.

[912] E. FRANCESCHINI, *È il V-day del Regno Unito: inizia la più grande campagna di vaccinazione di massa della storia,* "la Repubblica", 8.12.2020 [https://www.repubblica.it/esteri/2020/12/08/news/e_il_v-day_del_regno_unito_la_piu_grande_campagna_di_vaccinazione_di_massa_della_storia-277530311/].

Giornalista: Perché?

Crisanti: Perché voglio essere rassicurato che sia un vaccino che è stato testato e che soddisfi tutti i criteri di sicurezza ed efficacia. Io penso che come cittadino ne ho diritto e non sono disposto ad accettare scorciatoie.

Giornalista: qui non si tratta di essere no-vax, si tratta di usare la testa [...] i vaccini funzionano, non è vero?

Crisanti: Io sono favorevolissimo ai vaccini, ma questi vaccini sono stati sviluppati saltando la normale sequenza Fase 1, Fase 2 e Fase 3. Perché, chiaramente, hanno avuto fondi statali e quindi si sono potuti permettere di fare insieme Fase 1, Fase 2 e Fase 3, perché i rischi erano a carico di chi aveva dato i quattrini. Ma facendo Fase 1, Fase 2 e Fase 3 in parallelo, uno si porta appresso tutti i problemi delle varie fasi. Quindi è vero che si arriva prima, ma poi c'è bisogno tutto un processo di revisione, dietro, che non è facile da fare.

Giornalista: [...] questa è una risposta molto interessante e molto importante, perché significa che forse non possiamo aspettarci una soluzione miracolosa della situazione nella quale ci troviamo. Forse dobbiamo continuare in qualche modo a utilizzare i sistemi che usiamo adesso. Qual è lo strumento, l'arma che in questo momento abbiamo a disposizione professore?

Crisanti: Guardi, noi in questo momento non abbiamo niente a disposizione...[913]

Nonostante la perplessità sull'accelerazione del processo non sia inedita né estremista, questa intervista ha portato a un'alzata di scudi generale, tanto dal mondo scientifico quanto da quello politico. Ben consapevoli che dietro ogni dichiarazione concernente il vaccino si muovano interessi economici e strategici di altissimo livello, non ravvisiamo nulla di sconcertante nell'asserire che non si debba ricorrere a un farmaco del quale non vengono forniti i dati. A maggior ragione se tra i primi a denunciare la poca trasparenza sui dati è stato il "British Medical Journal". Nell'articolo *Will covid-19 vaccines save lives? Current trials aren't designed to tell us,*[914] firmato

913 *Andrea Crisanti e i vaccini. Perché non si farebbe vaccinare?*, "Focus", 20.11.2020 [https://www.focus.it/scienza/salute/andrea-crisanti-non-si-farebbe-vaccinare-ecco-che-cosa-ha-detto-a-focus-live].

914 P. DOSHI, *Will covid-19 vaccines save lives? Current trials aren't designed to tell us,* "British Medical Journal", 21.10.2020 [https://www.bmj.com/content/371/

dall'editore associato Peter Doshi, emergono dubbi inquietanti sui vaccini 'sicuri ed efficaci', per i quali: «Lo zar americano del Coronavirus, Anthony Fauci, e la leadership della Food and Drug Administration»[915] dichiarano che verranno seguite le procedure stabilite prima dell'approvazione.

Ma cosa significa che un vaccino sarà 'sicuro ed efficace' si domanda l'autorevole autore. Peter Hotez, decano della National School of Tropical Medicine del Baylor College of Medicine di Houston, risponde:

> Idealmente, vuoi che un vaccino antivirale faccia due cose: in primo luogo, ridurre la probabilità di ammalarsi gravemente e andare in ospedale; in seconda battuta, prevenire l'infezione e quindi interrompere la trasmissione della malattia.[916]

Tuttavia, anche per i vaccini giunti alla Fase 3 di sperimentazione per la COVID-19:

> Nessuno degli studi attualmente in corso è progettato per rilevare una riduzione di esiti gravi come ricoveri ospedalieri, ricorso alle cure intensive o decessi. Né i vaccini sono studiati per determinare la possibilità di interrompere la trasmissione virale.[917]

La prima criticità riguarda il campione soggetto a sperimentazione: la COVID-19 si manifesta in forma grave solamente in una minima parte dei sintomatici. I dati pubblicati dai Centri per il Controllo e la Prevenzione delle Malattie americani alla fine di aprile, indicano una percentuale media di ospedalizzazione dei casi sintomatici pari al 3,4% (1,7% nella fascia di età 0-49 anni; 4,5% nella fascia di età 50-64 anni; 7,4% in quella *over* 65).[918] Questo implica che la stragrande maggioranza dei casi sintomatici sperimenta solo sintomi lievi, per cui uno

bmj.m4037].

915 P. DOSHI, *Will covid-19 vaccines save lives?...*, "British Medical Journal", 2020, cit.

916 *Ivi*.

917 *Ivi*.

918 CDC, *Coronavirus disease 2019 (COVID-19)*, 2020 [http://web.archive.org/web/20200709001525/https://www.cdc.gov/coronavirus/2019-ncov/hcp/planning-scenarios.html].

studio che coinvolge 30.000 soggetti presenterà: «Pochi casi di malattia grave».[919] Conclude su questo primo punto lo studio:

> I ricoveri ospedalieri e i decessi per COVID-19 sono semplicemente troppo rari nella popolazione studiata perché un vaccino efficace dimostri differenze statisticamente significative in uno studio di 30.000 persone. Lo stesso vale per la sua capacità di salvare vite umane o prevenire la trasmissione: le prove non sono progettate per scoprirlo.[920]

Certo, i Governi avrebbero potuto contestare il numero esiguo di volontari arruolati dalle case farmaceutiche per la sperimentazione dei vaccini. Tuttavia, non hanno sindacato su questo punto, perché come ha fatto notare Ma Tal Zaks, *chief medical officer* del colosso farmaceutico Moderna, respingendo l'eventuale critica direttamente al mittente:

> Una sperimentazione con 30.000 partecipanti è già abbastanza ampia. Se stai chiedendo una prova da 300.000 partecipanti, devi parlare con le persone che la stanno finanziando; perché non stiamo più parlando di una sperimentazione da $ 500 a $ 1 miliardo, ma di qualcosa 10 volte più grande.[921]

L'arruolamento dei volontari, oltre alla questione numerica, comporta poi un'altra problematicità: è ormai dimostrato che la COVID-19 è molto più pericolosa nelle fasce anziane di popolazione, ma il numero di anziani coinvolti nella sperimentazione è talmente esiguo che il presunto beneficio del vaccino: «Potrebbe non applicarsi alla sottopopolazione anziana fragile».[922] In aggiunta, come si legge sul sito "Infovac" (piattaforma di informazione sulle vaccinazioni):

> Indurre risposte vaccinali protettive nei giovani volontari sani è già una sfida. Indurre queste stesse risposte nelle persone che sono più vulnerabili a causa della vecchiaia, dell'obesità, di malattie o di trattamenti immunosoppressori, è molto

[919] CDC, *Coronavirus disease 2019 (COVID-19)*, 2020, cit.

[920] *Ivi.*

[921] P. DOSHI, *Will covid-19 vaccines save lives?...*, "British Medical Journal", 2020, cit.

[922] *Ivi.*

> più difficile. Il vaccino antinfluenzale ce lo ricorda ogni anno... e spesso, per proteggere queste persone sono necessari vaccini con coadiuvanti particolarmente efficaci.[923]

Il vaccinologo Paul Offit, intervistato da Eric Topol, redattore capo di "Medscape",[924] ha detto in merito alle fasce più anziane: «Non riesco a comprendere come qualcuno [...] possa permettere che un vaccino venga raccomandato per un gruppo senza avere dati adeguati».[925] Lo stesso vale per le minoranze: «Non puoi convincere le minoranze a fare un vaccino a meno che non siano rappresentate negli studi. Altrimenti, si sentiranno come se fossero cavie, ed è comprensibile che sia così».[926] Infatti, secondo i dati diffusi dai Centri per il Controllo e la Prevenzione delle Malattie statunitensi, i tassi di ospedalizzazione di COVID-19 per i neri e i latino-americani sono quasi cinque volte superiori a quelli dei bianchi ma, nonostante questa evidenza: «Le persone che hanno più urgentemente bisogno dei vaccini, compresi i neri e i latino-americani, hanno meno probabilità di partecipare agli studi clinici per determinare se funzionano in modo sicuro».[927]

Una seconda criticità riguarda poi gli effetti collaterali:

> Il comunicato stampa di Moderna afferma che il 9% [del campione, *Nota dell'Autore*] ha sperimentato mialgia di grado 3 e il 10% affaticamento di grado 3; La dichiarazione di Pfizer ha riportato che il 3,8% ha sperimentato stanchezza di grado 3 e il 2% mal di testa di grado 3.[928]

923 Coronavirus (Covid-19), "Infovac", aggiornato al 02.12.2020 [https://www.infovac.ch/it/vaccinationi/per-le-malattie/coronoavirus-covid-19].

924 Medscape è un sito Web ideato per fornire ai medici informazioni di settore, unitamente a corsi formazione continua per medici e professionisti della salute [https://it.wikipedia.org/wiki/Medscape].

925 *Paul Offit's Biggest Concern About COVID Vaccines,* "Medscape", 09.09.2020 [https://www.medscape.com/viewarticle/936937].

926 *Ivi.*

927 *I test Usa sui vaccini Covid-19 hanno un problema: le minoranze non si fidano. Report Wsj*, "Start Magazine" [https://www.startmag.it/sanita/test-vaccini-covid19-minoranze-usa/]

928 P. DOSHI, *Will covid-19 vaccines save lives?,* "British Medical Journal", 21.10.2020, cit.

Sorvolando sul fatto che un evento avverso di grado 3 è considerato grave, si insinua un dubbio: numerosi effetti collaterali indotti dal vaccino sono esattamente gli stessi dei sintomi COVID (stanchezza, dolori muscolari, febbre). Per distinguere dunque gli effetti collaterali del vaccino dai sintomi della COVID-19, le aziende avrebbero dovuto sottoporre tutti coloro che hanno denunciato queste condizioni a un test di conferma. Se questo sia stato il procedimento adottato, non è dato saperlo, perché: «I protocolli di prova per gli studi di Moderna e Pfizer contengono un linguaggio esplicito che istruisce gli investigatori a usare il loro giudizio clinico per decidere se indirizzare le persone ai test».[929] Una discrezionalità che da sola è in grado di mettere in dubbio l'efficacia dei vaccini.

Riguardo poi la possibilità di certificare la capacità di un vaccino di interrompere la trasmissione virale, nel suo studio Peter Doshi riporta la dichiarazione di Ma Tal Zaks, *che* abbiamo già avuto modo di incontrare in precedenza:

> Il nostro studio non dimostra la prevenzione della trasmissione [...] perché per farlo devi tamponare le persone due volte a settimana per periodi molto lunghi, e questo è operativamente insostenibile.[930]

In Gran Bretagna, quando 5,8 milioni di persone ha già ricevuto la prima dose del vaccino, l'epidemiologo Jonathan Van-Tam spiega in un articolo pubblicato sul "Sunday Telegraph": «Non conosciamo ancora l'impatto del vaccino sulla trasmissione del virus [...] Anche dopo aver assunto entrambe le dosi del vaccino, si potrebbe comunque trasmettere la COVID-19 ad altre persone».[931]

Riassumendo: il gruppo di persone sottoposte alla sperimentazione è troppo esiguo per stabilire se il vaccino sia o meno efficace; il numero di anziani e di persone appartenenti alle minoranze non permette di stimare la capacità di ridurre la mortalità o i rischi della malattia in queste fasce di popolazione; il protocollo utilizzato non permette di stabilire con

929 P. DOSHI, *Will covid-19 vaccines save lives?*, "BMJ", 21.10.2020, cit.

930 *Ivi.*

931 *Covid: Vaccinated people may spread virus, says Van-Tam*, "BBC news", 24.01.2021 [https://www.bbc.com/news/uk-55784199].

certezza la linea di demarcazione tra gli effetti collaterali del vaccino e i sintomi della COVID; non è possibile certificare l'interruzione di trasmissione virale né la durata dell'immunità. Non da ultimo, come ben spiegato nell'articolo *Immunological considerations for COVID-19 vaccine strategies,*[932] pubblicato sulla rivista scientifica "Nature", al momento attuale resta poi ancora molto da capire su quanto l'immunità protettiva indotta dal vaccino differisca dalla risposta immunitaria naturale al SARS-COV-2.

Risposta immunitaria naturale che, è bene ricordare, è limitata nel tempo.

A tutte queste criticità, emerse dai dati comunicati dalle case farmaceutiche che producono gli stessi vaccini, si aggiunge la questione legata al dosaggio e al numero delle somministrazioni.

Serendipity,[933] colpo di fortuna, è stato definito l'errore nei dosaggi compiuto dall'AstraZeneca da Mene Pangalos, vicepresidente esecutivo della ricerca e sviluppo di prodotti dell'azienda biofarmaceutica. AstraZeneca e l'Università di Oxford hanno infatti ammesso che i risultati preliminari diffusi sulla sperimentazione del loro potenziale vaccino contro la COVID-19, potrebbero essere stati viziati da un errore di dosaggio:

> Il regime a due dosi complete ha mostrato un'efficacia del 62% su una platea di 8.900 persone. Ma nei partecipanti al trial più ristretto (2.900 persone) ai quali è stata data "per sbaglio" prima una dose dimezzata e poi una intera come seconda somministrazione, questa efficacia ha raggiunto quota 90% [...] Invece di rifare tutto daccapo, i ricercatori hanno deciso di continuare con la mezza dose e poi dare il richiamo alla dose completa secondo la scadenza programmata.[934]

Un 'colpo di fortuna' sul quale sarebbe bene riflettere. Tuttavia i tempi sono strettissimi e, almeno nella corsa

932 S. AFKHAMI, J. MANGALAKUMARI ET AL., *Immunological considerations for COVID-19 vaccine strategies,* "Nature Reviews Immunology", 04.09.2020 [https://www.nature.com/articles/s41577-020-00434-6].

933 *Covid, AstraZeneca farà un nuovo test dopo i dubbi sui dati del vaccino,* "Il Sole 24 ore", 26.11.2020 [https://www.ilsole24ore.com/art/covid-ammesso-l-errore-astrazeneca-meglio-mezza-dose-vaccino-AD8a2i4].

934 *Ivi.*

all'accaparramento delle dosi, l'Europa non vuol farsi trovare impreparata. Dal sito dell'AGI leggiamo: «*L'Unione europea sta stringendo accordi per quasi 4 dosi di vaccino a testa*».[935] Stiamo parlando di poco meno di 1,8 miliardi di dosi, che derivano dagli accordi stretti con AstraZeneca, Sanofi-GSK, Johnson & Johnson, BioNTech/Pfizer, Moderna e CureVac. In questo conteggio, si legge: «Rientrano anche le dosi virtualmente non acquistate dall'UE, ma per le quali Bruxelles ha firmato un contratto di opzione».[936]

All'Italia, ne spetteranno circa 202 milioni che saranno stoccati nell'*hub* della Difesa a Pratica di Mare, dove saranno sorvegliati dall'Esercito per garantire: «La massima sicurezza contro il rischio concreto di furti ma anche delle possibili attenzioni dei negazionisti del Covid».[937]

Ma siamo in guerra e ogni cosa è concessa, anche l'accelerazione parossistica di un processo che, in tempi di pace, richiederebbe anni:

> Per soddisfare l'urgente necessità di un vaccino, è stato proposto un nuovo paradigma di sviluppo del vaccino pandemico che comprime la sequenza temporale di sviluppo da 10-15 anni a 1-2 anni. Tuttavia, permane una mancanza di chiarezza su ciò che può costituire una strategia vaccinale COVID-19 sicura e immunologicamente efficace, su come definire gli *endpoint*[938] di successo nei test di efficacia del vaccino e su cosa aspettarsi dallo sforzo vaccinale globale nei prossimi anni.[939]

935 *L'Unione europea sta stringendo accordi per quasi 4 dosi di vaccino a testa*, "AGI", 25.11.2020 [https://www.agi.it/estero/news/2020-11-25/ue-vaccino-dosi-moderna-10420241/].

936 *Ivi.*

937 M. BARTOLONI, *Coronavirus, così l'esercito presidierà milioni di dosi di vaccini in Italia dal rischio furti e negazionisti*, "Il Sole 24 ore", 05.12.2020 [https://www.ilsole24ore.com/art/cosi-l-esercito-presidiera-milioni-dosi-vaccini-rischio-furti-e-negazionisti-AD6z7c6].

938 Gli *endpoint* sono gli esiti o risultato attesi da un farmaco o vaccino. L'*endpoint* primario è da sempre considerato dalla FDA (Food and Drug Administration) l'unico risultato in grado di stabilire se uno studio possa o meno essere definito di successo; gli *endpoint* secondari, sono invece pensati per valutare i possibili effetti che ci si augura derivino da un farmaco. Fino ad ora, per l'FDA, l'ottenimento di un *endpoint* secondario non è stato ritenuto sufficiente per definire il successo di uno studio.

939 *Ivi.*

Mai come in questi tempi, dunque, la regola che sembra guidare la Scienza si fonda sulla funambolica equazione tra vantaggi potenziali e potenziali rischi.

Dobbiamo alla virologa dell'Ospedale Sacco di Milano, Rita Maria Gismondo, l'aggiunta di un ulteriore tassello a questo quadro. Ospite da Paolo Del Debbio, alla trasmissione "Dritto e Rovescio" del 27 novembre, suggerisce:

> I vaccini che stanno per essere approvati hanno sicuramente delle prove di efficacia, che poi vedremo per il tempo che cosa significherà, ma hanno delle prove di assenza di effetti collaterali acuti, cioè nel il breve periodo. Possono indurre delle mutazioni le cui conseguenze possono essere viste molto al di là nel tempo.
>
> *Giornalista: Con quelli che arriveranno alla fine di gennaio, con quelle dosi, lei si vaccinerebbe?*
>
> Gismondo: No.[940]

Vero. Perché una cosa sono gli effetti collaterali acuti. Altra cosa le complicanze nel lungo periodo e, soprattutto, le mutazioni che i vaccini possono indurre. Questa criticità, evidenziata da molto esperti, si esaspera nei cosiddetti vaccini a RNA messaggero. Facciamo però prima un po' di chiarezza.

Il 'vaccino', anzitutto è uno strumento di prevenzione. Non di cura. In secondo luogo, quando si parla di 'vaccino' lo si fa impropriamente, perché non esiste 'il vaccino' per antonomasia, ma diverse tipologie di vaccini che differiscono molto le une dalle altre.

I vaccini 'tradizionali' sono costituiti da patogeni inattivati o attenuati, in grado di provocare una reazione del sistema immunitario che, generalmente, consiste nella produzione di anticorpi.

Tra i vaccini che utilizzano ceppi attenuati di un patogeno (con perdita o mutazione dei geni della virulenza) ricordiamo quello del morbillo, della parotite e il bacillo Calmette-Guérin (BCG) contro la tubercolosi. Nel caso della SARS-COV-2, uno dei rischi segnalati per questa tipologia di vaccino, deriva dal fatto che:

940 "Dritto e Rovescio", 27.11.2020 [https://twitter.com/drittorovescio_/status/1332101584877187075]

> ... la generazione di un ceppo attenuato di un agente patogeno da utilizzare come vaccino richiede la dimostrazione della sua incapacità genetica di tornare ad essere patogeno. Ciò è particolarmente arduo nel caso dei Coronavirus, poiché questi sono noti per la ricombinazione in natura e un ceppo di vaccino attenuato potrebbe, in teoria, ricombinarsi con i Coronavirus naturali per ricreare un ceppo patogeno.[941]

Ad oggi, la strada del vaccino attenuato è stata intrapresa, tra le altre, dalla Mehmet Ali Aydinlar University in Turchia, da Codagenix e Serum Institute of India, e dall'Indian Immunologicals Ltd congiuntamente alla Griffith University.[942]

Per quanto concerne i vaccini con virus inattivati (ossia uccisi con sistemi chimici o fisici, che rendono di fatto impossibile al virus di moltiplicarsi), l'utilizzo pregresso contro la poliomielite, l'epatite A e l'antinfluenzale *split*, garantisce un metodo di realizzazione consolidato e abbastanza sicuro, sebbene si richiedano, per essere efficaci, somministrazioni ripetute e il ricorso ad adiuvanti (generalmente l'allume). Le sfide più grandi di questa tipologia di vaccini, come dimostrano studi sul SARS-COV-1, riguardano una protezione incompleta e l'aggravamento della malattia correlata al vaccino, soprattutto in pazienti anziani.[943]

Tra i candidati dei vaccini attenuati troviamo il PiCoVacc, (sviluppato dalla cinese Sinovac Biotech Ltd) 944 e il BBIBP-CorV, (della China National Pharmaceutical Group o Sinopharm).[945]

I vaccini veicolati da vettori virali (replicanti e non replicanti) si servono di 'vettori' per trasferire degli antigeni virali nelle cellule ospiti e innescare una risposta immunitaria. A questa categoria appartengono i vaccini testati contro Ebola e

941 S. AFKHAMI, J. MANGALAKUMARI ET AL., *Immunological considerations,* "Nature Reviews Immunology", 04.09.2020, cit.

942 https://www.covid-19vaccinetracker.org/#live-atten

943 M. BOLLES ET AL., *A double-inactivated severe acute respiratory syndrome coronavirus vaccine provides incomplete protection in mice and induces increased eosinophilic proinflammatory pulmonary response upon challenge,* "Journal of Virology", dicembre 2011 [https://pubmed.ncbi.nlm.nih.gov/21937658/].

944 https://www.covid-19vaccinetracker.org/#inactivated-virus

945 https://covid19.trackvaccines.org/vaccines/5/

Dengue. Questa è la strada seguita, tra gli altri, da Oxford-AstraZeneca (ChAdOx1 nCoV-199), dalla Gamaleya Research (Sputnik), dalla cinese Cansino Biologics, da Johnson & Johnson e dall'Istituto Lazzaro Spallanzani (GRAD-COV2).[946]

Il vaccino in sperimentazione presso lo Spallanzani, che ha ottenuto un finanziamento di 8 milioni di euro dalla regione Lazio e dal Ministero della Ricerca scientifica,[947] ci viene così spiegato dal professor Andrea Antinori, direttore di Immunodeficienze Virali presso l'Ospedale romano e responsabile dello sviluppo del vaccino del SARS-COV-2 dello stesso istituto:

> Sono tecniche di ingegneria genetica che mirano a creare dei virus depotenziati. Attraverso l'ingegneria genetica il virus, che è un adenovirus di gorilla [...] viene disattivato. Non è infettante per l'uomo e in questo virus viene inserito il gene della proteina *spike*. La proteina *spike*, che sappiamo essere una proteina di superficie del Coronavirus, [...] è una proteina molto importante per l'attacco del virus alla cellula umana ed è molto importante in quanto contro la proteina *spike* vengono prodotti anticorpi neutralizzanti. Quindi, il poter inserire nell'organismo dei volontari questo virus re-ingegnerizzato che esprime la proteina spike, può evocare una risposta immunitaria, almeno per quello che noi ci aspettiamo, contro il Coronavirus e rendere, quindi, immuni queste persone.[948]

Questa tipologia di vaccini riveste un interesse particolare per l'Italia, anche in quanto il 'vettore virale' utilizzato, deriva da un adenovirus concepito in Italia. Denuncia il prof. Palù:

> ... più che in tanti pseudovirologi che vanno in trasmissioni, [una parte importante delle risorse, *Nota dell'Autore*] l'avrei investita in ricerca virologica vera, quella che studia l'evoluzionionistica, dove questi virus si originano, come si trasmettono all'uomo. Queste sono le cose importanti; l'avrei spesa per far sì che un vaccino italiano, che è il vaccino Ebola, che è stato

[946] https://www.covid-19vaccinetracker.org/#rep-viral

[947] *Vaccino Spallanzani, il punto del professor Antinori,* "Rai News", 07.08.2020 [https://www.rainews.it/dl/rainews/media/antinori-spallanzani-vaccino-29fa13d4-c3e9-4ccd-b3bc-1145ff1603d3.html].

[948] *Ivi.*

> venduto su licenza alla GSK,[949] rimanesse in Italia. Perché quel vettore, che è un adenovirus [...] dello scimpanzé, pensato e concepito da Riccardo Cortese [...] è stato utilizzato per fare un vaccino che alla fine avrà successo in Inghilterra e non è neanche citato in italiano [...] come quello che Astrazeneca usa.[950]

Anche "Report" si occupa di questa storia de noantri. Riassume Sigrfido Ranucci:

> Ci manca il goleador, e il gol alla fine l'hanno fatto gli altri. Abbiamo perso l'occasione come paese di poter operare scelte determinanti sulla produzione del vaccino, scelte anche strategiche. Che cosa succede, che a marzo l'Università di Oxford scopre il vaccino per il COVID, la proteina *spike*, ma serve il veicolo per portarlo nel corpo umano e per stimolare la reazione immunitaria. Ecco, allora pensano di telefonare a Pomezia. Perché proprio in quei laboratori gli scienziati un po' di tempo fa erano stati i primi al mondo a fare ricerca su quel tipo di virus, quello del raffreddore dello scimpanzé, un virus che poi deve essere depotenziato. Ecco, quegli scienziati non ci sono più ma Oxford chiama comunque Di Lorenzo perché collabora da tempo con lui e soprattutto perché Di Lorenzo ha conservato l'*expertise*, non i brevetti ma l'*expertise*. E allora Di Lorenzo chiama, avverte il premier Conte e anche il ministro della Ricerca Manfredi, e Di Maio e anche il ministro della Salute Speranza. Gli chiede di intervenire. Loro tentennano un pochettino, nel frattempo si inserisce Boris Johnson, che mette sul piatto 130 milioni di sterline. E così la licenza per poter produrre in esclusiva se la incassa Astrazeneca con sede a Cambridge.[951]

Ma non è il solo gol che ci è stato fatto. O, meglio. Non è il solo autogol che ci siamo fatti. Apriamo una parentesi. Torniamo alla cosiddetta 'prima ondata'. Il 24 aprile, Roberto Ricciardi, responsabile del Percorso Miastenia dell'Ospedale Cisanello di Pisa, e Piero Sestili, professore ordinario di

[949] La GSK è un'azienda farmaceutica internazionale.

[950] G. PALÙ, *Primus Inter Pares* (3 di 4), Gruppo Tv7, cit.

[951] *I segreti del virus dello scimpanzé,* "Report", 16.11.2020 [https://www.rai.it/dl/doc/1605565340540_segreti_virus_scimpanze.pdf].

Farmacologia a Urbino, insieme a una quarantina di colleghi fanno pervenire una lettera al ministro della Salute Speranza, sottoponendogli i risultati della loro ricerca. Lo stesso testo viene consegnato anche a due parlamentari di maggioranza e al viceministro Pierpaolo Sileri.[952] La missiva descrive un protocollo 'semplice' che, invece che puntare sulle terapie intensive, ricorre al desametasone, parente stretto del cortisone e del cortisolo. Costo: 6 € a confezione. Il ministro non risponde. Poi, il 16 giugno, l'Università di Oxford annuncia di aver realizzato una ricerca su circa 2.100 pazienti gravemente malati, trattati con il desametasone. Il farmaco sembra aver ridotto fino a un terzo il rischio di morte dei pazienti. In una pubblicazione che ha come primo firmatario Peter Horby della Oxford University, che ha coordinato il *trial recovery*, leggiamo:

> ... il desametasone ha ridotto le morti di un terzo nei pazienti sottoposti a ventilazione meccanica invasiva [...], di un quinto nei pazienti che ricevono ossigeno senza ventilazione meccanica invasiva [...] ma non ha ridotto la mortalità nei pazienti che non ricevevano supporto respiratorio alla randomizzazione.[953]

Un risultato importante. Ma la speranza che fossero premiati i medici italiani per esserci arrivati per primi, purtroppo, è rimasta inascoltata proprio da Speranza. Oggi, i corticosteoidi sono consigliati anche dall'AIFA. Leggiamo nel documento *Corticosteroidi nella terapia dei pazienti adulti con COVID-19,*[954] del 6 ottobre:

> Sulla base delle attuali conoscenze, nella popolazione suddetta [soggetti ospedalizzati con malattia COVID-19 grave che necessitano di supplementazione di ossigeno, in presenza o meno di ventilazione meccanica, *Nota dell'Autore*] l'uso dei

[952] G. DE LORENZO, *La cura anti-Covid da 6 euro? Il ministero sapeva, ma non rispose all'appello,* "il Giornale", 17.06.2020 [https://www.ilgiornale.it/news/politica/cura-anti-covid-6-euro-ministero-sapeva-non-rispose-1871102.html].

[953] P. HORBY, *Effect of Dexamethasone in Hospitalized Patients with COVID-19: Preliminary Report*, "New England Journal of Medicine", 22.06.22 [https://www.medrxiv.org/content/10.1101/2020.06.22.20137273v1].

[954] *Corticosteroidi nella terapia dei pazienti adulti con COVID-19,* AIFA, 06.10.2020 [https://www.aifa.gov.it/documents/20142/1123276/Corticosteroidi_06.10.2020.pdf/075c9302-895c-4d7e-11bc-0e2319082ffc].

> corticosteroidi dovrebbe essere considerato uno standard di cura in quanto è l'unico trattamento che ha dimostrato un beneficio in termini di riduzione della mortalità.
>
> Per quanto riguarda la tipologia di corticosteroide, sebbene le evidenze più robuste siano state ottenute con il desametasone, è ipotizzabile un effetto di classe.

Inutile commentare, per cui torniamo ai vaccini.

La pandemia COVID-19 ha portato, per la prima volta, a sperimentare sull'uomo i vaccini a mRNA, o RNA messaggero. L'mRNA è un materiale genetico che trasporta le informazioni codificate dal DNA (contenuto nel nucleo della cellula) al citoplasma cellulare, dove queste istruzioni vengono utilizzate per costruire proteine e amminoacidi. Come abbiamo visto all'inizio del libro, il virus SARS-COV-2 si compone di un singolo filamento di RNA, avvolto in un 'involucro' di proteine. Quando infetta una cellula, la molecola di RNA viene liberata dall'involucro e utilizza la cellula per copiare se stessa.

Un vaccino a mRNA ricalca questo meccanismo, ossia contiene le 'istruzioni' utili perché l'organismo crei le proteine che permettono al virus di infettare l'organismo, senza che queste debbano essere introdotte dall'esterno. In particolare, sono stati generati e sintetizzati in laboratorio piccoli segmenti di RNA in grado di indurre le cellule a costruire la proteina *spike* che, da sola, sembra garantire la risposta immunitaria. Spiega Giuseppe Novelli, professore di Genetica Umana all'Università Tor Vergata di Roma:

> Iniettato il vaccino, le cellule ricevono l'mRNA dentro un piccolo involucro di grassi (per entrare nelle cellule) e lo usano come stampo per ricavare proteine virali. Da sola, senza il resto del virus, la spike è innocua, ma mette in allarme il sistema immunitario e lo induce a produrre anticorpi. A quel punto, quando e se una persona vaccinata dovesse 'incontrare' il coronavirus SARS-CoV-2, i suoi anticorpi riconosceranno la spike perché già incrociata nell'attacco simulato col vaccino, e nella maggior parte dei casi agiranno di conseguenza – il sistema immunitario riconoscerà e attaccherà il virus prima che provochi l'infezione.[955]

955 F. INTINI, *Covid: che cos'è e come funziona un vaccino a mRNA*, "Focus", 11.11.2020 [https://www.focus.it/scienza/salute/vaccino-mrna-pfizer-covid-come-funziona].

I primi studi sulle terapie genetiche per combattere le malattie risalgono agli inizi degli anni Novanta. Nell'articolo *Direct gene transfer into mouse muscle in vivo*[956] del 1990, gli scienziati riferirono che le cellule delle cavie erano in grado di produrre con successo proteine codificate in RNA o DNA iniettato.

Una vera e propria rivoluzione: questo approccio avrebbe potuto, in teoria, essere utilizzato per progettare qualsiasi proteina necessaria per aumentare l'immunità contro i patogeni nonché combattere malattie quali il cancro e le malattie genetiche rare. Tuttavia, si palesò fin da subito un primo ostacolo: l'mRNA andava infatti incontro a una rapida degradazione dopo essere stato iniettato nel corpo, il che lo rendeva praticamente inutilizzabile ai fini terapeutici. Inoltre, si riscontrò che l'RNA era in grado di innescare una risposta immunitaria indipendente dalla risposta alla proteina che codificava. «Se inietti solo RNA estraneo a persone o animali, puoi indurre una risposta infiammatoria molto grave»,[957] afferma Norbert Pardi, esperta di vaccini a mRNA presso l'Università della Pennsylvania, aggiungendo che questo è un meccanismo di difesa del nostro corpo contro i virus, che può utilizzare DNA o RNA per memorizzare le loro informazioni genetiche.

A causa di questi problemi, molti scienziati desistettero, concentrandosi sullo sviluppo di vaccini a DNA (DNA ricombinante). Ma non tutti. Fu così che all'inizio del nuovo millennio, Katalin Karikó e Drew Weissman, dell'Università della Pennsylvania, scoprirono che alterando i nucleosidi dell'RNA, si poteva aumentare la produzione di proteine (dall'mRNA) e, contemporaneamente, abbattere in modo significativo la risposta immunitaria alla terapia.[958] Dieci anni dopo, nel 2016, si giunse a una soluzione del problema della degradazione dell'mRNA, avvolgendolo in nanoparticelle lipidiche (LNP).[959]

956 J. A. WOLFF ET AL., *Direct gene transfer into mouse muscle in vivo,* "Science", 23.03.2020 [https://pubmed.ncbi.nlm.nih.gov/1690918/].

957 D. KNOW, *The Promise of mRNA Vaccines,* "The Scientist", 20.11.2020 [https://www.the-scientist.com/news-opinion/the-promise-of-mrna-vaccines-68202].

958 K. KARIKÓ, D. WEISSMAN ET AL., *Suppression of RNA recognition by Toll-like receptors: the impact of nucleoside modification and the evolutionary origin of RNA,* "Immunity", 23.08.2005 [https://pubmed.ncbi.nlm.nih.gov/16111635/].

959 A. M. REICHMUTH, M. A. OBERLI, *mRNA vaccine delivery using lipid nanoparticles,* "Therapeutic Delivery", maggio 2016 [https://www.ncbi.nlm.nih.gov/pmc/articles/PMC5439223/].

Tra le aziende che hanno inseguito questo approccio terapeutico innovativo (pensato soprattutto per cure contro il cancro e alcune malattie rare), troviamo la BioNTech, piccola azienda tedesca, partner del colosso Pfizer. Leggiamo dal sito dell'azienda che vanta come vicepresidente senior la professoressa Katalin Karikó:[960]

> Nell'ultimo decennio l'mRNA è diventato una nuova promettente classe di farmaci, con il potenziale per trattare un'ampia varietà di malattie con elevate esigenze mediche ancora insoddisfatte. L'mRNA è una lunga molecola polimerica, composta da quattro diversi elementi costitutivi chiamati nucleotidi. Nell'mRNA, centinaia o migliaia di questi nucleotidi sono collegati in un ordine unico, per trasmettere informazioni genetiche alle cellule, dove vengono utilizzate per esprimere proteine con effetti biologici.
>
> Considerando che tutto l'mRNA viene generato con quattro diversi elementi costitutivi, ma con un ordine di sequenza unico, tutti gli mRNA terapeutici hanno composizioni molto simili, pur avendo la capacità di codificare una varietà di proteine differenti. Queste caratteristiche consentono un rapido sviluppo di terapie a mRNA che sono ampiamente applicabili per il trattamento di numerose malattie, tra cui cancro, le malattie infettive e le malattie rare. La nostra *pipeline* di mRNA si rivolge a tutte queste aree terapeutiche.
>
> *Le nostre tecnologie mRNA*
>
> Gli elementi strutturali dell'mRNA hanno un impatto sulle sue prestazioni. Ciò include potenziale immunogenicità, efficacia della traduzione e stabilità della molecola. Sfruttiamo la nostra vasta esperienza per progettare, sintetizzare, produrre e formulare il nostro mRNA terapeutico, e adattare la sua composizione per soddisfare l'applicazione desiderata.[961]

Vi è poi la 'ModeRNA Therapeutics', nota come Moderna, un'azienda creata nel 2010 quando il ricercatore Derrick Rossi, dell'Università di Harvard, utilizzò l'mRNA modificato per riprogrammare cellule staminali nel tentativo di curare patologie cardiovascolari. Questa azienda, tra le prime a utilizzare

960 https://www.researchgate.net/profile/Katalin_Kariko

961 https://biontech.de/how-we-translate/mrna-therapeutics

le 'nanoparticelle lipidiche' per la somministrazione dei vaccini, è balzata alle luci della ribalta nel 2015, anno in cui fece la sua comparsa il virus Zika:

> ... i laboratori si affrettarono a trovare un vaccino adeguato. Justin Richner, ora professore assistente all'Università dell'Illinois a Chicago, partecipò al lavoro di ricerca che coinvolse più università nella ricerca di vaccini mRNA candidati prodotti da Moderna Therapeutics. Richner afferma che il team perfezionò i codici mRNA, portando, nel 2016, uno dei vaccini contro il virus Zika di Moderna alle prime sperimentazioni sull'uomo, dove si arenò.[962]

La COVID ha accelerato il processo, grazie anche ai cospicui fondi investiti nella ricerca: «Questi sono tempi davvero entusiasmanti per i vaccini a RNA»[963] esulta la professoressa Pardi a "The Scientist".

Tuttavia, nonostante tutti questi progressi nel campo della biotecnologia e della biofarmaceutica, nessun vaccino a MRNA (contro l'influenza, il citomegalovirus, l'HIV, la rabbia e Zika) è mai arrivato alla sperimentazione sull'uomo.[964] Fino ad ora. Ma quella contro la COVID-19 è una 'guerra'. E come ha ben spiegato la filosofa Sontag: «La guerra è una delle poche attività umane a cui la gente non guarda in modo realistico; ovvero valutandone i costi o i risultati».[965]

Se non fossimo in guerra, ci chiederemmo che senso abbia creare in fretta e furia dei vaccini per un virus che ha una mortalità inferiore allo 0,05%. Come ha detto il professor Perronne, direttore del dipartimento di Malattie Infettive dell'Ospedale di Garches, specialista in patologie tropicali e malattie infettive emergenti, ex presidente della commissione speciale Malattie trasmissibili dell'Alto Consiglio della salute pubblica francese, ex vice-presidente del comitato di esperti di vaccini dell'OMS:

962 N. AKPAN, *Coronavirus: un vaccino ha passato la prima fase di sperimentazione umana. Ma sarà davvero il favorito?*, "National Geographic", 08.06.2020 [https://www.nationalgeographic.it/scienza/2020/06/coronavirus-un-vaccino-ha-passato-la-prima-fase-di-sperimentazione-umana-ma-sara].

963 S. AFKHAMI, J. MANGALAKUMARI ET AL., *Immunological considerations*, cit.

964 D. KNOW, *The Promise of mRNA Vaccines...*

965 S. SONTAG, *L'Aids e le sue metafore,* "Einaudi", 1989, cit.

> La mortalità [per la COVID-19, *Nota dell'Autore*] è crollata allo 0,05%. Io non ho mai visto nella storia della Medicina che si sviluppino in urgenza dei vaccini per vaccinare milioni, miliardi di persone per un virus che non uccide se non persone già ad alto rischio [...] Altrimenti vaccineremmo per qualunque virus.[966]

Se non fossimo in guerra, potremmo far notare che i 'vaccini a mRNA' non sono dei vaccini ma inserti genetici, per i quali non esiste nessuna procedura di approvazione validata. Potremmo avere il diritto di sapere se sono in grado di causare mutazioni irreversibili. Se vi sia qualche remota possibilità che la sequenza genica dell'mRNA iniettа possa incorporarsi nel DNA umano (utilizzando la trascrittasi inversa), trasformandoci in OGM. Per dar voce a questi dubbi che non è lecito avere, riportiamo le parole del professor Perronne:

> ... si gioca all'apprendista stregone [...] c'è chi sostiene che [i vaccini a mRNA, *nota dell'Autore*] possano modificare definitivamente i nostri cromosomi, i nostri geni ed, eventualmente, trasmettere queste anomalie ai nostri bambini. [...] Sono terrorizzato [...] perché sono questi i vaccini che arriveranno per primi e ci verrà fatta una terapia genetica [...] facendoci credere che sia un vaccino.[967]

Gli fa eco il premio Nobel Luc Montagnier, in un'intervista nella quale parla, tra le altre cose, del vaccino sviluppato dall'azienda Moderna:

> Cercherò di mitigare gli entusiasmi per questo progetto di vaccini. È un progetto a lungo termine e se si chiede di produrli subito è un errore, perché rischiamo di aver effetti assolutamente imprevedibili. Ad esempio tumori. Degli organismi che si mettono a proliferare. Si gioca all'apprendista stregone [...] È troppo presto, sono sicuramente stati fatti degli studi sugli animali, penso, ma non a sufficienza per poter passare all'uomo e prevedere ciò che succederà. L'uomo non deve fungere da

[966] *Pr Christian Perronne : "Moderna, Pfizer, ce ne sont pas des vaccins, c'est de la thérapie génique"*, Sud Radio, 02.12.2020 [https://www.youtube.com/watch?v=2fcFa2xI6sY].

[967] *Ivi*.

> cavia, che i bambini facciano da cavia. Non è assolutamente etico. Non ci devono essere morti a causa del vaccino.
>
> *Conduttore: Secondo lei c'è un rischio evidente di avvelenare le generazioni future a causa di questo vaccino?*
>
> Non lo sappiamo. Avvelenare è una parola molto forte, ma non possiamo prevedere ciò che succederà per la relazione 1, 2, 3, 4, 5 dopo le vaccinazioni. Questo ci porta avanti di un secolo. E non possiamo accettare che i bambini, che le generazioni attuali, anche quelle anziane (come me), scompaiano per colpa di un vaccino.[968]

Nell'attuale clima orwelliano di rieducazione, non è però lecito porsi domande né sollevare dubbi.

È dunque in aperta violazione del dogmatismo scientifico che il professor Giulio Tarro, allievo del grande Albert B. Sabin,[969] rievoca l'ormai desueto dubbio cartesiano e s'interroga sul procedimento che porta alla creazione di vaccini a MRNA. Questo:

> ... ricalca grosso modo le stesse tecniche che negli anni passati hanno portato a respingere gli OGM nell'ambito floreale. [...] Non sappiamo dunque se potrà influire o meno sul nostro genoma prima della messa in circolazione, potremo saperlo non prima di quattro o cinque anni, quindi non è possibile nemmeno escludere che possa avere effetti collaterali sulle nostre reti genetiche, come in molti virologi hanno anticipato. Potremmo anche subire un'alterazione genetica tale da scompaginare l'intero sistema immunitario, trasformando in pericolosi killer dei normalissimi virus con cui conviviamo tranquillamente? Nulla è escludibile.[970]

'Nulla è escludibile', proprio come in guerra. Nemmeno sentire una voce non allineata sul messianico vaccino nel salotto di Lilli Gruber. Con la pacata eleganza che lo contraddistingue, Paolo Mieli si è così espresso:

[968] *Luc Montagnier au Défi de la vérité,* "France Soir", 17.12.2020, cit.

[969] Il medico Albert Brust Sabin è famoso per aver sviluppato il più diffuso vaccino contro la poliomielite.

[970] M. MORICONI, *Vaccino anti Covid, parla Tarro: "Rischio controindicazioni. Per me farmaci oggi più sicuri",* "Lo Speciale", 01.12.2020 [https://www.lospecialegiornale.it/2020/12/01/vaccino-anti-covid-parla-tarro-troppe-controindicazioni-farmaci-oggi-piu-sicuri/].

> *Gruber: Paolo Mieli, lei lo farebbe il vaccino?*
> Mieli: io subito sì. Però, se fossi molto più giovane e dovessi fare figli sarei molto più cauto.
> *Gruber: Perché?*
> Mieli: Perché la procedura, io non sono uno scienziato, ma la procedura ha avuto qualcosa di sospetto. Dunque, una casa farmaceutica annuncia che ha fatto un vaccino sicuro al 92%. Il giorno dopo, il titolare di quella casa farmaceutica va in Borsa e vende parte delle azioni realizzando un buon guadagno, dicendo che gli serve per investire. Terzo giorno arriva un'altra casa farmaceutica che dice: «Ho fatto un vaccino che è sicuro al 94,4%». Quarto giorno, la prima casa farmaceutica dice: «Il mio adesso è diventato sicuro al 95%", cioè lo 0,5% in più». Poi arriva un'altra casa farmaceutica che dice che: «Noi lo stiamo per fare e il nostro costerà 2 €». [...] Io le ho esposto dei fatti. Direi che è un modo di comportarsi un po' frettoloso. [...] Però ripeto, se fossi in età di far figli aspetterei, per prudenza, che lo facciano le persone più anziane, più adulte e poi...[971]

Non è dato sapere a cosa si riferisse. Certamente non alle sterilizzazioni 'volontarie' delle donne in India. Né alla storia agghiacciante delle donne keniote che, se non fosse stato per l'intervento dei medici cattolici, sarebbero state sottoposte a una vaccinazione di massa contro il tetano, che nascondeva però la somministrazione di un ormone, il beta HCG, che produce anticorpi abortivi. Operazione malthusiana patrocinata dall'OMS e dall'UNICEF.[972]

Un indizio, forse, ci viene fornito dal documento *Reg. 174 – information for UK healthcare professionals*,[973] nel quale viene descritto il vaccino BNT162b2, di BioNTech e Pfizer.

Al punto 4.6: *Fertilità, gravidanza e allattamento,* troviamo un indizio per interpretare la frase sibillina di Paolo Mieli: «Non è

[971] *Virus, chi spara sul vaccino,* "Otto e Mezzo", 20.11.2020 [https://www.la7.it/otto-e-mezzo/video/vaccino-anti-covid-paolo-mieli-se-fossi-in-eta-di-far-figli-aspetterei-la-procedura-ha-avuto-20-11-2020-351464].

[972] *Kenya, sterilizzate a loro insaputa,* "Il Foglio", 13.11.2014 [https://www.ilfoglio.it/articoli/2014/11/13/news/kenya-sterilizzate-a-loro-insaputa-78373/].

[973] https://assets.publishing.service.gov.uk/government/uploads/system/uploads/attachment_data/file/940565/Information_for_Healthcare_Professionals_on_Pfizer_BioNTech_COVID-19_vaccine.pdf

noto se il vaccino COVID-19 MRNA BNT162b2 abbia un impatto sulla fertilità».

Solamente nei prossimi anni saremo, forse, in grado di dare risposta ai numerosi quesiti irrisolti. Certo è che la foga annuncialista dilagata dalle case farmaceutiche al *mainstream,* ha prodotto un clima di generale sfiducia verso i vaccini, a discapito degli sforzi della comunicazione globale. La cui strategia comunicativa, sia ben chiaro, non ricorre a sofisticati algoritmi per censurare dubbi e opinioni non allineate, ma opera per favorire una corretta informazione e bloccare le: «Informazioni sbagliate che potrebbero portare a del danno, soprattutto per quanto riguarda la salute!»[974] Il tutto, come ci viene ripetuto ormai da un anno, a tutela della nostra salute.

Questa lotta alla disinformazione, *alias* al pensiero non allineato, è cominciata ben prima della pandemia. Torniamo a mercoledì 23 ottobre 2019, quando Marc Zuckerberg è stato convocato dal Comitato della Camera dei Servizi Finanziari degli Stati Uniti, per discutere della criptovaluta da lui stesso proposta. Il deputato conservatore William J. "Bill" Posey, membro del Congresso, ha sfruttato questa occasione per porre delle domande al CEO di Facebook, in merito alla censura promossa dalla piattaforma sul tema delle vaccinazioni:

> *Posey: Signor Zuckerberg, penso che Facebook sia una grande invenzione e che abbia il potenziale di fare molto bene [...] ma ci sono anche delle controversie. I media e alcuni politici credono che il loro compito sia di usare Facebook per censurare gli utenti. [...] Sono a favore delle vaccinazioni, ma penso sia importante avere una discussione franca e aperta sui rischi legati ai vaccini. Ogni individuo dovrebbe essere ben informato quando di tratta di una decisione riguardo ai vaccini. Come il riconoscimento dei rischi legati ai vaccini, il Governo ha creato un fondo fiduciario che ha pagato più di quattro miliardi di dollari alle vittime dei danni da vaccino. Questo fondo rappresenta una prova chiara dei rischi legati ai vaccini. [...] Durante la sua testimonianza oggi lei ha detto che vuole dare voce a tutti. Signor Zuckerberg mi può dire se Facebook sarà in grado di assicurare una discussione aperta e giusta riguardo ai rischi dei vaccini?*

[974] Marc Zuckerberg, CEO Facebook, Camera dei Servizi Finanziari USA, convocazione del 23.10.2019 [https://www.facebook.com/corvelva/videos/il-deputato-bill-posey-contro-mark-zuckerberg-sulla-censura-socialil-23-ottobre-/542605416560065/].

Zuckerberg: grazie per la domanda. Vogliamo che tutti abbiano voce e libertà di espressione. Questi sono valori importanti per la nostra compagnia. Ma continuiamo a sentirci dire dalla gente che vuole che noi fermiamo le informazioni sbagliate. Quindi cerchiamo di concentrarci sulla disinformazione che potrebbe portare a un danno fisico, o a un danno imminente. E questo può includere informazioni sbagliate soprattutto sulla salute.

Posey: Lei crede al 100% che i vaccini non comportino alcun rischio, per nessuno?

Zuckerberg: Non credo sia possibile essere sicuri al 100%, ma il consenso scientifico dice che è importante che la gente si faccia vaccinare.[975]

Il consenso, in questa società, vale ben più del senso critico. Il dogma cancella ogni dubbio. Per questo è del tutto logico che, dopo aver sentito dire a un presidente del Consiglio (in collegamento con il segretario della CGIL, Maurizio Landini) che: «Non dobbiamo identificare il Natale solo con lo shopping, fare regali e dare un impulso all'economia: Natale, a prescindere dalla fede religiosa, è senz'altro anche un momento di raccoglimento spirituale. Il raccoglimento spirituale, farlo con tante persone non viene bene».[976] Il Papa si pronuncia sul vaccino:

Eticamente, tutti devono prendere il vaccino. Non è una opzione 'mi sembra/non mi sembra'. No. È un'opzione etica. Perché ti giochi tu la salute, ti giochi la vita ma anche ti giochi la vita degli altri. Non so perché qualcuno dice "no, il vaccino è pericoloso". Ma se te lo presentano i medici come una cosa che può andare bene e che non ha dei pericoli speciali, perché non prenderlo? C'è un negazionismo suicida, lì, che io non saprei spiegare. Ma oggi si deve prendere il vaccino.[977]

975 Marc Zuckerberg, Camera dei Servizi Finanziari USA, 23.10.2019, cit.

976 *Coronavirus, Conte: «Natale momento di raccoglimento spirituale, in tanti non viene bene»*, "CorriereTv", 14.11.2020 [https://video.corriere.it/politica/coronavirus-conte-natale-momento-raccoglimento-spirituale-tanti-non-viene-bene/bcae71bc-268a-11eb-bd3c-8e368a362c56].

977 F. M. RAGONA, *Papa Francesco in esclusiva al Tg5: "Farò il vaccino, sono già prenotato"*, "TG5", 09.01.2020 [https://www.tgcom24.mediaset.it/2021/video/papa-francesco-in-esclusiva-al-tg5-faro-il-vaccino-sono-gia-prenotato-_27411876.shtml].

Eticamente, dunque «tutti devono prendere il vaccino». Poco importa se sono sviluppati facendo ricorso: «Nel processo di ricerca e produzione, a linee cellulari che provengono da tessuti ottenuti da [...] aborti avvenuti nel secolo scorso».[978] Perché, come scrive la Congregazione per la Dottrina della Fede del Vaticano nella *Nota sulla moralità dell'uso di alcuni vaccini anti-Covid-19,* a firma del prefetto della Congregazione per la Dottrina della Fede, il cardinale Luis Francisco Ladaria Ferrer, del segretario monsignor Giacomo Morandi, e approvata da Papa Francesco:

> In questo senso, quando non sono disponibili vaccini contro il Covid-19 eticamente ineccepibili (ad esempio in Paesi dove non vengono messi a disposizione dei medici e dei pazienti vaccini senza problemi etici, o in cui la loro distribuzione è più difficile a causa di particolari condizioni di conservazione e trasporto, o quando si distribuiscono vari tipi di vaccino nello stesso Paese ma, da parte delle autorità sanitarie, non si permette ai cittadini la scelta del vaccino da farsi inoculare) è moralmente accettabile utilizzare i vaccini anti-Covid-19 che hanno usato linee cellulari provenienti da feti abortiti nel loro processo di ricerca e produzione.[979]

Vaccino che, essendo etico, è gratuito. Ossia pagato dallo Stato che, in ultima analisi, siamo noi. Quando invece si domanda chi pagherà i danni di un vaccino che, come rassicura il Pontefice «non ha dei pericoli speciali», l'etica cede il passo alla più bieca economia liberista, fondata sulla privatizzazione degli utili e la socializzazione delle perdite. Le aziende produttrici dei vaccini, infatti:

> ... Sono state molto attente nell'inserire clausole di salvaguardia da qualsiasi azioni risarcitoria dovesse essere promossa

[978] *Covid. Il Vaticano: "Vaccinazione è un impegno morale". E poi via libera a uso vaccini Covid anche se derivanti da cellule di feti abortiti,* "Quotidiano Sanità", 21.12.2020 [http://www.quotidianosanita.it/studi-e-analisi/articolo.php?articolo_id=91090].

[979] *Nota sulla moralità dell'uso di alcuni vaccini anti-Covid-19,* Congregazione per la Dottrina della Fede, 21.12.2020 [https://www.vatican.va/roman_curia/congregations/cfaith/documents/rc_con_cfaith_doc_20201221_nota-vaccini-anticovid_it.html].

per danni vaccinali. L'agenzia Reuters, il 31 luglio scorso, ha diffuso la notizia che AstraZeneca non sarà tenuta a risarcire danni vaccinali perché "la pharma britannica ha raggiunto questo accordo con la maggior parte dei Paesi con i quali ha stipulato un contratto di fornitura".[980]

Se è lecito scomodare l'etica per invitare a vaccinarsi senza sollevare dubbi su ciò che ci verrà inoculato, non sarebbe altrettanto etico che le aziende, che producono i vaccini accumulando fortune, si assumessero il rischio del prodotto che vendono? E che i contratti stipulati con le aziende fossero trasparenti e consultabili? In un interessante articolo intitolato *Vaccino CureVac, l'Ue desecreta il contratto*, pubblicato su "il Fatto Quotidiano", apprendiamo che:

> Il vaccino contro il Covid potrebbe non funzionare o essere poco sicuro, mentre resta incerto chi pagherà in caso di effetti collaterali». Il testo del contratto afferma testualmente che "le parti riconoscono che le tempistiche di sviluppo accelerato per fornire la sperimentazione clinica e il programma di monitoraggio concordato con l'Agenzia europea del farmaco (Ema) significano che il contraente (ossia Curevac) in nessuna circostanza può garantire o assumersi alcuna responsabilità che il prodotto sarà finalmente disponibile o che produrrà i risultati desiderati, cioè mostra un'efficacia sufficiente per prevenire un'infezione da Covid-19, o sarà priva di effetti collaterali inaccettabili e che la somministrazione del prodotto sarà pertanto condotto sotto la responsabilità esclusiva degli Stati membri partecipanti".[981]

Rimanendo nella sfera dell'etica, non possiamo non riportare le dichiarazioni di alcuni nostri politici sui vaccini: «Il vaccino non lo farò a gennaio [...] perché le dosi che arriveranno inizialmente dovranno essere riservate alla popolazione

[980] F. CARRARO, *Vaccino Covid, l'imposizione non è improbabile: la ragione riguarda gli indennizzi,* "il Fatto Quotidiano", 27.12.2020 [https://www.ilfattoquotidiano.it/2020/12/27/vaccino-covid-limposizione-non-e-improbabile-la-ragione-riguarda-gli-indennizzi/6046621/].

[981] S. VALENTINO, *Vaccino CureVac, l'Ue desecreta il contratto*, "Il Fatto quotidiano", 20.01.2020[https://www.ilfattoquotidiano.it/in-edicola/articoli/2021/01/20/vaccino-curevac-lue-desecreta-il-contratto/6071678/]

a rischio», afferma il viceministro alla Salute Sileri. «Noi "politici al Governo" non siamo più importanti di tanti altri».[982]

Su questa falsariga, il primo ministro Giuseppe Conte, alla domanda di Lilli Gruber alla trasmissione "Otto e Mezzo": «Lei lo farà (il vaccino), si fida?», risponde: «Io lo farò senz'altro, perché io ovviamente quando sarà messo e distribuito sarà assolutamente testato e assolutamente sicuro. Vorrei evitarlo di fare per primo perché vorrei che fosse messo a disposizione per le categorie più vulnerabili, più esposte al pericolo».[983]

Dichiarazioni simili provengono da ogni paese. Quella che sfiora il cinismo assoluto proviene dalla Francia, dove Odile Launay, infettivologa e membro del Comitato vaccini COVID-19, ha detto senza mezzi termini: «Vaccineremo, prioritariamente, le persone che sono più a rischio di andare incontro alle complicazioni di questa malattia, per le quali si può accettare che ci siano degli effetti indesiderati. Siamo dunque nella bilancia beneficio-rischio».[984]

Le fa eco un'illuminante intervista pubblicata dalla CNN, dalla quale apprendiamo che la votazione per decidere se gli anziani delle residenze a lungo termine debbano o meno essere tra i primi a ricevere le vaccinazioni COVID-19: «Non è stato unanime»,[985] concludendosi con un 13 voti a favore e uno contrario. La dottoressa Helen "Keipp" Talbot, della Vanderbilt University, ha infatti votato contro, esprimendo dubbi in merito alla 'raccomandazione': il vaccino funzionerà su pazienti tanto fragili e vulnerabili? come risponderà l'opinione pubblica nel caso in cui il vaccino fallisse? e, soprattutto, come potrebbe cambiare la percezione pubblica se: «I residenti morissero subito dopo aver ricevuto il vaccino?»[986] Interessanti dubbi deontologici, orientati più alla percezione dell'opinione pubblica che alle conseguenze, anche mortali, del vaccino. Prima di entrare

[982] *Sileri: "non mi vaccinerò a gennaio, prima le persone a rischio"*, "Imola Oggi", 29.11.2020 [https://www.imolaoggi.it/2020/11/29/sileri-non-mi-vaccinero-a-gennaio-prima-le-persone-a-rischio/].

[983] "Otto e Mezzo", 23.11.2020.

[984] *Pr Christian Perronne : "Moderna, Pfizer, ce ne sont pas des vaccins, c'est de la thérapie génique"*, Sud Radio.

[985] J. BONIFIELD, *Why vaccinate our most frail? Odd vote out shows the dilemma*, "CNN", 04.12.2020 [https://edition.cnn.com/2020/12/04/health/coronavirus-vaccine-acip-nursing-homes-question/index.html].

[986] J. BONIFIELD, *Why vaccinate our most frail?...*, "CNN", 04.12.2020, cit.

alla Commissione incaricata di valutare da quale parte orientare la bilancia del rischio beneficio, la Talbot ha dichiarato:

> Ho passato la mia carriera a studiare i vaccini negli anziani. Tradizionalmente abbiamo testato un vaccino nella popolazione giovane e sana, e poi sperato che funzionasse nei nostri fragili anziani. E così entriamo in questo regno di 'speriamo che funzioni, e speriamo che sia sicuro', e questo mi preoccupa a molti livelli.[987]

Muovendo dal paradigma scientifico del *Io speriamo che me la cavo*, il dottor Kelly Moore, direttore associato della *Immunization Action Coalition,*[988] mette le mani avanti e, nello stesso articolo, spiega:

> Non saremmo affatto sorpresi di vedere, casualmente, che poco dopo aver ricevuto il vaccino qualcuno muoia, non perché abbia qualcosa a che fare con la vaccinazione, ma solo perché quello è il luogo in cui le persone risiedono alla fine della loro vita [...] Una delle cose di cui vogliano essere sicuri che la gente capisca è che non dovrebbero allarmarsi inutilmente se ci sono segnalazioni, una volta iniziata la vaccinazione, di qualcuno o più persone che muoiono entro uno o due giorni dalla vaccinazione e che risiedono in una struttura di degenza a lungo termine. Questo è qualcosa che ci aspettiamo, come un evento normale, perché le persone muoiono spesso nelle case di cura.[989]

Irreprensibile: le fasce di popolazione più anziane sono quelle nelle quali si regista il maggior numero di decessi. Nel caso in cui vengano infettate dal SARS-COV-2 la morte è direttamente attribuibile alla COVID-19 mentre se lo stesso evento si manifesta dopo la vaccinazione, la causa è la vecchiaia.

Parafrasando il grande Totò in *Totò contro Maciste*, possiamo riassumere la questione vaccinale con il motto: Armiamoci, e vaccinatevi!

987 *Ivi.*

988 Una delle organizzazioni che distribuiranno i vaccini in USA.

989 J. BONIFIELD, *Why vaccinate our most frail?...*, "CNN", 04.12.2020, cit.

19. La matematica non è un'opinione. Forse

> Il divino è sacrificio di sé,
> il diabolico è sacrificio dell'altro.
> DMITRIJ MEREŽKOVSKIJ

I morti *con* COVID-19, sono dunque morti *a causa della* COVID. Invece, chi 'casualmente' trapasserà nei giorni immediatamente successivi alla vaccinazione, lo farà per vecchiaia o per le condizioni pregresse. Doppiopesismo che rende inattaccabile la campagna di vaccinazione che è iniziata proprio dalle fasce di età più a rischio, nelle quali si è registrato il maggior numero di vittime da COVID-19 e, al contempo, il minor numero di persone sottoposte alla sperimentazione.

Ma 'siamo in guerra' e questo consente di perdere il senso della misura e di guardare all'emergenza dimenticandosi, almeno per il momento, della normalità.

Da ormai un anno, le nostre giornate sono cadenzate dai numeri. Il bollettino della Protezione Civile della 'prima ondata', i telegiornali e le prime pagine dei quotidiani hanno sgranato il macabro rosario dei decessi giornalieri, per ricordarci l'ineluttabile avanzata del fronte nemico. Quello che però nessuno ha fatto, è stato fornire un contesto a questi numeri, contesto senza il quale non è possibile valutare l'entità di un fenomeno né di orientarsi al fine di stabilire una rotta da seguire. Scrive Carmine di Mambro, presidente di un'associazione a tutela dei diritti dei pazienti oncologici: «Insomma non ci sono dubbi, qui si è perso completamente il senso delle proporzioni e soprattutto della misura, e le conseguenze sono e saranno tragiche».[990] Con questo grido accende i riflettori su quel che accade a latere dell'emergenza pandemica:

[990] *Covid-19: "11 milioni di cittadini colpiti da tumori e malattie del cuore"*, "Insieme contro il cancro", 28.04.2020 [http://insiemecontroilcancro.net/covid-19-tumori-malattie-cardiovascolari-nella-fase-2-va-rivista-lassistenza/].

Perché oltre ai malati di Covid continuano ad esserci milioni di persone alle prese con cure e terapie importanti: infartuati, pazienti oncologici, diabetici, pazienti con esiti di ictus e malattie invalidanti. Pensate che in Italia muoiono ogni ora 21 persone causa tumori e 26 persone per problematiche cardio-circolatorie e questi dati sono destinati ad aumentare drasticamente e tristemente nei prossimi anni a causa del Covid-19.[991]

Questi dati sono confermati dal documento prodotto dalla fondazione AIOM (Associazione Italiana di Oncologia Medica):

I dati dell'Istituto nazionale di statistica (ISTAT) indicano per il 2016 (ultimo anno al momento disponibile) poco più di 179.000 decessi attribuibili a tumore (maligni e benigni), tra i circa 600.000 decessi verificatisi in quell'anno. I tumori sono la seconda causa di morte (29% di tutti i decessi), dopo le malattie cardio-circolatorie (37%). [...] La frequenza dei decessi causati dai tumori nelle aree italiane coperte dai Registri Tumori è, in media, ogni anno, di circa 3,5 decessi ogni 1.000 uomini e di circa 2,5 decessi ogni 1.000 donne. In totale quindi, circa 3 decessi ogni 1.000 persone. Si può affermare che, mediamente, ogni giorno oltre 485 persone muoiono in Italia a causa di un tumore.[992]

Ogni giorno, in Italia muoiono a causa di un tumore circa 480 persone e 600 per malattie cardio-circolatorie. Ogni anno, secondo le stime di Insieme contro il cancro: «Quasi 220.000 cittadini muoiono per patologie cardiovascolari, circa 179.000 per cancro».[993] Il fatto che, come abbiamo visto, numerosi di questi decessi vengano inseriti nella casistica COVID, non rende la situazione meno drammatica. Anzi:

Si continua a morire di tante patologie ma, negli ospedali italiani, i non contagiati dal Covid si sentono già da mesi,

[991] *Covid-19: "11 milioni di cittadini colpiti da tumori e malattie del cuore",* "Insieme contro il cancro", 28.04.2020.

[992] *I numeri del cancro in Italia – 2019 – Versione per pazienti e cittadini,* "Fondazione AIOM", 2019 [https://www.fondazioneaiom.it/wp-content/uploads/2019/09/2019_Numeri_Cancro-pazienti-web.pdf]

[993] *Covid-19: "11 milioni di cittadini colpiti da tumori e malattie del cuore",* "Insieme contro il cancro".

> pazienti di serie B. Dall'inizio della drammatica emergenza sanitaria, 11 milioni di cittadini rischiano di perdere la vita per difficoltà di accesso alle cure. La pandemia ha travolto il servizio sanitario nazionale e oggi, a rischiare di più, sono proprio i "pazienti fragili" ossia i malati oncoematologici e cardiologici. Patologie per le quali adesso, in termini di mortalità, si è tornati indietro di venti anni, azzerando, con un colpo di spugna, gli straordinari progressi di decenni di ricerca.[994]

Il ministro Speranza, nel suo *Perché guariremo*, fornisce invece una lettura positiva di questo paradosso COVID:

> È evidente che abbiamo retto [il Sistema Sanitario ha retto, *Nota dell'Autore*] per due ragioni. Primo: perché abbiamo sospeso larga parte delle attività ordinarie e delle prestazioni non urgenti, rinviando numerosi interventi programmati e concentrando la grande maggioranza delle nostre risorse sulla lotta al Covid. Secondo: perché in un tempo miracolosamente breve siamo riusciti a moltiplicare i posti letto in terapia intensiva...[995]

Abbandoniamo le azioni miracolose del nostro Governo, per i paradossi che si è trovato a gestire Matteo Bassetti. Chiamato a pronunciarsi dal conduttore Massimo Giletti alla trasmissione "Non è l'Arena", in merito alla difficoltà che i pazienti riscontrano nel ricevere cure o sottoporsi ad esami, dice:

> ... questo è quello che mi hanno scritto alcuni pazienti, senta il paradosso: «io vorrei avere il Covid». [...] Perché se tu hai il Covid oggi hai un letto immediato in ospedale, se hai bisogno di assistenza intensiva ce l'hai immediatamente e nessuno si preoccupa di tutti gli altri. Perché purtroppo questa è la realtà dei fatti. Oggi noi siamo di fronte a malati di serie A, quelli che hanno il Covid o che sono positivi per il Covid, che hanno un percorso assolutamente agevolato, e i malati di serie B che sono gli altri.[996]

994 C. MASSI, *La paralisi degli ospedali - Appello dei medici a Conte: «Pensiamo a tutti i malati»*, "Il Messaggero", 27.10.2020

995 R. SPERANZA, *Perché guariremo*, cit., p. 154.

996 "Non è l'Arena", 04.11.2020.

Ad aggravare la situazione di un Sistema Sanitario focalizzato sui pazienti COVID, c'è poi il clima di terrore che è stato creato intorno all'emergenza:

> Dall'inizio della pandemia, la paura del contagio ha allontanato dagli ospedali circa il 20% dei pazienti oncologici, che avrebbero dovuto essere sottoposti a trattamenti utili. Timori molto diffusi anche in chi ha malattie del cuore: si è registrata una riduzione superiore al 50% dei ricoveri per infarto. E sono in calo di circa un terzo le ospedalizzazioni per scompenso cardiaco, anomalie del ritmo cardiaco e disfunzione di pacemaker e defibrillatori.[997]

A rompere il muro di silenzio che gravita intorno a questi pazienti di 'serie B', sono stati Francesco Cognetti, presidente della fondazione "Insieme contro il Cancro", direttore Oncologia Medica al Regina Elena di Roma, presidente FOCE (Federazione degli Oncologi, Cardiologi e Ematologi); Giordano Beretta, presidente AIOM (Associazione Italiana di Oncologia Medica; Paolo Corradini, presidente SIE (Società Italiana di Ematologia); Ciro Indolfi, presidente SIC (Società Italiana Cardiologia); Fabrizio Pane, ex presidente SIE e Francesco Romeo, presidente Fondazione Italiana Cuore. In una lettera indirizzata al premier Giuseppe Conte e al presidente della Conferenza delle Regioni e delle Province Autonome, Stefano Bonaccini, hanno chiesto un incontro urgente e non rinviabile: «Rappresentiamo 11 milioni di pazienti con gravi malattie che rischiano di peggiorare a causa del Covid. Abbiamo proposte concrete per migliorare la situazione [...] Vogliamo proporre soluzioni che non possono aspettare».[998]

Il tavolo tecnico tra il Governo e FOCE si è aperto a metà novembre, a quasi un anno dalla comparsa del famigerato patogeno,[999] mentre per soppesare le conseguenze di questa gestione isterica della pandemia dovremo aspettare anni, nei

997 *Covid-19: "11 milioni di cittadini colpiti da tumori e malattie del cuore",* "Insieme contro il cancro".

998 C. MASSI, *La paralisi degli ospedali,* "Il Messaggero", 27.10.2020, cit.

999 *Oncologi, ematologi e cardiologi a confronto con Conte per il piano cure,* "Il Mattino", 20.11.2020 [https://www.ilmattino.it/primopiano/sanita/foce_oncologi_conte_covid-5597554.html].

quali: «Aumenteranno in forma esponenziale [...] i morti per cancro e malattie cardiovascolari».[1000]

Conclude il professor Cognetti:

> Ogni anno circa 413.000 cittadini in Italia muoiono per malattie cardiovascolari, oncologiche e oncoematologiche e 153.000 per altre patologie (respiratorie, neurologiche, endocrino-metaboliche, psichiche, gastrointestinali ed infettive), per un totale di 566.000 decessi [...] Il Covid ha determinato finora 45.000 morti e, per evitare che aumenti la mortalità per patologie non Covid, è fondamentale garantire la continuità delle cure in totale sicurezza.[1001]

Nonostante l'evidente il divario abissale tra i numeri dei decessi e aspettando che vengano messi a disposizione dall'ISTAT i dati ufficiali della mortalità 2020, si può supporre che l'anno della pandemia stabilisca un triste primato in termine di vite. Infatti, la COVID-19 viene ritenuta direttamente responsabile della morte nell'89% dei decessi di persone positive al test SARS-COV-2, mentre: «Per il restante 11% le cause di decesso sono le malattie cardiovascolari (4,6%), i tumori (2,4%), le malattie del sistema respiratorio (1%), il diabete (0,6%), le demenze e le malattie dell'apparato digerente (rispettivamente 0,6% e 0,5%)».[1002]

Inoltre, come emerge dallo studio dell'ISTAT *Impatto dell'epidemia COVID-19 sulla mortalità: cause di morte nei deceduti positivi a SARS-CoV-2* :

> COVID-19 è una malattia che può rivelarsi fatale anche in assenza di concause. Non ci sono infatti concause di morte preesistenti a COVID-19 nel 28,2% dei decessi analizzati,[1003]

[1000] *L'osservatorio di Carmine Di Mambro: non solo Covid, l'emergenza silenziosa dei malati dimenticati,* "L'inchiesta", 29.10.2020 [https://www.linchiestaquotidiano.it/news/2020/10/29/l-osservatorio-di-carmine-di-mambro-non-solo-covid-l-emerg/35295].

[1001] *Ivi.*

[1002] *Ivi.*

[1003] Si legge nel documento che: «Sono state analizzate le informazioni riportate dai medici in 4.942 schede di morte, di soggetti diagnosticati microbiologicamente con test positivo al SARS-COV-2 (il 15,6% del totale dei decessi notificati al Sistema di Sorveglianza Integrata ISS fino al 25 maggio).

percentuale simile nei due sessi e nelle diverse classi di età. Solo nella classe di età 0-49 anni la percentuale di decessi senza concause è più bassa, pari al 18%.[1004]

Ci si aspetterebbe, dunque, che la mortalità nel nostro paese per il 2020 ecceda quella degli anni precedenti. Nel verificare quella che dovrebbe essere un'evidenza, tuttavia, ci si scontra con un primo problema metodologico. Mentre i dati relativi ai decessi da COVID vengono diffusi in flussi aggregati (a livello regionale e nazionale), i dati relativi alla mortalità messi a disposizione dal sito dell'ISTAT, per gli anni che vanno dal 2015 al 2020 (dal 1° gennaio al 31 agosto di ogni anno), riguardano i singoli comuni italiani. Leggiamo alla pagina dell'ISTAT *Grafici interattivi sui decessi*:

> Il sistema consente di visualizzare per singolo comune il valore cumulato dei decessi dal 1° gennaio al 31 agosto. Il grafico viene aggiornato solo dopo aver selezionato oltre alla regione e la provincia anche il comune dall'elenco a tendina.
> I dati presentati non consentono una visualizzazione a livello regionale e/o provinciale.[1005]

A fondo pagina, l'ISTAT mette in guardia chi volesse tentare qualche genere di analisi statistica: «Occorre prestare la massima attenzione qualora le informazioni vengano analizzate a un livello territoriale diverso da quello comunale».[1006]

Vero. Perché, come tutti abbiamo appreso nei primi giorni di scuola 'non si possono sommare le mele con le pere'. Se si volesse confrontare la mortalità regionale sui vari anni, si dovrebbe intraprendere l'arduo compito di esportare e poi sommare i dati di tutti i comuni, di tutte le provincie, di ogni regione. Per un dato nazionale, si dovrebbero sommare i dati

Nelle schede di morte sono certificate, oltre a COVID-19, quelle condizioni e malattie che hanno avuto un ruolo nel determinare il decesso» [https://www.istat.it/it/files//2020/07/Report_ISS_Istat_Cause-di-morte-Covid.pdf].

1004 *Impatto dell'epidemia COVID-19 sulla mortalità: cause di morte nei deceduti positivi a SARS-CoV-2*, ISTAT, 16.07.2020 [https://www.istat.it/it/files//2020/07/Report_ISS_Istat_Cause-di-morte-Covid.pdf].

1005 *Grafici interattivi sui decessi*, ISTAT [https://www.istat.it/it/archivio/241428].

1006 *Ivi*.

relativi a tutti i 7.903 comuni (al 31 agosto 2020) messi a disposizione dall'ISTAT.[1007]

Questo sistema dissuade ovviamente dall'intraprendere qualunque analisi per stabilire un andamento regionale dei decessi negli ultimi cinque anni nel nostro paese. Tuttavia, ben consapevoli del limite e della parzialità del confronto, abbiamo deciso di verificare il numero totale (ossia di tutte le fasce di età, dai 0 agli 85 anni e più) dei decessi registrati in tutti i capoluoghi di Regione italiani, dal 2015 al 2020, dal 1° gennaio al 30 agosto:[1008]

Prov./anno	2020	2019	2018	2017	2016	2015
TO	7.538	7.073	7.124	7.134	6.600	7.284
MI	11.814	9.418	9.567	9.874	9.410	10.035
BO	3.510	3.159	3.171	3.260	3.104	3.458
TS	2.080	1.861	1.919	2.025	1.895	2.133
GE	6.283	5.424	5.635	5.706	5.282	5.782
FI	3.139	3.084	2.881	3.173	3.002	3.369
TN	800	697	697	778	692	708
PR	1.204	1.211	1.101	1.212	1.131	1.310
AO	375	272	312	305	302	338
VE	2.468	2.279	2.270	2.352	2.336	2.442
AQ	436	545	513	569	506	512
CZ	596	610	632	593	561	582
PT	431	503	439	473	427	476
NA	6.611	6.900	6.680	7.087	6.421	7.327
RM	18.711	19.636	19.001	20.201	18.530	20.068
AN	845	761	735	774	783	885
CB	348	389	349	339	291	361
BA	2.344	2.314	2.199	2.262	2.177	2.317
CA	1.098	1.272	1.187	1.276	1.113	1.261
PA	4.617	4.611	4.557	4.735	4.432	4.516

Da questo raffronto parziale emerge che, solamente in 8 capoluoghi di Regione il 2020 si situa al primo posto per

[1007] *Decessi per il complesso delle cause. Periodo gennaio-agosto 2020,* ISTAT, 22.10.2020 [https://www.istat.it/it/files/2020/03/nota-decessi-22-ottobre2020.pdf].

[1008] *Grafici interattivi sui decessi,* ISTAT, cit..

numero di decessi totali occorsi nei primi otto mesi: Torino, Milano, Bologna, Genova, Trento, Aosta, Venezia e Bari.

Spiccano invece i dati del 2015 che, in numerose città, mostrano valori decisamente più alti rispetto al 2020. Napoli, ad esempio, nel 2015 registra 7.327 decessi, mentre nel 2020 si ferma a 6.611. Così come Roma conta rispettivamente 20.068 e 18.711 morti. Lo stesso vale per Firenze, Perugia, L'Aquila, Potenza, Ancona, Campobasso e Cagliari. Certo, qualcuno potrebbe far notare che nei vari *lockdown* il numero di morti per incidenti, stradali e non, si è drasticamente ridotto. Certo, si può obbiettare che la prima ondata della pandemia non ha colpito uniformemente il nostro paese.

Se approfondiamo i dati ISTAT, suddividendoli per fasce di età, ci accorgiamo però che il 2015 detiene il triste primato anche in numerose città del Nord Italia: nella fascia 65-74 anni, Torino conta 919 decessi nel 2015 e 848 nel 2020; Milano rispettivamente 1.298 e 1.252; Venezia 342 e 285, Bologna 384 e 336; Trento 98 e 94.[1009] Lo stesso vale per la fascia di età compresa tra i 15 e i 64 anni: Torino nel 2015 conta 710 decessi fronte ai 661 del 2020; Trieste rispettivamente 185 e 159; Genova 508 e 482; Venezia 222 e 194.[1010]

Si pone ineludibile una domanda: cos'era successo nel 2015?

Sul portale dell'epidemiologia per la sanità pubblica "Epicentro" a cura dell'ISS viene riportata un'interessante analisi dell'eccesso di moralità registrato nel 2015, nella pagina intitolata *Aumento di mortalità nel 2015? Prudenza nell'interpretazione.*[1011] Leggiamo:

> Dopo la pubblicazione a dicembre 2015 da parte dell'Istituto nazionale di statistica (Istat), dei dati di bilancio demografico mensile della popolazione residente per il periodo gennaio-ottobre 2015 e a seguito del dibattito che hanno suscitato sulla stampa nazionale riguardo a un ipotizzato eccesso di mortalità relativo al periodo in esame, EpiCentro propone una lettura ragionata di quanto è successo.
>
> *I dati sotto i riflettori*

1009 *Grafici interattivi sui decessi,* ISTAT, cit.

1010 *Ivi.*

1011 *Aumento di mortalità nel 2015? Prudenza nell'interpretazione,* Epicentro ISS, 11.02.2016 [https://www.epicentro.iss.it/mortalita/EccessoMortalita2015].

> L'Istat, per i primi otto mesi del 2015, riporta attualmente 45.172 decessi in più rispetto quelli osservati nello stesso periodo nel 2014. Un aumento dell'11,3% che, se applicato anche sui quattro mesi restanti (settembre-dicembre 2015, assumendo lo stesso incremento), porterebbe alla stima di un aumento di oltre 67.600 morti a fine 2015. [...] Una delle ipotesi in esame è quella legata all'invecchiamento della popolazione che però, secondo alcuni modelli di previsione demografica, sembrerebbe essere responsabile solo di circa 15.000 degli oltre 45.000 morti in eccesso.
>
> L'osservazione dei dati mese per mese mostra che i picchi di maggiore divario tra il 2014 e il 2015 si registrano nei mesi invernali (specialmente i primi tre, gennaio-marzo) e in quelli estivi (in particolare a luglio). Questo offre una lettura "stagionale" del fenomeno che vede la mortalità invernale correlata a una stagione influenzale particolarmente severa, caratterizzata dai seguenti elementi: il picco epidemico che è stato uno dei più elevati delle ultime stagioni con l'influenza che ha colpito circa l'11% degli italiani, per un totale di circa 6.300.000 casi [...] [1012]

Dopo aver vagliato queste due ipotesi interpretative, suggerite per spiegare l'impennata di mortalità del 2015, nella stessa pagina, viene fatta una considerazione:

> Entrambe queste ipotesi dovrebbero però tenere conto del cosiddetto effetto di *harvesting* (in italiano, "mietitura") secondo cui, in presenza di una popolazione suscettibile – come per esempio gli anziani fragili – e in determinate condizioni ambientali, eventuali eccessi di mortalità possono essere causati da un'anticipazione dei decessi dei soggetti a rischio. [1013]

Dell'effetto 'mietitura' nel 2020 non si è sentito parlare. O, meglio: chi ha osato proporre questa lettura per i dati allarmanti della cosiddetta 'prima ondata' è stato tacciato di 'complottismo'.

Intervenendo nel dibattito che si è aperto sulla mortalità del 2015, a fine anno, Walter Ricciardi, allora presidente

[1012] *Aumento di mortalità nel 2015?*, Epicentro ISS, 11.02.2016, cit.

[1013] *Ivi.*

dell'Istituto Superiore di Sanità, in un'intervista rilasciata a "Quotidianosanità.it" ha dichiarato:

> Sulla base delle prime elaborazioni che abbiamo fatto c'è effettivamente un eccesso di mortalità che va studiato e approfondito. Ma l'inquinamento c'entra poco: la colpa è del fatto che siamo sempre più anziani, di un'estate particolarmente calda e del flop della campagna vaccinale contro l'influenza, crollata del 50% rispetto all'anno precedente.[1014]

Per cercare di comprendere questo picco di mortalità, sono stati effettuati degli studi che hanno affrontato il tema a partire da fonti informative, metodologie di analisi e punti di vista differenti. Su "Epidemiologia&Prevenzione" (periodo gennaio-febbraio 2016) vengono pubblicati tre articoli:

1. *Sull'incremento della mortalità in Italia nel 2015: analisi della mortalità stagionale nelle 32 città del Sistema di sorveglianza della mortalità giornaliera*,[1015] a cura del Dipartimento di Epidemiologia del Sistena Sanitario Regionale del Lazio e della Direzione generale della prevenzione sanitaria (Ministero della Salute), che ha valutato la mortalità nel 2015 partendo dai dati del Sistema di Sorveglianza della Mortalità Giornaliera (SISMG) attivo in 32 città italiane. Questo studio evidenzia un incremento significativo della mortalità nel 2015, sia nel periodo invernale sia in quello estivo, tra gli *over*65[enni]. Vengono poi confermati quali concause dell'eccesso sia fattori meteorologici (basse ed elevate temperature), che non meteorologici (virus influenzali), e anche l'ampiezza della popolazione a rischio (*pool* di suscettibili). Dati che sembrano poter spiegare la variabilità stagionale e interannuale della mortalità,

[1014] *Inquinamento e mortalità. Intervista a Walter Ricciardi: "L'aumento delle morti registrato dall'Istat colpa di altri fattori: invecchiamento, caldo e flop delle vaccinazioni antinfluenzali",* "Quodidianosanità.it", 31.12.2020 [http://www.quotidianosanita.it/stampa_articolo.php?articolo_id=34966].

[1015] P. MICHELOZZI ET AL., *Sull'incremento della mortalità in Italia nel 2015: analisi della mortalità stagionale nelle 32 città del Sistema di sorveglianza della mortalità giornaliera*, "Epidemiologia e Prevenzione" 2016; 40 (1): 22-28 [http://www.epiprev.it/articolo_scientifico/sull'incremento-della-mortalità-italia-nel-2015-analisi-della-mortalità-stagion].

soprattutto nelle fasce più anziane di popolazione. Leggiamo nei *Risultati:*

> I dati confermano l'elevata mortalità nel 2015 in Italia (+11%), con un eccesso più elevato nei mesi invernali (+13%) che coincide con i picchi influenzali e non è correlabile alle basse temperature. L'elevata mortalità estiva (+10%) è attribuibile all'intensa ondata di calore dell'estate 2015. Il deficit di mortalità osservato durante l'estate 2014 (-5,9%) potrebbe aver potenziato l'impatto dell'epidemia influenzale e dell'ondata di calore del 2015 (aumento della quota di suscettibili). A Roma si è osservato un incremento di mortalità invernale nella popolazione molto anziana (85+ anni) per cause cardiovascolari e respiratorie. L'eccesso di mortalità estiva, oltre che nella popolazione anziana, è stato osservato anche nella fascia di età 15-64 anni. [1016]

Nella nota *Cosa si sapeva già,* troviamo poi un'indicazione che estende il fenomeno dal livello italiano a quello europeo:

> Regno Unito e altri Paesi europei hanno notificato una mortalità elevata durante l'inverno 2014-2015 in concomitanza con i picchi dell'epidemia influenzale. [1017]

2. L'economista sanitario Cesare Cislaghi, l'epidemiologo Giuseppe Costa, e il demografo Aldo Rosano, nell'editoriale *Una strage o solo un dato statistico? Il surplus di decessi nel 2015*[1018] analizzano da un punto di vista storico-demografico le cause che hanno prodotto questo fenomeno. Muovendo dagli effetti demografici della Prima guerra mondiale, i ricercatori sottolineano che:

> I dati mensili Istat riportano un notevole eccesso di decessi rispetto al 2014 nei mesi di gennaio-marzo e poi nel mese di luglio; quest'ultimo è un evento di più facile lettura e peraltro già

[1016] P. MICHELOZZI ET AL., *Sull'incremento della mortalità in Italia nel 2015*, "Epidemiologia e Prevenzione" 2016, cit.

[1017] *Ivi.*

[1018] C. CISLAGHI, G. COSTA, A ROSANO, *Una strage o solo un dato statistico? Il surplus di decessi nel 2015*, "Epidemiologia e Prevenzione" 2016; 40 (1): 9-11 [http://www.epiprev.it/editoriale/una-strage-o-solo-un-dato-statistico-il-surplus-di-decessi-nel-2015].

segnalato da chi si occupa di monitorare gli effetti delle ondate di calore. [...] L'eccesso comunque più importante in senso numerico è stato sicuramente quello dei mesi invernali. È stato facile, allora, dare immediatamente la colpa di tutto l'incremento all'influenza, sia indicando una maggiore probabile virulenza dell'agente patogeno nel 2015, sia sospettando una minore efficacia del vaccino distribuito sul ceppo virale in questione, sia, infine, riferendosi a una preoccupante diminuzione della copertura vaccinale più volte denunciata e innescata da una coincidenza tra inoculazione vaccinale e decesso in alcuni soggetti, coincidenza assolutamente spiegabile in termini probabilistici.

L'EFFETTO PRIMA GUERRA MONDIALE RIDIMENSIONA IL FENOMENO

Ciò che invece si è tardato a mettere in luce è che, oltre all'aumento dei decessi, in questi anni si è registrato un incremento degli individui in tarda età, ossia coloro che costituiscono la maggior parte di chi è a elevato rischio di decesso [...] [questo ha portato, *Nota dell'Autore*] i sopravvissuti che nel 2009 avevano tra gli 89 e i 92 anni ad avere nel 2015 tra i 95 e i 98 anni di età, e ciò fa sì che numericamente gli ultranovantenni del 2015, per lo più facenti parte delle coorti successive al 1920, siano il 40% in più degli ultranovantenni del 2009. È allora evidente che se c'è un 40% in più di soggetti a rischio di manifestare un evento, cioè il decesso, ci si deve anche aspettare che ci sia un 40% in più di eventi, cioè di decessi.[1019]

3. *Inquinamento atmosferico ed effetti sulla salute a Roma nel mese di dicembre 2015*,[1020] propone poi i risultati dello studio dei ricercatori del Dipartimento di Epidemiologia e del Sistema Sanitario Regionale del Lazio, che indaga la correlazione tra la mortalità e l'inquinamento atmosferico nella capitale. Nella nota *Cosa si aggiunge di Nuovo,* apprendiamo che:

[1019] C. CISLAGHI, G. COSTA, A ROSANO, *Una strage o solo un dato statistico? Il surplus di decessi nel 2015*, "Epidemiologia e Prevenzione" 2016, cit.

[1020] M. RENZI, *Inquinamento atmosferico ed effetti sulla salute a Roma nel mese di dicembre 2015*, "Epidemiologia e Prevenzione" 2016; 40 (1): 29-32 [http://www.epiprev.it/articolo_scientifico/inquinamento-atmosferico-ed-effetti-sulla-salute-roma-nel-mese-di-dicembre-2015].

> – Nel mese di dicembre 2015, a Roma, soltanto in 3 giorni si sono registrati valori di concentrazione di PM10 più bassi dei limiti di legge (50 μg/m3).
>
> – In questo periodo sono stati stimati 26 decessi, 20 ricoveri e 30 accessi al Pronto soccorso per cause cardiorespiratorie attribuibili all'esposizione a PM10 al di sopra dei limiti di legge.
>
> – L'impatto sanitario degli episodi di inquinamento si somma agli effetti a lungo termine degli inquinanti. [1021]

Lo studio giunge a questo risultato:

> ... nel mese di dicembre, si sono registrati valori al di sotto dei limiti di legge per le concentrazioni di PM10 soltanto nei giorni 10, 11 e 26. Durante i 31 giorni considerati (dal 29 novembre al 29 dicembre), sono stati stimati 26 decessi per cause naturali dovuti ai superamenti di PM10. Analogamente, sono stati stimati come dovuti ai superamenti di PM10 20 ricoveri ospedalieri e 30 accessi al PS per cause cardiorespiratorie. [1022]

L'atipica mortalità del 2015 è dunque stata analizzata da diversi punti di vista, in modo da fornire un quadro complessivo del fenomeno. A questo *puzzle* si aggiunge una considerazione dell'ISTAT:

> ... L'Istat ha recentemente aggiornato la serie storica degli indicatori demografici con le stime del 2015 (non consolidate), che parlano di 653^mila^ decessi (10,7 per 1.000 abitanti), pari a circa 54^mila^ decessi in più rispetto al 2014 (+9,1%). Il rapporto tiene a precisare che l'eccesso del 2015 sarebbe meno evidente se utilizzassimo come confronto il 2012, anno in cui i decessi sono stati 612.883. Nel 2013 i decessi sono stati 600.744 (-2% rispetto al 2012) e nel 2014 sono stati 598.364 (-0,4% rispetto al 2013). In pratica, nel 2013 e 2014 ci sono stati meno decessi rispetto agli anni precedenti. È plausibile allora che il picco del 2015 rappresenti un "effetto rimbalzo", cioè una risposta

[1021] M. RENZI, *Inquinamento atmosferico ed effetti sulla salute a Roma nel mese di dicembre 2015*, "Epidemiologia e Prevenzione" 2016, cit.

[1022] *Ivi.*

proporzionata e contraria alle diminuzioni riscontrate nel biennio 2013-2014.[1023]

L'anomalia rappresentata dal 2015 non ha tuttavia riguardato solamente il nostro paese. A fornirci l'andamento europeo è l'articolo *Eccesso di mortalità tra gli anziani nei paesi europei, da dicembre 2014 a febbraio 2015*[1024] pubblicato su "Eurosurveillance", rivista di sorveglianza, epidemiologia, prevenzione e controllo delle malattie infettive:

> Da dicembre 2014 a febbraio 2015, in 14 paesi europei,[1025] il numero settimanale di morti in eccesso per tutte le cause, tra gli individui di età ≥ 65 anni, è stato significativamente più elevato rispetto alle quattro stagioni invernali precedenti. L'aumento della mortalità in eccesso non specifica, coincide con l'aumento della percentuale di rilevamento dell'influenza negli schemi di sorveglianza europea dell'influenza, con una prevalenza principale dei virus dell'influenza A (H3N2) osservati in tutta Europa nella stagione in corso, sebbene anche i raffreddori e altre infezioni respiratorie possano aver avuto un ruolo.[1026]

Una lettura non allineata del fenomeno che ha investito l'Italia e l'intera Europa nel 2015, ci viene dal demografo Gian Carlo Blangiardo che, l'undici dicembre dello stesso anno pubblica su "Avvenire" un articolo nel quale sottolinea «La peculiare grandezza dell'impennata di mortalità»[1027] ipotizzando «Un'associazione causale con gli effetti della crisi economica

[1023] *2015: nati e morti, il saldo è negativo,* ARS Toscana [https://www.ars.toscana.it/aree-dintervento/la-salute-di/salute-dei-toscani/profilo-di-salute-dei-toscani/news/3307-2015-nati-e-morti-il-saldo-e-negativo.html]

[1024] K. MOLBAK ET AL., *Excess mortality among the elderly in European countries, December 2014 to February 2015,* "Eurosurveillance", Vol. 20, Issue 11, 19/03/2020 [https://www.eurosurveillance.org/content/10.2807/1560-7917.ES2015.20.11.21065].

[1025] Sedici paesi europei hanno contribuito allo studio, fornendo i dati di mortalità per tutte le cause: Belgio, Danimarca, Estonia, Finlandia, Francia, Grecia, Ungheria, Paesi Bassi, Portogallo, Spagna, Svezia, Svizzera e Regno Unito.

[1026] K. MOLBAK ET AL., *Excess mortality*, cit.

[1027] G. C. BLANGIARDO, *Dati come di guerra nell'Italia 2015 Attenti ai morti,* "Avvenire", 11.12.2020 [https://www.avvenire.it/opinioni/pagine/attenti-ai-morti].

sul sistema sanitario e dunque sulla salute della popolazione».[1028] Leggiamo:

> Il dato è impressionante. Ma ciò che lo rende del tutto anomalo è il fatto che per trovare un'analoga impennata della mortalità, con ordini di grandezza comparabili, si deve tornare indietro sino al 1943 e, prima ancora, occorre risalire agli anni tra il 1915 e il 1918: due periodi bellici della nostra storia che largamente spiegano dinamiche di questo tipo. Viceversa, in un'epoca come quella attuale, in condizioni di pace e con uno stato di benessere che, nonostante tutto, è da ritenersi ancora ampio e generalizzato, come si giustifica un rialzo della mortalità di queste dimensioni? È solo la naturale conseguenza del cambiamento in un popolo che diventa sempre più anziano o è (anche) un segnale di allarme rispetto a un sistema socio-sanitario che, dopo averci abituati al continuo allungamento della vita, – con guadagni sensibili anche in corrispondenza delle età anziane – inizia a mostrare i limiti e i condizionamenti derivanti da una congiuntura economica meno favorevole? Detto in altre parole: gli effetti della crisi, i tagli di cui sentiamo spesso parlare e che non hanno certo risparmiato la sanità, hanno forse accresciuto nel corrente anno il rischio di mortalità in corrispondenza dei gruppi tipicamente più fragili: i vecchi e i "grandi vecchi", più di ogni altro?[1029]

Lettura scomoda che attacca direttamente il sistema, contro la quale si scagliano i ricercatori del già citato articolo *Una strage o solo un dato statistico? Il surplus di decessi nel 2015*:

> Quando l'11 dicembre 2015 il quotidiano Avvenire ha pubblicato l'articolo del demografo Blangiardo dal titolo «Attenti ai morti», molti di noi, usi all'analisi dei dati di mortalità, sono rimasti basiti. Abbiamo subito pensato che ci si trovasse davanti a un errore di registrazione: 45.000 morti in più in soli otto mesi non si erano mai osservati e qualcuno li ha addirittura paragonati ai morti della Prima guerra mondiale, evocando così

[1028] G. C. BLANGIARDO, *Dati come di guerra nell'Italia 2015 Attenti ai morti,* "Avvenire", 11.12.2020, cit.

[1029] G. C. BLANGIARDO, *Dati come di guerra,* "Avvenire", 11.12.2020, cit.

un evento che forse – come si vedrà in seguito – ne è la spiegazione, ma meno evidente di quanto si possa pensare. [...]

La prima notazione su quanto successo è relativa al pressoché totale silenzio dei sistemi di monitoraggio sanitario. A posteriori, alcuni hanno fatto notare che loro «l'avevano detto», ma di sicuro quanti sono preposti alla vigilanza sanitaria, dal Ministero a tutte le altre istituzioni regionali e locali, non avevano sufficientemente preso in seria considerazione l'accaduto. [...]

La seconda notazione concerne quanto successo dopo, appena la notizia è rimbalzata: le facili interpretazioni si sono moltiplicate, alcune colpevoli di leggerezza, altre della voglia di usare la notizia per accusare qualcuno; ci sono state voci, per la verità, che hanno invitato alla prudenza nell'interpretazione dell'accaduto ponendo solo ipotesi relative alle possibili cause, ma anche avvertendo di quali potevano essere i pericoli di fraintendimento. L'Istat, per esempio, ha fatto un comunicato, peraltro forse un po' scarno, in cui criticava quanti proiettavano i 45.000 decessi dei primi otto mesi sull'intero anno 2015 ipotizzando che potessero diventare 60.000 per un incremento lineare, ma rimandava ogni altra analisi chiarificatrice a quando fossero disponibili dati completi.[1030]

Anche la Direzione generale della prevenzione sanitaria rigetta la lettura proposta dal demografo Blangiardo:

Da alcuni studi eseguiti a livello regionale, ed in particolare in Piemonte e in Emilia Romagna, non appare confermato il sospetto del ruolo della crisi economica e della minor assistenza erogata da parte del SSN come possibili spiegazioni dell'incremento dei rischi di mortalità nella popolazione italiana. Infatti, sarebbe difficile dimostrare che la crisi e l'austerità, che hanno colpito le condizioni di vita degli italiani tra il 2012 e il 2014 più che in ogni altro periodo dal dopoguerra ad oggi, abbiano contribuito a migliorare in modo significativo la mortalità nel 2014, anno di maggiore severità della crisi, per poi

1030 C. CISLAGHI, G. COSTA, A ROSANO, *Una strage o solo un dato statistico?*, "Epidemiologia e Prevenzione" 2016, cit.

invertire la tendenza e peggiorare la salute della popolazione fino ad aumentare persino il rischio di morte.[1031]

Difficile da dimostrare, certo. Ma ancor più arduo è accettare che la crisi economica e i tagli sulla spesa della Sanità pubblica possano aver direttamente causato l'impennata dei decessi del 2015, di cui l'ISTAT ci fornisce i dati definitivi.

Il 19 febbraio 2016, l'Istituto Nazionale di Statistica pubblica il Rapporto sull'andamento dei morti per mese, riferito a tutto l'anno 2015, stimando circa 653^mila^ decessi, ossia 54^mila^ in più rispetto al 2014 (+9,1%).[1032] Il Direzione generale della prevenzione sanitaria, dieci giorni dopo, edita un documento intitolato *Aumento dei decessi in Italia 2015,* nel quale presenta in questi termini il fenomeno:

> – Un'analisi preliminare, basata sul confronto tra osservati nel 2015 e attesi nella popolazione di età 65+ anni, riferimento aa 2009-2013) ha evidenziato una mortalità più elevata (+11%), che si riduceva al 6% tenendo conto dell'invecchiamento della popolazione [...]
>
> – Il forte incremento della mortalità osservato in termini assoluti è attribuibile al progressivo incremento della popolazione anziana e a fenomeni demografici riconducibili alle coorti di nati tra la prima guerra mondiale e negli anni immediatamente successivi. [...]
>
> – L'analisi stagionale della mortalità in 32 città evidenzia nella popolazione di 65+ anni un incremento significativo della mortalità nel 2015 sia nel periodo invernale (+13%) sia in quello estivo (+10%). L'analisi dei tassi standardizzati per mese e per classi di età sulle 32 città evidenzia nell'inverno 2015 un picco di mortalità nei mesi di gennaio-febbraio, dovuto ad un aumento significativo della mortalità solo nella popolazione molto anziana (classi di età 85-90 e +90 anni). Mentre durante l'estate, in particolare nel mese di luglio si osserva un incremento di mortalità non solo nei molto anziani (80+) ma anche nelle fasce di età più giovani (55-64, 65-74, 75-84). (Rapporto Mortalità 2015:

[1031] Ministero della Salute, documento del 29 febbraio 2016, "*Aumento dei decessi in Italia anno 2015*" [http://www.ccm-network.it/imgs/C_27_MAIN_page_1046_listaFile_List11_itemName_0_file.pdf].

[1032] *Ivi.*

analisi dei tassi standardizzati per età delle 32 città incluse nel sistema di Sorveglianza della Mortalità Giornaliera (SiSMG), 17 Febbraio 2016).

Nel capitolo *Ipotesi plausibili riguardo i possibili determinanti degli eccessi osservati,* leggiamo:

> Fattori meteorologici (basse ed elevate temperature) e non meteorologici (virus influenzali), oltre all'ampiezza della popolazione a rischio (pool di suscettibili), sono le concause dell'eccesso osservato e spiegano la variabilità stagionale e interannuale della mortalità soprattutto nella popolazione molto anziana.
>
> Confrontando i dati mensili del 2015 con il riferimento si osservano eccessi più elevati nei mesi di gennaio (+16%), febbraio (+16%) e nel mese di luglio (+23%). Da notare che il 2014 ha valori inferiori al riferimento per gran parte dell'anno ed in particolare a gennaio, febbraio e nei mesi estivi (giugno-agosto) e pertanto il confronto con questo anno evidenzia per il 2015 eccessi di mortalità ancora più elevati. [...]
>
> I dati del Sistema di sorveglianza dell'ISS, INFLUNET confermano un possibile ruolo dell'epidemia influenzale. In Italia, come in altri paesi europei, gli eccessi di mortalità osservati nella popolazione molto anziana potrebbero essere correlati alla presenza di ceppi influenzali per cui il vaccino aveva una minore efficacia (ceppo dominante: A/H3N2). È noto che questa variante virale ha un maggiore impatto nelle popolazioni anziane.

Conclude sintetizzando:

> Sulla base di quanto evidenziato si può concludere che il 2015 è stato sicuramente un anno di mortalità elevata ma non dell'ampiezza che potrebbe risultare dalla sola analisi del numero di decessi del 2015 e del 2014. I dati del SiSMG, in linea con quelli dell'ISTAT, confermano un incremento del numero di decessi nel 2015, attribuibile in primo luogo al progressivo incremento della popolazione anziana e, verosimilmente, al ruolo svolto da fenomeni demografici, riconducibili alle coorti di nati tra la prima guerra mondiale e negli anni immediatamente successivi. L'analisi dei tassi di mortalità, standardizzati

per età e stratificati per classi di età decennali, evidenzia che complessivamente il tasso di mortalità del 2015 è stato in linea con il valore medio dei cinque anni precedenti (2009-2013) ma significativamente più elevato di quello osservato nei due anni precedenti (2013 e nel 2014).[1033]

In attesa che l'ISTAT fornisca i dati relativi alla pandemia da COVID-19, non possiamo esimerci dall'interrogarci sul significato di quella 'prudenza nell'interpretazione' evocata dall'Epicentro ISS in risposta all'eccesso di mortalità nel 2015; sul cosiddetto 'effetto rimbalzo'; sull''effetto mietitura' che, sempre secondo le parole dell'ISS: «In presenza di una popolazione suscettibile – come per esempio gli anziani fragili – e in determinate condizioni ambientali, eventuali eccessi di mortalità possono essere causati da un'anticipazione dei decessi dei soggetti a rischio».[1034] Sul rischio di 'facili interpretazioni'.

Ci chiediamo infine che cosa ne sarebbe della pandemia COVID-19 se applicassimo la 'correzione' evocata per i dati del 2015. Correzione che richiede «tassi di mortalità, standardizzati per età e stratificati per classi di età decennali» e che è stata in grado di riallineare il tasso di mortalità del 2015 «con il valore medio dei cinque anni precedenti»:

> Le analisi effettuate su alcuni dati di mortalità di fonte regionale e sui dati dei decessi ospedalieri di fonte SDO hanno evidenziato che il fenomeno viene ampiamente ridimensionato se si opera questa correzione, cioè se si tiene conto delle variazioni non solo dei decessi, ma anche dei soggetti a maggior rischio di morire.[1035]

La sintesi alla quale arriviamo è che matematica sembra essere un'opinione asservita ai padroni della narrazione.

[1033] Ministero della Salute, documento del 29 febbraio 2016, "*Aumento dei decessi in Italia anno 2015*", cit.

[1034] CISLAGHI, G. COSTA, A ROSANO, *Una strage o solo un dato statistico?*, "Epidemiologia e Prevenzione" 2016; 40 (1): 9-11, cit.

[1035] *Ivi*.

20. Eretici

> Per il resto, attingete forza nel Signore e nel vigore della sua potenza. Rivestitevi dell'armatura di Dio, per poter resistere alle insidie del diavolo. La nostra battaglia infatti non è contro creature fatte di sangue e di carne, ma contro i Principati e le Potestà, contro i dominatori di questo mondo di tenebra, contro gli spiriti del male che abitano nelle regioni celesti.
>
> PAOLO DI TARSO, *Lettera agli Efesini*

Chi ha sollevato la questione dei numeri della COVID è stato segnato dallo stigma della mancanza di rispetto nei confronti dei morti, catalizzatore emotivo del senso di colpa, secondo la più raffinata strategia della propaganda. Tabù fondato sul collasso cognitivo che si nutre di paura e buonismo.

Nessuno anatema, invece, è stato lanciato dai giullari del pensiero unico verso i profeti del scientismo covidiano.

Nessun biasimo per aver condannato migliaia di persone a morire da sole, in stanze aliene, in preda al terrore. Privati della grazia dell'estrema unzione.

Nessun rimorso per quelle spoglie cremate in fretta e furia. Senza nemmeno avvisare i famigliari. Spesso contro i precetti della loro fede.

In molti hanno visto allontanare i propri cari sulle ambulanze. Gli sono stati restituiti in urne cinerarie, causando traumi che difficilmente potranno essere ricomposti.

Tutto questo è stato possibile perché la pandemia è stata gestita da una scientocrazia che si è sostituita a un potere politico incapace di dare le risposte e fornire soluzioni. Scientocrazia che vuole addomesticarci a insondabili verità dogmatiche, contro le quali la logica e l'esercizio del dubbio non possono e non devono essere praticati, pena la scomunica sociale e scientifica.

Per quanto grottesca, contraddittoria e paradossale, sottende alla narrazione scientista un caos funzionale, volto a creare incertezza, spaesamento, alienazione, paura, sconforto, disperazione. Emblematica, come abbiamo visto, è la vicenda delle autopsie. Ma, ancora di più, quella delle cremazioni.

Nelle *Considerazioni principali* delle linee guida provvisorie intitolate *Azioni da intraprendere in termini di controllo delle infezioni per la gestione sicura del corpo di una persona deceduta nel quadro della COVID-19*,[1036] l'OMS il 24 marzo scrive:

> – Fatto salvo per le febbri emorragiche (come quelle dovute al virus Ebola o al virus di Marburg) e al colera, i cadaveri generalmente non sono contagiosi. Nei pazienti deceduti per influenza pandemica, solamente i polmoni possono essere contagiosi nel caso in cui non vengano manipolati correttamente nel corso di un'autopsia. Altrimenti, i cadaveri non trasmettono la malattia. Si pensa spesso che le persone che sono decedute per una malattia trasmissibile dovrebbero essere cremate, ma non è vero. La cremazione è una questione di scelta culturale, che dipende anche dalle risorse disponibili.
>
> – La dignità dei defunti, le loro tradizioni culturali e religiose, e le loro famiglie devono essere rispettate e protette per tutto il corso della presa in carico;
>
> – L'eliminazione forzata del corpo di una persona deceduta da COVID-19 deve essere evitata;
>
> – È conveniente che le autorità gestiscano ogni situazione caso per caso, trovando un equilibrio tra i diritti della famiglia, la necessità di scoprire la causa del decesso e i rischi di esposizione all'infezione.[1037]

Entrando poi nello specifico, l'OMS scrive al punto *Preparare e imballare il corpo in vista del suo trasferimento da una sala di cura verso l'autopsia, la sala mortuaria, il crematorio o il sito funerario:*

> – Avvolgere il corpo in un telo e trasportarlo il più velocemente possibile alla camera mortuaria;
>
> – È inutile disinfettare il corpo prima di trasferirlo nella camera mortuaria;

[1036] *Conduite à tenir en matière de lutte anti-infectieuse pour la prise en charge sécurisée du corps d'une personne décédée dans le contexte de la COVID-19*, OMS, 24.03.2020 [https://apps.who.int/iris/bitstream/handle/10665/331538/WHO-COVID-19-lPC_DBMgmt-2020.1-eng.pdf].

[1037] *Ivi.*

> – Non sono necessari i sacchi funebri, ma possono essere utilizzati per altre ragioni (ad esempio la fuoriuscita eccessiva di liquidi biologici);
> – Non è richiesto nessun materiale né nessun trasporto speciale;[1038]

Al punto *Pompe funebri/cure mortuarie* si specifica:

> – Gli operatori della salute o il personale mortuario incaricato di preparare il corpo (ad esempio il lavaggio del corpo, la pettinatura dei capelli, il taglio delle unghie, la rasatura) devono indossare un DPI appropriato, conformemente alle precauzioni standard [...];
> – Se la famiglia desidera unicamente vedere il corpo e non toccarlo, può farlo, rispettando le precauzioni standard permanenti, in particolare l'igiene delle mani. Fornire alla famiglia la consegna chiara di non toccare o abbracciare il corpo;[1039]

Senza passare dal CTS, queste note dell'OMS vengono così interpretate nella Circolare del 1° aprile con oggetto *Indicazioni emergenziali connesse ad epidemia COVID-19 riguardanti il settore funebre, cimiteriale e di cremazione,* al punto B. *Precauzioni da adottare in via generalizzata per tutti i defunti per i quali non si possa escludere la contrazione in vita di Covid-19:*[1040]

> 3. Prima dell'arrivo del personale incaricato del trasporto funebre, il personale sanitario deve provvedere all'isolamento del defunto all'interno di un sacco impermeabile sigillato e disinfettato esternamente per ridurre al minimo le occasioni di contagio durante le operazioni di incassamento. In caso di decesso al di fuori delle strutture sanitarie, il personale incaricato del trasporto funebre, laddove il defunto non sia già isolato all'interno di sacco impermeabile sigillato, disinfettato, provvede all'incassamento riducendo al minimo le occasioni

1038 *Conduite à tenir en matière de lutte anti-infectieuse pour la prise en charge sécurisée du corps d'une personne décédée dans le contexte de la COVID-19,* OMS, 24.03.2020, cit.

1039 *Ivi.*

1040 Circolare Ministero Salute, 1° aprile 2020, n. 0011285, con oggetto: "*Indicazioni emergenziali connesse ad epidemia COVID-19riguardanti il settore funebre, cimiteriale e di cremazione*".

di contatto, avvolgendo il defunto in un lenzuolo imbevuto di disinfettante.

4. Sono vietati il cosiddetto trasporto 'a cassa aperta', la vestizione del defunto, la sua tanatocosmesi, come qualsiasi trattamento di imbalsamazione o conservativo comunque denominato, o altri quali lavaggio, taglio di unghie, capelli, barba e di tamponamento.

5. Dopo l'incassamento il feretro, confezionato diversamente in funzione della destinazione, è chiuso e sottoposto a disinfezione esterna sia superiormente, sia lateralmente che inferiormente.

6. Il feretro e il suo confezionamento dovranno avere le caratteristiche stabilite dall'Allegato 1.

7. Secondo quanto previsto da DL 19, non sono consentite cerimonie funebri.

La violenza praticata sui cadaveri dei defunti «per i quali non si possa escludere la contrazione in vita di COVID-19» ossia la maggior parte delle persone decedute nella prima fase della pandemia, è inaudita. Nel dispiegarsi della strategia globale del terrore, nulla è stato lasciato al caso. E non è un caso, né tanto meno una dimenticanza, il silenzio di chi, più di ogni altro, avrebbe dovuto schierarsi a difesa dei morenti e delle loro famiglie. Di chi, più di ogni altro, aveva il compito di portare conforto nella desolazione e nel dolore della COVID. Quello a cui abbiamo assistito sgomenti è un'ossequioso e vergognoso inchino del Sacro al Secolare.

Dimentichi della grandezza dei martiri della Chiesa, abbiamo visto le autorità ecclesiastiche non solo piegarsi alle norme di una scientocrazia che sta distruggendo la società ma addirittura anticiparne le volontà.

In un momento di sconforto e dolore le chiese sono state chiuse. Ai preti è stato vietato celebrare la Santa Messa. Chi lo ha fatto è che i stato denunciato[1041] o ha visto le Forze dell'ordine entrare in chiesa per interrompere la funzione

[1041] *Coronavirus, il parroco quasi novantenne celebra messa: denunciato alla procura,* "la Repubblica", 03.03.2020 [https://milano.repubblica.it/cronaca/2020/03/03/news/coronavirus_il_parroco_quasi_novantenne_celebra_messa_denunciato_alla_procura-250161887/].

religiosa.[1042] I fedeli sono morti senza il conforto dell'estrema unzione. Le loro spoglie cremate.

La Santa Messa che celebra la nascita del Cristo è stata svilita, assoggettando l'eggregora a una mera consuetudine per bigotte. Mentre a San Pietro troneggiava un presepe alieno,[1043] al Duomo di Torino è stata fatta indossare una mascherina alla statua della Madonna e di San Giuseppe nel presepe,[1044] in ossequio allo spirito del tempo.

Un bambino autistico è stato confortato dal papa con le parole: «Forse ci troveremo nell'inferno».[1045] Scenario? Previsione?

Come denuncia lucidamente in una lettera indirizzata al presidente Trump il monsignor Carlo Maria Viganò, già nunzio apostolico negli Stati Uniti d'America, ci troviamo nel mezzo di una bibilica battaglia tra i Figli della luce e i Figli delle tenebre, una battaglia epocale:

> ... contro il nemico del genere umano, per affermare quei valori non negoziabili che i globalisti vogliono cancellare: il rispetto della vita dal concepimento alla morte naturale; l'adozione di politiche (anche sanitarie) che promuovano la maternità e tutelino una famiglia costituita da uomo e donna, cellula della società; lo sviluppo armonioso e completo dell'individuo, tenendo conto delle sue legittime aspirazioni non solo

[1042] *Coronavirus, a Cremona parroco celebra messa con i fedeli: i carabinieri provano a interromperlo ma lui non si ferma. Multato insieme ai presenti,* "il Fatto Quotidiano", 20.04.2020 [https://www.ilfattoquotidiano.it/2020/04/20/coronavirus-a-cremona-parroco-celebra-messa-con-i-fedeli-i-carabinieri-provano-a-interromperlo-ma-lui-non-si-ferma-multato-insieme-ai-presenti/5776248/].

[1043] A. CIONCI, *L'imbarazzante cornuto col teschio nel Presepe. Le critiche feroci dal pubblico,* "Libero Quotidiano", 13.12.2020 [https://www.liberoquotidiano.it/articolo_blog/blog/andrea-cionci/25534079/guerriero-presepe-castelli-a-san-pietro-ha-corna-e-un-teschio-in-fronte-media-censurano-pubblico-inferocito-insulti-social.html].

[1044] *Covid, nel presepe del Duomo di Torino Giuseppe e Maria indossano la mascherina,*"la Repubblica", 04.12.2020 [https://video.repubblica.it/edizione/torino/0412-presepe-nel-duomo/372401/373015].

[1045] *Ci vediamo all'inferno! Imbarazzo totale per lo scivolone di Papa Francesco,* "Il Tempo", 06.05.2020 [https://www.iltempo.it/cronache/2020/05/06/video/papa-francesco-ci-vediamo-inferno-scivolone-telefonata-ragazzo-autistico-bergoglio-1323170/].

> materiali, ma anche spirituali; la protezione dell'integrità e dell'innocenza del fanciullo, senza forme di innaturale indottrinamento ideologico (mi riferisco in particolare all'ideologia gender); l'attuazione di programmi che diano modo alle Nazioni più povere di non vedersi depredate nelle loro risorse umane e materiali e di poter così sviluppare un'economia sana che li risollevi e dia loro dignità. Questi sono punti irrinunciabili dell'impegno sociale del Cristiano, condivisi da tutti gli uomini di buona volontà.

Se rileggiamo in questa chiave non già l'emergenza sanitaria, quanto la gestione dell'emergenza sanitaria, vediamo con chiarezza come tutto quello a cui abbiamo assistito non aveva come scopo la 'guerra' a un virus la cui letalità si discosta di poco da quella di una banale influenza, quanto l'assoggettamento delle nazioni del mondo a una volontà unica. Capiamo come la narrazione ufficiale, portata avanti con violenza inaudita dai *massmedia*, non è finalizzata a informare la popolazione quanto a terrorizzarla e a renderla docile. A tastarne i limiti di sopportazione e assoggettamento.

Comprendiamo così la lucida necessità di un caos istituzionalizzato, in grado di gettare nell'incertezza anche le menti più ferme. Dopo aver promosso il 'Bonus Vacanze', parte delle iniziative previste dal 'Decreto Rilancio' che offriva un contributo fino 500 euro da utilizzare per soggiorni in strutture turistiche italiane,[1046] siamo stati colpevolizzati per essere andati in vacanza, per aver ballato, per aver tentato di tornare alla normalità. Ed ecco «L'estate del nostro scontento»,[1047] com'è stata chiamata poeticamente dal nostro ministro della Salute:

> Non siamo affatto al sicuro, anche se nei cittadini vedo il desiderio forte di tornare alla normalità [...] li capisco perfettamente. Vorrei poter spiegare a tutti, uno per uno, perché le norme minime di sicurezza sono così importanti. Guardo con preoccupazione le notizie sulle discoteche e i locali notturni invasi da giovani che comprensibilmente, ma sventatamente, ignorano gli obblighi di mascherine e distanziamento. Tutti vogliono

[1046] *Bonus vacanze,* Agenzia delle Entrate [https://www.agenziaentrate.gov.it/portale/web/guest/bonus-vacanze1].

[1047] R. SPERANZA, *Perché guariremo*, cit., p. 178.

lasciarsi il Covid alle spalle ma il virus, alle spalle, non vuole restarci.[1048]

«Libertà non è fare ammalare gli altri»,[1049] ricorda il Ministro citando le parole del presidente della Repubblica. Tutto vero, fin troppo lineare, almeno in apparenza. Perché in quella stessa estate, così come in primavera, il nostro scontento è stato vedere un Governo incentrato sui banchi a rotelle, sulle distanze buccali tra gli alunni, dimentico che gli alunni a scuola dovevano pur arrivarci in qualche modo.

Così, gli stessi affollamenti condannati per le discoteche, si sono riproposti, in maniera massiva, sugli autobus e nelle metropolitane a settembre. Pensare che il CTS già nel mese di aprile aveva approvato il *Documento tecnico sull'ipotesi di rimodulazione delle misure contenitive in relazione al trasporto pubblico collettivo terrestre, nell'ottica della ripresa del pendolarismo, nel contesto dell'emergenza da SARS-CoV-2,* sviluppato da INAIL in collaborazione con ISS,[1050] nel quale si legge:

> Nella attuale situazione di persistente circolazione di SARS-CoV-2, l'intero sistema di trasporto pubblico, anche secondo la classificazione INAIL 2020, deve essere considerato un contesto a rischio di aggregazione medio-alto, con possibilità di rischio alto nelle ore di punta, soprattutto nelle aree metropolitane ad alta urbanizzazione. Ciò può dipendere dall'alto numero di persone concentrate in spazi limitati con scarsa ventilazione, dalla attuale mancanza di controllo degli accessi per identificare soggetti potenzialmente infetti e dalla elevata possibilità di venire in contatto con superfici contaminate in quanto comunemente toccate (distributori automatici di biglietti, corrimano, maniglie ecc.).
>
> Ne deriva, che è necessario mettere in pratica una efficace riorganizzazione del sistema di trasporto pubblico, nell'ottica della ripresa del pendolarismo [...].[1051]

[1048] R. SPERANZA, *Perché guariremo*, cit., pp. 178-179.

[1049] *Ibidem,* p. 179.

[1050] Verbale CTS, 18 aprile 2020, n. 55.

[1051] *Ivi.*

Commenta Agostino Miozzo, coordinatore del Comitato tecnico scientifico: «Dal 18 aprile chiediamo di "attuare ogni misura per ridurre i picchi di utilizzo del trasporto pubblico"». Ma non è stato fatto. «I verbali dimostrano che lo abbiamo scritto per ben 20 volte sollecitando, a più riprese, un nuovo concetto di mobilità».[1052] Così, ancora nel Verbale n. 118 del 17 ottobre, il CTS ritiene di dover fornire la valutazione per cui:

> Un'importante criticità è rappresentata dal trasporto pubblico locale che non sembra essersi adeguato alle rinnovate esigenze, nonostante il CTS abbia evidenziato fin dallo scorso mesi di aprile la necessità di riogranizzazione, incentivando una diversa mobilità con il coinvolgimento attivo delle istituzioni locali e dei mobility manager.[1053]

Questo mancato adeguamento, è costato la possibilità di frequentare le scuole in presenza e, per tutti quegli alunni che non dispongono di un computer o di una connessione, di veder rispettato il loro diritto allo studio. Come ricordano i membri del CTS nello stesso Verbale:

> La scuola è un elemento fondante della crescita dell'individuo e deve essere salvaguardata ed è, ad oggi, uno dei luoghi dove, secondo i dati attuali, la circolazione del virus risulta limitata. Nelle attuali condizioni epidemiologiche, il CTS ritiene fondamentale sostenere il mondo della scuola e dell'università a cui il sistema Paese deve necessariamente adeguarsi. Il CTS suggerisce di considerare l'adozione di orari scaglionati per l'ingresso in presenza degli studenti universitari e delle scuole di secondo grado.[1054]

Consiglio rimasto inascoltato. Dopo il periodo natalizio, alla ripresa dell'anno scolastico, solamente tre Regioni hanno aperto le scuole superiori in presenza:

[1052] *15 giorni per decidere sul lockdownIl Comitato tecnico scientifico aveva chiesto da aprile una stretta sui trasporti,* "Linkiesta", 29.10.2020 [https://www.linkiesta.it/2020/10/agostino-miozzo-comitato-tecnico-scientifico-dpcm-trasporti/]

[1053] Verbale CTS, 17 ottobre 2020, n. 118.

[1054] *Ivi.*

> Domani [11 gennaio 2021, *Nota dell'Autore*] in classe al 50% ci saranno gli studenti delle scuole superiori di Toscana, Abruzzo e Valle d'Aosta, ma non quelli della Sicilia, Sardegna, Calabria, Marche, Veneto, Friuli Venezia Giulia e Basilicata. Sono, al momento, sette le regioni che hanno rinviato la riapertura al primo febbraio. Non è escluso che il governo, dopo il secondo fallimento da settembre 2020, decida di spostare alla stessa data il rientro anche per le regioni che aprono il 18 (Molise, Puglia, Lazio, Liguria, Piemonte), il 25 (Campania, Umbria, Emilia Romagna, Lombardia) e, altre, come la Puglia che aspettano.[1055]

Denuncia la Federazione dei Lavoratori della Conoscenza (sindacato di tutti coloro che lavorano nei settori della scuola, pubblica e privata): «L'istruzione è a pezzi, hanno creato nei fatti l'autonomia differenziata».[1056]

Lo stesso 'teatro dello stupore' già visto per i trasporti e le vacanze estive, si è riproposto nei primi giorni di dicembre, quando dopo aver sbandierato il '*Cashback* di Natale' di 150 euro, il Governo si è sorpreso e indignato nel vedere le persone fare *shopping* nei negozi.

Non c'è stato quel Natale 'sereno' che si augurava il premier Conte a fine ottobre: «Se questo mese di novembre rispetteremo tutti le regole, riusciremo a tenere la curva epidemiologica sotto controllo. Riusciremo così ad allentare le misure e ad affrontare dicembre e ci auguriamo le festività natalizie con maggiore serenità».[1057] Non c'è stato perché esiste quel 'se'. Non siamo stati bravi, non ce lo siamo meritati. Non abbiamo scaricato l'app *Immuni*. Non siamo stati sufficientemente a distanza. Non abbiamo indossato le mascherine. Poco importa se nel nostro vivere quotidiano possiamo riscontrare il contrario: un popolo imbavagliato e terrorizzato dalla prossimità, che beve il caffè fuori dai bar al freddo di un inverno

[1055] R. CICCARELLI, *Dopo settembre un altro fallimento del governo, solo tre regioni riaprono le scuole superiori,* "Il Manifesto", 10.01.2021 [https://ilmanifesto.it/dopo-settembre-un-altro-fallimento-del-governo-solo-3-regioni-riaprono-le-scuole-superiori/].

[1056] *Ivi.*

[1057] *Conte: «Se a novembre rispettiamo le regole, Natale sarà più sereno»,* "Corriere della Sera", 25.10.2020 [https://www.youtube.com/watch?v=ztNnbY3dYUc].

particolarmente rigido e piovoso. Strumento particolarmente efficace per non incappare in un virus influenzale.

A ben vedere, l'incertezza vale a maggior ragione per chi ha rispettato le regole. Prendiamo i ristoratori: hanno investito per adeguare i propri locali con barriere di *plexiglass*, hanno distanziato i tavoli, stampato menù su supporti disinfettabili, messo in atto il sistema di tracciamento voluto dal Governo. Ma i ristoranti sono ugualmente chiusi. Anche questa volta, contro le indicazioni del CTS che non ha mai chiesto di chiudere i ristoranti, quanto di far rispettare i protocolli di sicurezza imposti, che si sono dimostrati efficaci. Si legge nel Verbale n. 118, del 17 ottobre:

> Per ciò che concerne il settore della ristorazione, il CTS rimarca il rigoroso rispetto e controllo delle misure già più volte indicate dal CTS ed oggetto delle norme attualmente in vigore (es. distanziamento, prevenzione degli assembramenti, obbligo nell'uso della mascherina negli esercizi commerciali e di ristorazione) con intensificazione della vigilanza e delle azioni di contrasto che devono essere rese più agevoli nella loro possibilità di adozione (es.: obbligo di affissione del numero massimo di clienti che è possibile accogliere negli esercizi). Il CTS suggerisce la coerenza della limitazione già prevista dalle raccomandazioni vigenti per i contesti domestici relativa al numero massimo di persone che possono condividere il medesimo tavolo all'interno dei locali di ristorazione. [1058]

Commenta il quotidiano "Il Tempo":

> Con la pubblicazione del verbale del Comitato tecnico scientifico dello scorso 17 ottobre viene a cadere l'ennesima bugia propinata dal premier Giuseppe Conte e dal suo ministro della Salute, Roberto Speranza e salta fuori l'incredibile prepotenza usata nei confronti di ristoratori e titolari di bar e pub. Contrariamente a quanto detto pubblicamente infatti non sono stati gli scienziati a proporre le chiusure serali dei locali come avrebbe poi deciso un dpcm pochi giorni dopo. [1059]

[1058] Verbale CTS, 17 ottobre 2020, n. 118.

[1059] F. BECHIS, *Covid, Conte e Speranza hanno mentito. Il Cts lasciava i ristoranti aperti,* "Il Tempo", 01.12.2020 [https://www.iltempo.it/politica/2020/12/01/

Lo smarrimento causato dall'incapacità di prevedere gli eventi, di trovare una coerenza tra le proprie azioni e i risultati a cui conducono, sommata alla sfiducia nei confronti di un Governo che, nelle migliori delle ipotesi, mente in buona fede, conduce a uno stato di incertezza esistenziale, condizione ben descritta da Bruno Bettelheim nel suo saggio *La Fortezza Vuota*, nel quale indaga l'autismo. Imprigionato prima a Dachau e poi a Buchenwald, lo psicanalista austriaco trova proprio nell'incertezza, nell'incapacità di leggere la realtà esterna, quella condizione in grado di catapultare una mente nell'ansia esistenziale che spinge la vita verso la mera sopravvivenza: «Tutta l'energia del soggetto è riservata e diretta ad un solo scopo difensivo, atto a cancellare tutti gli stimoli, interni o esterni, evitare ogni ulteriore sofferenza ed eliminare l'impulso ad agire».[1060]

Ci chiediamo se sia questo il baratro nel quale la nostra società sta precipitando. In molti hanno visto in questo anno la puntuale realizzazione dell'incubo fantascientifico *1984* di Orwell, con i suoi Ministero della Pace, che presiede alla guerra; dell'Amore, garante della sicurezza; della Verità, braccio della propaganda; dell'Abbondanza, che presiede all'economia. Con quei manifesti affissi nelle città che ricordano le verità del partito: «l'ignoranza è forza», «la guerra è pace», «la libertà è schiavitù». Il parallelismo è forte, anche nella neolingua, con i suoi tecnicismi, e nella psicopolizia che interviene a correggere ogni eterodossia. In attesa che vengano creati i 'buchi della memoria', nei quali gettare tutto il sapere non controllato e vagliato dal Ministero della Verità, lanciamo ancora uno sguardo eretico alla pandemia.

Il protocollo che soggiace a questa gestione pandemica è stato ideato in Cina. Nessuno, infatti, in un paese occidentale si sarebbe mai permesso di proporre soluzioni tanto estreme e liberticide. Se la Cina ha rappresentato lo scenario perfetto per la messa a punto del protocollo pandemia, l'Italia è stata il teatro ideale per la sua prima rappresentazione. Infatti per rendere reale e tangibile il nemico, questo doveva colpire con violenza un paese occidentale. La scelta dell'Italia, con la sua

news/cts-verbale-17-ottobre-comitato-scientifico-lasciava-ristoranti-aperti-coronavirus-giuseppe-conte-roberto-speranza-hanno-men-25410590/].

[1060] B. BETTELHEIM, *La fortezza vuota*, "Garzanti".

proverbiale incapacità a sottostare alle regole, non è stata casuale. Piegata l'Italia, piegato il mondo. Da qui, il protocollo si è ripetuto sempre uguale a se stesso, errori compresi. Nelle parole del cardinale Viganò:

> Se allarghiamo il nostro sguardo a quanto è accaduto in altre Nazioni, ci accorgiamo che i medesimi errori compiuti in Italia a fine Febbraio, in esecuzione alle linee guida dell'OMS, sono stati poi ripetuti pedissequamente in Germania, in Francia, in Spagna, negli Stati Uniti, in Israele. Gli stessi errori, dico: come se l'esperienza disastrosa del nostro Paese dovesse essere ignorata per far sì che anche altrove, puntualmente, si sospendessero le visite domiciliari dei medici, si catalogassero tutti i morti come dovuti al Covid, si impedissero le autopsie, si trasferissero gli anziani nelle RSA.
>
> Questo è un aspetto importantissimo: emerge inequivocabile – e inquietante – un'unica regia che ha seguito un unico copione, giungendo ad imporre – e minacciando di farlo ancor oggi – un *lockdown* scientificamente assurdo e ingiustificato; ma che non è più assurdo né ingiustificato se lo si considera non tanto come strumento per prevenire il contagio, ma per ottenere altri scopi. E la cosa scandalosa è che in questa grottesca *pièce* il ruolo dei media si è rivelato strategico: mai come oggi abbiamo compreso cosa significhi *mainstream*, e come sia possibile far credere alla popolazione mondiale che un virus influenzale rappresenti una sorta di pestilenza inguaribile.

Lo scopo di questo disegno è ben sintetizzato dal rabbino Rav Amnoc che parla di OMS come di Organizzazione Mondiale per la Morte:

> Il vero scopo di tutto questo è il vero Ordine mondiale, in particolare l'agenda che viene definita 2020-2030 delle Nazioni Unite, finanziate da Bill Gates. Lo scopo è il governo mondiale da parte del *Deep state,* guidato dalle alte vette del Vaticano, dalla famiglia Windsor, Rockefeller e Rothschild. L'obbiettivo è di creare città di intelligenza artificiale, dove le persone saranno dei *cyborg* e saranno governate. L'obbiettivo è quello di

rendere le persone sottomesse, come schiavi, automi, ai governi. Completamente manipolabili.[1061]

Parole che non possono essere frettolosamente etichettate di 'complottismo' o 'negazionismo', visto che anche un tribunale peruviano sembra essersi pronunciato in tal senso. Secondo quanto riportato da "RPP Noticias",[1062] nel corso di un processo per stupro una corte penale d'appello del Perù avrebbe affermato:

> Il processo penale è stato paralizzato a causa della pandemia COVID-19, creata dalle *élite* criminali, che dominano il mondo; e che ha paralizzato le attività in quasi tutti i paesi. Pertanto, nessun governo mondiale, persone fisiche e giuridiche, né la difesa degli accusati, possono sostenere che questa pandemia ha la qualità di 'prevedibile', tranne i suoi creatori del nuovo ordine mondiale come Bill Gates, Soros e Rockefeller, che l'hanno gestita e continuano a dirigere con estrema segretezza all'interno dei loro ambienti e delle multinazionali, con proiezioni per il progetto 2030".[1063]

Questa notizia, che non ha trovato nessuno spazio nei media ufficiali italiani, è stata anche rilanciata da alcuni telegiornali nazionali, ad esempio in Romania.[1064]

Per prendere coscienza della 'singolarità' a cui è votata la storia contemporanea, è sufficiente leggere *La quarta rivoluzione industriale*[1065] di Klaus Schawab, fondatore e presidente esecutivo del World Economic Forum. Dalla quarta di copertina:

[1061] *Intervista al rabbino Rav Amnoc,* "Dentro la Notizia – il Salotto di Spartaco"

[1062] *OCMA investigará a jueces de Ica que afirmaron que la COVID-19 fue "creada" por Bill Gates y Soros,* "RPP Noticias", 11.01.2021 [https://rpp.pe/peru/actualidad/ocma-investigara-a-jueces-de-ica-que-afirmaron-que-la-covid-19-fue-creada-por-bill-gates-y-soros-noticia-1314525].

[1063] Perù, un tribunale incolpa George Soros e Bill Gates di aver provocato la pandemia, "Sputnik", 12.01.2021 [https://it.sputniknews.com/mondo/202101129998347-covid-19-creato-da-george-soros-e-bill-gates-la-bizzarra-risoluzione-di-un-tribunale-del-peru/].

[1064] *Judecatori: Covidul creat de Soros, Gates si Rockefeller,* "Stiri b1", 12.01.2021 [https://www.youtube.com/watch?v=8EUDIhCdyio].

[1065] K. SCHAWAB, *La quarta rivoluzione industriale,* "FrancoAngeli", 2016.

> Supercomputer portatili e disponibili ovunque. Robot intelligenti. Veicoli autonomi. Aumento delle capacità cerebrali grazie alla neuro-tecnologia. Scrittura del codice genetico. Le innovazioni frutto di scoperte e ricerche scientifiche permeano già le nostre vite e sono al centro della pubblica.[1066]

La «Quarta rivoluzione industriale» è già qui. Per accelerare il processo, come ha detto Jacques Attali nel 2009, era però necessaria una «paura strutturante»:

> La storia ci insegna che l'umanità evolve significativamente soltanto quando ha realmente paura: allora inizialmente sviluppa meccanismi di difesa; a volte intollerabili (dei capri espiatori e dei totalitarismi); a volte inutili (di distrazione); a volte efficaci (terapeutici, che allontanano se necessario tutti i principi morali precedenti). Poi, una volta passata la crisi, trasforma questi meccanismi per renderli compatibili con la libertà individuale ed iscriverli in una politica di salute democratica.
>
> La pandemia che sta iniziando potrebbe far scatenare una di queste paure strutturanti.[1067]

Oggi, quando l'epoca della COVID-19 ha ceduto il passo all'era delle varianti e dei vaccini, quando profeti e filantropi minacciano il mondo con previsioni di nuove pandemie, assistiamo all'assimilazione del cosiddetto 'negazionismo' a un disturbo mentale, fondata sul un articolo del neuroscienziato Bruce L. Miller, intitolato *Science Denial and COVID Conspiracy Theories Potential Neurological Mechanisms and Possible Responses* (*Negazione scientifica e teorie del complotto COVID – Potenziali meccanismi neurologici e possibili risposte*).[1068] Partendo dall'assunto che una bassa alfabetizzazione scientifica contribuisca alla negazione della scienza, il professor Miller ritrova in azione nel 'negazionizmo' alcuni processi propri di certe forme di demenza. Dopo aver spiegato varie forme di demenza, l'autore si chiede:

[1066] K. SCHAWAB, *La quarta rivoluzione industriale,* "FrancoAngeli", 2016, cit.

[1067] J. ATTALI, *Changer, par précaution,* «L'Express", 03.05.2009, cit.

[1068] B. L. MILLER, *Science Denial and COVID Conspiracy Theories Potential Neurological Mechanisms and Possible Responses,* "JAMA", 08.12.2020, Vol. 324, n. 22 [https://jamanetwork.com/journals/jama/fullarticle/2772693].

In che modo questi meccanismi distinti – informazioni sensoriali distorte o monitoraggio errato delle idee – hanno rilevanza in persone cognitivamente normali o sane, senza demenza, che sviluppano false credenze?[1069]

Si risponde:

Per una persona priva di una salda alfabetizzazione scientifica, comprendere e interpretare un grafico di dati sulle infezioni da COVID-19 potrebbe essere complesso, come per un soggetto affetto da demenza con corpi di Lewy interpretare un viso. Senza dati sensoriali affidabili, gli individui potrebbero essere costretti a cercare altre fonti di informazione che risuonano con i propri sentimenti, comprese le cospirazioni che negano l'esistenza di una minaccia. Piuttosto che impegnarsi con informazioni difficili e 'vedere', cosa che potrebbe richiedere cambiamenti nel comportamento, potrebbe rivelarsi più facile acquisire dati semplici e rassicuranti. Le teorie cospirazioniste possono portare a sicurezza e calma, come nel caso di un paziente con demenza frontotemporale che si accontenta di credere di essere ricco.[1070]

Pur citando lo studio e, a quanto sembra, sposando l'assunto per cui il 'negazionimso' risponda a certe forme di demenza, la biologa Barbara Gallavotti a "diMartedì" riassume e precisa:

[Di danni, il negazionismo, *Nota dell'Autore*] Ne può fare moltissimi. Perché ci impedisce di affrontare correttamente l'epidemia, è il migliore alleato del virus, poi in ultima analisi, fare delle vittime. [...]

Io credo che [chi nega la realtà, *Nota dell'Autore*] sia quasi sempre in buona fede. Miller prova a spiegare il meccanismo mentale da neuroscienziato qual è. Dice: forse interviene un qualcosa che non è tanto dissimile da quello che accade in certe forme di demenza. Ci sono forme di demenza in cui i sensi comunicano al cervello delle informazioni false sul mondo

1069 B. L. MILLER, *Science Denial and COVID Conspiracy Theories Potential Neurological Mechanisms and Possible Responses*, "JAMA", 08.12.2020, cit.

1070 *Ivi.*

> esterno, e le zone del cervello che ricevono queste informazioni le inviano all'area del cervello che invece è incaricato del pensiero razionale. La quale fa tutti gli sforzi per dare un senso a quelle informazioni, per farle sembrare congruenti e, di fatto, renderle solide. Per cui chi è affetto da queste malattie può essere convinto di trovarsi di fronte al suo peggior nemico quando magari ha di fronte una persona amata. Secondo Miller, analogamente, quando ci convinciamo di un'idea falsa, quello che succede è che il nostro cervello riceve delle informazioni infondate, le comunica alla parte del cervello dedicata al pensiero razionale e questa le confeziona in maniera che siano convincenti. La domanda naturalmente è "chi è che instilla nella nostra mente questi pensieri senza senso?". Nel caso della demenza sono i sensi [...] nel caso delle false notizie, del negazionismo, secondo Miller, tutto parte dalla nostra incapacità di distinguere fra un'informazione fondata e un'informazione infondata. E, secondo lui, questa incapacità è dovuta dalla mancanza della cultura scientifica di base, ma io su questo devo dire che non sono molto d'accordo. [...] Quando parliamo o vediamo chi sono questi negazionisti, molto spesso ci troviamo di fronte a persone intelligenti anche con una buona cultura. Io credo che a portarci a negare la realtà, sia più che altro un bisogno irrazionale [...] di trovare una soluzione semplice a un problema complicato...[1071]

Ci sembra infatti difficile accusare un Premio Nobel come Luc Montagnier, o medici quali Didier Raoult o Raschid A. Buttar (l'elenco potrebbe essere molto lungo per cui non andiamo oltre), di scarsa alfabetizzazione scientifica. Ma, ad essere sinceri, nemmeno la spiegazione fornita dalla Biologa ci convince. Nessuno, tra coloro che hanno sollevato interrogativi sulla narrazione ufficiale della COVID-19, ha fornito una «soluzione semplice a un problema complicato». Né, in ultima analisi, ha fornito 'soluzioni'. Ci si è permessi, al massimo, di avere dei dubbi, come preteso dalla scienza.

Ma più di tutto questo c'è un assunto sul quale sarebbe bene chiarirsi: di quale 'scienza' stiamo parlando? Di quella professata dall'OMS, in grado per la sua pericolosa incoerenza

[1071] *La biologa Barbara Gallavotti ci porta nella mente dei negazionisti,* "diMartedì", 10.11.2020 [https://www.la7.it/dimartedi/video/la-biologa-barbara-gallavotti-ci-porta-nella-mente-dei-negazionisti-10-11-2020-349512].

di dare un nuovo significato alla frase shakespeariana «C'è pur metodo in questa follia»?[1072]

Quella delle grandi riviste scientifiche, in grado di interrompere una cura promettente, per poi ritrattare scusandosi di avere pubblicato studi basati su dati inventati di sana pianta?

Quella delle dichiarazioni dei politici, fondate sui consigli di comitati scientifici, che rimangono valide fino a quando non si possono leggere i Verbali delle stesse?

Quelle delle case farmaceutiche che producono vaccini mettendo nero su bianco che non possono garantirne l'efficacia né la mancanza di pericolosità?

Perché questa 'scienza' assomiglia pericolosamente al dogma. Per questo non sconcerta il fatto che un Papa gli faccia da testimonial.

Chi la contesta è un eretico.

Non abbiamo scritto queste pagine con l'intento di convincere. Non siamo portatori di nessuna verità. Solo di dubbi. Queste pagine devono ricordare a noi stessi l'esito del processo di Norimberga, consapevoli che coloro che si sono difesi sostenendo di aver 'solo adempiuto a un ordine' sono stati condannati.

Oggi come allora, ognuno di noi è partecipe della Storia. Nessuno escluso.

Agiamo in modo che i nostri figli abbiamo ad ammirare la vita dei loro genitori.

Facciamo ciò che è giusto, ora.

Facciamo già che è bene, subito.

Le nostre azioni ci porranno dalla parte della luce o dalla parte delle tenebre.

[1072] W. SHAKESPEARE, *Amleto*, Atto II, Scena II.

Indice

Via Martino Zanchi, 85
24022 Alzano Lombardo (Bergamo) – Italia
www.lemmapress.com

Copertina
Arnold Bocklin, *La piaga*, 1898
(Kunstmuseum, Basilea / Bridgeman Images)

Composto in
Baskerville Original {Storm Type}

Edizione Print-on-demand (EP)
ISBN 978-88-99375-72-0

Responsabile della pubblicazione
Edizioni Lemma Press Srl

Printed in Great Britain
by Amazon

59825179R00210